Wechselkurszielzonen
und Geldpolitik

Europäische Hochschulschriften
Publications Universitaires Européennes
European University Studies

Reihe V
Volks- und Betriebswirtschaft

Série V Series V
Sciences économiques, gestion d'entreprise
Economics and Management

Bd./Vol. 2771

PETER LANG
Frankfurt am Main · Berlin · Bern · Bruxelles · New York · Oxford · Wien

Karin Radeck

Wechselkurszielzonen und Geldpolitik

Voraussetzungen für die Tragfähigkeit eines Zielzonensystems

PETER LANG
Europäischer Verlag der Wissenschaften

Die Deutsche Bibliothek - CIP-Einheitsaufnahme

Radeck, Karin:

Wechselkurszielzonen und Geldpolitik : Voraussetzungen für die Tragfähigkeit eines Zielzonensystems / Karin Radeck. - Frankfurt am Main ; Berlin ; Bern ; Bruxelles ; New York ; Oxford ; Wien : Lang, 2001
(Europäische Hochschulschriften : Reihe 5, Volks- und Betriebswirtschaft ; Bd. 2771)
Zugl.: Koblenz, Wiss. Hochsch. für Unternehmensführung, Diss., 2000
ISBN 3-631-38004-6

ISSN 0531-7339
ISBN 3-631-38004-6

www.peterlang.de

Für meine Eltern und Joachim

Vorwort

Die vorliegende Arbeit wurde im November 2000 von der Wissenschaftlichen Hochschule für Unternehmensführung (WHU) in Koblenz als Dissertation angenommen.

An erster Stelle möchte ich mich bei meinem Betreuer und Erstgutachter Herrn Professor Dr. Michael Frenkel bedanken, der durch viele wertvolle Hinweise zum Gelingen dieser Arbeit beigetragen hat. Besonderer Dank gilt auch Herrn Professor Dr. Klaus Rose, der als Zweitreferent fungierte. Neben der fachlichen Unterstützung bin ich Herrn Professor Dr. Frenkel und Herrn Professor Dr. Rose auch dafür dankbar, daß sie mir durch ihre hervorragenden Vorlesungen während meiner Studienzeit an der Johannes Gutenberg-Universität in Mainz schon frühzeitig Freude an außenwirtschaftlichen Fragen vermittelten.

Den ehemaligen Kollegen an der WHU, Herrn Dr. Frank Engels, Herrn Dr. Ronald Maier, Frau Dr. Christiane Nickel und Herrn Dr. Wolfgang Röckelein danke ich ganz herzlich für die freundschaftliche Unterstützung. Außerdem möchte ich mich bei meinen Kollegen der Abteilung Außenwirtschaft bei der Deutschen Bundesbank, insbesondere bei Herrn Dr. Willy Friedmann, für das angenehme Arbeitsklima bedanken, das mir bei der Fertigstellung der Arbeit sehr geholfen hat. Besonderer Dank gilt meinen Kollegen Herrn Torsten Arnswald, Herrn Stefan Kuhnert und Herrn Michael Scharnagl sowie meinem Freund Joachim Schlott für das Korrekturlesen der Arbeit und die wichtigen Verbesserungsvorschläge. Schließlich danke ich Frau Anne Klotzin, Frau Anke Tegtow und Herrn Alfons Weber, deren enge Freundschaft mir in all den Jahren eine große Stütze war.

Das vorliegende Buch ist meinen Eltern Alice und Manfred Radeck und meinem Freund Joachim Schlott gewidmet, die mich in kritischen Zeiten immer wieder aufgefangen haben und ohne deren grandiose Unterstützung die Arbeit nicht zustande gekommen wäre.

Karin Radeck

Inhaltsverzeichnis

Verzeichnis der Abbildungen

Verzeichnis der Tabellen

Kapitel 1

Problemstellung und Vorgehensweise

Die Finanzkrisen in Südostasien, Rußland und Brasilien, die drastische Bewegungen der Wechselkurse ausgelöst haben und mit einer Positionsverschiebung zwischen dem aggregierten Leistungsbilanzsaldo der Krisenländer und der Industrieländer verbunden waren, haben die Diskussion um eine Neuordnung des Weltwährungssystems in jüngster Zeit wieder neu beleben lassen.[1] Im Blickfeld wirtschaftspolitischer Diskussion haben dabei die Anregungen gestanden, die Wechselkursschwankungen zwischen den großen Währungsblöcken US-Dollar, Yen und Euro durch die Errichtung von Wechselkurszielzonen zu begrenzen.[2]

Eine Wechselkurszielzone ist ein hybrides Wechselkurssystem, in dem Elemente eines Systems fester Wechselkurse und eines Regimes flexibler Wechselkurse vereint sind. So sind die Wechselkurse innerhalb der errichteten Zielzone frei beweglich, durch Zentralbankinterventionen an den Zonenrändern soll jedoch verhindert werden, daß der Wechselkurs sein um den Gleichgewichtskurs errichtetes Fluktuationsband verläßt. Im Gegensatz zu festen Wechselkursen ist eine Interventionsverpflichtung an den Zonenrändern nicht zwingend vorgesehen und sind Anpassungen der Zentralparität prinzipiell möglich.[3] Aus der Tatsache, daß ein Wechselkurszielzonenregime ein Mischsystem zwischen festen und flexiblen Wechselkursen ist, ergeben sich für die Wechselkurstheorie zwei Fragestellungen. Im Sinne einer positiven Fragestellung ist zum einen zu analysieren, ob und wenn ja inwiefern die Dynamik der makroökonomischen Variablen wie beispielsweise der Wechselkurs, die Zinssätze und die Geldmenge durch die Errichtung einer Wechselkurszielzone beeinflußt werden. Zum anderen stellt sich die normativ geprägte Frage, ob Wechselkurszielzonen die Vorteile von festen und flexiblen Wechselkursen miteinander kombi-

---

[1] Zu den Positionsverschiebungen der Leistungsbilanzsalden vgl. Deutsche Bundesbank (1999), S. 15ff.

[2] Neben dem ehemaligen deutschen Finanzminister Oskar Lafontaine plädieren auch Bergsten, Davanne und Jacquet (1999) dafür, Zielzonen um die gleichgewichtigen Wechselkurse zwischen den Währungen US-Dollar, Yen und Euro zu errichten. Eine Interventionsverpflichtung und eine Veröffentlichung der Zielzone ist in dem Vorschlag nicht vorgesehen. Während Bergsten vom Institute for International Economics (1986) - im Gegensatz zu seinem Kollegen Williamson - in den 80er Jahren für eine Interventionsverpflichtung eintrat, sieht er eine solche Bindung derzeit als für politisch nicht durchsetzbar an.

[3] Vgl. Frenkel, J.A. und Goldstein (1986), S. 635 f.

nieren oder die Nachteile dieser beiden Systeme vereinen.

Während die Errichtung von Wechselkurszielzonen bereits Mitte der 80er Jahre diskutiert wurde und auf einen Vorschlag von John Williamson (1983,1985) zurückgeht, wurde die systematische modelltheoretische Analyse eines Zielzonensystems erst Ende der 80er Jahre von Paul Krugman (1991) vorgelegt.[4] Im Mittelpunkt des Beitrages von Krugman steht die Frage, welche Auswirkungen die Bekanntgabe einer Wechselkurszielzone auf die Wechselkursdynamik im Band ausübt. Krugman leitet im Rahmen seines Modells ab, daß die Wechselkurse durch eine glaubwürdige Ankündigung der marginalen Interventionen bereits im Bandinneren stabilisiert werden.

Das Wechselkurszielzonenmodell von Krugman löste Anfang der 90er Jahre eine Flut von wissenschaftlichen Publikationen aus, die sich bei Unterstellung modifizierter Annahmen mit der positiven Frage beschäftigten, welche Auswirkungen von der Errichtung einer Wechselkurszielzone auf die Wechselkursdynamik im Band und auf das Verhalten der übrigen Fundamentalgrößen ausgehen. Mit der normativen Fragestellung, unter welchen Umständen ein Zielzonenregime den Systemen vollkommen fester Wechselkurse und perfekt flexibler Wechselkurse überlegen ist, beschäftigen sich dagegen nur wenige theoretische Studien.

In der vorliegenden Arbeit soll zum einen ein Überblick über die theoretischen und empirischen Ergebnisse der gegenwärtig vorliegenden Beiträge zur Funktionsweise eines Wechselkurszielzonenregimes gegeben werden. Da die Diskussion über die Vor- und Nachteile eines Wechselkurszielzonenregimes immer wieder aufflammt und auf diesem Themengebiet noch Forschungsbedarf besteht, versucht die Arbeit mit Hilfe der skizzierten ökonomischen Zusammenhänge in einem Zielzonensystem einen Beitrag zu der Frage zu liefern, unter welchen Umständen es für eine Volkswirtschaft von Vorteil sein kann, die binnenwirtschaftliche Orientierung der Geldpolitik zugunsten einer außenwirtschaftlichen Ausrichtung auf die Verteidigung der vereinbarten Wechselkurszielzone aufzugeben. Daneben soll gezeigt werden, durch welche geld-

---

[4]Eine erste Version dieses Beitrags ("Targets Zones and Exchange Rate Dynamics") wurde bereits im Dezember 1987 auf einer Konferenz des National Bureau of Economics von Krugman präsentiert und 1988 als NBER Working Paper veröffentlicht. Bereits vor der Publikation der verfeinerten Fassung dieses Modellansatzes im Jahr 1991, der sich auf dem Gebiet der Zielzonentheorie als das Standardwerk etabliert hat, ist das Zielzonenmodell von Krugman daher in zahlreichen Beiträgen modifiziert und empirisch überprüft worden.

politischen Maßnahmen die angenommene Glaubwürdigkeit einer Verteidigung der Zielzone erreicht und gesichert werden kann.

Bei der Bewertung und der Untersuchung der Funktionsweise eines Wechselkurszielzonenregimes ist zwischen den beiden Konzepten einer "weichen" und einer "harten" Wechselkurszielzone zu unterscheiden. Ein "weiches" Zielzonenregime ist durch relativ weit gesteckte und unverbindliche Interventionsgrenzen charakterisiert und zielt auf eine Begrenzung der länger anhaltenden Abweichungen des Wechselkurses von seinem Gleichgewichtswert ab, die mit Misalignments bezeichnet werden. Demgegenüber ist das Konzept einer "harten" Wechselkurszielzone durch ein vergleichsweise schmales Fluktuationsband mit obligatorischen Devisenmarktinterventionen gekennzeichnet und auf die Etablierung eines nominalen Ankers für die Geldpolitik in einer kleinen und offenen Volkswirtschaft ausgerichtet.[5] Während sich der Zielzonenvorschlag von Williamson auf die Einführung einer "weichen" Wechselkurszielzone bezieht, bildet die Funktionsweise eines "harten" Zielzonenregimes den Untersuchungsgegenstand des Krugman'schen Grundmodells einer Wechselkurszielzone und der hierauf aufbauenden neueren Zielzonenliteratur.[6]

Die vorliegende Arbeit gliedert sich in vier Teile. Im folgenden Kapitel 2 werden die Grundlagen für eine Analyse der Funktionsweise eines Wechselkurszielzonenregimes gelegt. Wie gezeigt wird, lassen sich die Wechselkurserwartungen durch die Errichtung einer Zielzone nur dann stabilisieren, wenn die Verteidigung der Zielzone durch obligatorische Zentralbankinterventionen an den Bandenden glaubhaft angekündigt wird. Der hiermit verbundene Autonomieverlust in der Geldpolitik läßt sich nur dann vertreten, wenn es sich bei dem betrachteten Land um eine kleine und offene Volkswirtschaft handelt, die durch die Wechselkursanbindung an eine preisstabile Währung einer ihrer Haupthandelspartner die Preisstabilität aus dem Ausland importieren kann. Das theoretische Fundament dieser Arbeit stellt daher das Krugman'sche Grundmodell einer Wechselkurszielzone dar, in dem die Zielzone durch einseitige und obligatorische Interventionen verteidigt wird. Kapitel 2 dieser Arbeit konzentriert sich deshalb auf die modelltheoretische

[5] Zur Unterscheidung zwischen diesen beiden Zielzonenkonzepten vgl. Williamson (1993) und Frankel (1996), S. 156f.

[6] Eine modelltheoretische Analyse eines "weichen" Zielzonensystems findet sich in Bartolini und Prati (1999).

Analyse des Krugman'schen Grundmodells einer perfekt glaubwürdigen Zielzone und auf den empirischen Befund der Modellhypothesen.

Wie gezeigt wird, ist die nicht-lineare Gleichgewichtsbeziehung zwischen dem Zielzonenwechselkurs und den Fundamentaldaten das zentrale Ergebnis des Krugman-Modells und der Ausgangspunkt für die empirischen Studien. Die Analyse dieses nicht-linearen Zusammenhangs und den hieraus resultierenden Implikationen fällt daher in der vorliegenden Arbeit bewußt ausführlicher aus und ist in der Literatur noch nicht in der dargestellten Weise behandelt wurden.

Kapitel 3 untersucht die Auswirkungen von risikoaversem Verhalten der Kapitalmarktteilnehmer auf die Wechselkursdynamik in der Zielzone. Demgegenüber wird in der vorliegenden Zielzonenliteratur die Gültigkeit der ungedeckten Zinsparität ohne Risikoprämie angenommen. Diese Annahme ist jedoch nur dann gerechtfertigt, wenn entweder in- und ausländische Vermögensanlagen mit den gleichen Risiken behaftet sind oder die Anleger risikoneutral sind. Die Gültigkeit der ungedeckten Zinsparität läßt sich bei flexiblen Wechselkursen empirisch nicht bestätigen, was möglicherweise auf zeitvariable Risikoprämien zurückzuführen ist. In der Zielzonenliteratur wird davon ausgegangen, daß Risikoprämien in Zielzonensystemen nur dann bedeutsam sind, wenn Realignmentrisiken eine hohe Wechselkursunsicherheit entstehen lassen. Diese Schlußfolgerung ist darauf zurückzuführen, daß in diesem Zusammenhang eine Wechselkurszielzone mit einem System fester Wechselkurse mit sehr engen Wechselkursbandbreiten gleichgesetzt wird und das Wechselkursrisiko bei einer Verteidigung der Zielzone demzufolge vernachlässigbar gering ist. Im Rahmen des neuen europäischen Wechselkursmechanismus (WKM II) sind aber für die Teilnehmer des WKM II bilaterale Leitkurse zum Euro mit einer relativ weiten Wechselkursbandbreite von ± 15 Prozent festgelegt. Weil die Zentralparität nur noch in bezug auf den Euro festgelegt ist, können die Wechselkurse zwischen den am WKM II teilnehmenden Währungen der Länder außerhalb der Währungsunion sogar um ± 30 Prozent schwanken.[7] Da unter diesen Umständen aber nicht auszuschließen ist, daß Risikoüberlegungen der Kapitalmarktteilnehmer eine Risikoprämie entstehen lassen, werden wir in Kapitel 3 das Krugman'sche Zielzonenmodell um Risikoaversion der Kapitalanleger erweitern.

---

[7] Vgl. hierzu Frenkel, M. und Nickel (1999), S. 142.

Den Untersuchungsgegenstand von Kapitel 4 bildet die Frage, unter welchen Umständen ein Zielzonenregime - mit einer restringierten Wechselkursflexibilität und einem begrenzten Grad an geldpolitischer Autonomie - den beiden Randlösungen vollkommen feste Wechselkurse und perfekt flexible Wechselkurse vorzuziehen ist. Hierbei werden die Vor- und Nachteile der Wechselkurssysteme - von vollkommen flexiblen Wechselkursen über weite Wechselkurszielzonen und enge Zielzonen bis perfekt feste Wechselkurse - an ihrem Beitrag zur Preisniveaustabilisierung gemessen. Wie gezeigt wird, hängt der optimale Grad der Wechselkursflexibilität maßgeblich von der Quelle der anfallenden Störungen ab. Hierbei werden die analysierten Störungen danach unterschieden, ob sie ihren Ursprung im In- oder im Ausland haben und ob sie im monetären oder im realen Sektor der betrachteten Volkswirtschaft auftreten. Während in der Zielzonenliteratur angebotsseitige Störungen im realen Sektor bisher als exogene Preisschocks modelliert wurden, sind sie im Rahmen unserer Analyse das Resultat einer Veränderung der Rahmenbedingungen auf den Faktormärkten. Außerdem findet in der Analyse Berücksichtigung, daß Sachinvestitionen in der Regel einem längerfristigen Planungshorizont unterliegen. Im Gegensatz zu der vorliegenden Zielzonenliteratur, in der üblicherweise der Geldmarktzins als Maß für die Opportunitätskosten einer Sachinvestition herangezogen wird, ist in unserer Analyse daher der für die lange Frist erwartete Realzins eine Determinante der Investitionsnachfrage.

Kapitel 5 untersucht die Auswirkungen einer unvollkommenen Glaubwürdigkeit der marginalen Devisenmarktinterventionen der Zentralbank auf die Implikationen des Krugman'schen Zielzonenmodells. Wie gezeigt wird, geht die Glaubwürdigkeit der angekündigten Verteidigung der Zielzone verloren, wenn der Reservebestand der Zentralbank eine kritische Grenze erreicht. Die Analyse macht deutlich, daß die unbefriedigende empirische Performance des Krugman'schen Grundmodells einer perfekt glaubwürdigen Zielzone möglicherweise auf stochastische Realignmentrisiken zurückzuführen ist. Die im Rahmen der theoretischen Analyse eines Zielzonenregimes vorgenommene Annahme rationaler, fundamentalbestimmter Wechselkurserwartungen steht in einem gewissen Widerspruch zu der Annahme exogen gegebener stochastischer Realignmentrisiken. Aus diesem Grund wird zum Abschluß dieses Kapitels eine Modellvariante entwickelt, in der die Realignmentrisiken endogen in Abhängigkeit von dem Reservebestand modelliert sind, der mittelbar über den stochastischen Prozeß der Fundamentaldaten und den hieraus resultierenden Interventionen an den Enden der Zielzone im Zeitverlauf schwankt. Zum

Abschluß dieser Arbeit sind in Kapitel 6 die Ergebnisse und die wirtschaftspolitischen Schlußfolgerungen der dargestellten Modellvarianten zusammengefaßt.

Kapitel 2

Das Grundmodell einer "harten" Wechselkurszielzone

2.1 Eingrenzung des Untersuchungsgegenstands auf eine "harte" Zielzone

Mit dem Zusammenbruch des Systems fester Wechselkurse von Bretton Woods und der Freigabe der Dollarkurse der bedeutendsten Währungen im Internationalen Währungsfond (IWF) fand im März 1973 auf globaler Ebene ein Regimewechsel zu flexiblen Wechselkursen statt. An den Übergang zu weitgehend flexiblen Wechselkursen war die Hoffnung geknüpft, daß die internationale Arbeitsteilung durch ein Flexkurssystem unterstützt wird und eine Fehlallokation der Ressourcen durch die Freigabe der Wechselkurse verhindert wird.[8] Dahinter stand die Vorstellung, daß sich die Wechselkurserwartungen der Kapitalmarktteilnehmer bei freien Wechselkursen an dem fundamental gerechtfertigten Gleichgewichtskurs orientieren würden und die Devisenmarktspekulation daher einen stabilisierenden Einfluß auf die Wechselkursentwicklung ausüben würde. Bei den Befürwortern flexibler Wechselkurse herrschte mithin die Vorstellung vor, daß der freie Wechselkurs dem Entwicklungspfad der Fundamentalvariablen folgen würde.

Vor dem Hintergrund der Erfahrungen mit dem Bretton Woods-System wurde demgegenüber für das Regime anpassungsfähiger Festkurse auf die Gefahr hingewiesen, daß häufig zu lange an fundamental nicht gerechtfertigten Paritäten festgehalten wird. Daneben wurde die Auffassung vertreten, daß es im System fallweise änderbarer Festkurse für die Spekulanten lohnend ist, sich einer einmal ausgelösten Spekulationswelle anzuschließen. Diese Tendenz zur Selbstverstärkung der Devisenmarktspekulation ist nach der Einschätzung der Vertreter freier Wechselkurse mit der Gefahr verbunden, daß eine Paritätsänderung erzwungen wird, die über das fundamental gerechtfertigte Maß hinausgeht.

---

[8] Eine eingehende Darstellung der Argumente für flexible Wechselkurse finden sich in dem Standardwerk von Friedman (1953) und in Johnson (1976). Einen umfassenden Überblick über die damalige Diskussion geben Artus und Young (1979) und Jarchow und Rühmann (1997), S. 201ff. Eine Zusammenfassung der Argumente für flexible Wechselkurse und der Erfahrungen mit Flexkurssystemen findet sich in der Untersuchung des International Monetary Fund (1984a) und in Willms (1995), S. 165ff.

Das Argument der Förderung der internationalen Arbeitsteilung durch wechselkursstabilisierende Spekulationen wurde durch die Einschätzung untermauert, daß bei flexiblen Wechselkursen wegen des automatischen Zahlungsbilanzausgleichs der Anlaß zu protektionistischen Eingriffen entfallen würde. Das Fehlen des außenwirtschaftlichen Anpassungsdrucks und die damit gewonnene Autonomie der nationalen Stabilisierungspolitik war außerdem mit den Hoffnungen verbunden, daß durch die Freigabe der Wechselkurse die Durchschlagskraft einer binnenwirtschaftlich orientierten Geldpolitik entscheidend verstärkt würde und jedes Land seine Inflationsrate daher selbst bestimmen könne.

- *Erfahrungen mit flexiblen Wechselkursen*

Entgegen den Erwartungen der Befürworter flexibler Wechselkurse ist seit dem Regimewechsel zu weitgehend freien Kursen eine hohe Wechselkursvariabilität zu beobachten, die sowohl die kurzfristigen als auch die langfristigen Wechselkursbewegungen betrifft. Diese beiden Merkmale der Wechselkursvariabilität sind bei der ökonomischen Beurteilung dieses Phänomens von entscheidender Bedeutung. Mit der kurzfristigen Wechselkursvariabilität sind die starken täglichen und monatlichen Ausschläge der Devisenkurse gemeint, während die längerfristigen Wechselkursschwankungen länger anhaltende Kursbewegungen in eine Richtung bezeichnen.[9] Hierbei spricht man von Misalignments, wenn die langfristigen Wechselkursbewegungen längerfristige Abweichungen der realen Wechselkurse von ihren fundamental gerechtfertigten Werten (den sogenannten Gleichgewichtskursen) generieren.

Die kurzfristigen Wechselkursschwankungen fielen nach der Freigabe der Wechselkurse unerwartet hoch aus, weil sie wesentlich stärker ausgeprägt waren, als die Bewegungen der in den bekannten "strukturellen Wechselkursmodellen" verwendeten Fundamentalvariablen. Bei den strukturellen Wechselkursmodellen handelt es sich um Ansätze, in denen das aktuelle Wechselkursniveau durch den laufenden Wert ökonomischer Fundamentalvariablen erklärt wird.[10]

---

[9] Vgl. Williamson (1985), S. 9f.

[10] Bekannte strukturelle Wechselkursmodelle sind der monetäre Ansatz bei Preisflexibilität (vgl. Frenkel, J. A. (1976), Mussa (1976) und Bilson (1978 und 1979)), der monetäre Ansatz bei Preisrigiditäten (vgl. Dornbusch (1976)) und der Portfolioansatz der Wechselkursbestimmung (vgl. Branson 1977). Eine umfassende theoretische Darstellung und empirische Überprüfung dieser Ansätze findet sich in Frankel (1983), S. 86ff; Backus (1984); Frenkel, J. A. und Mussa (1985), S. 716ff und in Frenkel, M. (1994), S. 22ff.

Empirische Studien kommen oftmals zu dem Ergebnis, daß für die kurzfristige Wechsel-kursprognose das Random-Walk-Modell den strukturellen Wechselkursmodellen überlegen ist.[11]

Eine Erklärung für die unerwartet hohe kurzfristige Wechselkursvariabilität stellt der "news approach" bereit.[12] Das methodische Fundament des News-Ansatzes ist die Vermögenspreistheorie des Wechselkurses ("Asset-Pricing-Ansatz"), die den Wechselkurs als relativen Preis zwischen zwei Vermögenstiteln (Assets) definiert und die Bedeutung der Wechselkurserwartungen für die Bewegungen des Wechselkurses betont.[13] Die kurzfristige Wechselkursvariabilität, wie sie in noch stärkerem Ausmaß bei den Aktienkursen festzustellen ist, gab den Anlaß zu der Annahme, daß die Preisschwankungen in beiden Fällen auf eine gemeinsame Erklärungsgrundlage zurückgeführt werden können. Im Asset-Pricing-Ansatz wird der laufende Wechselkurs nicht nur durch die gegenwärtige Konstellation der Fundamentalfaktoren bestimmt, sondern auch entscheidend durch die Informationen über die zukünftig zu erwartende Entwicklung der Fundamentalvariablen beeinflußt. Markträumende Wechselkurse enthalten nach diesem Ansatz sämtliche Informationen, die den Marktteilnehmern im Bewertungszeitpunkt zur Verfügung stehen. Nach dem "news approach" werden die zu beobachtenden kurzfristigen Schwankungen des Wechselkurses auf unvorhersehbare neue Informationen, wie abrupte Ölpreisänderungen und Unstetigkeit in der Wirtschaftspolitik, zurückgeführt. Da die Änderungen des Informationsstandes eher zufällig sind, bietet der "news approach" einen Erklärungsansatz für das Ergebnis einer Vielzahl von empirischen Studien, daß der Wechselkursverlauf einem Random-Walk-Prozeß folgt.[14]

Neben der hohen kurzfristigen Volatilität der Wechselkurse, die im Rahmen des "news approach" als effiziente Anpassung an eine Neubewertung des gleichgewichtigen Wechselkurses verstanden wird, ist seit 1973 auch eine Tendenz zu längerfristigen Wechselkursschwankungen zu verzeich-

---

[11] Vgl. etwa Meese und Rogoff (1983 a und b) und Backus (1984).

[12] Die Auswirkungen von neuen Informationen auf den Wechselkursverlauf wurden erstmals in dem Beitrag von Frenkel, J. A. (1981) dargestellt, der insbesondere von Edwards (1983) und Hartley (1983) formal weiterentwickelt wurde.

[13] Der Asset-Pricing Ansatz geht auf Frenkel, J. A. und Mussa zurück. Vgl. hierzu die Beiträge derselben (1980) und (1985); Frankel (1983), S. 84ff und Frenkel, M. (1994), S. 79ff.

[14] Vgl. etwa Frenkel, J.A. und Mussa (1980), S. 377; Frenkel, J. A. (1986), S. 17f sowie Rose, K. und Sauernheimer (1995), S. 230f.

nen. In den achtziger Jahren waren insbesondere beim US-Dollar längeranhaltende gravierende Wechselkursschwankungen zu beobachten, die oft als Fehlbewertungen des Dollarkurses (Misalignments) betrachtet werden. So vollzog der Dollarkurs gegenüber der D-Mark in der ersten Hälfte der achtziger Jahre zunächst einen Höhenflug von etwa 1,71 D-Mark zu Anfang des Jahres 1980 bis auf etwa 3,47 DM im Februar 1985 und stürzte anschließend bis Mai 1987 auf unter 1,80 D-Mark ab. Diese längerfristigen Wechselkursbewegungen betrafen sowohl die nominalen als auch die realen Wechselkurse und gingen mit einer Zunahme der globalen Leistungsbilanzungleichgewichte einher.

Die seit dem Übergang zu flexiblen Wechselkursen zu verzeichnende hohe Wechselkursvolatilität hat zur Folge, daß die in Auslandswährung fakturierten Verträge der Außenhändler mit einem erheblichen Wechselkursrisiko verbunden sind. So ist der Preis eines Importgutes (Exportgutes) in Inlandswährung bei Vertragesabschluß für einen inländischen Importeur (Exporteur) mit Unsicherheit belastet, wenn der Preis für das Importgut (Exportgut) in Auslandswährung fakturiert wird und eine Wechselkursbewegung zwischen den Zeitpunkten des Vertragsabschlusses und der Vertragserfüllung möglich ist. Vor diesem Hintergrund liegt die Befürchtung nahe, daß sich die Freigabe der Wechselkurse negativ auf den Außenhandel auswirkt.

In einer Vielzahl von empirischen Studien wurde die Entwicklung des internationalen Handels seit der Freigabe der Wechselkurse untersucht. Die Studien gelangen zu unterschiedlichen Ergebnissen und vermitteln insgesamt den Eindruck, daß das Außenhandelsvolumen der Industrieländer im Gegensatz zu den Erfahrungen einiger Entwicklungsländer durch die kurzfristigen Wechselkursschwankungen nicht nachhaltig beeinträchtigt wurde. Dies läßt sich damit begründen, daß auf den diversifizierten Kapitalmärkten der Industrieländer zahlreiche Instrumente wie Devisentermingeschäfte, Devisenoptionen, Futures und Währungsswaps angeboten werden, mit denen die Außenhändler das kurzfristige Wechselkursrisiko "hedgen" können.[15] Die Kurssicherungsgeschäfte sind jedoch mit zusätzlichen Kosten verbunden, die etwa in Form einer zu zahlenden Risikoprämie oder Bankspesen anfallen, und den Außenhandel verteuern.

---

[15] Vgl. Frenkel, J. A. und Goldstein (1986), S. 637 und Williamson (1985), S. 37f.

Langfristige Anpassungen der realen Wechselkurse können zur Folge haben, daß die internationale preisliche Wettbewerbsfähigkeit einer Volkswirtschaft nachhaltig verändert wird. Dies ist dann der Fall, wenn die Anpassungen der realen Wechselkurse auf eine Veränderung der relativen Preise zwischen den handelbaren Gütern im In- und Ausland zurückzuführen sind. Weil für diese Art des Wechselkursrisikos keinerlei standardisierte Kurssicherungsinstrumente existieren, besteht die Gefahr, daß durch eine längeranhaltende reale Aufwertung der Exportsektor des betrachtenden Landes erhebliche Wettbewerbsnachteile gegenüber der ausländischen Konkurrenz erleidet. Längerfristige Schwankungen des realen Wechselkurses können daher in dem Land, dessen Währung sich über einen längeren Zeitraum hinweg real aufwertet, zu Unterbeschäftigung im Exportsektor und zu einer Verstärkung der protektionistischen Tendenzen führen.

Sind die längeranhaltenden Bewegungen der realen Wechselkurse dagegen auf eine Veränderung der Preisrelation zwischen Handels- und Binnengütern zurückzuführen, lösen sie möglicherweise Wanderungen der Produktionsfaktoren zwischen dem Handels- und dem Binnensektor aus. Die Faktorwanderung ist zum einen mit Anpassungskosten verbunden, weil in der Realität die spezifischen Produktionsgegebenheiten in den beiden Sektoren stark divergieren. Zum anderen ist die Wanderung der Produktionsfaktoren mit einer Fehlallokation der Ressourcen verbunden, wenn die Veränderung des realen Wechselkurses fundamental nicht gerechtfertigt ist und daher ein vorübergehendes Phänomen darstellt.

Weil die Wettbewerbsposition der Unternehmen durch den realen Wechselkurs beeinflußt wird, resultiert aus der Unsicherheit bezüglich der längerfristigen Entwicklung des realen Wechselkurses für die Unternehmen ein Investitionsrisiko. Längeranhaltende Schwankungen der realen Wechselkurse können daher die Investitionsbereitschaft der Unternehmen hemmen und damit das Wachstum beeinträchtigen.[16] Schließlich bergen längerfristige Schwankungen des nominalen Wechselkurses um den durch das Inflationsgefälle vorgezeichneten Pfad die Gefahr, daß eine Inflation oder Deflation über den internationalen Preiszusammenhang aus dem Ausland importiert wird.[17]

---

[16] Zu den gesamtwirtschaftlichen Kosten von langanhaltenden Misalignments vgl. Frenkel, J. A. und Goldstein (1986), S. 638. Eine ausführliche Darstellung der Probleme von Misalignments findet sich in Williamson (1985), S. 38ff.

[17] Vgl. Williamson (1989), S. 42.

- *Unterschiedliche Wechselkursregelungen in der Weltwirtschaft*

Die Erfahrungen mit flexiblen Wechselkursen haben gezeigt, daß die an flexible Wechselkurse geknüpften Hoffnungen nur bedingt erfüllt werden. Positiv ist zu vermerken, daß der Autonomiegrad in der Geldpolitik durch die Einführung flexibler Wechselkurse insgesamt erhöht wurde. Dies wird dadurch reflektiert, daß die Inflationsdivergenzen im Vergleich zum Bretton Woods-System gestiegenen sind (vgl. Abbildung 2.1). Enttäuschend waren vor allem die hohe, kurzfristige Wechselkursvolatilität und die anhaltenden Schwankungen der realen Wechselkurse. Trotz dieser eher ernüchternden Bilanz sind die Dollarkurse der wichtigsten Währungen im Internationalen Währungsfond (IWF) zur Zeit freigegeben. Nach einer Untersuchung des IWF waren im April 1999 die Wechselkurse von 73 Mitgliedsländern des IWF grundsätzlich freigegeben, während 89 Staaten ihre Wechselkurse in Form einer Währungsunion, gegenüber einer Einzelwährung oder einem Währungskorb fixiert haben und 23 Mitgliedsländer sich für eine Mischform aus diesen beiden extremen Wechselkursregimen entschieden haben.[18] Unter Berücksichtigung der Tatsache, daß die Wechselkurse zwischen den wichtigsten Welthandelsblöcken flexibel sind, entfällt ein Großteil des internationalen Handels auf Länder mit flexiblen Wechselkursen. Die Abbildung 2.2 gibt einen Überblick über die Gesamtheit des gegenwärtig bestehenden internationalen Währungssystems. Mit Hilfe der Unterscheidung zwischen festen Wechselkursvereinbarungen, hybriden Wechselkurssystemen und flexiblen Wechselkursen läßt sich die Vielfalt der Regimevarianten im internationalen Währungssystem nur grob einteilen. Diesen drei Kategorien lassen sich eine Vielzahl von alternativen Wechselkursregimen zuordnen, die im Hinblick auf den Grad der Wechselkursfixierung voneinander abweichen.

Die extreme Variante eines Festkurssystems bilden Regime, in denen die Länder auf ein nationales gesetzliches Zahlungsmittel verzichten und die Wechselkursfixierung nur sehr schwer aufgegeben werden kann. Ein solches "hartes" Festkurssystem liegt vor, wenn ein Land die Währung eines anderen Landes als alleiniges gesetzliches Zahlungsmittel einführt oder die Mitglieder einer Währungsunion das gleiche gesetzliche Zahlungsmittel verwenden. Im Gegensatz hierzu kann ein Regimewechsel zu einer höheren Wechselkursflexibilität in den anderen

[18] Die Angaben sind entnommen aus der International Financial Statistics des International Monetary Fund (IMF) vom September 1999 und beziehen sich auf den Stand vom 4. April 1999.

Fixkurssystemen wie etwa in einem Currency Board vergleichsweise einfach durchgeführt werden.

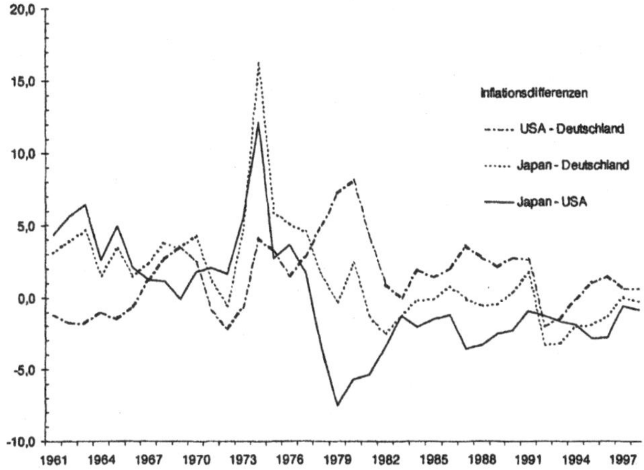

Abb. 2.1: Entwicklung der Inflationsdifferenzen zwischen Deutschland, den USA und Japan 1961-1998 (Jahresdaten)

Hybride Wechselkurssysteme sind dadurch charakterisiert, daß Wechselkursschwankungen um eine vereinbarte Zentralparität begrenzt werden, Anpassungen der Zentralparität aber prinzipiell zugelassen werden. Hierbei ist zu unterscheiden zwischen festen Wechselkursen mit Bandbreiten, stufenweise Anpassungen des Festkurses ("crawling peg") und schrittweise angepaßte Wechselkursbänder ("crawling band"). Die erste Variante stellt den Untersuchungsgegenstand der vorliegenden Arbeit dar und wird von uns mit Wechselkurszielzonensystem bezeichnet. Diese Variante ist mit einem relativ hohen Grad an Wechselkursfixierung verbunden, weil Wechselkursfluktuationen um die Zentralparität zwar zugelassen sind von einer regelgebundenen Anpassung der Zentralparität jedoch abgesehen wird. In einem "crawling peg"-System werden die Wechselkursschwankungen um den vereinbarten Festkurs in einer sehr engen Bandbreite von ± 1 Prozent gehalten und damit nahezu vollständig ausgeschaltet. Die Zentralparität wird jedoch regelmäßig um einen festen und vorher angekündigten Prozentsatz angepaßt. Ein "crawling band" vereint die Elemente einer Wechselkurszielzone mit denen eines "crawling pegs". Im Gegensatz zu einem "crawling peg" darf der Wechselkurs in einem "crawling band" aber um mehr als 1 Prozent um den Leitkurs schwanken, so daß die zugelassene Wechselkursflexibilität vergleichsweise hoch ist. Eine regelmäßige Anpassung der Zentralparität und des hiermit korrespondierenden Wechselkursbandes ist in einem "crawling band"-System anlog zu einem "crawling peg"-Regime vorgesehen.[19]

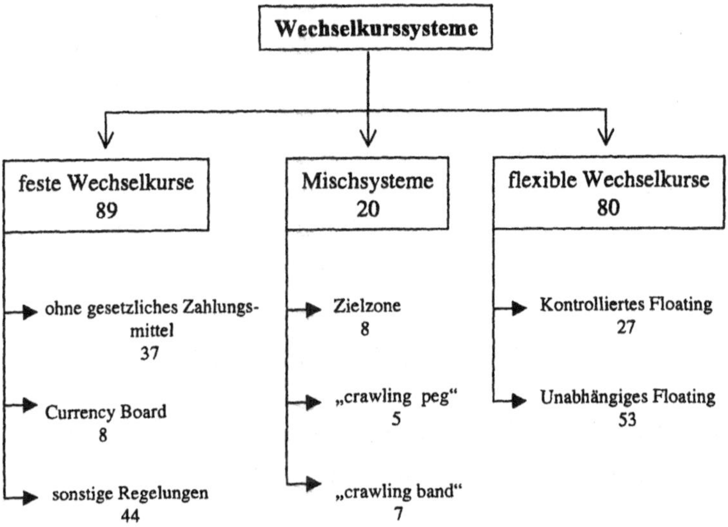

Abb. 2.2: Wechselkurssysteme der Mitgliedsländer des IWF (Stand: April 2000)

Schließlich sind Flexkurssysteme dadurch charakterisiert, daß auf eine Beeinflussung des Wechselkurstrends verzichtet wird. Hierbei ist zu unterscheiden zwischen der schwächeren Version des kontrollierten Floatings, bei der die Wechselkursfluktuationen um den langfristigen Trend durch aktive Devisenmarktinterventionen gedämpft werden und der extremen Variante des unabhängigen Floatings, bei welcher der Wechselkurs prinzipiell vom Markt bestimmt wird.

Ein Blick auf die Abbildung 2.2 zeigt, daß die großen Industrieländer USA und Japan eine Wechselkurspolitik des unabhängigen Floatings verfolgen. Daneben sind die Wechselkurse der 12

[19] Eine Kategorisierung der existierenden Wechselkursregime findet sich in der "Devisenkursstatistik" der Deutschen Bundesbank, die als statistisches Beiheft zum Monatsbericht quartalsmäßig erscheint.

Mitgliedsländer der Europäischen Wirtschafts- und Währungsunion (EWWU) zwar im Innenverhältnis fixiert, gegenüber Drittländern aber durch ein unabhängiges Floating charakterisiert. Nach dem Zielzonenvorschlag von Williamson und den jüngst vorgebrachten Anregungen zur Neuordnung der globalen Finanzarchitektur sollte ein Zielzonenregime die Währungen der wichtigsten Industrieländer USA, Japan und Deutschland bzw. den Euro umfassen. Hierbei zielt der Zielzonenvorschlag von Williamson (1985) darauf ab, längeranhaltende Abweichungen des realen Wechselkurses von seinem langfristigen Gleichgewichtswert zu begrenzen. Nach der in der Abbildung 2.2 vorgenommenen Einteilung fällt der Zielzonenvorschlag von Williamson unter die Kategorie des kontrollierten Floatings.[20]

- *Das Zielzonenkonzept von Williamson*

Nach Williamson läßt sich der langfristige Gleichgewichtswert des realen Wechselkurses mit Hilfe des Konzepts der "Fundamental Equilibrium Exchange Rate" (FEER) bestimmen.[21] Der FEER ist jener reale Wechselkurs, der mit einer Situation des externen und des internen Gleichgewichts kompatibel ist. Hierbei wird das externe Gleichgewicht mit einem Leistungsbilanzsaldo gleichgesetzt, der sich aufgrund von Kapitalströmen einstellt, die im Hinblick auf die Spar- und die Investitionsneigung im In- und im Ausland tragbar und angemessen sind. Internes Gleichgewicht wird mit einer möglichst hohen Auslastung der Produktionsfaktoren bei Preisstabilität gleichgesetzt. Zur Bestimmung des FEER nimmt Williamson an, daß der reale Außenbeitrag von den realen Volkseinkommen im In- und Ausland einerseits und von dem realen Wechselkurs andererseits determiniert wird. Hierbei wird eine funktionale Abhängigkeit des realen Außenbeitrags von seinen Einflußgrößen unterstellt. Unter diesen Umständen läßt sich theoretisch berechnen, wie hoch der reale Wechselkurs sein muß, damit der mit dem externen Gleichgewicht

---

[20] Ein Überblick über den Zielzonenvorschlag von Williamson findet sich in Willms (1988), S. 241ff.

[21] Dieser Ansatz geht auf das Konzept des "underlying payments equilibrium" des International Monetary Fund zurück. Für eine umfassende Darstellung dieses Ansatzes vgl. International Monetary Fund (1984b) und Clark, Bartolini, Bayoumi und Symansky (1994). Mit Hilfe des "underlying payments equilibrium" wird jener Leistungsbilanzsaldo bestimmt, der in der mittleren Frist mit einer Situation des makroökonomischen Gleichgewichts konsistent ist. Da es sich um ein normatives Konzept handelt, wird der mit diesem Leistungsbilanzsaldo korrespondierende gleichgewichtige Wechselkurs vom International Monetary Fund mit "Desired Equilibrium Exchange Rate" (DEER) bezeichnet. Zum Konzept des DEER vgl. etwa Artis und Taylor (1993).

verbundene Leistungsbilanzsaldo im internen Gleichgewicht der betrachteten Volkswirtschaften realisiert werden kann.[22]

Die Ursachen für eine Abweichung des realen Wechselkurses vom FEER sieht Williamson in divergierenden wirtschaftspolitischen Entwicklungen, die zeitweise zwischenstaatliche Zinsdifferenzen auslösen und über die damit einhergehenden Portfolioumschichtungen Anpassungen des nominalen Wechselkurses auslösen. Unter Berücksichtigung von Preisrigiditäten sind diese vorübergehenden Bewegungen des nominalen Wechselkurses mit einer längeranhaltenden Abweichung des realen Wechselkurses vom FEER verbunden.[23] Die Misalignments sind unter diesen Umständen auf eine mangelnde Koordinierung der Wirtschaftspolitik zurückzuführen und mit rationalen Erwartungen konsistent.[24] Weil bei flexiblen Wechselkursen kein Zwang zu einer Koordinierung der Wirtschaftspolitik besteht, sind Misalignments nach der Einschätzung von Williamson insbesondere bei flexiblen Wechselkursen zu erwarten.[25] Zum anderen führt Williamson die seit der Freigabe der Wechselkurse zu verzeichnenden Misalignments darauf zurück, daß sich die Wechselkurserwartungen der Devisenmarktteilnehmer bei freien Wechselkursen nicht an dem FEER orientieren, der möglicherweise erst in der langen Frist realisiert wird. Bei freien Wechselkursen beziehen sich die Wechselkurserwartungen vielmehr auf den für die nächste Zeit zu erwartenden markträumenden Wechselkurs, der mit dem FEER nicht zwangsläufig übereinstimmen muß.[26]

Abweichungen des markträumenden freien Wechselkurses von dem "Fundamentalniveau" sind nach Dornbusch (1983a) auf drei verschiedene Ursachen zurückzuführen. Erstens wird der markträumende Wechselkurs durch Wechselkurserwartungen beeinflußt, die möglicherweise auf dem falschen Wechselkursmodell basieren. In diesem Fall gehen die Misalignments auf Ineffizienzen des Devisenmarktes zurück, die auf einer unvollständigen Verarbeitung der für die Kursbildung

---

[22] Vgl. Williamson (1985), S. 26f; Bayoumi, Clark, Symansky und Taylor (1994), S. 5, Clark (1997), S. 51 sowie Clark und MacDonald (1998), S. 8.

[23] Im Sinne von Dornbusch (1976) kommt es in diesem Fall zu einem Überschießen des Wechselkurses.

[24] Vgl. Williamson (1985), S. 16.

[25] Vgl. Williamson (1985), S. 46.

[26] Vgl. Williamson (1985), S. 60.

relevanten Informationen durch die Marktteilnehmer beruhen.[27] Zweitens besteht die Gefahr, daß die Devisenmarktteilnehmer einen Regimewechsel in der Wirtschaftspolitik erwarten und über den Einfluß der Wechselkurserwartungen auf den aktuellen Wechselkurs eine entsprechende Wechselkursanpassung auslösen. Diese verhindert möglicherweise eine Fortsetzung eines wirtschaftspolitischen Kurses, der mit dem FEER konsistent gewesen ist (Peso-Problem). Drittens lassen sich exponentiell zunehmende Abweichungen des Wechselkurses vom Entwicklungspfad der Fundamentalfaktoren auf "rationale spekulative Blasen" zurückführen. In diesem Fall wird eine Überbewertung einer Währung von den Wirtschaftssubjekten zwar erkannt, da die Spekulanten jedoch für einen gewissen Zeitraum mit einer Fortsetzung des Aufwertungstrends dieser Währung rechnen, ist ein spekulativer Kauf dieser Währung aus der Sicht der Spekulanten rational.[28]

Der Vorschlag von Williamson läuft darauf hinaus, Abweichungen der realen Wechselkurse von den FEERs zwischen den wichtigsten Ländern zu begrenzen, um hierüber Misalignments auf globaler Ebene entgegenzuwirken. Nach Williamson sind die realen Gleichgewichtskurse in Zentralparitäten für die nominalen Wechselkurse zu überführen. Da die Berechnung der FEER normative Elemente enthält und mit Unsicherheit behaftet ist, sollen um die Paritäten für die nominalen Wechselkurse verhältnismäßig weite Bandbreiten von ± 10 Prozent errichtet werden.[29] Durch die Festlegung eines relativ weiten Wechselkursbandes sollen gleichzeitig Paritätsanpassungen verhindert werden, die dem Umfang nach über die vereinbarten Bandbreiten hinaus gehen und infolgedessen mit Wechselkurssprüngen verbunden sind. Die Errichtung eines verhältnismäßig weiten Wechselkursbandes soll also auch dazu dienen, daß die Möglichkeiten einer "Einbahnspekulation" an den Rändern der Zielzone eingedämmt werden.[30]

Da nicht die Schwankungen der nominalen Wechselkurse, sondern die Bewegungen der realen Wechselkurse durch die Errichtung von Zielzonen begrenzt werden sollen, müssen Divergenzen

[27] Vgl. Williamson (1985), S. 48f.

[28] Eine ausführliche Darstellung des Peso-Problems und der Funktionsweise von "rationalen spekulativen Blasen" findet sich in Frenkel, M. (1994), S. 89ff.

[29] Vgl. Williamson (1985), S. 66.

[30] Vgl. Williamson (1993), S. 192.

zwischen den Inflationsraten der betrachteten Länder durch eine regelmäßige Anpassung der Paritäten für die nominalen Wechselkurse aufgefangen werden.[31] In unserer Terminologie läuft der Zielzonenvorschlag von Williamson daher auf ein "crawling band" hinaus. Neben diesen regelgebundenen Anpassungen der Zentralparität sind Realignments für den Fall vorgesehen, daß sich die FEERs entweder durch eine Umlenkung der nachhaltigen Kapitalströme oder durch eine dauerhafte und asymmetrisch wirkende Veränderung der Nachfrage- oder der Angebotsbedingungen ändern. Nach Williamson nehmen die nachhaltigen Nettokapitalimporte eines Landes in der Regel bei einer Liberalisierung der Finanzmärkte zu und bei einem Verlust an Kreditfähigkeit ab. Dauerhafte und asymmetrisch wirkende Veränderungen der Angebots- und Nachfragebedingungen werden auf Unterschiede in den Wachstumsraten der betrachteten Länder, Rohstofffunde und exogen gegebene Veränderungen der "terms of trade" zurückgeführt.[32]

Nach dem Vorschlag von Williamson soll die Verteidigung der Wechselkurszielzonen durch eine entsprechende Ausrichtung der Geldpolitik sichergestellt werden. Hierbei ist vorgesehen, daß ein Ausscheren aus dem Wechselkursband durch symmetrische und nicht-sterilisierte Devisenmarktinterventionen verhindert wird, woraus sich letztlich die Notwendigkeit einer wechselkursbezogenen, internationalen Abstimmung der Geldpolitik ergibt. Vor diesem Hintergrund trägt die Vorgabe von Wechselkurszielzonen nach Williamson dazu bei, divergierenden wirtschaftspolitischen Entwicklungen und daraus resultierenden Misalignments vorzubeugen. Weil sich der Zielzonenvorschlag von Williamson auf die Währungen der wirtschaftlich bedeutendsten Länder bezieht, sind obligatorische Interventionen oder sonstige bindende Verpflichtungen zur Aufrechterhaltung der Zielzone nicht vorgesehen. Dies wird damit begründet, daß ein relativ großes und geschlossenes Land wie die USA sich wohl kaum dazu verpflichten wird, im Konfliktfall zwischen außenwirtschaftlichen und binnenwirtschaftlichen Zielen die Geldpolitik konsequent auf die Verteidigung der Zielzone auszurichten.[33]

Der Anforderung eines hinreichend großen Spielraums für eine binnenwirtschaftlich orientierte Geldpolitik soll in dem Zielzonenkonzept von Williamson durch die Errichtung eines relativ

---

[31] Vgl. Williamson (1985), S. 67.

[32] Vgl. Williamson (1985), S. 15.

[33] Vgl. Williamson (1985), S. 64f.

breiten Wechselkursbandes Rechnung getragen werden. Weil die Verteidigung des externen Gleichgewichts nach dem Zielzonenvorschlag von Williamson ebenfalls in den Zuständigkeitsbereich der Geldpolitik fällt, soll in erster Linie die Fiskalpolitik zur Realisation des internen Gleichgewichts eingesetzt werden. Im Konfliktfall zwischen den binnenwirtschaftlichen und den außenwirtschaftlichen Anforderungen an die Wirtschaftspolitik ist die Fiskalpolitik als alleiniges Instrument zur Wahrung der Preisstabilität bei größtmöglicher Auslastung der Produktionsfaktoren vorgesehen. Nach Williamson und Miller (1987) soll das interne Gleichgewicht durch eine feste Bindung der Fiskalpolitik an eine Abweichung der Wachstumsrate des nominalen Bruttosozialprodukts von einem Zielwert gewährleistet werden.[34] Bei einem Konflikt zwischen den Zielen Preisniveaustabilität und Vollbeschäftigung besteht jedoch die Gefahr, daß von einem auf die Inflationsbekämpfung ausgerichteten restriktiven wirtschaftspolitischen Kurs abgesehen wird.[35] Die Fiskalpolitik soll daher nach Williamson und Miller dadurch entlastet werden, daß das nationale Preisniveau auf globaler Ebene durch eine kooperative Steuerung des (realen) Weltzinsniveaus stabilisiert wird.[36]

Der Zielzonenvorschlag von Williamson sieht vor, daß die Devisenmarktteilnehmer durch die Veröffentlichung der Wechselkurszielzonen einen Anker für ihre Wechselkurserwartungen erhalten. Eine Bekanntgabe der Wechselkurszielzonen trägt nach der Einschätzung von Williamson zum einen dazu bei, daß die Devisenmarktteilnehmer wertvolle Informationen über den mittelfristig zu erwartenden wirtschaftspolitischen Kurs erhalten und Ineffizienzen des Devisenmarktes infolgedessen beseitigt werden. Zum anderen können überzogene Reaktionen auf eine für die kurze Frist erwartete Änderung in der wirtschaftspolitischen Kursrichtung verhindert werden und ein daraus unter Umständen resultierender wirtschaftspolitisch ungewollter Regimewechsel verhindert werden. Schließlich trägt die glaubhafte Bekanntgabe einer Zielzone für den nominalen Wechselkurs dazu bei, daß ein Fortbestehen einer spekulativen Blase nur über einen relativ kurzen Zeitraum mit rationalen Erwartungen konsistent ist und damit fundamental unge-

---

[34] In Landmann (1990) werden die Besonderheiten des "Blueprint for the International Coordination of Economic Policy" von Williamson und Miller (1987) mit Hilfe eines einfachen Makromodells umfassend dargestellt und die Vor- und Nachteile dieses Vorschlages modelltheoretisch abgeleitet. Ein Überblick über den "Blueprint" findet sich auch in Willms (1992), S. 166ff.

[35] Vgl. Frenkel, J. A. und Goldstein (1986), S. 650f.

[36] Vgl. Williamson und Miller (1987), S. 2 und S. 15ff.

rechtfertigte Wechselkursbewegungen restringiert werden. Insgesamt läßt sich festhalten, daß über die Veröffentlichung der Wechselkurszielzone erwartungsbedingte Misalignments verhindert werden können, wenn die Verteidigung der Zielzone glaubhaft angekündigt wird.

- *Einwände gegen das Zielzonenkonzept von Williamson*

Kritiker des Zielzonenvorschlags von Williamson setzen zum einen an den Unsicherheiten bei der Berechnung der FEERs an. In dem partialanalytischen Ansatz von Williamson (1985) wird mit Hilfe des "multilateral exchange rate model" des IWF berechnet, um wieviel sich der reale Wechselkurs ändern muß, damit für gegebene Parameterwerte der Import- und Exportelastizitäten die Zielwerte des externen sowie des internen Gleichgewichts erreicht werden. Sensibilitätsanalysen zeigen, daß die errechneten FEERs in Abhängigkeit von den zugrundegelegten Parameterwerten und den Zielwerten für das externe und das interne Gleichgewicht stark von einander abweichen.[37] Daneben zeigt eine Testrechnung von Williamson (1994), daß die Schätzwerte für die FEERs in Abhängigkeit von dem zugrundegelegten Modell beträchtlich variieren.[38] Schließlich ist kritisch anzumerken, daß in dem partialanalytischen Ansatz von Williamson (1985) Rückwirkungen des realen Wechselkurses auf das Vollbeschäftigungsniveau und das außenwirtschaftliche Gleichgewicht keine Berücksichtigung finden.[39] Zusammengenommen verdeutlichen die Sensibilitätsanalysen, daß sich der "richtige" Referenzkurs eines Zielzonenregimes nicht objektiv bestimmen läßt. Ein Zielzonensystem ist daher mit der Gefahr verbunden, daß sich der Gleichgewichtskurs nicht innerhalb der errichteten Zielzone befindet und erst durch die Stabilisierung des realen Wechselkurses Misalignments aufgebaut werden.[40]

---

[37] In Bayoumi, Clark, Symanski und Taylor (1994) werden für sechs verschiedene Länder die FEERs auf der Grundlage von alternativen Werten für die exogen gegebenen Größen berechnet. Die Studie kommt zu dem Ergebnis, daß die Abweichungen zwischen dem niedrigsten und dem höchsten FEER-Wert von knapp 10 Prozent (Deutschland) bis zu 27 Prozent (Kanada) betragen.

[38] In der Berechnung von Williamson (1994)mit sechs verschiedenen makroökonomischen Modellen reichen beispielsweise die für das vierte Quartal 1989 geschätzten Misalignments der italienischen Lira von einer Unterbewertung in Höhe von 31% bis zu einer Überbewertung in Höhe von 15 %.

[39] Vgl. hierzu Driver und Wren-Lewis (1999), S. 139ff.

[40] Vgl. Coure und Pisani-Ferry (1999), S. 6.

Zum anderen läßt sich der Zielzonenvorschlag von Williamson dahingehend kritisieren, daß sich die Wechselkurserwartungen vermutlich nur dann durch die Errichtung einer Zielzone stabilisieren lassen, wenn die Verteidigung der Zielzone durch eine Interventionsverpflichtung an den Zonenrändern und nur gelegentlichen Anpassungen der Zentralparität glaubhaft angekündigt wird und relativ enge Bandbreiten eingerichtet werden. Dies setzt einerseits voraus, daß von einer Stabilisierung des realen Wechselkurses abgesehen wird und statt dessen die Fluktuationen des nominalen Wechselkurses begrenzt werden. Andererseits erfordert die bindende Vereinbarung zur Verteidigung eines engen Wechselkursbandes, daß die beteiligten Länder auf eine binnenwirtschaftlich ausgerichtete Geldpolitik weitgehend verzichten. Da in diesem Fall die Autonomie der Geldpolitik verloren geht, müssen die betrachteten Länder für ihre Inflationskontrolle einen alternativen Anker zur Verfügung haben.

Wie bereits dargestellt wurde, schlagen Williamson und Miller (1987) zur Inflationskontrolle eine verbindliche Orientierung der Fiskalpolitik an eine Bruttosozialprodukt-Regel vor, die jedoch im Konfliktfall zwischen Preisniveaustabilität und Vollbeschäftigung nicht sicherstellen kann, daß der zur Inflationsbekämpfung erforderliche restriktive Kurs in der Fiskalpolitik auch tatsächlich eingeschlagen wird. Die von Williamson und Miller vorgeschlagene international koordinierte Zinspolitik stellt für die Fiskalpolitik keine Entlastung dar, weil mit Hilfe einer koordinierten Zinspolitik lediglich das aggregierte Weltnachfragewachstum und damit die Weltinflationsrate und nicht die nationalen Inflationsraten steuerbar sind.[41] Daneben ist der Einfluß der Fiskalpolitik auf das inländische Preisniveau als sehr begrenzt einzustufen, wenn es sich bei dem betrachteten Land um eine kleine und offene Volkswirtschaft handelt und damit die Weltmarktpreise exogen gegeben sind und das inländische Preisniveau entscheidend beeinflussen. Insgesamt läßt sich damit festhalten, daß die Errichtung einer Zielzone für den nominalen Wechselkurs aus der Sicht eines Landes nur dann vertretbar ist, wenn über die Wechselkursanbindung Preisstabilität aus dem Ausland importiert werden kann.

Die vorangegangenen Überlegungen deuten an, daß sich der in jüngster Zeit unterbreitete Vorschlag die Wechselkurse zwischen den Währungen der großen und relativ geschlossenen Wirtschaftsblöcken USA, Japan und EWWU durch Wechselkurszielzonen zu stabilisieren

---

[41] Zur Kritik vgl. Landmann (1990).

politisch kaum durchsetzen läßt, wenn eine bindende Verpflichtung zur Verteidigung der Zielzone vorgesehen ist. Daneben erfordert ein Zielzonensystem mit symmetrischen Interventionen ein hohes Maß an internationaler Zusammenarbeit. Angesichts der mangelnden Objektivität bei der Bestimmung der Gleichgewichtskurse und den unterschiedlichen Zielvorstellungen zwischen den Ländern besteht die Gefahr, daß bereits die Errichtung eines Zielzonenregimes an der Festlegung der Zentralparität scheitert. Schließlich stellt sich angesichts der Schwierigkeiten bei der Bestimmung der Gleichgewichtskurse die Frage, ob Fehlbewertungen der Wechselkurse durch Zielzonen für die realen Wechselkurse verhindert werden oder ob nicht eher die Gefahr besteht, daß erst durch die Festlegung eines "falschen" Referenzwertes Misalignments verursacht werden.

- *Zur Bedeutung der Größe und der Offenheit eines Landes für die Wahl des Wechselkurssystems*

Während sich die großen und relativ geschlossenen Industrieländer mit Blick auf die angestrebte Wahrung der Preisstabilität in der Regel für eine autonome Geldpolitik und mithin für flexible Wechselkurse entscheiden, wird die Entwicklung des Preisniveaus und der Konjunktur in einer kleinen offenen Volkswirtschaft entscheidend durch die Wechselkursentwicklung bestimmt. Da die Wirksamkeit der Geldpolitik in einer kleinen und offenen Volkswirtschaft begrenzt ist und die binnenwirtschaftlichen Ziele durch Wechselkursfluktuationen verletzt werden, haben sich eine Vielzahl von kleinen und offenen Industrieländern dafür entschieden, die Geldpolitik offiziell einem Wechselkursziel unterzuordnen.[42] Beispiele hierfür sind die EWWU, innerhalb derer die Wechselkurse der Mitgliedsländer vollkommen fixiert sind und der neue europäische Wechselkursmechanismus (kurz WKM II), in dem für die Wechselkurse der hieran teilnehmenden Länder gegenüber dem Euro eine Wechselkurszielzone von ±15 Prozent errichtet wurde.

Neben dem Offenheitsgrad und der Größe einer Volkswirtschaft hängt die außenwirtschaftliche Ausrichtung der Geldpolitik auch von der Fähigkeit ab, eine glaubwürdige Stabilisierungspolitik betreiben zu können. Im Gegensatz zu den Industrieländern ist es für die Wirtschaftssubjekte

---

[42] Vgl. hierzu die Untersuchungen vom International Monetary Fund (1997 und 1998), S. 13 und S. 6 sowie International Monetary Fund (1984a), S. 18. Eine umfassende Darstellung der Wechselkursregelungen in den Entwicklungs- und Transformationsländern findet sich auch in dem Beitrag des International Monetary Fund (2000), S. 24ff.

innerhalb der Gruppe der Transformations-, Schwellen- und Entwicklungsländer nicht möglich, auf eine lange Historie einer praktizierten Stabilitätspolitik zurückzugreifen. In den Transformations-, Schwellen- und Entwicklungsländern mangelt es daher an einem Anker für die Inflations- und Wechselkurserwartungen, so daß für diese Ländergruppe im Durchschnitt stärkere Fluktuationen der Wechselkurse zu erwarten sind als für die Industrieländer. Daneben sind die Kapitalmärkte der Transformations-, Schwellen- und Entwicklungsländer bei weitem nicht so breit und tief wie die der Industrieländer, so daß die hohe Wechselkursvolatilität den Außenhandel dieser Ländergruppe entsprechend stark behindern dürfte. Vor diesem Hintergrund versuchen viele Transformations-, Schwellen- und Entwicklungsländer die Volatilität ihrer Wechselkurse durch eine offizielle Anbindung an eine preisstabile Währung einzudämmen.

Während die meisten Entwicklungs- und Schwellenländer nach dem Zusammenbruch des Bretton Woods-Systems zunächst auf eine eigenständige Geldpolitik verzichteten und ihre heimische Währung an eine Ankerwährung banden, ist in den neunziger Jahren ein Trend zu flexibleren Wechselkursen zu verzeichnen. Nach einer Studie des IWF (1997) haben sich 1976 fast alle Entwicklungs- und Schwellenländer (86 Prozent) für ein Regime fester Wechselkurse entschieden, während 1996 die Mehrheit dieser Länder (52 Prozent) ein System weitgehend flexibler Wechselkurse praktizierte. Findet zusätzlich Berücksichtigung, daß die asiatischen Krisenländer bis zum Ausbruch der Asienkrisen im Juni 1997 inoffiziell ein Wechselkursziel verfolgten und dieses als Folge der Turbulenzen auf den Finanzmärkten weitgehend aufgegeben haben, wurde seitdem die Tendenz zu flexiblen Wechselkursen sogar noch verstärkt. Hierbei verfolgt die Mehrheit der Entwicklungs- und Schwellenländer eine Politik des kontrollierten Floatings, um übermäßige Wechselkursfluktuationen zu glätten und Misalignments vorzubeugen.[43] Im Gegensatz zu den Entwicklungs- und Schwellenländern erstreckt sich die Palette der Wechselkursregime in den potentiellen Beitrittskandidaten der EWWU von festen Wechselkursen über die verschiedenen Formen hybrider Wechselkursregime bis hin zu flexiblen Wechselkursen (vgl. Abbildung 2.2).

Angesichts der Turbulenzen auf den internationalen Finanzmärkten nach dem Ausbruch der Asienkrise und dem damit verbundenen Zusammenbruch einer Vielzahl von Systemen anpas-

---

[43] Vgl. die Untersuchung des International Monetary Fund (1997), S. 79ff.

sungsfähiger fester Wechselkurse hat beim IWF die Neigung zugenommen, seinen Mitgliedsländern von hybriden Wechselkursregimen abzuraten und statt dessen in Abhängigkeit von den ökonomischen Rahmenbedingungen in den Ländern entweder feste oder flexible Wechselkurse zu empfehlen.[44] Häufig läßt sich jedoch nicht eindeutig feststellen, ob die ökonomischen Bedingungen in einem Land in ihrer Gesamtheit eher für feste oder für flexible Wechselkurse sprechen. Unter diesen Gegebenheiten stellt sich die Frage, ob durch die Einführung einer harten Zielzone für den nominalen Wechselkurs eher die Vorteile oder die Nachteile der beiden extremen Lösungen vereint werden. In der vorliegenden Arbeit soll daher unter anderem beleuchtet werden, unter welchen Umständen es für kleine und offene Volkswirtschaften empfehlenswert ist, die Fluktuationen ihrer Wechselkurse durch die Errichtung eine Zielzone mit obligatorischen Interventionen an den Zonenrändern zu begrenzen. Hierbei baut die Arbeit auf dem Krugman'schen Grundmodell einer harten Wechselkurszielzone (1991) auf, das im folgenden dargestellt wird.

2.2 Das Krugman-Modell

2.2.1 Der Modellrahmen

Im Krugman'schen Grundmodell einer Wechselkurszielzone (1991) wird der aktuelle Wechselkurs gemäß dem Asset-Pricing-Ansatz zum einen durch das laufende Niveau der Fundamentalvariablen und zum anderen durch den bedingten, mathematischen Erwartungswert der Wechselkursänderungsrate bestimmt, der unter Ausschöpfung aller verfügbaren Informationen gebildet wird. Die Modellierung der Fundamentalfaktoren folgt der monetären Wechselkurstheorie bei perfekt flexiblen Preisen, die sich durch das folgende Zwei-Länder-Modell beschreiben läßt[45]:

$$m = p + k \cdot y - \alpha \cdot i, \tag{2.1}$$

[44] Vgl. die Beiträge vom International Monetary Fund (1997 und 1998).

[45] Im Mittelpunkt des Beitrags von Krugman (1991) steht die Frage, wie die Wechselkursdynamik im Band durch die Errichtung einer Zielzone beeinflußt wird. Da die Modellierung der Wechselkursfundamentalfaktoren zur Beantwortung dieser Frage irrelevant ist, wird in Krugman (1991) auf das zugrundeliegende Wechselkursmodell nicht näher eingegangen. In Krugman (1992), S. 9 wird jedoch darauf hingewiesen, daß der Ausgangspunkt des Zielzonenmodells "*a stripped down monetary model*" bildet.

$$m^* = p^* + k \cdot y^* - \alpha \cdot i^*, \tag{2.2}$$

$$p = s + p^*, \tag{2.3}$$

$$i = i^* + \alpha \cdot \frac{E[ds \mid I]}{dt}, \tag{2.4}$$

wobei *m, p, y* und *s* die natürlichen Logarithmen von Geldmenge, Preisniveau, Realeinkommen und Wechselkurs bezeichnen. Der Wechselkurs ist als Preis der Auslandswährung in inländischen Währungseinheiten definiert. Die Größen des Auslandes sind durch das Symbol " * " gekennzeichnet. Die Variable *i* einerseits und der Term $i^* + E[ds|I]/dt$ stehen für die Ertragsrate einer repräsentativen festverzinslichen Wertpapieranlage aus der Sicht des inländischen Anlegers. Hierbei bezeichnet *i* den Zinssatz und $E[ds|I]/dt$ die erwartete Wechselkursänderungsrate.[46] Krugman unterstellt, daß sich die Ertragsraten auf einen infinitesimal kurzen Zeitraum beziehen. Die Informationsmenge, die bei der Erwartungsbildung zugrunde gelegt wird, ist durch die Größe *I* repräsentiert. Die Parameter *k* und α stehen für die Einkommens- und die Zinselastizität der Geldnachfrage und werden als konstant angenommen. Zur Vereinfachung wird unterstellt, daß *k* und α im In- und Ausland übereinstimmen.

Die Gleichungen (2.1) und (2.2) beschreiben die Gleichgewichtsbedingungen für den in- und für den ausländischen Geldmarkt und stellen den Ausgangspunkt der monetären Wechselkurstheorie dar. Auf der linken Seite der beiden Gleichungen ist das Geldangebot aufgeführt, das im Modell exogen gegeben ist. Die Geldnachfrage ist jeweils auf der rechten Seite der beiden Gleichungen beschrieben und wird durch die Variablen Preisniveau, Realeinkommen und Zinssatz bestimmt.[47] Neben der Geldmenge ist auch das Realeinkommen in dem zugrundegelegten Modellansatz exogen gegeben. Es wird unterstellt, daß die Flexibilität der Preise unendlich hoch ist, so daß ein

---

[46] Hierbei ist zu beachten, daß die Veränderung des Logarithmus einer Variablen ($E[ds]$) approximativ ihrer Wachstumsrate entspricht.

[47] In nicht-logarithmierter Form lautet die Geldmarktgleichgewichtsbedingung $M/P = Y^k \exp(-\alpha i)$. Es ist im folgenden zu beachten, daß *i* trotz der Verwendung eines Kleinbuchstabens eine nicht-logarithmierte Variable darstellt. Die Nachfrage auf dem Geldmarkt eines Landes wird ausschließlich durch die nationalen Größen bestimmt.

Ungleichgewicht auf den Geldmärkten über eine endogene Anpassung der Preise sofort beseitigt wird.

Ein weiterer Baustein der monetären Wechselkurstheorie besteht in der Annahme, daß die absolute Kaufkraftparitätentheorie (Gleichung (2.3)) permanent erfüllt ist. Hiernach wird der nominale Wechselkurs durch das Verhältnis zwischen dem in- und dem ausländischen Preisniveau bestimmt, das im Modellzusammenhang steigt, wenn auf dem inländischen Geldmarkt ein Angebotsüberschuß oder auf dem ausländischen Geldmarkt ein Nachfrageüberschuß besteht. Die angenommene Gültigkeit der absoluten Kaufkraftparität impliziert zum einen, daß in- und ausländische Güter homogen und handelbar sind und keine Transportkosten anfallen. Unter diesen Annahmen wird durch die Güterarbitrage die Unterschiedslosigkeit der in- und ausländischen Güterpreise erzwungen. Zum anderen wird implizit angenommen, daß die Konsumstruktur im In- und Ausland übereinstimmt, so daß sich das Gesetz der Unterschiedslosigkeit der Preise auf die Preisniveaus übertragen läßt. Die Annahme der permanenten Gültigkeit der Kaufkraftparität impliziert, daß der reale Wechselkurs im Zeitablauf konstant bleibt und Eins beträgt. Infolgedessen sind Schwankungen des realen Wechselkurses und damit einhergehende Misalignments, die nach dem Vorschlag von Williamson (1985) durch die Errichtung einer Zielzone für den realen Wechselkurs begrenzt werden sollen, in dem Ansatz von Krugman ausgeschlossen.

Den dritten und letzten Baustein der monetären Wechselkurstheorie bildet die ungedeckte Zinsparität, die in Gleichung (2.4) formuliert ist und eine Übereinstimmung der in- und der ausländischen Ertragsraten beinhaltet.[48] Die Gültigkeit der ungedeckten Zinsparität setzt voraus,

---

[48] Gleichung (2.4) wird wie folgt hergeleitet. Ein inländischer Investor erhält für einen bestimmten in Inlandswährung ausgedrückten Anlagebetrag A im Inland einen sicheren Bruttoertrag in Höhe von $(1+i)A$. Würde er statt dessen den Anlagebetrag A im Ausland anlegen, müßte er zunächst den Anlagebetrag A zum Kurs der Auslandswährung 1/S in Auslandswährung umtauschen. Hierbei stehen S für den nicht-logarithmierten Preis der Auslandswährung in inländischen Währungseinheiten und 1/S für den Preis der Inlandswährung in ausländischen Währungseinheiten. Der Bruttoertrag der alternativen Auslandsanlage beträgt damit in Auslandswährung $[(1+i^*)/S]A$. Weil der Wechselkurs, zu dem der Bruttoertrag der Auslandsanlage zum Zeitpunkt t+1 in Inlandswährung transferiert wird, zum Zeitpunkt t nicht bekannt ist, geht die Auslandsanlage mit einem Wechselkursrisiko einher. Die Annahme vollkommener Substitutionsbeziehungen zwischen in- und ausländischen Anlagen impliziert, daß sich verhält der Investor risikoneutral verhält. In diesem Fall ist der Investor indifferent zwischen einer In- und einer Auslandsanlage, wenn der sichere Bruttoertrag der Inlandsanlage $(i+1)A$ dem in Inlandswährung erwarteten Ertrag der Auslandsanlage $[(1+i^*)S^e/S]A$ entspricht. Diese Bedingung ist erfüllt, wenn gilt:

daß in- und ausländische Assets perfekte Substitute bilden und perfekte Kapitalmobilität gegeben ist. Unter diesen Umständen sorgt die Zinsarbitrage dafür, daß die Ertragsraten von in- und ausländischen Kapitalmarktanlagen übereinstimmen.

Aus dem Gleichungssystem (2.1) - (2.4) resultiert die fundamentale Bestimmungsgleichung für den Wechselkurs:

$$s = m + v + \alpha \cdot \frac{E[ds \mid I]}{dt}, \qquad mit\ v = -m + k \cdot \{y - y\}, \tag{2.5}$$

wonach der aktuelle Wechselkurs durch die laufenden Fundamentalvariablen und durch die erwartete Wechselkursänderungsrate bestimmt wird. Hierbei werden die Fundamentalvariablen der monetären Wechselkurstheorie folgend durch das Geldangebot im In- und im Ausland und den einkommensabhängigen Bestandteil der in- und der ausländischen Geldnachfrage repräsentiert.

Im Grundmodell einer Wechselkurszielzone werden die Fundamentalfaktoren unter dem Gesichtspunkt der Kontrollierbarkeit in zwei Komponenten zerlegt. Es wird angenommen, daß die Geldmenge m ausschließlich durch die Zentralbank steuerbar ist und zur Verteidigung der Zielzone eingesetzt wird. Die übrigen Fundamentalfaktoren sind im Modell exogen gegeben und werden zur Größe v aggregiert.[49] Mithin hat das Inland keinen Einfluß auf die Größen des Auslandes, so daß es sich bei dem betrachteten Land um eine kleine Volkswirtschaft handelt. Die unkontrollierbare Variable v wird stochastisch modelliert als Prozeß einer Brown'schen Bewe-

---

$$(i - i^*) / (1 + i^*) = (S^e - S) / S$$

Weil i^* relativ klein ist, gilt näherungsweise:

$$(i - i^*) = (S^e - S) / S.$$

[49] In Krugman (1992, S. 9) wird v als "*general purpose term encompassing changes in real output, money demand, and anything else other than the money supply and expected depreciation that could affect the exchange rate*" bezeichnet. Dies verdeutlicht, daß der Zielzonenansatz von Krugman offen ist für verschiedene Ansätze zur Bestimmung der Wechselkursfundamentalfaktoren. Unter den Annahmen des monetären Ansatzes der Wechselkursbestimmung nimmt v zu, wenn das Geldangebot im Ausland (m^*) sinkt und/oder der einkommensabhängige Bestandteil der ausländischen Geldnachfrage ($k \cdot y^*$) steigt und damit ein Nachfrageüberschuß nach ausländischem Geld ausgelöst wird. Außerdem steigt v an, wenn der einkommensabhängige Bestandteil der inländischen Geldnachfrage ($k \cdot y$) sinkt und hierüber ein Angebotsüberschuß an inländischem Geld induziert wird.

gung ohne Trend (stetiger Random-Walk-Prozeß).[50] Dieser Prozeß $v(t)$ ist dadurch charakterisiert, daß er zum Zeitpunkt $t=0$ mit einem Wert von Null startet ($v(0)=0$) und sich sein Wert von da an kontinuierlich im Zeitverlauf ändert.[51] Hierbei nimmt die Prozeßvariable v zu jedem beliebigen Zeitpunkt mit der gleichen Wahrscheinlichkeit zu mit der sie auch abnimmt. Dies impliziert, daß der bedingte Erwartungswert einer auf die (endliche) Zukunft bezogenen Veränderung von v zu jedem Zeitpunkt gleich Null ist ($E[dv|I]=0$). Gleichzeitig sind ausgehend vom Startwert $v(0) = 0$ alle Aufwärtsbewegungen von $v(t)$ gleich wahrscheinlich wie entsprechend starke Abwärtsbewegungen von $v(t)$. Demzufolge ist der unbedingte Erwartungswert von v ($E[v(t)]$) gleich Null ist.[52] Für die lange Frist wird also erwartet, daß sich die Fluktuationen der stochastischen Variablen v im Mittel ausgleichen.

Im Krugman-Modell wird der modelltheoretische Rahmen der monetären Wechselkurstheorie um die Annahme rationaler Erwartungen erweitert.[53] Rationale Erwartungen sind erstens dadurch charakterisiert, daß die Wirtschaftssubjekte alle verfügbaren Informationen nutzen, um den zukünftigen Wechselkurs prognostizieren zu können. Hierbei umfaßt die verfügbare Informationsmenge I sowohl Informationen über die laufenden Realisationen der Einflußfaktoren als auch

---

[50] Die Wechselkursdynamik in einer Zielzone wurde bereits in Krugman (1987) modelliert. Im Gegensatz zu dem Krugman'schen Standardmodell einer Wechselkurszielzone (1991), das den Ausgangspunkt der theoretischen Zielzonenliteratur bildet, wird hier jedoch unterstellt, daß die nicht-steuerbare Fundamentalgröße v einem einfachen (diskreten) Random-Walk-Prozeß folgt. Diese vorgenommene Modifikation des stochastischen Prozesses der Fundamentalgröße v ist für die Aussagen des Zielzonenmodells im Hinblick auf die Wechselkursdynamik im Band irrelevant. Mit Hilfe der vorgenommenen Modifikation läßt sich jedoch die Beziehung zwischen dem Zielzonenwechselkurs und den Fundamentalvariablen auf eine analytisch elegantere Weise bestimmen. Der in Krugman (1991) repräsentierte Lösungsansatz für den Zielzonenwechselkurs wurde in der neueren Zielzonenliteratur durchweg übernommen und durch realistischere Annahmen verfeinert.

[51] Vgl. etwa Bertola (1994), S. 263ff.

[52] Die Eigenschaften der Brown'schen Bewegung werden in Kapitel 2.2.4.1 dieser Arbeit ausführlich dargestellt. Bis dahin ist für die ökonomische Analyse lediglich entscheidend, daß der bedingte Erwartungswert der zeitlichen Zuwächse von v gleich Null ist ($E[dv|I] = 0$) und der unbedingte Mittelwert des stochastischen Prozesses $v(t)$ identisch ist mit dem Startwert $v(0) = 0$ ($E[v] = 0$). Eine Implikation von $E[dv|I] = 0$ ist, daß der aktuelle Wert von v der beste Prediktor für die in der (endlichen) Zukunft eintretenden Realisationen von v ist. Hierbei ist jedoch zu berücksichtigen, daß für die lange Frist dem Startwert $v(0) = 0$ eine höhere Wahrscheinlichkeitsmasse und damit eine bessere Prognosegüte zugeordnet wird, weil sich im langfristigen Durchschnitt die Fluktuationen von v um den Startwert $v(0) = 0$ ausgleichen $E[v] = 0$. In dem Grundmodell einer Zielzone spielt dieser Zusammenhang ökonomisch keine Rolle, weil sich die erwartete Wechselkursänderungsrate auf einen infinitesimal kurzen Zeitraum bezieht. In unserer Modellmodifikation im Kapitel 4 dieser Arbeit ist dieser Zusammenhang allerdings zu berücksichtigen, weil hier die Wechselkursänderungsrate eine Determinante der Güternachfrage darstellt, die für die *lange Frist* erwartet wird.

[53] Das Konzept rationaler Erwartungen geht auf Muth (1961) zurück.

Informationen über die Wahrscheinlichkeitsverteilung der Einflußgrößen in zukünftigen Perioden.[54] Im Fall rationaler Erwartungen stimmt daher die erwartete Wechselkursänderungsrate mit dem bedingten, mathematischen Erwartungswert ($E[...|I]$) der prozentualen Wechselkursänderung überein, der unter Verwendung aller verfügbaren Informationen gebildet wird. Zweitens legen die Wirtschaftssubjekte zur Prognose der künftigen Wechselkursentwicklung jenes Modell zugrunde, das die "wahren" ökonomischen Abläufe am besten beschreibt. Diese beiden Annahmen haben zusammengenommen zur Folge, daß systematische Erwartungsirrtümer ausgeschlossen sind. Erwartungsirrtümer treten nur dann auf, wenn der Wechselkurs durch Ereignisse beeinflußt wird, die aufgrund eines unzureichenden Informationsstandes nicht vorhersehbar waren.

Im Grundmodell einer Wechselkurszielzone wird der Wechselkurs einerseits durch die beiden Fundamentalvariablen m und v und andererseits durch den bedingten Erwartungswert der Wechselkursänderungsrate determiniert. Damit sind die Wechselkursänderungserwartungen für die tatsächliche Wechselkursentwicklung von zentraler Bedeutung. Im Fall rationaler Erwartungen findet in den Wechselkurserwartungen Berücksichtigung, daß der tatsächliche Wechselkurs nicht nur durch die Fundamentalfaktoren, sondern auch durch die Wechselkurserwartungen selbst beeinflußt wird. Hierbei werden rationale spekulative Blasen von Krugman ausgeschlossen, so daß die Wechselkursänderungserwartungen und damit auch der Wechselkurs allein durch die laufenden Fundamentaldaten und ihre erwartete Entwicklung bestimmt werden.[55] Weil der Einfluß der Wechselkurserwartungen auf den tatsächlichen Wechselkurs in den rationalen Wechselkurserwartungen berücksichtigt wird, werden die rationalen Erwartungen "vorwärtsschauend" gebildet. Im Modellzusammenhang hat dies zur Folge, daß in den Erwartungswert der Wechselkursänderungsrate ($E[ds|I]$) nicht nur die über die entsprechende Bezugsperiode

---

[54] Vgl. Gaab (1983), S. 43f.

[55] Wie in Frenkel, M. (1994) S. 89ff gezeigt wird, sind rationale spekulative Blasen mit dem Modellrahmen des Asset-Pricing-Ansatzes durchaus konsistent. Eine Voraussetzung für das Auftreten einer rationalen spekulativen Blase ist jedoch, daß die Wirtschaftssubjekte den Zeitpunkt des Platzens nicht antizipieren können. Da die Verteidigung der Wechselkurszielzone im Krugman-Modell perfekt glaubwürdig ist, würde der Bubble mit Sicherheit spätestens dann platzen, wenn der Wechselkurs an eine der beiden Bandenden stößt. Weil die rational handelnden Wirtschaftssubjekte vor dem sicheren Zeitpunkt des Platzens ihre Devisen verkaufen, würde der Bubble bereits vorher mit Sicherheit platzen. Aufgrund des "vorwärtsschauenden" Charakters rationaler Erwartungen, ist dieses Argument zu jedem beliebigen früheren Zeitpunkt gültig. Im Grundmodell einer perfekt glaubwürdigen Zielzone sind spekulative Blasen daher vom Ansatz ausgeschlossen.

gebildeten bedingten Erwartungswerte einer Veränderung der Kontrollvariablen *m* ($E[dm|I]$) und der Zufallsvariablen *v* ($E[dv|I]$) eingehen. In die erwartete Wechselkursänderungsrate fließen vielmehr die über den gesamten unendlich langen Zeithorizont der Wirtschaftssubjekte erwarteten Entwicklungspfade der Fundamentalvariablen *m* und *v* ein.[56] Im Krugman-Modell folgt die Fundamentalvariable *v* einem exogen gegebenen stochastischen Prozeß. Der bedingte Erwartungswert einer Veränderung der Zufallsgröße *v* ist zu jedem Zeitpunkt gleich Null. Demgegenüber stellt *m* eine Kontrollgröße der Zentralbank dar, die in Abhängigkeit von dem bestehenden Wechselkursregime gesteuert wird. Hierbei wird unterstellt, daß die Geldmengenstrategie der Zentralbank von den Wirtschaftssubjekten antizipiert wird und mithin einen Bestandteil der Informationsmenge *I* darstellt. Im Krugman-Modell hängen daher die Wechselkursänderungserwartungen und hierüber die Wechselkursentwicklung im Kern davon ab, wie die von der Zentralbank kontrollierte Geldmenge in der Zukunft voraussichtlich reagieren wird.

2.2.2 Die Wechselkursdynamik in einer perfekt glaubwürdigen Zielzone

In einem *System vollkommen freier Wechselkurse* sieht die Zentralbank von einer Beeinflussung des Wechselkurses ab. Im Grundmodell bei flexiblen Wechselkursen wird die Geldmenge daher zur Vereinfachung konstant gesetzt. Unter den beiden Annahmen, daß die Geldmenge im Zeitablauf konstant ist und der bedingte Erwartungswert einer Veränderung der stochastischen Fundamentalgröße *v* gleich Null ist, stellt der aktuelle Wechselkurs den besten Prediktor für den zukünftigen Wechselkurs dar. Dies hat im Modellzusammenhang wiederum zur Folge, daß der freie Wechselkurs die Fluktuationen der Random-Größe *v* vollständig absorbiert und damit einem Random-Walk-Prozeß folgt. Wie bereits erwähnt wurde, deckt sich die Random-Walk Eigenschaft des Wechselkurses mit den Ergebnissen einer Vielzahl von empirischen Studien über das Verhalten des Wechselkurses.[57] Insgesamt ergibt sich im Krugman-Modell eine proportionale Abhängigkeit zwischen dem freien Wechselkurs und dem Fundamentalterm $m+v$, die in der Abbildung 2.3 durch die *FF*-Linie dargestellt ist.

---

[56] Dieser Zusammenhang wird in Kapitel 2.2.2 dieser Arbeit ausführlich dargestellt.

[57] Vgl. Kapitel 2.1 dieser Arbeit.

Ein *politisch fixierter Wechselkurs* läßt sich im Modellzusammenhang aufrechterhalten, wenn die Zentralbank die Fluktuationen von v über entgegengerichtete Anpassungen von m auffängt und hierüber die aggregierte Fundamentalgröße $m+v$ konstant hält. In diesem Fall wird ein Ungleichgewicht auf dem Geldmarkt über eine hinreichende Anpassung der Geldmenge abgebaut, so daß eine Reaktion des Wechselkurses ausbleibt. Unter der Annahme, daß diese Ankündigung vollkommen glaubwürdig ist und über den gesamten Zeithorizont der Wirtschaftssubjekte erwartet wird, beträgt die erwartete Wechselkursänderungsrate im Fall fester Wechselkurse Null. Unter diesen Umständen verbleibt das Festkurssystem in seinem Ausgangspunkt, der in Abbildung 2.3 in Abhängigkeit von der konstant gehaltenen Größe $m+v$ durch jeden beliebigen Punkt entlang der *FF*-Linie repräsentiert werden kann.

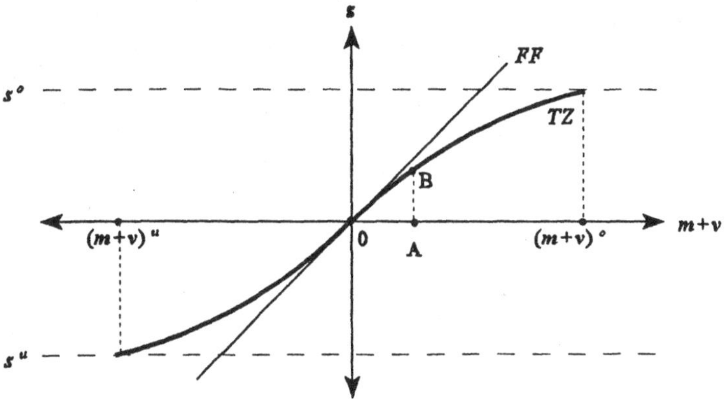

Abb. 2.3: Wechselkursentwicklung innerhalb der Zielzone und bei freien Wechselkursen

Ein *Wechselkurszielzonenregime* ist im Grundmodell einer Wechselkurszielzone dadurch charakterisiert, daß die stochastischen Wechselkursfluktuationen um den langfristigen Durchschnittskurs (Gleichgewichtskurs) auf die beschriebene Weise begrenzt werden. Im Krugman'schen Zielzonenmodell werden die Wechselkursfluktuationen durch die Bewegungen der stochastischen Größe v ausgelöst, die sich im langfristigen Durchschnitt ausgleichen ($E[v]=0$). Der langfristige Durchschnittskurs wird damit als konstant angenommen. Daneben verzichtet Krugman auf eine

Herleitung des langfristigen Mittelkurses; der langfristige Durchschnittskurs ist im Modell exogen gegeben.

Dem Grundmodell einer Wechselkurszielzone folgend wurde in der Abbildung 2.3 der Logarithmus des langfristigen Gleichgewichtskurses Null gesetzt. Daneben wurde der obere Grenzwert s^o und die untere Grenze s^u der Wechselkurszielzone symmetrisch um den Gleichgewichtskurs angelegt. Damit befindet sich der Gleichgewichtskurs in der Mitte des Wechselkursbandes. Krugman nimmt an, daß die Zentralbank nur in dem Umfang auf dem Devisenmarkt interveniert, der zur Verteidigung der Wechselkurszielzone notwendig ist. Im Krugman'schen Zielzonenmodell ist m im Bandinneren daher exogen gegeben und wird analog zum Modell bei flexiblen Wechselkursen konstant gesetzt. Demgegenüber ist die Zentralbank an den Enden der Wechselkurszielzone verpflichtet, m über nicht-sterilisierte Devisenmarktinterventionen derart anzupassen, daß der Wechselkurs an seinen Bandenden verharrt. Dies impliziert, daß am oberen (unteren) Rand der Zielzone eine exogen gegebene Zunahme (Abnahme) von v durch eine endogene Verminderung (Erhöhung) von m kompensiert wird, so daß der Fundamentalterm $m+v$ und damit der Wechselkurs s auf ihren Niveaus verharren. Im Ergebnis wird über die nicht-sterilisierten Devisenmarktinterventionen ein Schwankungsintervall für den Fundamentalterm $m+v$ errichtet, dessen Intervallgrenzen zur gleichen Zeit wie die entsprechenden Grenzen des Wechselkursbandes erreicht werden. In der Abbildung 2.3 ist daher die obere (untere) Grenze des Wechselkursbandes (s^o bzw. s^u) mit einem oberen (unteren) Grenzwert für den Fundamentalterm $m+v$ ($m+v^o$ bzw. $m+v^u$) verbunden.[58]

Im zugrundeliegenden Modell bewegt sich der Wechselkurs im Inneren der Zielzone vollkommen frei. Vor diesem Hintergrund wird auf den ersten Blick der Eindruck vermittelt, daß die Wechselkursdynamik im Inneren der Zielzone dem Entwicklungspfad des Wechselkurses im Regime vollkommen freier Wechselkurse (die *FF*-Linie in Abbildung 2.3) folgt und der Wechselkurs an

---

[58] Weil die Interventionen gerade hinreichend sind, um ausgehend von einer Wechselkursposition am oberen (unteren) Bandende eine stetige Erhöhung (Verminderung) der Zufallsgröße v durch eine Einschränkung (Ausweitung) der Kontrollgröße auszugleichen und damit den Wechselkurs an den Bandenden zu halten, wird diese Interventionsform in der Zielzonenliteratur mit dem Begriff "infinitesimal interventions" bezeichnet. In Flood und Garber (1991) und (1992) wird dagegen unterstellt, daß sich der Wechselkurs aufgrund einer diskreten Anpassung der Geldmenge zurück ins Band bewegt. Diese sogenannten "discrete interventions" haben im Modellzusammenhang zur Folge, daß die Grenzen des Wechselkursbandes früher erreicht werden als die Interventionspunkte des Fundamentalterms.

den Rändern der Zielzone analog zum Regime fester Wechselkurse durch Zentralbankinterventionen fixiert wird. Im Gegensatz zum Fall vollkommen flexibler Wechselkurse, in dem unter den getroffenen Modellannahmen keine Wechselkursänderungen erwartet werden, kommt den Erwartungen im Grundmodell einer Zielzone im Hinblick auf die Wechselkursdynamik im Band eine entscheidende Bedeutung zu. Wie gezeigt wird, hat im Modellzusammenhang die *glaubwürdige* Ankündigung der oben beschriebenen marginalen Zentralbankinterventionen zur Folge, daß die Wechselkursfluktuationen bereits im Bandinneren gedämpft werden. Dieses Ergebnis wird in der Zielzonenliteratur mit dem Begriff "honeymoon"-Effekt bezeichnet. In der Abbildung 2.3 zeigt er sich darin, daß die Gleichgewichtsbeziehung zwischen dem Zielzonenwechselkurs und dem Fundamentalterm $m+v$ (*TZ*-Kurve) *flacher* verläuft als der Gleichgewichtspfad bei vollkommen freien Wechselkursen (*FF*-Kurve).

- *S-förmiger Verlauf der Zielzonenwechselkursfunktion*

Der in Abbildung 2.3 aufgezeigte *S-förmige Verlauf* der Zielzonenwechselkursfunktion (*TZ*-Kurve) impliziert, daß der "honeymoon"-Effekt um so stärker ausgeprägt ist, je näher sich der Wechselkurs an eine der beiden Bandgrenzen befindet. Die wechselkursstabilisierende Wirkung einer glaubwürdig angekündigten Verteidigung der Wechselkurszielzone nimmt also *immer stärker* zu, wenn sich der Wechselkurs durch eine Veränderung der Random-Größe v aus seinem Bandinneren heraus zu einem der beiden Bandenden bewegt. In der Zielzonenliteratur wird auf eine explizite Herleitung des nicht-linearen Verlaufs der Beziehung zwischen dem Zielzonenwechselkurs und den Fundamentalvariablen verzichtet. Da der S-förmige Verlauf der Zielzonenwechselkursfunktion das zentrale Ergebnis des Krugman-Modells ist und den Ausgangspunkt der theoretischen und empirischen Zielzonenliteratur darstellt, soll dieser Zusammenhang im folgenden sukzessive hergeleitet werden.

Während die exogene Fundamentalgröße v bisher als Brown'sche Bewegung (ohne Trend) und damit als *stetiger* stochastischer Prozeß modelliert wurde, unterstellen wir nun, daß v einem *diskreten* Random-Walk-Prozeß folgt. Es wird angenommen, daß v zwischen dem gegenwärtigen Zeitpunkt t und dem zukünftigen Zeitpunkt $t+1$ mit einer Wahrscheinlichkeit von 50 Prozent um einen bestimmten Betrag $|\Delta v|$ steigt und mit einer Wahrscheinlichkeit von 50 Prozent um den gleichen Betrag sinkt. Der bedingte Erwartungswert einer Veränderung der Zufallsgröße v beträgt daher nach wie vor Null. Im Gegensatz zum diskreten Random-Walk-Prozeß ist der Zustandsraum einer Brown'schen Bewegung stetig. Die Brown'sche Bewegung kann als ein Grenzfall eines diskreten Random-Walk-Prozesses interpretiert werden, wenn die Periodenlänge Δt und die Schrittlänge $|\Delta v|$ gegen Null gehen.[59] Auf die qualitativen Modellergebnisse, die im folgenden näher beleuchtet werden, hat der Übergang von der stetigen zur diskreten Betrachtungsweise keinen Einfluß.[60] Die vorgenommene Modifikation dient ausschließlich dazu, den S-förmigen Verlauf der Zielzonenwechselkursfunktion didaktisch sauber herleiten zu können.

Ausgangspunkt unserer Betrachtung bildet die Bestimmungsgleichung für den Wechselkurs (2.5), die in diskreter (logarithmischer) Schreibweise wie folgt lautet:

$$s_t = m_t + v_t + \alpha \cdot \{E[s_{t+1}|I_t] - s_t\}. \tag{2.6}$$

Hierbei bezeichnen t den laufenden Zeitpunkt und $E[s_{t+1}|I_t]$ den (mathematischen) Erwartungswert des Wechselkurses s in $t+1$, der unter Ausschöpfung der in t verfügbaren Informationen ermittelt wird. Die Notationen der übrigen Variablen wurden beibehalten.

Löst man die voranstehende Gleichung nach dem laufenden Wechselkurs s_t auf, resultiert:

$$s_t = \frac{1}{\alpha+1} \cdot \{m_t + v_t\} + \frac{\alpha}{\alpha+1} \cdot E[s_{t+1}|I_t], \tag{2.7}$$

wonach der aktuelle Wechselkurs zum einen durch den laufenden Fundamentalterm $m+v$ bestimmt wird und zum anderen von seinem für die Folgeperiode $t+1$ erwarteten Niveau abhängt.

Da rationale Erwartungen auf der Basis des "wahren ökonomischen Modells" gebildet werden, kann der oben beschriebene Zusammenhang zwischen dem Wechselkurs und seinen Einflußgrößen auch für den erwarteten Wechselkurs angenommen werden. In der oben beschriebenen

---

[59] Vgl. Dixit (1993), S. 1ff sowie Dixit und Pindyck (1994), S. 68ff.

[60] Vgl. in diesem Zusammenhang auch den Beitrag von Krugman (1987), in dem der exogene Prozeß der stochastischen Variablen als diskreter Random-Walk modelliert ist, mit dem Krugman'schen Zielzonenmodell (1991), in dem für den Prozeß von eine Brown'sche Bewegung unterstellt ist.

Weise wird also der Erwartungswert des Wechselkurses in *t+1* durch den für *t+1* gebildeten Erwartungswert des Fundamentalterms $m+v$ und durch den Erwartungswert des Wechselkurses in *t+2* bestimmt:

$$E[s_{t+1}|I_t] = \frac{1}{\alpha+1}\cdot E[m_{t+1} + v_{t+1}|I_t] + \frac{\alpha}{\alpha+1}\cdot E[s_{t+2}|I_t], \tag{2.8}$$

wobei zu berücksichtigen ist, daß die Erwartungswerte der Bestimmungsgrößen des Wechselkurses in *t+1* unter Verwendung der aktuell verfügbaren Informationen und damit auf der Grundlage der gleichen Informationsmenge I_t gebildet werden.

Im Fall rationaler Erwartungen findet in den Wechselkurserwartungen Berücksichtigung, daß der tatsächliche Wechselkurs nicht nur durch die Fundamentalfaktoren, sondern auch durch die Wechselkurserwartungen selbst beeinflußt wird. Die rationalen Erwartungen werden also "vorwärtsschauend" gebildet.[61] Wiederholt man den Prozeß der Vorwärtsiteration unendlich mal, folgt:

$$\begin{aligned} E[s_{t+1}|I_t] &= \frac{1}{\alpha+1}\cdot E[m_{t+1}+v_{t+1}|I_t] \\ &+ \frac{1}{\alpha+1}\cdot\sum_{j=2}^{\infty} E[m_{t+j} + v_{t+j}|I_t]\cdot\left(\frac{\alpha}{\alpha+1}\right)^{j-1}. \end{aligned} \tag{2.9}$$

Aus den Gleichungen (2.9) und (2.7) ergibt sich für die von den Wirtschaftssubjekten erwartete Wechselkursänderungsrate:

$$\begin{aligned} E[s_{t+1}|I_t]-s_t &= \frac{1}{\alpha+1}E[m_{t+1}+v_{t+1}-m_t-v_t|I_t] \\ &+\frac{1}{\alpha+1}\left(\sum_{j=2}^{\infty}E[m_{t+j}+v_{t+j}|I_t]\cdot\left(\frac{\alpha}{\alpha+1}\right)^{j-1}-\sum_{j=1}^{\infty}E[m_{t+j}+v_{t+j}|I_t]\cdot\left(\frac{\alpha}{\alpha+1}\right)^{j}\right), \end{aligned} \tag{2.10}$$

wobei zu beachten ist, daß $m_t+v_t = E[m_t+v_t|I_t]$ gilt. Werden die Terme auf der rechten Seite der voranstehenden Gleichung zusammengefaßt, läßt sich die Gleichung (2.10) wie folgt schreiben:

[61] Zur Vorgehensweise vgl. Frenkel, M. (1994), S. 81ff sowie Bartolini und Giorgianni (1999).

$$E[s_{t+1} | I_t] - s_t = \frac{1}{\alpha+1} \sum_{j=1}^{\infty} E[m_{t+j} - m_{t+j-1} + v_{t+j} - v_{t+j-1} | I_t] \cdot \left(\frac{\alpha}{\alpha+1} \right)^{j-1}. \tag{2.11}$$

Setzt man nun Gleichung (2.11) in unsere Ausgangsgleichung (2.6) ein und wird dabei berücksichtigt, daß die Erwartungswerte einer Veränderung der Zufallsgröße v für alle Perioden gleich Null sind, läßt sich die Wechselkursgleichung wie folgt ausdrücken:[62]

$$s_t = m_t + v_t + \sum_{j=1}^{\infty} E[m_{t+j} - m_{t+j-1} | I_t] \cdot \left(\frac{\alpha}{\alpha+1} \right)^{j}. \tag{2.12}$$

Im zugrundeliegenden Modell wird der laufende Wechselkurs einerseits durch die aktuellen Werte der Fundamentalfaktoren bestimmt und andererseits durch die für die nächste Periode erwartete Wechselkursänderungsrate determiniert. Dabei wird eine Wechselkursänderung erwartet, wenn die Wirtschaftssubjekte für die folgende Periode $t+1$ mit einer Geldmengenänderung rechnen. Daneben erwarten die Wirtschaftssubjekte für die nächste Periode eine Wechselkursänderung, wenn der Wechselkurs in dieser Periode erwartungsbedingt variiert. Im Modellzusammenhang gehen die Wirtschaftssubjekte davon aus, daß sich der Wechselkurs in der nächsten Periode $t+1$ erwartungsbedingt ändert, wenn für die darauf folgende Periode $t+2$ eine

---

[62] Im Gegensatz zu unserer diskreten Betrachtungsweise wird in Bertola (1994) eine im Zeitablauf stetige Entwicklung der Fundamentalfaktoren und des Wechselkurses unterstellt und die Vorwärtslösung der Ausgangsgleichung (2.5) des Krugman-Modells (1991) mathematisch hergeleitet. Wie gezeigt wird lautet die allgemeine Lösung der aus Gleichung (2.5) resultierenden Differentialgleichung:

$$s_t = \frac{1}{\alpha} \cdot \int_t^T e^{\frac{t-\tau}{\alpha}} \cdot E[v_\tau + m_\tau | I_t] d\tau \quad + \quad e^{\frac{t-T}{\alpha}} \cdot E[s_T],$$

wobei t den laufenden Zeitpunkt, τ den Index für die zukünftigen Zeitpunkte und T den Zeitpunkt am Ende des Zeithorizonts der Wirtschaftssubjekte repräsentieren. Der zweite Summand auf der rechten Seite der voranstehenden Gleichung wird ausschließlich von dem exogen gegebenen Erwartungswert des langfristigen Wechselkurses $E[s_T]$ und der Länge des Zeithorizonts $t - T$ bestimmt. Er ist von den Fundamentalvariablen unabhängig und nimmt im Zeitablauf (d.h. mit steigendem t) exponentiell zu und bildet daher einen Bubble-Term. Der Bubble-Term geht gegen Null, wenn T und damit der Zeithorizont der Wirtschaftssubjekte gegen ∞ gehen. Es resultiert die Vorwärtslösung der Gleichung (2.5):

$$s_t = \frac{1}{\alpha} \cdot \int_t^{\infty} e^{\frac{t-\tau}{\alpha}} \cdot E[v_\tau + m_\tau | I_t] d\tau,$$

wonach der laufende Wechselkurs durch den gesamten abdiskontierten erwarteten Zeitpfad der Fundamentalvariablen bestimmt wird.

Wechselkursanpassung erwartet wird. Davon wird wiederum ausgegangen, wenn eine Geldmengenänderung für die Periode $t+2$ oder für die darauf folgende Periode $t+3$ erwartet wird. Damit gehen in den für den Zeitpunkt $t+2$ erwarteten Wechselkurs die gesamten zum Zeitpunkt $t+1$ erwarteten Zeitpfade der Geldmenge ein. Hierbei bestimmen die zum Zeitpunkt $t+1$ für spätere Perioden erwarteten Geldmengenänderungen nur mittelbar über den oben beschriebenen Erwartungseffekt die zum Zeitpunkt $t+1$ erwartete Wechselkursänderung. Die einzelnen Erwartungswerte werden daher auf den Zeitpunkt $t+1$ abdiskontiert. Aus Gleichung (2.7) ist abzulesen, daß sich der Abdiskontierungsfaktor aus der Elastizität des aktuellen Wechselkurses bezüglich seines für die nahe Zukunft erwarteten Niveaus ergibt ($\alpha/\alpha+1$). Dabei nimmt der Abdiskontierungsfaktor gemäß Gleichung (2.12) im Zeitverlauf exponentiell ab. Hieraus resultiert der S-förmige Verlauf der Zielzonenwechselkursfunktion, was sich mit Hilfe der Abbildung 2.3 wie folgt begründen läßt.

Im Ursprung der Abbildung 2.3 entspricht der Wechselkurs seinem Leitkurs. Weil symmetrische Bandbreiten unterstellt werden und v einem Random-Walk folgt, ist zu jedem zukünftigen Zeitpunkt eine Geldmengenexpansion gleich wahrscheinlich wie eine entsprechende Geldmengenkontraktion. Im Ursprung sind daher die bedingten Erwartungswerte der Geldmengenänderungen über den gesamten Zeitpfad hinweg gleich Null, so daß der bedingte Erwartungswert der Wechselkursänderungsrate ebenfalls Null beträgt. Nimmt die aggregierte Fundamentalgröße $m+v$ ausgehend vom Ursprung um die Strecke $\overline{0A}$ zu, ist sie noch relativ weit von ihrem oberen Interventionspunkt entfernt. Daher wird für die folgende Periode noch keine Geldmengenänderung erwartet ($E[\Delta m | I_t]=0$). Trotzdem erwarten die Wirtschaftssubjekte eine Wechselkursreduktion; in der Abbildung liegt der mit dem Punkt A korrespondierende Zielzonenwechselkurs (Punkt B) unter dem durch die *FF*-Linie angezeigten freien Wechselkurs. Dies ist darauf zurückzuführen, daß die Fundamentalfaktoren in Punkt A zwar noch relativ weit von ihren Interventionspunkten entfernt sind, die Fundamentalvariablen sich jedoch bereits in der oberen Bandhälfte befinden und damit die Distanz zu dem oberen Interventionspunkt kürzer ist als zu dem unteren Interventionspunkt. In der oberen Bandhälfte sind daher über den *gesamten* Zeithorizont der Wirtschaftssubjekte hinweg Interventionen am oberen Bandende wahrscheinlicher als eine Verteidigung der unteren Bandbreite, so daß die Wirtschaftssubjekte zwar nicht für die nächste Periode aber für den gesamten betrachteten Zeitpfad eine Geldmengenkontraktion erwarten.

Da der gesamte abdiskontierte Entwicklungspfad der Geldmenge in die für die nächste Periode erwartete Wechselkursänderungsrate einfließt, entsteht in der oberen Bandhälfte eine Aufwertungserwartung gegenüber der Inlandswährung. Nähert sich der Wechselkurs ausgehend von einer Position in der oberen Bandhälfte seinem oberen Interventionspunkt weiter an, rückt die am oberen Bandende erwartete Geldmengenkontraktion in die nähere Zukunft und geht daher mit einem stärkeren Gewichtungsfaktor in die erwartete Wechselkursänderungsrate ein. Hierbei nimmt der Gewichtungsfaktor gemäß der Gleichung (2.12) exponentiell zu, so daß die erwartete Aufwertungsrate bei einer gegebenen Erhöhung der Fundamentalgröße $m+v$ immer stärker steigt, wenn sich der Wechselkurs ausgehend von einer Position in der oberen Bandhälfte seinem oberen Bandende annähert. Die Gleichgewichtsbeziehung zwischen dem Zielzonenwechselkurs und dem Fundamentalterm $m+v$ nimmt daher in der oberen Hälfte der Zielzone einen *konkaven* Verlauf an. Analog zur oberen Argumentation läßt sich für die untere Bandhälfte eine Abwertungserwartung herleiten, die bei einer Wechselkursbewegung zum unteren Bandende immer stärker zunimmt. In der unteren Hälfte des Wechselkursbandes verläuft die Zielzonenwechselkursfunktion daher *konvex*, so daß sich über das gesamte Schwankungsintervall hinweg eine S-förmige Beziehung zwischen dem Zielzonenwechselkurs und dem Fundamentalterm $m+v$ ergibt.

- *"Smooth pasting"-Eigenschaft der Zielzonenwechselkursfunktion*

Aus der Abbildung 2.3 ist ersichtlich, daß die Wechselkursfunktion im Grundmodell einer Wechselkurszielzone (*TZ*-Kurve) an den Rändern der Zielzone eine Steigung von Null aufweist. Diese Eigenschaft wird in der Literatur mit "smooth pasting" bezeichnet und impliziert, daß der Wechselkurs an den Rändern der Zielzone von einer Veränderung des Fundamentalterms $m+v$ unberührt bleibt. Vor dem Hintergrund, daß in dem zugrundeliegenden Modell zwischen dem Wechselkurs und dem Fundamentalterm $m+v$ ceteris paribus ein positiver Zusammenhang besteht und der Wechselkurs ausschließlich fundamentalbestimmt ist, erscheint die "smooth pasting"-Eigenschaft bei einer oberflächlichen Betrachtung zunächst unplausibel. Statt der "smooth pasting"-Bedingung scheint die Annahme vernünftig zu sein, daß die *TZ*-Kurve nicht nur im Bandinneren, sondern auch an den Bandenden ein positives Anstiegsmaß aufweist. Sie beruht auf der implizit genommenen Annahme, daß die Aufrechterhaltung der Zielzone perfekt glaubwürdig ist. Das Ergebnis läßt sich wie folgt begründen.

Wäre die *TZ*-Kurve am oberen Bandende durch ein positives Anstiegsmaß charakterisiert, dann würde der Wechselkurs sein oberes Bandende durchbrechen, wenn der Fundamentalterm $m+v$ aufgrund einer Zunahme der Zufallsvariablen v seinen oberen Interventionspunkt ($m+v^o$) überschreiten würde. Im Grundmodell einer Zielzone steht die Zentralbank am oberen Interventionspunkt bereit, um einen Anstieg der Variablen v über eine Verminderung der Geldmenge m aufzufangen. Über die beschriebenen Zentralbankinterventionen ist gesichert, daß der Fundamentalterm $m+v$ und damit auch der Wechselkurs an den Grenzwerten ihrer errichteten Fluktuationsintervalle verharren. Die Interventionsstrategie der Zentralbank würde also einen diskreten Wechselkurssprung auf das obere Bandende auslösen, wenn die *TZ*-Kurve in diesem Bereich ein positives Anstiegsmaß aufweisen würde.

Der Vermögenspreistheorie des Wechselkurses folgend sind diskrete Wechselkurssprünge nur dann möglich, wenn neue und unerwartete Informationen über die Entwicklung der Fundamentalfaktoren auftreten. Wird dagegen angenommen, daß die Zentralbankinterventionen an den Bandenden von den Wirtschaftssubjekten antizipiert werden, ist die Aufrechterhaltung der Wechselkurszielzone perfekt glaubwürdig. In diesem Fall würden die Wirtschaftssubjekte den interventionsbedingten Wechselkurssprung antizipieren und die sich hieraus ergebende Möglichkeit der Erzielung sicherer Kapitalgewinne nutzen. So könnten die Wirtschaftssubjekte aus einer antizipierten sprunghaften Reduktion des Wechselkurses mit Sicherheit Kursgewinne erzielen, indem sie ihre Devisenbestände unmittelbar vor dem Wechselkursverfall (teuer) verkaufen würden, um sie direkt danach zu dem inzwischen gesunkenen Wechselkurs (billig) zurückzukaufen. Das Devisenangebot würde daher unendlich stark ansteigen und der Wechselkurs daraufhin fallen, wenn die Wirtschaftssubjekte eine diskrete Reduktion des Wechselkurses antizipieren würden. Bei Rationalverhalten werden die sicheren Kursgewinne über den zwischen den Kapitalmarktteilnehmern bestehenden Wettbewerb vollständig abgebaut. Weil im Krugman'schen Grundmodell die Interventionen der Zentralbank antizipiert werden und Rationalverhalten unterstellt wird, können die Interventionen keine Wechselkursanpassung auslösen.[63] In

[63] Das Argument, daß antizipierte Wechselkurssprünge bei Rationalverhalten der Wirtschaftssubjekte ausgeschlossen sind, ist bereits aus dem Modellansatz von Flood und Garber (1984) über spekulative Attacken in Festkurssystemen bekannt. Zur Analogie zwischen der theoretischen Literatur über spekulative Attacken in einem Regime fester Wechselkurse und dem Krugman'schen Zielzonenmodell vgl. Flood und Garber (1991) und (1992). Besteht im Hinblick auf die Bandweite für den Wechselkurs dagegen Unsicherheit, liefern die marginalen Interventionen neue Informationen über die Interventionsstrategie der Zentralbank und lösen daher eine diskrete

einer graphischen Darstellung schmiegt sich daher die Zielzonenwechselkursfunktion an die Ränder der perfekt glaubwürdigen Zielzone an.

2.2.3 Algebraische Herleitung der Zielzonenwechselkursfunktion

Bisher wurde verbal-ökonomisch untersucht, welchen Einfluß verschiedene Wechselkursregime auf den Zusammenhang zwischen dem Wechselkurs und den Fundamentalfaktoren ausüben. Dieser Zusammenhang soll im folgenden mathematisch hergeleitet werden. In dem zugrundeliegenden Modell wird der Wechselkurs s nicht nur durch den Fundamentalterm $m+v$, sondern auch durch die für die nahe Zukunft erwartete Wechselkursänderungsrate $E[ds|I]/dt$ bestimmt (vgl. Gleichung (2.5)). Daher kann nur dann eine eindeutige Lösung für die zugrundegelegte Wechselkursgleichung (2.5) bestimmt werden, wenn die erwartete Wechselkursänderungsrate determiniert wird. Hierbei werden spekulative Blasen ausgeschlossen, so daß der Wechselkurs und die Wechselkursänderungserwartungen allein durch die jeweilige Realisation des Fundamentalterms $m+v$ und die bedingten Erwartungswerte seiner zukünftigen Realisationen beeinflußt werden. Weil rationale Erwartungen unterstellt werden, legen die Wirtschaftssubjekte bei ihrer Erwartungsbildung das richtige ökonomische Modell zugrunde. Der Ausschluß von spekulativen Blasen hat im Zusammenhang mit der Annahme rationaler Erwartungen zur Folge, daß in dem zugrundegelegten Modell der aktuelle Wechselkurs durch das laufende Niveau des Fundamentalterms $m+v$ und durch die auf die Gegenwart abdiskontierten Erwartungswerte der zukünftigen Realisationen des Fundamentalterms bestimmt wird.

Im Hinblick auf den Zeitpfad der Fundamentalvariablen nimmt Krugman an, daß die Entwicklung des Fundamentalterms $m+v$ in Abhängigkeit von dem vorherrschenden Wechselkursregime durch nicht-sterilisierte Devisenmarktinterventionen reguliert wird und ein Regimewechsel ausgeschlossen ist. Zusätzlich wird unterstellt, daß die Interventionsstrategie der Zentralbank von den Wirtschaftssubjekten antizipiert wird. Dies hat zusammengenommen zur Folge, daß in dem zugrundeliegenden Modell eine funktionale Abhängigkeit zwischen der aktuell erwarteten Wechselkursänderungsrate und dem laufenden Fundamentalterm $m+v$ besteht. Im

---

Wechselkursanpassung aus. Dieser Zusammenhang ist in Klein (1992) dargestellt.

Krugman'schen Zielzonenmodell liegt damit auch zwischen dem aktuellen Wechselkurs s und dem laufenden Fundamentalterm $m+v$ eine funktionale Beziehung $s(m+v)$ vor.

Im Modellzusammenhang wird der funktionale Zusammenhang $s(m+v)$ durch den erwarteten Entwicklungspfad des Fundamentalterms $m+v$ bestimmt. Aufgrund der Annahmen, daß die Geldmenge m über nicht-sterilisierte Devisenmarktinterventionen der Zentralbank gesteuert wird und die übrigen Fundamentalvariablen v einer Brown'schen Bewegung folgen, hängt der erwartete Zeitpfad des Fundamentalterms $m+v$ und damit auch der Verlauf der Wechselkursfunktion $s(m+v)$ davon ab, welche Interventionsstrategie der Zentralbank unterstellt wird. Weil nicht nur eine, sondern viele verschiedene Interventionsstrategien der Zentralbank vorstellbar sind und die einzelnen Strategien jeweils unterschiedliche Wechselkurspfade generieren, existiert eine Schar von Funktionen, die den Wechselkursverlauf unter der Nebenbedingung beschreiben, daß die Wechselkurserwartungen fundamentalbestimmt sind.

Im Modellansatz von Krugman (1991) ist das Interventionsverhalten der Zentralbank an den Rändern der Zielzone *eindeutig* bestimmt. Unter dieser Annahme existiert eine eindeutige Lösung für die Wechselkursfunktion $s(m+v)$, die den Zielzonenwechselkurs bei rationalen Erwartungen und unter Ausschluß spekulativer Bubbles in Abhängigkeit von dem Fundamentalterm $m+v$ beschreibt. Diese Lösung soll im folgenden mathematisch hergeleitet werden. Die Herleitung beruht auf den folgenden zwei Schritten. In einem ersten Schritt soll eine allgemeine Lösung für die Funktionsschar der fundamentalbestimmten Wechselkurspfade $s(m+v)$ gefunden werden. Aus dieser Funktionsschar soll in einem zweiten Schritt der Wechselkurssattelpfad des Zielzonenregimes identifiziert werden. Dieser beschreibt denjenigen funktionalen Zusammenhang zwischen dem Zielzonenwechselkurs und dem Fundamentalterm $m+v$, der sich bei rationalen Erwartungen und bei Bekanntgabe der beschriebenen Interventionsstrategie in einem Zielzonenregime ergibt.

- *Eine allgemeine Lösung für die Schar fundamentalbestimmter Wechselkurspfade*

Im ersten Schritt unserer Analyse soll eine allgemeine Lösung für die Schar der fundamentalbestimmten Wechselkurspfade $s(m+v)$ hergeleitet werden. Aus Vereinfachungsgründen wird der Fundamentalterm $m+v$ im folgenden zur Größe f aggregiert, so daß sich die Wechselkursgleichung (2.5) wie folgt schreiben läßt:

$$s(f) = f + \alpha \cdot \frac{E[ds \mid I]}{dt}. \tag{2.13}$$

Hierbei ist zu berücksichtigen, daß in die aktuell verfügbare Informationsmenge I das laufende Niveau der Fundamentalgröße f und die Interventionsstrategie der Zentralbank eingehen.

Den Ausgangspunkt unserer Analyse bildet eine Situation in der sich der Wechselkurs im Inneren seines Bandes befindet. Im Krugman'schen Zielzonenmodell wird unterstellt, daß der nicht-kontrollierbare Bestandteil der Fundamentalvariablen (v) einer Brown'schen Bewegung ohne Trend folgt und die Geldmenge (m) im Inneren des Wechselkursbandes konstant bleibt. Unter diesen Annahmen, folgt auch die aggregierte Fundamentalvariable f (bzw. $m+v$) im Bandinneren einer Brown'schen Bewegung ohne Trend. Die Brown'sche Bewegung $f(t)$ beschreibt einen stochastischen und in der Zeit stetigen Prozeß, der bei einem Wert $f(0)=0$ startet und dessen weitere Realisationen $f(t_1), f(t_2)...f(t_n)$ sich aus der Kumulation der Prozeßveränderungen zwischen dem Startzeitpunkt $t=0$ und den Zeitpunkten t_1, $t_2...t_n$ ergeben.[64] Die Zuwächse der Brown'schen Bewegung $f(t)$ lassen sich formal wie folgt ausdrücken:

$$df(t) = \sigma \cdot \epsilon_t \cdot \sqrt{dt} = \sigma \cdot dz(t). \tag{2.14}$$

Hierbei bezeichnet df die auf ein Zeitintervall mit der Länge von dt Zeiteinheiten bezogene Veränderung von f. Die Größe t steht für den Zeitindex, der bei einer Brown'schen Bewegung eine stetige Variable darstellt und im Zeitverlauf über die Random-Größe ϵ eine stetige Veränderung der Prozeßvariablen $f(t)$ auslöst. Die Random-Größe ϵ ist standardnormalverteilt, so daß sie einen Erwartungswert von Null, eine Varianz von Eins und einen Korrelationskoeffizient von Null aufweisen ($E[\epsilon_t \epsilon_s]=0$ für alle $t \neq s$). Der Ausdruck $\epsilon_t \cdot \sqrt{dt}$ bezeichnet einen standardnormalverteilten Wiener-Prozeß $dz(t)$, mit einem bedingten Erwartungswert $E[dz(t) \mid I_t] = 0$ und einer Varianz $E[dz(t)^2] = dt$, die proportional zu der Länge des Zeitintervalls dt wächst. Die aus dem Auftreten der Random-Größe ϵ pro Zeiteinheit resultierenden Veränderungen der aggregierten Fundamentalgröße f sind normalverteilt, mit einem Erwartungswert von Null und

[64] Vgl. Dixit (1993), S. 1.

einer konstanten Varianz (σ^2). Weil die zu unterschiedlichen Zeitpunkten zu verzeichnenden Realisationen der Random-Größe ϵ keine Korrelation aufweisen, sind die Prozeßveränderungen von $f(t)$ in jedem nicht überlappenden Zeitintervall unabhängig voneinander verteilt. Hieraus resultiert, daß die Wahrscheinlichkeitsverteilungen für alle zukünftigen Prozeßrealisationen von $f(t)$ nur von der laufenden und nicht von den vergangenen Prozeßausprägungen abhängig sind.[65]

Aus der Unabhängigkeit der Prozeßzuwächse folgt, daß sich der Erwartungswert und die Varianz einer über ein bestimmtes Zeitintervall auftretenden Veränderung von f bestimmen läßt, indem jeweils die über die einzelnen Zeiteinheiten des Zeitintervalls gebildeten Erwartungswerte und Varianzen aufsummiert werden. Hieraus ergibt sich erstens für die Prozeßveränderungen $df(t_1)$, $df(t_2)...df(t_n)$, die sich auf ein Zeitintervall gleicher Länge von dt Zeiteinheiten beziehen, daß die Erwartungswerte der Zuwächse gleich Null und die Varianzen gleich $\sigma^2 dt$ sind. Weil sich die Zuwächse $df(t_1)$, $df(t_2)...df(t_n)$ jeweils auf ein Zeitintervall gleicher Länge beziehen, weisen sie die gleiche Varianz auf und unterliegen daher auch der gleichen Verteilungsfunktion. Hierbei hängen die (identischen) Varianzen und Verteilungsfunktionen der Zuwächse nur von der Länge des zugrundegelegten Zeitintervalls ab, so daß die Zuwächse des Prozesses $f(t)$ stationär sind. Aus der Unabhängigkeit der normalverteilten Prozeßveränderungen ergibt sich zweitens, daß der Prozeß $f(t)$ ebenfalls normalverteilt ist mit einem Erwartungswert in Höhe von Null ($E[f(t)]=0$) und einer Varianz $\sigma^2 t$. Hierbei ist zu berücksichtigen, daß die Varianz des Prozesses $f(t)$ proportional zu der Länge des betrachteten Zeitintervalls t zunimmt. Infolgedessen ist die Brown'sche Bewegung $f(t)$ - im Gegensatz zu den Zuwächsen $df(t_1)$, $df(t_2)...df(t_n)$ - nicht stationär.[66]

In dem Krugman-Modell folgen die Fundamentalvariablen und darüber der Wechselkurs einem stochastischen Prozeß, so daß beide Größen zeitabhängig sind. Da spekulative Blasen ausgeschlossen werden, ist der Wechselkurs nur mittelbar über die zeitabhängige Realisation der Fundamentalgröße $f(t)$ eine Funktion der Zeit $s(f(t))$.[67] Die Variable t besitzt daher für die Herleitung der gesuchten Wechselkursfunktion keinen eigenen Erklärungswert, so daß wir im weiteren Verlauf der Arbeit die Schreibweise $s(f)$ wählen. Der Erwartungswert der stochasti-

[65] Vgl. Dixit und Pindyck (1994), S. 64 sowie Beichelt (1997), S. 267f.

[66] Vgl. Dixit und Pindyck (1994), S. 64f sowie Hull (1993), S. 192f..

[67] Vgl. Bertola (1994), S. 255.

schen Wechselkursänderungsrate läßt sich näher bestimmen, indem zunächst das totale Differential der gesuchten Wechselkursfunktion $s(f)$ gebildet wird. Unter der Annahme, daß die gesuchte Wechselkursfunktion $s(f)$ stetig verläuft und zweifach differenzierbar nach der Fundamentalgröße f ist, läßt sich das totale Differential der Wechselkursfunktion mit Hilfe der Tailor-Reihe wie folgt ausdrücken:

$$ds(f) = s_f(f) \cdot df + \frac{1}{2} \cdot s_{ff}(f) \cdot (df)^2 + \frac{1}{6} \cdot s_{fff}(f) \cdot (df) + \cdots, \qquad (2.15)$$

wobei $s_f(f)$, $s_{ff}(f)$ und $s_{fff}(f)$ für die erste, zweite und dritte Ableitung der gesuchten Wechselkursfunktion $s(f)$ nach der Fundamentalgröße f stehen. Solange sich der Wechselkurs innerhalb seiner Fluktuationsgrenzen bewegt, folgen die Veränderungen der Variablen f einer Brown'schen Bewegung (Gleichung (2.14)). Aus der Gleichung (2.15) folgt unter Berücksichtigung der Gleichung (2.14):

$$ds(f) = s_f(f) \cdot \sigma \cdot \epsilon_t \cdot \sqrt{dt} + \frac{1}{2} \cdot s_{ff}(f) \cdot \sigma^2 \cdot \epsilon_t^2 \cdot dt + \frac{1}{6} \cdot s_{fff}(f) \cdot \sigma \cdot \epsilon_t \cdot dt^2 + \cdots. \qquad (2.16)$$

Unter der Annahme, daß sich das totale Differential auf ein infinitesimal kurzes Zeitintervall bezieht, gehen Terme höherer Ordnung als dt (dt^2) schneller gegen Null als dt, so daß diese bei der Berechnung ignoriert werden können. Damit vereinfacht sich der voranstehende Ausdruck zu:

$$ds(f) = s_f(f) \cdot \sigma \cdot \epsilon_t \cdot \sqrt{dt} + \frac{1}{2} \cdot s_{ff}(f) \cdot \sigma^2 \cdot \epsilon_t^2 \cdot dt. \qquad (2.17)$$

Weil das betrachtete Zeitintervall unendlich kurz ist, gehen Terme höherer Ordnung als dt bei der Grenzbetrachtung gegen Null. Dies impliziert, daß die Varianz ($E[(\epsilon^2 dt)^2]$-$E[(\epsilon^2 dt)]^2$), mit der die Größe $\epsilon^2 dt$ um ihren Erwartungswert $E[\epsilon^2 dt]=dt$ streut gegen Null geht.[68] Unter der Annahme, daß das betrachtete Zeitintervall dt unendlich kurz ist, läßt sich in der voranstehenden Gleichung der Ausdruck $\epsilon^2 dt$ also durch dt ersetzen. Im Ergebnis erhält man für das stochastische Differential der Wechselkursfunktion:

---

[68] Annahmegemäß ist ϵ standardnormalverteilt, so daß $E[\epsilon^2] = 1$.

$$ds(f) = s_f(f)\cdot\sigma\cdot\epsilon_t\cdot\sqrt{dt} + \frac{1}{2}\cdot s_{ff}(f)\cdot\sigma^2\cdot dt. \qquad (2.18)$$

Da die oben dargestellte Herleitung des stochastischen Differentials auf den Mathematiker K. Ito zurückgeht, wird die voranstehende Gleichung in der Literatur mit Ito-Regel bezeichnet.[69] Bildet man über $ds(f(t))$ den bedingten Erwartungswert, ergibt sich wegen $E[\epsilon]=0$:

$$E[ds(f)|I] = \frac{1}{2}\cdot s_{ff}(f)\cdot\sigma^2\cdot dt. \qquad (2.19)$$

Die voranstehende Gleichung beschreibt die rational erwartete und auf ein Zeitintervall mit der Länge von *dt* Zeiteinheiten bezogene Änderungsrate des Wechselkurses. Hierbei wird der bedingte Erwartungswert der Wechselkursänderungsrate auf der Basis der laufenden Informationsmenge *I* gebildet, in die der Wert der laufenden Fundamentalgröße $f(t)$ eingeht. Aus der Gleichung (2.19) ist ersichtlich, daß die erwartete Wechselkursänderungsrate proportional zu der Länge des Zeitintervalls *dt* zunimmt. Der Ausdruck

$$\frac{E[ds(f)|I]}{dt} = \frac{1}{2}\cdot s_{ff}(f)\cdot\sigma^2 \qquad (2.20)$$

steht daher für die erwartete Wechselkursänderungsrate, die über ein infinitesimal kurzes Zeitintervall von nur einer Zeiteinheit gebildet wird. Aus den Gleichungen (2.19) und (2.20) ist ersichtlich, daß die Wechselkursänderungserwartungen durch den Kurvenverlauf selbst begründet sind. So beträgt die erwartete Wechselkursänderungsrate Null, wenn zwischen dem Wechselkurs *s* und der Fundamentalvariablen *f* ein linearer Verlauf vorherrscht, was in dem Grundmodell bei flexiblen Wechselkursen der Fall ist. Wie in dem vorangegangenen Abschnitt hergeleitet wurde, muß die Wechselkursfunktion im Grundmodell einer perfekt glaubwürdigen Zielzone dagegen in der Nähe der oberen (unteren) Bandbreite konkav (konvex) verlaufen, so daß sich in diesem Bereich die Erwartung einer Wechselkursreduktion (-erhöhung) einstellt.[70] Aus dem Einsatz der Gleichung (2.20) in die fundamentale Wechselkursgleichung (2.13) resultiert:

---

[69] Zur Herleitung der Ito-Regel vgl. Hull (1993), S. 243f sowie Dixit und Pindyck (1994), S. 79ff.

[70] Für alle nicht-linearen Funktionsverläufe ($s_{ff}(f) \neq 0$) ist damit Jensen's Ungleichung $E[ds(f)|I] \neq E[df]$ erfüllt. Vgl. hierzu Bertola (1994), S. 266 sowie Dixit und Pindyck (1994), S. 80f.

$$s(f) = f + \frac{\alpha\sigma^2}{2} \cdot s_{ff}(f). \tag{2.21}$$

Die voranstehende Gleichung wurde unter der Nebenbedingung hergeleitet, daß spekulative Bubbles ausgeschlossen sind und der Wechselkurs daher fundamentalbestimmt ist und nur indirekt über die zeitabhängigen Realisationen der aggregierten Fundamentalgröße f eine Funktion der Zeit ist. Weil der Funktionsverlauf $s_{ff}(f)$ mathematisch unbestimmt ist, gibt es eine Vielzahl von Lösungen der Gleichung (2.21). Der funktionale Zusammenhang zwischen dem Zielzonenwechselkurs und der Fundamentalvariablen f kann daher nur dann mathematisch bestimmt werden, wenn neben dem Ausschluß von spekulativen Bubbles noch eine weitere Transversalitätsbedingung eingeführt wird. Wie in dem folgenden Abschnitt dargestellt wird, läßt sich der funktionale Zusammenhang zwischen dem Zielzonenwechselkurs und dem Fundamentalterm durch die Bedingungen bestimmen, denen die Zielzonenwechselkursfunktion im Modellzusammenhang an den Interventionspunkten zu genügen hat. Hierzu muß jedoch zunächst die allgemeine Lösung der aus der Gleichung (2.21) resultierenden Differentialgleichung hergeleitet werden. Diese beschreibt die Funktionsschar der fundamentalbestimmten Wechselkurspfade $s(f)$.

Die allgemeine Lösung der voranstehenden Gleichung läßt sich ermitteln, indem das charakteristische Polynom der aus der Gleichung (2.21) resultierenden Differentialgleichung aufgestellt wird und anschließend die Nullstelle gebildet wird:

$$1 - \frac{\alpha\sigma^2}{2} \cdot \lambda^2 = 0.$$

Die allgemeine Lösung lautet:

$$s(f) = f + A \cdot e^{\lambda_1 f} + B \cdot e^{\lambda_2 f}, \tag{2.22}$$

wobei

$$\lambda_1 = +\sqrt{\frac{2}{\alpha \cdot \sigma^2}} \quad \textit{und} \quad \lambda_2 = -\sqrt{\frac{2}{\alpha \cdot \sigma^2}} \tag{2.23}$$

und A sowie B beliebige Konstanten sind. Die allgemeine Lösung beschreibt die Schar aller möglichen funktionalen Abhängigkeiten zwischen dem Wechselkurs *s* und der aggregierten Fundamentalgröße *f*. In der Abbildung 2.4 sind einige dieser Funktionsverläufe exemplarisch dargestellt. Aus der Abbildung ist ersichtlich, daß das Steigungsverhalten der Wechselkursfunktion $s(f)$ durch die zugrundegelegten Werte der Konstanten *A* und *B* bestimmt wird. Für die Parameterkonstellation $A = B = 0$ ergibt sich zum Beispiel ein proportionaler Zusammenhang zwischen $s(f)$ und *f*, der im Modellzusammenhang den Funktionsverlauf im Fall vollkommen freier Wechselkurse beschreibt (*FF*-Linie in Abbildung 2.3). Wird dagegen eine der beiden Konstanten ungleich Null gesetzt, nimmt die Wechselkursfunktion $s(f)$ einen nicht-linearen Verlauf an.

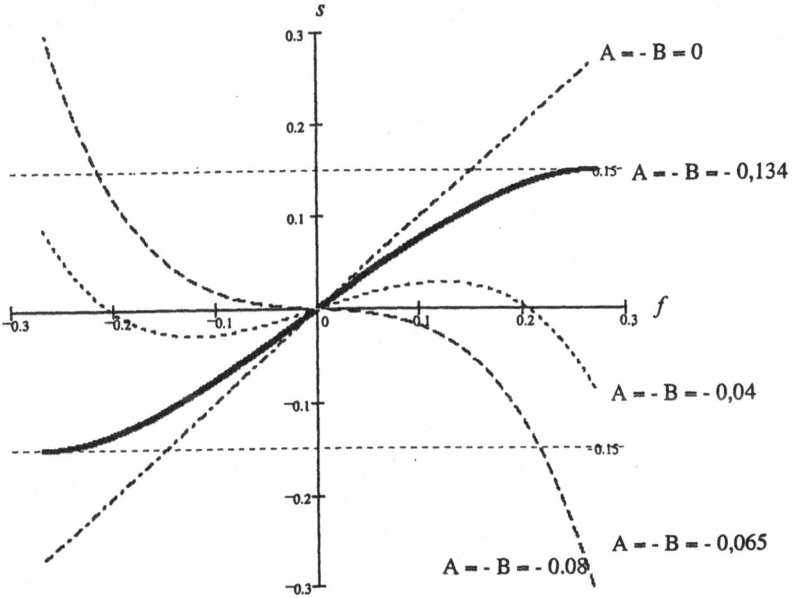

Abb. 2.4: Alternative fundamentalbestimmte Wechselkurspfade

Parameterwerte: $\alpha = 3$; $\sigma = 0,1$; $\lambda_1 = 8,165$; $\lambda_2 = -8,165$; $f^o = 0,2695$; $f^u = 0,2695$.

- *Eine Lösung für die Zielzonenwechselkursfunktion*

Nachdem wir in einem ersten Schritt die allgemeine Lösung für die funktionale Abhängigkeit zwischen dem Wechselkurs *s* und der aggregierten Fundamentalgröße *f* ermittelt haben, geht es im zweiten Schritt unserer Analyse darum, aus der Schar der möglichen Wechselkursfunktionen $s(f)$ diejenige zu identifizieren, die im Krugman'schen Grundmodell den Wechselkursverlauf in einer perfekt glaubwürdigen Zielzone beschreibt. Hierbei sind die Annahmen entscheidend, daß die Interventionspolitik der Zentralbank von den Wirtschaftssubjekten antizipiert wird und die Erwartungsbildung rational erfolgt. Bei rationalen Erwartungen sind Wechselkurssprünge nur dann möglich, wenn unerwartete Neuigkeiten über die Entwicklung der Fundamentalfaktoren auftreten, was in dem zugrundegelegten Modell bei einer Antizipation der marginalen Zentralbankinterventionen ausgeschlossen ist.[71] Der Zielzonenwechselkurs muß daher in Abhängigkeit von der aggregierten Fundamentalgröße *f* stetig verlaufen, so daß die Konstanten *A* und *B* mit Hilfe von Randwertbedingungen, denen der gesuchte Wechselkurspfad an den Interventionspunkten der Zielzone genügen muß, ermittelt werden kann. Eine solche Randwertbedingung stellt die "smooth pasting"-Eigenschaft dar. Weil die marginalen Interventionen von den Wirtschaftssubjekten annahmegemäß antizipiert werden und rationale Erwartungen unterstellt werden, können sie keine Wechselkurssprünge auslösen. Dies impliziert, daß der Zielzonenwechselkurs an den Rändern der Zielzone von einer Bewegung der aggregierten Fundamentalgröße unberührt bleibt, so daß die gesuchte Zielzonenwechselkursfunktion die Zonenränder tangieren muß.

Aus Gründen der analytischen Vereinfachung nimmt Krugman (1991) an, daß die Zielzone symmetrisch um den langfristigen Durchschnittskurs $s = 0$ angelegt ist. Unter den Annahmen des Krugman'schen Grundmodells einer perfekt glaubwürdigen Zielzone muß der Erwartungswert der Wechselkursänderungsrate Null betragen, wenn der Wechselkurs seine Bandmitte realisiert und die Entfernung zu den beiden Enden des Währungsbandes daher gleich weit ist. Dies impliziert, daß im Grundmodell einer Wechselkurszielzone $s = 0$ genau dann erfüllt ist, wenn $f = 0$ ist. Dies setzt wiederum voraus, daß die Bedingung $A = -B$ erfüllt ist, woraufhin sich die all-

[71] Das Argument, daß antizipierte Wechselkurssprünge bei Rationalverhalten der Wirtschaftssubjekte ausgeschlossen sind, ist bereits aus dem Modellansatz von Flood und Garber (1984) über spekulative Attacken in Festkurssystemen bekannt. Zur Analogie zwischen der theoretischen Literatur über spekulative Attacken in einem Regime fester Wechselkurse und dem Krugman'schen Zielzonenmodell vgl. Flood und Garber (1991) und (1992).

gemeine Lösung für die fundamentalbestimmten Wechselkurspfade (Gleichung (2.22)) zu dem Ausdruck:[72]

$$s(f) = f + A \cdot (e^{\lambda_1 f} - e^{\lambda_2 f}) \tag{2.24}$$

vereinfachen läßt.

Im Krugman'schen Zielzonenmodell erreicht die Fundamentalvariable genau dann die obere (untere) Grenze ihres errichteten Fluktuationsbandes, wenn der Wechselkurs an sein oberes (unteres) Bandende stößt. Bezeichnen f^o und f^u jeweils den oberen und den unteren Grenzwert der Variablen f und s^o und s^u den oberen und den unteren Rand der Wechselkurszielzone, muß die Konstante A so gewählt werden, daß die Bedingungen:

$$s^o(f^o) = f^o + A \cdot (e^{\lambda_1 f^o} - e^{\lambda_2 f^o}) = 0, \tag{2.25a}$$

$$s^u(f^u) = f^u + A \cdot (e^{\lambda_1 f^u} - e^{\lambda_2 f^u}) = 0 \tag{2.25b}$$

erfüllt sind. Außerdem muß die Zielzonenwechselkursfunktion den Bedingungen des "smooth pasting":

$$s_f(f^o) = 1 + \lambda_1 \cdot A \cdot (e^{\lambda_1 f^o} + e^{\lambda_2 f^o}) = 0, \tag{2.26a}$$

$$s_f(f^u) = 1 + \lambda_1 \cdot A \cdot (e^{\lambda_1 f^u} + e^{\lambda_2 f^u}) = 0 \tag{2.26b}$$

genügen, wonach der Wechselkurs an den Rändern der Zielzone von einer Bewegung der Fundamentalgröße f unberührt bleibt. Mit Hilfe der voranstehenden Randwertbedingungen läßt sich die Unbekannte A bestimmen und hierüber die Lösung für den Wechselkurssattelpfad

[72] Vgl. Krugman (1992), S. 11.

ermitteln.[73] Im Krugman-Modell wird unterstellt, daß $f^o = -f^u$ ist. In diesem Fall reicht es für die Bestimmung der Modellösung aus, wenn die Bedingungen an nur einem der beiden Enden des Währungsbandes herangezogen werden. Werden die Bedingungen am oberen Bandende zugrunde gelegt, ist A wie folgt determiniert:

$$A = \frac{1}{\lambda_2 [e^{\lambda_1 f^o} + e^{\lambda_2 f^o}]}, \tag{2.27}$$

wobei zu berücksichtigen ist, daß $\lambda_2 = -\lambda_1$ ist (vgl. Gleichung (2.23)). Die Lösung für den Wechselkurssattelpfad erhält man, indem die voranstehende Bestimmungsgleichung für die Konstante A in die allgemeine Lösung (2.24) eingesetzt wird. Es folgt:

$$s(f)|_{TZ} = f + \frac{e^{\lambda_1 f} - e^{\lambda_2 f}}{\lambda_2 [e^{\lambda_1 f^o} + e^{\lambda_2 f^o}]}, \tag{2.28}$$

mit

$$\frac{E[ds|I]}{dt}\Big|_{TZ} = \frac{e^{\lambda_1 f} - e^{\lambda_2 f}}{\alpha \cdot \lambda_2 \cdot [e^{\lambda_1 f^o} + e^{\lambda_2 f^o}]}.$$

[73] Froot und Obstfeld (1991a) sowie Flood und Garber (1992) zeigen, daß die Verteidigung der Wechselkurszielzone im Modellzusammenhang durch eine Vielzahl von alternativen Interventionsstrategien der Zentralbank gesichert werden kann. Neben dem im Krugman'schen Zielzonenmodell unterstellten infinitesimalen und unverzögerten Devisenmarktinterventionen an den Bandenden läßt sich die Zielzone auch über diskrete Interventionen verteidigen, die eine Wechselkursbewegung ins Bandinnere auslösen. Verhalten sich die Devisenmarktteilnehmer rational und antizipieren sie die Interventionsstrategie der Zentralbank, können die Devisenmarktinterventionen aber keinen Wechselkurssprung auslösen. Unter diesen Umständen setzen die Devisenmarktinterventionen der Zentralbank erst dann ein, wenn sich der Zielzonenwechselkurs über den Erwartungseffekt der Interventionen von den Bandenden zurück ins Bandinnere bewegt hat. Im Ergebnis ist die Verteidigung der Zielzone sichergestellt, wenn die Interventionsstrategie der Zentralbank angekündigt wird und hieraus ein funktionaler Zusammenhang zwischen dem Zielzonenwechselkurs und den Fundamentaldaten resultiert, der die Bandbreite der Zielzone tangiert ("smooth pasting"-Eigenschaft). Um dies zu gewährleisten sind die Interventionspunkte für die zusammengefaßte Fundamentalgröße f und der Umfang der Interventionen im Modellzusammenhang so zu wählen, daß interventionsbedingte Wechselkurssprünge ausgeschlossen sind, wenn sich der Wechselkurs entlang dieser Zielzonenwechselkursfunktion zu den Interventionspunkten bewegt hat. Weil eine Vielzahl von Interventionsstrategien diesen Anforderungen genügt, ist die Strategie der Zentralbank durch die bloße Ankündigung einer Wechselkurszielzone noch nicht spezifiziert. Um die Glaubwürdigkeit eines Wechselkurszielzonenregimes zu sichern und um rationale Erwartungsirrtümer aufgrund eines unvollkommenen Informationsstandes zu vermeiden, legen die Autoren daher nahe, daß die Zentralbank ihre Interventionsstrategie ankündigt.

Die Gleichung (2.28) repräsentiert die gesuchte eindeutige Lösung für den Wechselkurssattelpfad im Grundmodell einer perfekt glaubwürdigen Zielzone. Mit Hilfe der ermittelten Lösung (2.28) läßt sich für gegebene Parameterwerte λ_1, λ_2 und f^o der im Krugman-Modell bestehende funktionale Zusammenhang zwischen dem Zielzonenwechselkurs und der Fundamentalgröße f eindeutig bestimmen. Unter der Annahme, daß die Parameterwerte $\lambda_1 = 8{,}165$, $\lambda_2 = -8{,}165$ und das Fluktuationsintervall für $f \pm 26{,}95$ Prozent betragen ($f^o = 0{,}2695$; $f^u = -0{,}2695$), resultiert eine Wechselkurszielzone von ± 15 Prozent ($s^o = 0{,}15$; $s^u = -0{,}15$). Der Abbildung 2.5 liegen die aufgeführten Parameterwerte zugrunde. Die gezeigte Lösungsfunktion für den Zielzonenwechselkurs ist identisch mit der fett gedruckten Wechselkursfunktion in der Abbildung 2.4.

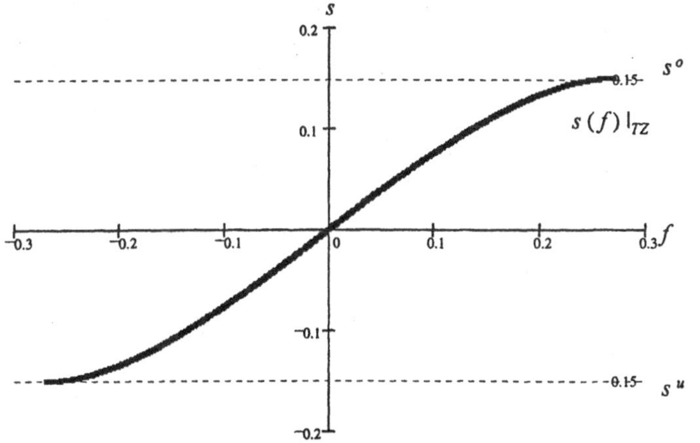

Abb. 2.5: Der funktionale Zusammenhang zwischen dem Zielzonenwechselkurs und dem Fundamentalterm

Parameterwerte: $\alpha = 3$; $\sigma = 0{,}1$; $\lambda_1 = 8{,}165$; $\lambda_2 = -8{,}165$; $f^o = 0{,}2695$; $f^u = 0{,}2695$.

Im Krugman'schen Zielzonenmodell ist die Interventionsstrategie der Zentralbank auf die Verteidigung der Wechselkurszielzone ausgerichtet, so daß die Interventionspunkte für die Fundamentalgröße f sich implizit aus den exogen gegebenen Enden der Wechselkurszielzone ergeben. Analytisch läßt sich aber die Lösung für den Zielzonenwechselkurs nur dann bestimmen, wenn die Randwertbedingungen in Abhängigkeit von den Grenzen des Fundamentalbandes formuliert werden. In Froot und Obstfeld (1991b) ist daher die Interventionsstrategie der Zentralbank in Termen der Regulation des stochastischen Prozesse der zusammengefaßten Fundamentalgröße f formuliert. Während im Krugman-Modell die Zentralbank die Wechselkurszielzone und ihre Interventionspolitik explizit ankündigt, ergibt sich das Wechselkursband in dem Ansatz von Froot und Obstfeld implizit aus der errichteten Zielzone für den Fundamentalterm f. Weil die Brown'sche Bewegung von f in beiden Ansätzen durch Reflektionsschranken begrenzt wird und die Interventionen von den Wirtschaftssubjekten antizipiert werden, sind die Lösungsverfahren und die resultierende funktionale Beziehung zwischen dem Wechselkurs und der Fundamentalgröße f in beiden Ansätzen identisch. Bei der analytischen Herleitung der Implikationen des Krugman'schen Zielzonenmodells werden wir daher im folgenden die Wechselkurszielzone in Termen des Schwankungsintervalls für die zusammengefaßte Fundamentalgröße f ausdrücken.

2.3 Autonomie der Geldpolitik in einem Zielzonenregime

Bei festen Wechselkursen muß die Zentralbank auf eine eigenständige Geldmengenpolitik verzichten und hat damit keine Kontrolle über die Inflationsrate. Demgegenüber verschafft die Errichtung einer Wechselkurszielzone einen Spielraum für eine an den individuellen Inflationspräferenzen ausgerichtete Geldmengensteuerung. Im Krugman-Modell resultiert dieser Freiraum daraus, daß sich die Fundamentalfaktoren innerhalb ihres implizit durch die marginalen Devisenmarktinterventionen errichteten Fluktuationsband frei bewegen können. Die Freiheiten der Geldpolitik bei der Wahl der optimalen Inflationsrate fallen aber bei flexiblen Wechselkursen größer aus, weil hier die Zentralbank keiner Interventionsverpflichtung unterliegt. Während die Möglichkeit zur Steuerung der Inflationsrate im Zielzonensystem durch die obligatorischen Zentralbankinterventionen an den Enden der Zielzone beschnitten wird, soll im folgenden gezeigt werden, daß die Interventionsverpflichtung im Krugman'schen Zielzonenmodell zinspolitische Freiräume generiert, die eine binnenwirtschaftlich orientierte Geldmengenpolitik zumindest in Grenzen zulassen.

Im Krugman-Modell ist die ungedeckte Zinsparität permanent erfüllt und der Auslandszins ist für das kleine Inland exogen gegeben. Unter diesen Annahmen kann die inländische Zentralbank nur mittelbar über eine Beeinflussung der erwarteten Wechselkursänderungsrate den Inlandszins bestimmen. Der bedingte Erwartungswert der Wechselkursänderungsrate ist im Modellzusammenhang sowohl bei festen als auch bei flexiblen Wechselkursen für die Zentralbank exogen gegeben und in jedem Zeitpunkt gleich Null. Im Ergebnis folgt der Inlandszins sowohl im Modell bei festen als auch im Modell bei flexiblen Wechselkursen dem Niveau des exogen gegebenen Auslandszinses. Unter diesen Annahmen kann die inländische Zentralbank in keinem der beiden Regime eine autonome Zinspolitik betreiben.

Der Verlust der zinspolitischen Autonomie ist im Modell bei festen Wechselkursen das Resultat einer perfekt glaubwürdigen Verteidigung des Leitkurses. Die perfekte Glaubwürdigkeit wird im Modellzusammenhang dadurch erzeugt, daß die stochastische Bewegung der Geldnachfrage *systematisch* durch eine entsprechende Anpassung der Geldmenge m aufgefangen wird und damit die Quelle der Wechselkursfluktuationen (ein Ungleichgewicht im monetären Sektor) im Ansatz bekämpft wird. Während im Modell bei festen Wechselkursen die Bewegungen der Fundamentalvariablen und die damit korrespondierenden Wechselkursfluktuationen durch eine Anpassung der inländischen Geldmenge unterdrückt werden, folgen die Fundamentaldaten im Modell bei flexiblen Wechselkursen einem stochastischen Prozeß. Weil von systematischen Einflußfaktoren des Wechselkurses (z. B. ein trendmäßiges Geldmengenwachstum) abstrahiert wird, folgt der freie Wechselkurs einem reinen Zufallsprozeß. Dies impliziert, daß durch den angenommenen stochastischen Prozeß der Fundamentalvariablen zwar Schwankungen des freien Wechselkurses ausgelöst werden, das Ausmaß und die Richtung der Wechselkursanpassung sich aber nicht prognostizieren lassen. Im Modell bei flexiblen Wechselkursen ist daher der bedingte Erwartungswert einer Wechselkursänderung in jedem Zeitpunkt gleich Null.

Im Krugman'schen Zielzonenmodell wird die erwartete Wechselkursänderungsrate durch die Position der Fundamentalvariablen im Band bestimmt, welche die inländische Zentralbank über ihre Kontrollgröße m beeinflussen kann. In Zusammenhang mit der angenommenen Gültigkeit der ungedeckten Zinsparität hat dies zur Folge, daß die inländische Zentralbank durch die Errichtung einer Wechselkurszielzone zinspolitische Freiräume erhält, auf die sie im Modell bei festen Wechselkursen verzichten müßte. Dieser Zusammenhang soll im folgenden näher beleuchtet werden.[74] Die Grundlage der nachfolgenden Analyse bildet die Lösung für den Wechselkurs-

[74] Eine formale Herleitung des Zusammenhangs zwischen der Breite des Fundamentalbandes, der Wechselkursstabilisierung und der Zinsvariabilität findet sich auch in Svensson (1991a und b) sowie in Delgado und Dumas (1992). Auf den zinspolitischen Freiraum in einer Wechselkurszielzone wird insbesondere in Hurley (1998) eingegangen.

sattelpfad im Grundmodell einer perfekt glaubwürdigen Wechselkurszielzone (2.28):

$$s(f)|_{TZ} = f + \frac{e^{\lambda_1 f} - e^{\lambda_2 f}}{\lambda_2 [e^{\lambda_1 f^o} + e^{\lambda_2 f^o}]}.$$

Der Wechselkurs wird im Modellzusammenhang zum einen durch den Fundamentalterm f und zum anderen durch die mit der Zinselastizität α gewichtete erwartete Wechselkursänderungsrate bestimmt (vgl. Gleichung (2.5)). Der Einfluß der erwarteten Wechselkursänderungsrate auf den Zielzonenwechselkurs wird durch den zweiten Term auf der rechten Seite der voranstehenden Gleichung angegeben. Bezeichnen δ die Differenz zwischen dem in- und dem ausländischen Geldmarktzins und α die Elastizität des Wechselkurses auf seine eigene erwartete Veränderungsrate, folgt bei Gültigkeit der ungedeckten Zinsparität:

$$\delta(f)|_{TZ} = \frac{e^{\lambda_1 f} - e^{\lambda_2 f}}{\alpha \cdot \lambda_2 \cdot [e^{\lambda_1 f^o} + e^{\lambda_2 f^o}]}. \qquad (2.29)$$

Aus den Lösungen (2.28) und (2.29) ist ersichtlich, daß der funktionale Zusammenhang zwischen dem Zielzonenwechselkurs und dem Fundamentalterm f und die Beziehung zwischen der internationalen Zinsdifferenz und der Fundamentalgröße f durch die Position der Fundamentalvariable f im Band beeinflußt wird. Hieraus folgt, daß der Verlauf der Zielzonenwechselkursfunktion von dem Umfang des zugelassenen Bewegungsspielraums der Fundamentalfaktoren abhängig ist, der durch die Zentralbankinterventionen an den Enden der Zielzone begrenzt wird und im folgenden mit Breite des Fundamentalbandes bezeichnet wird. Diese Abhängigkeit ist in den Abbildungen 2.6 und 2.7 graphisch dargestellt. Den Abbildungen liegen die Parameterwerte α=3 und σ=0,1 zugrunde, woraus unter Berücksichtigung von Gleichung (2.23) λ_1=8,165 und λ_2=-8,165 resultiert. Während in Abbildung 2.6 ein relativ schmales Fluktuationsband für den Fundamentalterm f von ± 1 Prozent (f^o = 0,01) zugrundegelegt wurde, basiert die Abbildung 2.7 auf einem vergleichsweise weiten Schwankungsintervall von ± 50 Prozent (f^o = 0,5).

Die wechselkursstabilisierende Wirkung der Wechselkurserwartungen im Krugman'schen Zielzonenmodell ("honeymoon"-Effekt) schlägt sich in dem nicht-linearen Term der Wechselkurszielzonenlösung (2.28) nieder und wird durch die Position der Fundamentalvariablen im Band beeinflußt. Im Inneren der Zielzone tritt der "honeymoon"-Effekt insbesondere dann in Erscheinung, wenn die errichtete Zielzone relativ schmal ist und die Distanz zu den Interventionspunkten infolgedessen vergleichsweise kurz ist. Weil sich der "honeymoon"-Effekt über die Gültigkeit der ungedeckten Zinsparität in internationalen Zinsunterschieden niederschlägt, nimmt der Spielraum für eine binnenwirtschaftlich orientierte Zinspolitik im Modellzusammenhang abrupt zu, wenn die Fixierung des Fundamentalterms f im System vollkommen fester Wechselkurse aufgegeben wird und statt dessen ein Schwankungsintervall für den Fundamentalterm f eingeräumt wird. Aus den Bestimmungsgleichungen für den Wechselkurssattelpfad (2.28) und die internationale Zinsdifferenz (2.29) resultiert:

$$\frac{ds(f)}{df} \approx 0 \quad weil \quad \frac{\lambda_1 \cdot e^{\lambda_1 f} - e^{\lambda_2 f}}{\lambda_2 \cdot [e^{\lambda_1 f^o} - e^{\lambda_2 f^o}]} \approx -1 \quad \textit{für hinreichend kleine } f^o \tag{2.30}$$

und

$$\frac{d\delta(f)}{df} \approx \frac{1}{\alpha} \quad weil \quad \frac{\lambda_1 \cdot e^{\lambda_1 f} - e^{\lambda_2 f}}{\lambda_2 \cdot [e^{\lambda_1 f^o} - e^{\lambda_2 f^o}]} \approx -1 \quad \textit{für hinreichend kleine } f^o. \tag{2.31}$$

Im zugrundegelegten Modell einer perfekt glaubwürdigen Wechselkurszielzone erwarten die Wirtschaftssubjekte für die nahe Zukunft eine Bewegung der Fundamentalvariablen f zu ihrer Bandmitte f=0, wenn die Distanz zu eine der beiden Bandgrenzen relativ kurz ist und die Wahrscheinlichkeit daher sehr groß ist, daß die Zentralbank in nächster Zeit die Enden des Fundamentalbandes durch eine Anpassung der Geldmenge verteidigen wird. In einem sehr engen Band herrscht somit zu jeder Position der Fundamentalvariablen im Band die Erwartung vor, daß sich die Fundamentalvariable f in nächster Zeit wieder zurück zu ihrer Bandmitte bewegt und der Wechselkurs in kürzester Zukunft wieder seinen langfristigen Mittelwert annimmt. Unter diesen Umständen löst ein Anstieg der Fundamentalgröße f eine proportionale Verminderung der erwarteten Wechselkursänderungsrate aus. Bei Gültigkeit der ungedeckten Zinsparität und Konstanz des Auslandszinses nimmt der Inlandszins um die Verminderung der erwarteten Wechselkursänderungsrate ab. Hieraus ergibt sich eine lineare Beziehung zwischen der internationalen Zinsdifferenz und der Fundamentalvariablen f, die in Gleichung (2.31) formuliert ist und in der Abbildung 2.6 durch die gestrichelte Linie $\delta(f)|_{TZ}$ graphisch dargestellt ist.[75] Außerdem geht unter diesen Umständen der nicht-lineare Verlauf der Zielzonenwechselkursfunktion verloren, was in der Abbildung durch die durchgezogene Linie $s(f)|_{TZ}$ angezeigt ist.

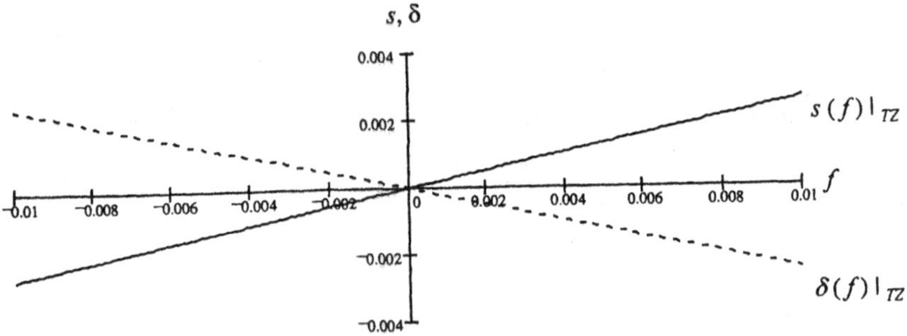

Abb. 2.6: Zielzonenwechselkurs und Zinsdifferenz in einem sehr schmalen Fundamentalband

Parameterwerte: $\alpha = 3$; $\sigma = 0,1$; $\lambda_1 = 8,165$; $\lambda_2 = - 8,165$; $f^o = 0,01$; $f^u = 0,01$.

Im Modell bei festen Wechselkursen werden die Fluktuationen der Random-Größe v durch eine entgegengesetzte Anpassung der Geldmenge aufgefangen, so daß die zusammengefaßte Fundamentalgröße f letztlich konstant bleibt. Die Verteidigung des festen Wechselkurses und der Wechselkurszielzone ist im Modellzusammenhang dadurch gesichert, daß der stochastische Prozeß der Fundamentalgröße f durch eine Anpassung der Geldmenge reguliert wird. Damit unterliegen die Zentralbankinterventionen im Modell bei festen Wechselkursen und im Zielzonenmodell den gleichen Rahmenbedingungen. Unter diesen Umständen können feste Wechselkurse als Wechselkurszielzone mit einer Bandbreite von Null interpretiert werden. Dieser Grenzfall liegt etwa bei einem Currency Board vor, in dem die Geldbasis zu 100 Prozent durch Währungsreserven des Ankerwährungslandes gedeckt werden muß. Wird die aggregierte Fundamental-

[75] Hurley (1998, S. 100) bemerkt in diesem Zusammenhang *"At the edge of the band, the expected change in the exchange rate following a velocity shift is zero as the government counteracts the shock. This gives an approximately linear (downward sloping) interest rate differential path,... "*. Es ist jedoch zu berücksichtigen, daß an den Bandenden eine Wechselkursbewegung zur Bandmitte erwartet wird, weil die Wirtschaftssubjekte die marginalen Zentralbankinterventionen antizipieren und mithin eine Anpassung der Geldmenge erwarten.

größe f im Grenzfall fester Wechselkurse über die Zentralbankinterventionen konstant gehalten, besteht kein Freiraum für eine eigenständige Zinspolitik. Dies zeigt sich in der Abbildung 2.6 darin, daß die internationale Zinsdifferenz an der Stelle $f^o = 0$ gleich Null ist.

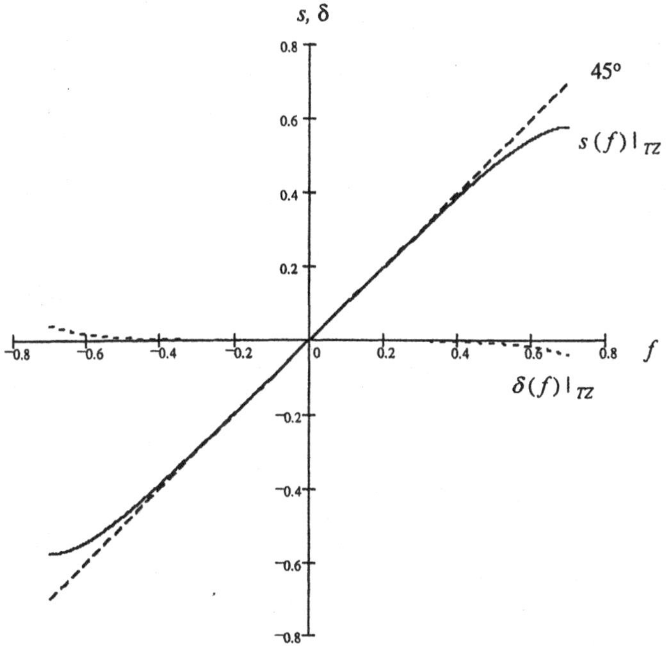

Abb. 2.7: Zielzonenwechselkurs und Zinsdifferenz in einem weiten Fundamentalband

Parameterwerte: $\alpha = 3$; $\sigma = 0{,}1$; $\lambda_1 = 8{,}165$; $\lambda_2 = -8{,}165$; $f^o = 0{,}07$; $f^u = 0{,}07$.

In einer weiten Zielzone sind in der Umgebung der Bandmitte ($f = 0$) der bedingte Erwartungswert der erwarteten Wechselkursänderungsrate und damit der nicht-lineare Term der Wechselkurszielzonenlösung (2.28) gleich Null, weil hier die Distanz zu den Interventionspunkten noch so weit ist, daß eine Anpassung der Geldmenge in absehbarer Zeit unwahrscheinlich ist. Hieraus resultiert, daß über weite Teile eines breiten Fundamentalbandes hinweg Fluktuationen des Fundamentalterms f durch eine entsprechende Anpassung des Zielzonenwechselkurses aufgefangen werden und der Inlandszins an den exogen gegebenen Wert des Auslandszinses gebunden ist. In der Abbildung 2.7 folgt die funktionale Beziehung $s(f)|_{TZ}$ zwischen dem Zielzonenwechselkurs und der Fundamentalvariable f daher über einen weiten Bereich des Fundamentalbandes hinweg dem linearen Verlauf bei flexiblen Wechselkursen (45°-Linie). Weil sich die Erwartung einer Wechselkursbewegung zur Bandmitte erst in der Umgebung der Interventionspunkte einstellt, nehmen in der Abbildung 2.7 die Funktionen des Zielzonenwechselkurses und des internationalen Zinsspreads auch erst an den Rändern des Fundamentalbandes einen nichtlinearen Verlauf an.

Die vorangegangenen Überlegungen haben gezeigt, daß in einem schmalen Fundamentalband der "honeymoon"-Effekt einer glaubwürdigen Ankündigung der marginalen Zentralbankinterventionen schon sehr früh einsetzt. Hieraus resultiert, daß die wechselkursstabilisierende Wirkung und der zinspolitische Freiraum in einem Zielzonensystem *relativ* groß sind, wenn dem zugelassenen Bewegungsspielraum der zusammengefaßten Fundamentalgröße f enge Grenzen gesetzt sind. Werden die Bewegungen der aggregierten Fundamentalgröße f aber im Grenzfall fester Wechselkurse vollständig unterdrückt, geht der zinspolitische Spielraum verloren.

Im folgenden soll untersucht werden, wie sich das Fluktuationsintervall für den Wechselkurs und der zinspolitische Spielraum im Grundmodell einer Wechselkurszielzone *absolut* verändern, wenn das Fundamentalband ausgeweitet wird. Diese Fragestellung ist wirtschaftspolitisch von großem Interesse, wenn die Ziele Wechselkursstabilität und Autonomie der Geldpolitik verfolgt werden, zwischen denen nach der traditionellen Wechselkurstheorie ein Zielkonflikt vorherrscht. In diesem Zusammenhang stellt sich insbesondere die Frage, ob im Krugman'schen Zielzonenmodell ein "trade-off" zwischen den Zielen Wechselkursstabilität und Autonomie der Geldpolitik vorherrscht.

In dem zugrundegelegten Modell besteht eine positiv-deterministische Beziehung zwischen dem Wechselkurs s und dem Fundamentalterm f, die in Gleichung (2.28) formuliert ist. Im Krugman'schen Zielzonenmodell realisiert der Wechselkurs sein oberes (unteres) Bandende genau dann, wenn der Fundamentalterm f an seinen oberen (unteren) Interventionspunkt stößt. Bezeichnen s^o (s^u) die obere (untere) Wechselkursbandbreite und f^o (f^u) den oberen (unteren) Interventionspunkt der aggregierten Fundamentalvariablen f, muß die Lösung für den Wechselkurssattelpfad im Grundmodell einer perfekt glaubwürdigen Wechselkurszielzone an den Rändern der Zielzone die Bedingungen:

$$s^{o}(f^{o})\,|_{TZ} = f^{o} + \frac{e^{\lambda_1 f^{o}} - e^{\lambda_2 f^{o}}}{\lambda_2 [e^{\lambda_1 f^{o}} + e^{\lambda_2 f^{o}})}, \tag{2.32a}$$

$$s^{u}(f^{u})\,|_{TZ} = f^{u} + \frac{e^{\lambda_1 f^{u}} - e^{\lambda_2 f^{u}}}{\lambda_2 [e^{\lambda_1 f^{o}} + e^{\lambda_2 f^{o}}]} \tag{2.32b}$$

erfüllen. Der zweite Term auf der rechten Seite der beiden voranstehenden Gleichungen beschreibt den bedingten Erwartungswert der Wechselkursänderungsrate an den Bandenden. Im Grundmodell einer perfekt glaubwürdigen Wechselkurszielzone herrscht in der Nähe des oberen (unteren) Interventionspunktes die Erwartung vor, daß das entsprechende Bandende in der nahen Zukunft durch eine Anpassung der Geldmenge verteidigt wird. Hierdurch entsteht im Modellzusammenhang die Erwartung, daß sich der Wechselkurs in der nächsten Zeit von der oberen (unteren) Bandbreite zurück ins Band bewegt. Hierbei nimmt der bedingte Erwartungswert einer Wechselkursbewegung zur Bandmitte zu, wenn sich die Fundamentalvariable f ausgehend von der Bandmitte an eine der beiden Interventionspunkte des Fundamentalbandes annähert. Dies hat in Zusammenhang mit der angenommenen Gültigkeit der ungedeckten Zinsparität zur Folge, daß eine negativ-deterministische Beziehung zwischen der Position von f im Band und der Differenz zwischen dem in- und ausländischen Zinssatz entsteht, die in Gleichung (2.29) formuliert ist. Der internationale Zinsspread nimmt im Modellzusammenhang genau dann seinen unteren (oberen) Grenzwert an, wenn die Fundamentalvariable f an den oberen (unteren) Interventionspunkt ihres Fluktuationsbandes stößt. Im Krugman'schen Zielzonenmodell sind die Grenzen des Zinsbandes durch

$$\delta^{u}(f^{o})\,|_{TZ} = \frac{e^{\lambda_1 f^{o}} - e^{\lambda_2 f^{o}}}{\alpha \cdot \lambda_2 [e^{\lambda_1 f^{o}} + e^{\lambda_2 f^{o}}]}, \tag{2.33a}$$

$$\delta^o(f^u)\big|_{TZ} = \frac{e^{\lambda_1 f^u} - e^{\lambda_2 f^u}}{\alpha \cdot \lambda_2 [e^{\lambda_1 f^o} + e^{\lambda_2 f^o}]} \qquad (2.33b)$$

gegeben, wobei δ^u für das untere Bandende der internationalen Zinsdifferenz steht und δ^o das obere Bandende bezeichnet.

Es ist zu berücksichtigen, daß die Lösung für den Zielzonenwechselkurs (2.28) unter der Annahme hergeleitet wurde, daß das Fundamentalband symmetrisch um den Mittelwert $f = 0$ angelegt ist und die Wechselkurszielzone mithin symmetrisch um den langfristigen Gleichgewichtskurs $s(0) = 0$ errichtet ist. Daneben sind in der Mitte des Fundamentalbandes ($f = 0$) der bedingte Erwartungswert der Wechselkursänderungsrate und über die angenommene Gültigkeit der ungedeckten Zinsparität die internationale Zinsdifferenz gleich Null ($\delta(0) = 0$), weil hier die Distanz zu den beiden Interventionspunkten gleich groß ist und damit auch den Interventionen am oberen und unteren Bandende die gleiche Wahrscheinlichkeit zugeordnet wird. Aus diesen Annahmen resultiert, daß die *Grenzen* der Fluktuationsbänder mit der *Intervallänge* der korrespondierenden Bandhälften übereinstimmen. Die voranstehenden Gleichungen beschreiben daher nicht nur den funktionalen Zusammenhang zwischen den Bandgrenzen der endogenen Variablen s und δ und den Bandenden der exogenen Variablen f, sondern auch eine funktionale Beziehung zwischen den Bandweiten für den Wechselkurs und für die Fundamentalvariable f (Gleichungen (2.32a und b)) einerseits und für die internationale Zinsdifferenz und für die Fundamentalgröße f (Gleichungen (2.33a und b)) andererseits. Diese Funktionsverläufe sind in der Abbildung 2.8 graphisch dargestellt. Der Abbildung liegen wiederum die Parameterwerte $\alpha = 3$ und $\sigma = 0{,}1$ zugrunde, woraus in Zusammenhang mit der Gleichung (2.23) $\lambda_1 = 8{,}165$ und $\lambda_2 = -8{,}165$ resultiert.

Aus der Abbildung 2.8 ist ersichtlich, daß das Fluktuationsband des Zinsspreads zunächst ausgeweitet wird, wenn die eng gesetzten Interventionsgrenzen der Fundamentalfaktoren gelockert werden. Dies läßt sich ökonomisch damit begründen, daß die Wirtschaftssubjekte am oberen Ende eines engen Fundamentalbandes berücksichtigen, daß Interventionen am unteren Bandende in absehbarer Zukunft zwar unwahrscheinlich sind, aber nicht ausgeschlossen werden können. Eine Lockerung des Fundamentalbandes impliziert, daß die Distanz zwischen den Interventionspunkten steigt. Daraufhin sinkt am oberen Ende des Fundamentalbandes die Wahrscheinlichkeit, daß die Zentralbank in absehbarer Zeit das untere Bandende durch eine expansive Geldpolitik verteidigen wird, so daß am oberen Bandende die erwartete Aufwertungsrate der Inlandswährung steigt. In gleicher Weise nimmt am unteren Bandende die erwartete Abwertungsrate der Inlandswährung zu, weil durch die Ausweitung des Fundamentalbandes die Wahrscheinlichkeit für Interventionen am oberen Bandende gesunken ist. Im Modellzusammenhang steigt die wechselkursstabilisierende Wirkung an den Bandenden somit an. Im Ergebnis nimmt nicht nur das (unerwünschte) Potential für eine Destabilisierung des Wechselkurses zu, sondern gleichzeitig steigt auch der (erwünschte) zinspolitische Freiraum an, wenn ein enges Fluktuationsband gelockert wird. Dies zeigt sich in der Abbildung 2.8 darin, daß über den Bereich relativ schmaler Fluktuationsbänder hinweg das Schwankungsintervall für den Wechselkurs und für die internationale Zinsdifferenz positive Funktionen der Bandweite für den Fundamentalterm f sind.

Im Grundmodell einer perfekt glaubwürdigen Wechselkurszielzone läßt sich der wechselkursstabilisierende Effekt der Wechselkurserwartungen an den Enden des Fundamentalbandes nicht unbegrenzt ausdehnen. Die am oberen (unteren) Interventionspunkt erwartete Aufwertungsrate (Abwertungsrate) der Inlandswährung erreicht genau dann ihren oberen Grenzwert, wenn der untere (obere) Interventionspunkt des Fundamentalbandes so weit entfernt ist, daß die Wahrscheinlichkeit für eine in absehbarer Zeit stattfindende Ausweitung (Einschränkung) der Geldmenge vernachlässigbar gering ist. In der Abbildung 2.8 herrscht diese Situation vor, sobald die Bandweite für die Fundamentalgröße f den Grenzwert $f^{o\prime}$ realisiert. Eine Ausweitung des Fundamentalbandes schlägt sich von nun an in einer entsprechenden Lockerung des Währungsbandes nieder, wohingegen der zinspolitische Spielraum nicht weiter ausgedehnt werden kann. Dies äußert sich in der Abbildung 2.8 darin, daß ab dem Grenzwert $f^{o\prime}$ der funktionale Zusammenhang zwischen der Weite des Wechselkursbandes und des Fundamentalbandes linear mit einer Steigung von 45° verläuft und die funktionale Beziehung zwischen der Bandweite für die internationale Zinsdifferenz und für den Fundamentalterm f einen horizontalen Verlauf annimmt.

Der Grenzwert $f^{o\prime}$ teilt die verschiedenen Bandbreiten für f in einen Bereich $f^{o} < f^{o\prime}$, in dem zwischen den Zielen Stabilität des Wechselkurses und zinspolitischer Spielraum ein Konflikt vorherrscht und in einen Bereich $f^{o} \geq f^{o\prime}$, in dem der "trade-off" zwischen den beiden Zielen aufgehoben ist. Im Fall $f^{o} \geq f^{o\prime}$ wird durch eine Ausweitung des Fundamentalbandes lediglich das Schwankungspotential für den Wechselkurs nicht aber der Freiraum für die Zinspolitik erhöht. Unter den getroffenen Annahmen resultiert hieraus die wirtschaftspolitische Schlußfolgerung, daß im Hinblick auf die Ziele Wechselkursstabilität und Autonomie der Geldpolitik enge Zielzonen ($f^{o} < f^{o\prime}$) gegenüber weiten Zielzonen ($f^{o} > f^{o\prime}$) vorzuziehen sind.

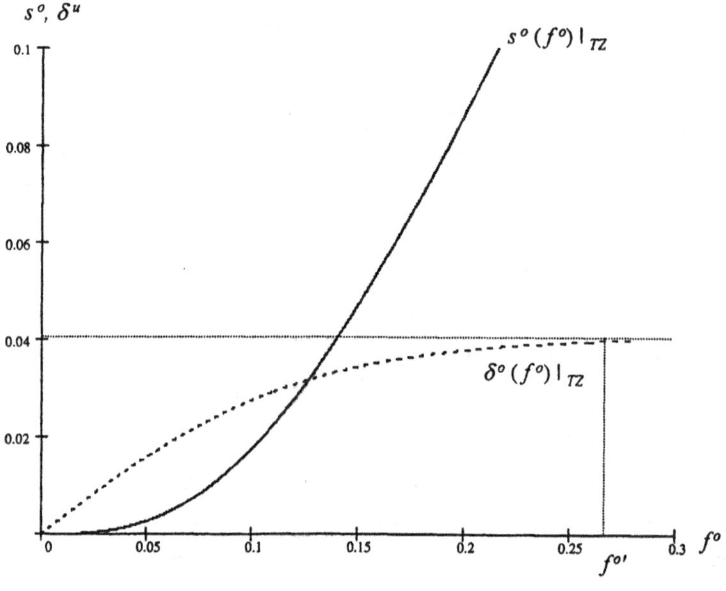

Abb. 2.8: Bandbreite für den Wechselkurs und die internationale Zinsdifferenz in Abhängigkeit von der Breite des Fundamentalbandes

Parameterwerte: $\alpha = 3$; $\sigma = 0{,}1$; $\lambda_1 = 8{,}165$.

Im Modellzusammenhang realisiert der zinspolitische Spielraum an der Stelle $f^{o} = f^{o\prime}$ sein Maximum. Aus der Abbildung 2.9 ist zu erkennen, daß die maximal mögliche internationale Zinsdifferenz von der Elastizität des Wechselkurses α auf seine eigene erwartete Veränderungsrate abhängig ist. Im Modellzusammenhang hat ein Anstieg von α zur Folge, daß der Einfluß der

Wechselkursänderungserwartungen auf den Wechselkurs zunimmt und dieser Einfluß in den rationalen Erwartungen verstärkt berücksichtigt wird. Im Ergebnis finden die für die ferne Zukunft gebildeten bedingten Erwartungswerte einer Geldmengenänderung verstärkt Berücksichtigung, wenn α steigt.[76] Am oberen (unteren) Ende des Fundamentalbandes nimmt mit einem

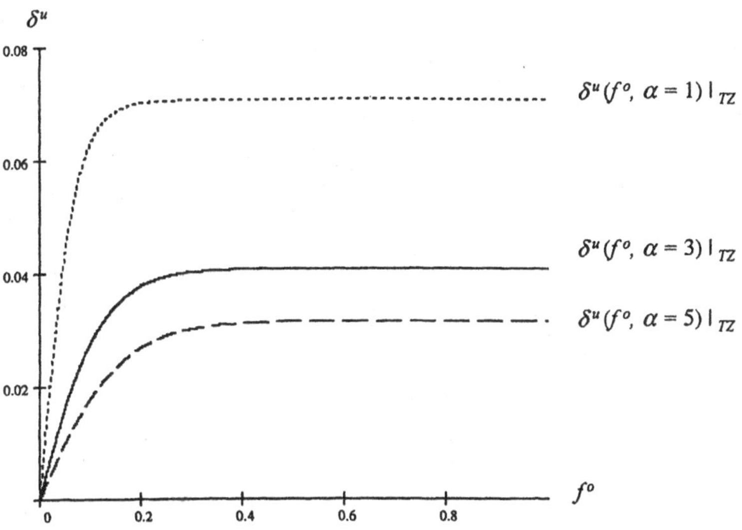

Abb. 2.9: Der Einfluß der Zinselastizität der Geldnachfrage auf den zinspolitischen Spielraum in einer Zielzone

Parameterwerte: $\alpha = 1; 3; 5$ und; $\sigma = 0{,}1$.

Anstieg von α also das Gewicht zu, mit dem Wirtschaftssubjekte in ihren Wechselkursänderungserwartungen die Möglichkeit berücksichtigen, daß die Zentralbank in der Zukunft den unteren (oberen) Interventionspunkt durch eine expansive (kontraktive) Geldpolitik verteidigen wird. Dies hat in dem zugrundegelegten Modell wiederum zur Folge, daß die erwartete Aufwertungs-

[76] Im Abschnitt 2.2.2 wurde abgeleitet, daß die Gewichte, mit denen die Erwartungswerte der Geldmengenänderungen in die erwartete Wechselkursänderungsrate eingehen, sich aus dem auf die Gegenwart abdiskontierten Faktor $\alpha/1+\alpha$ multipliziert mit dem Faktor $1/1+\alpha$ ergeben. Ein Anstieg von α hat zur Folge, daß der Faktor $\alpha/1+\alpha$ steigt und der Faktor $1/1+\alpha$ fällt. Weil die Erwartungswerte der Geldmengenänderungen mit dem Faktor $\alpha/1+\alpha$ auf die Gegenwart abdiskontiert werden, hat der Anstieg des Faktors $\alpha/1+\alpha$ zur Folge, daß die für die ferne Zukunft erwarteten Geldmengenänderungen nun verstärkt in die für die nahe Zukunft erwartete Wechselkursänderungsrate eingehen.

rate (Abwertungsrate) der Inlandswährung am oberen (unteren) Ende des Fundamentalbandes sinkt und über die angenommene Gültigkeit der ungedeckten Zinsparität der zinspolitische Spielraum geschmälert wird. Demgegenüber nimmt die maximal mögliche internationale Zinsdifferenz zu, wenn der Varianzparameter σ der Fundamentalgröße f steigt. Dieser Zusammenhang ist in der Abbildung 2.10 dargestellt. Ein Anstieg von σ impliziert, daß die durchschnittliche Schrittweite steigt, mit der sich die Fundamentalvariable f im Zuge der Brown'schen Bewegung nach oben und nach unten bewegt. Steigt die durchschnittliche Schrittweite der Fundamentalvariablen im Modellzusammenhang an, wird im Durchschnitt erwartet, daß das Ausmaß der marginalen Interventionen steigt. Infolgedessen nimmt die erwartete Aufwertungsrate (Abwertungsrate) der Inlandswährung am oberen (unteren) Bandende zu, so daß der zinspolitische Spielraum im Krugman-Modell steigt, wenn eine Erhöhung von σ zu verzeichnen ist.

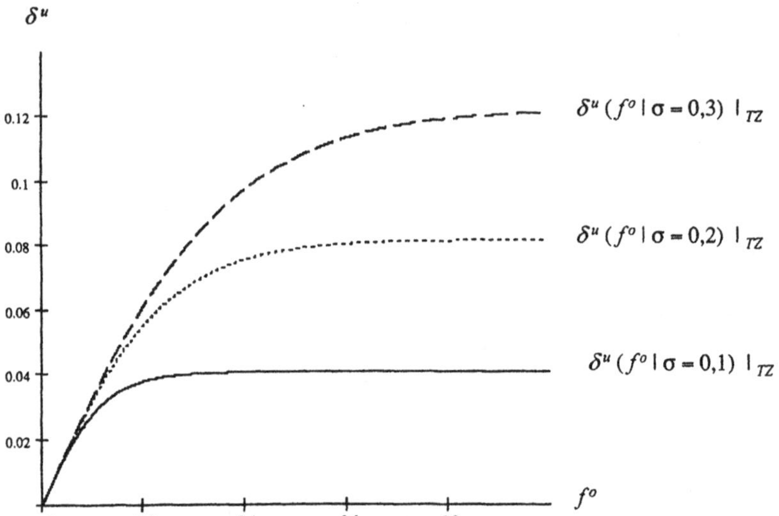

Abb. 2.10: Der Einfluß der Volatilität des Fundamentalterms auf den zinspolitischen Spielraum in einer Zielzone

Parameterwerte: $\alpha = 3$ und $\sigma = 0{,}1; 0{,}2; 0{,}3$.

Aus den vorangegangenen Überlegungen resultiert erstens die Schlußfolgerung, daß unerwünschte Wechselkursfluktuationen nicht nur durch ein Regime vollkommen fester Wechselkurse, sondern auch durch die Errichtung eines sehr schmalen Wechselkursbandes unterbunden werden können. Im Modellzusammenhang weist das Zielzonenregime aber gegenüber dem Fixkurssystem den Vorteil auf, daß die inländische Zentralbank durch die Errichtung einer Zielzone zinspolitische Freiräume erhält, so daß sie im Gegensatz zum Fixkurssystem zumindest in Grenzen eine binnenwirtschaftlich orientierte Geldpolitik betreiben kann. Gemessen am wirtschaftspolitischen Freiraum scheint daher ein enges Wechselkursband einem Regime vollkommen fester Wechselkurse überlegen zu sein. Hierbei ist jedoch zu berücksichtigen, daß dieses Ergebnis auf der Annahme einer perfekt glaubwürdigen Wechselkurszielzone beruht. Im Gegensatz zu der Annahme im Krugman-Modells ist die Aufrechterhaltung eines Währungsbandes in der Realität keineswegs gesichert, sondern letztlich von den wirtschaftspolitischen Zielsetzungen abhängig. So ist in einem Wechselkurszielzonenregime ein Kurswechsel in der Geldpolitik und ein damit verbundener Regimewechsel in der Wechselkurspolitik politisch wesentlich einfacher durchzusetzen als in einem System vollkommen fester Wechselkurse, dessen Aufrechterhaltung etwa durch eine Währungsunion oder ein Currency Board gesetzlich manifestiert wird. Daneben hat eine längerfristige Ausschöpfung der zinspolitischen Freiräume zur Folge, daß der langfristige Mittelwert des Wechselkurses sich von der vereinbarten Zentralparität entfernt und zu den Enden des Währungsbandes wandert. Diese Entwicklung kann aber bei rationalen Erwartungen Realignmenterwartungen entstehen lassen, woraufhin die Glaubwürdigkeit der errichteten Wechselkurszielzone untergraben wird. Wie in Kapitel 5 dieser Arbeit gezeigt wird, kann auch der vom Krugman'schen Zielzonenmodell postulierte funktionale Zusammenhang zwischen der Position der Fundamentalvariablen im Band und der internationalen Zinsdifferenz durch die Berücksichtigung von Realignmenterwartungen aufgehoben werden. Bei der Wahl zwischen einem "harten" Festkurssystem und einem Zielzonenregime ist daher abzuwägen, ob der angestrebten Wechselkursstabilisierung oder der geldpolitischen Autonomie ein höherer Stellenwert beigemessen wird.[77]

Zweitens ergibt sich aus dem Modellzusammenhang die Schlußfolgerung, daß der zinspolitische Spielraum in einer relativ engen Wechselkurszielzone am größten ist. Hierbei ist jedoch zu berücksichtigen, daß im Modell bei flexiblen Wechselkursen die fehlende Durchschlagskraft der Zinspolitik aus der Annahme resultiert, daß die Zentralbank des betrachteten Landes keine

---

[77] Zum Entstehen von Realignmenterwartungen vgl. Svensson (1992a) S. 138f und Kremski (1997), S. 48f.

systematische Geldmengenpolitik betreibt. Der zinspolitische Spielraum im Krugman'schen Zielzonenmodell resultiert ausschließlich auf der Annahme, daß über die glaubwürdig angekündigten marginalen Zentralbankinterventionen der Entwicklungspfad der Fundamentalfaktoren *systematisch* beeinflußt wird. Im Modellzusammenhang wird die Geldmengenpolitik in einer Wechselkurszielzone dem außenwirtschaftlichen Ziel einer Verteidigung der Zielzone untergeordnet, so daß die zinspolitische Autonomie begrenzt ist. Bei flexiblen Wechselkursen liegt dagegen keine außenwirtschaftliche Bindung der Geldpolitik vor. Unter der Voraussetzung, daß der eingeschlagene Kurs in der Geldmengenpolitik einem systematischen Muster folgt und in den rationalen Erwartungen mithin Berücksichtigung findet, läßt sich der Inlandszins im Modell bei flexiblen Wechselkursen autonom bestimmen. Unter diesen Bedingungen ist eine relativ enge Wechselkurszielzone zwar sowohl im Hinblick auf die Stabilisierung des Wechselkurses als auch mit Blick auf den (begrenzten) Freiraum in der Zinspolitik gegenüber einer relativ weiten Zielzone vorzuziehen. Im Vergleich zu einem Regime flexibler Wechselkurse sind aber der zinspolitischen Autonomie in einem Zielzonenregime sowohl im Hinblick auf den Freiraum als auch hinsichtlich der Fristigkeit enge Grenzen gesetzt.

2.4 Zur Variabilität des Wechselkurses und des Zinsspreads

Im vorangegangenen Abschnitt wurde dargestellt, daß sich die wechselkursstabilisierende Wirkung der Wechselkurserwartungen im Krugman'schen Zielzonenmodell ("honeymoon"-Effekt) in internationalen Zinsunterschieden niederschlägt. Dies deutet an, daß über den "honeymoon"-Effekt ein Zusammenhang zwischen der Variabilität des Wechselkurses und der internationalen Zinsdifferenz generiert wird, der im folgenden näher beleuchtet wird. Hierbei ist zu unterscheiden zwischen der bedingten Standardabweichung der Veränderungsraten des Wechselkurses und des Zinsspreads, die jeweils die kurzfristige Variabilität der beiden endogenen Variablen s und δ zu einer bestimmten Position im Band beschreibt und der asymptotischen (unbedingten) Standardabweichung der Veränderungsraten von s und δ, die ein Maß ist für die langfristigen Fluktuationen der beiden endogenen Variablen s und δ um ihre Mittelwerte $E[s]=0$ und $E[\delta]=0$.[78]

[78] Als Maß für die Volatilität einer Variablen wird üblicherweise die Standardabweichung der Änderungsrate der Variablen herangezogen (vgl. Deutsche Bundesbank (4/96)).

- *Die bedingte Standardabweichung der Veränderungsraten des Wechselkurses und des Zinsspreads*

Den Ausgangspunkt unserer Analyse bildet das in Gleichung (2.18) beschriebene stochastische Differential der Wechselkursfunktion (2.5):

$$ds(f) = s_f(f) \cdot \sigma \cdot \epsilon_t \cdot \sqrt{dt} + \frac{1}{2} \cdot s_{ff}(f) \cdot \sigma^2 \cdot dt,$$

das die Reaktion des Wechselkurses s auf die Veränderungen des stochastischen Prozesses der Fundamentalvariablen $f(t)$ beschreibt. Hierbei steht der Ausdruck $\sigma \cdot \epsilon_t \cdot (dt)^{0,5}$ für die Prozeßzuwächse der Brown'schen Bewegung der zusammengefaßten Fundamentalgröße f (Gleichung (2.14)). Die Variablen σ, ϵ und dt bezeichnen die bedingte Standardabweichung der Prozeßzuwächse von f pro Zeiteinheit, eine standardnormalverteilte Random-Größe und das zugrundeliegende Zeitintervall mit der Länge von dt Zeiteinheiten. Die Ausdrücke $s_f(f)$ und $s_{ff}(f)$ stehen für die erste und zweite Ableitung der Wechselkursfunktion $s(f)$. Der erste Term auf der rechten Seite der voranstehenden Gleichung ist stochastischer Natur und drückt den direkten Einfluß aus, der ausgehend von einer bestimmten Position der Fundamentalvariablen im Band durch die stochastische Veränderung der Fundamentalgröße f auf den Wechselkurs ausgeübt wird. Demgegenüber ist der zweite Term auf der rechten Seite der Gleichung deterministischer Natur und gibt an, wie der Wechselkurs mittelbar durch die Positionsverschiebung der Fundamentalvariablen im Band und die hieraus resultierende Anpassung des bedingten Erwartungswertes der Wechselkursänderungsrate beeinflußt wird.

Bildet man auf der Grundlage der Gleichung (2.18) die bedingte Varianz der Wechselkursänderungsrate pro Zeiteinheit, so ergibt sich

$$\frac{Var[ds|f]}{dt} = s_f(f)^2 \cdot \sigma^2. \qquad (2.34)$$

Hieraus resultiert:

$$\sigma^s(f) = s_f(f) \cdot \sigma, \qquad (2.35)$$

wobei $\sigma^s(f)$ die bedingte Standardabweichung der Veränderungsrate des Wechselkurses pro Zeiteinheit bezeichnet. Aus der voranstehenden Gleichung ist ersichtlich, daß die bedingte Standardabweichung $\sigma^s(f)$ von dem Krümmungsverhalten beeinflußt wird, das die Wechselkursfunktion $s(f)$ zu der realisierten Position der Fundamentalvariablen im Band annimmt. Im Modell bei flexiblen Wechselkursen besteht eine proportionale Abhängigkeit zwischen dem freien Wechselkurs und der Fundamentalvariablen f ($s_f(f) = 1$), weil der bedingte Erwartungswert der Wechselkursänderungsrate zu jeder Position der Fundamentalvariablen im Band gleich Null ist. Hieraus resultiert, daß sich die bedingte Variabilität der Fundamentalvariablen f in einer entsprechend hohen kurzfristigen Volatilität des freien Wechselkurses niederschlägt ($\sigma^s(f) = \sigma$).

Im Gegensatz zum Modell bei flexiblen Wechselkursen ist die funktionale Abhängigkeit zwischen dem Zielzonenwechselkurs und der Fundamentalgröße f über den Wechselkurseinfluß der erwarteten Wechselkursänderungsrate von der Position der Fundamentalvariablen im Band abhängig. Unter Berücksichtigung der Lösung für den Zielzonenwechselkurs (2.28) läßt sich die bedingte Standardabweichung der kurzfristigen Veränderungsrate des Zielzonenwechselkurses wie folgt schreiben:

$$\sigma^s(f)\,\big|_{TZ} = \left(1 - \frac{[e^{\lambda_1 f} + e^{\lambda_2 f}]}{[e^{\lambda_1 f^o} + e^{\lambda_2 f^o}]}\right) \cdot \sigma \tag{2.36}$$

Zur Erinnerung sei darauf hingewiesen, daß aus der Symmetrieannahme im Krugman'schen Zielzonenmodell die Beziehungen $\lambda_2 = -\lambda_1$ und $f^u = -f^o$ resultieren. Die voranstehende Gleichung beschreibt den funktionalen Zusammenhang zwischen der bedingten Standardabweichung der Veränderungsrate des Zielzonenwechselkurses und der Position der Fundamentalvariablen f im Band. Diese Beziehung ist in der Abbildung 2.11 graphisch dargestellt. Die Abbildung zeigt, daß die kurzfristige Volatilität des Zielzonenwechselkurses abnimmt, wenn sich der Fundamentalterm f aus der Bandmitte heraus zu einem der beiden Interventionspunkte bewegt. Diese Bewegung hat im Modellzusammenhang zur Folge, daß der wechselkursstabilisierende Einfluß der Wechselkursänderungserwartungen ("honeymoon"-Effekt) immer stärker steigt, so daß die kurzfristige Volatilität des Wechselkurses sinkt. An den Enden des Fundamentalbandes werden die kurzfristigen Fluktuationen der Fundamentalvariablen f durch den "honeymoon"-Effekt der perfekt glaubwürdigen Zielzone genau ausgeglichen, so daß der Zielzonenwechselkurs auf die Volatilität der Fundamentalvariablen f vollkommen unelastisch reagiert ("smooth pasting"-Eigenschaft der Wechselkurszielzonenfunktion) und $\sigma^s(f)$ demzufolge gleich Null ist.

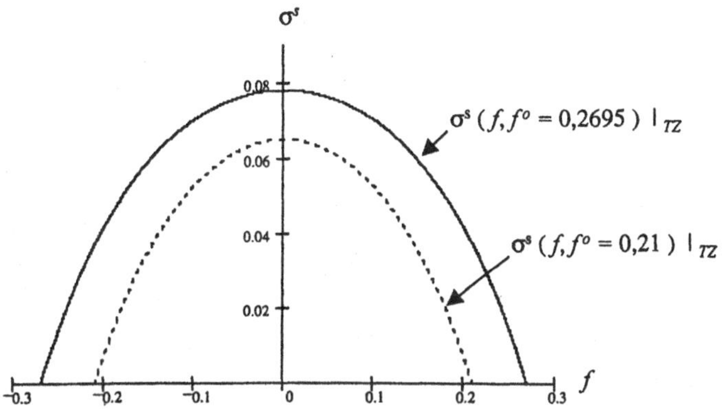

Abb. 2.11: Die bedingte Standardabweichung des Zielzonenwechselkurses

Parameterwerte: $\alpha = 3$; $\sigma = 0{,}1$; $\lambda_1 = 8{,}165$; $\lambda_2 = -8{,}165$; $f^o = 0{,}2695$; $f^u = -0{,}2695$; $s^o = 0{,}15$; $s^u = -0{,}15$ und $f^o = 0{,}21$; $f^u = -0{,}21$; $s^o = 0{,}115$; $s^u = -0{,}115$.

Im Grundmodell einer perfekt glaubwürdigen Zielzone schlägt sich der "honeymoon"-Effekt über die angenommene Gültigkeit der ungedeckten Zinsparität in den internationalen Zinsunterschieden nieder. Aus der Wechselkursgleichung (2.5) ergibt sich in Zusammenhang mit der Gültigkeit der ungedeckten Zinsparität (Gleichung (2.4)):

$$\delta(f) = \frac{s(f)}{\alpha} - \frac{f}{\alpha}, \tag{2.37}$$

wobei δ die internationale Zinsdivergenz bezeichnet. Unter Berücksichtigung der Bestimmungsgleichung für das stochastische Differential der Wechselkursfunktion (Gleichung 2.18), läßt sich die Reaktion des Zinsspreads auf einen Prozeßzuwachs der Fundamentalvariablen f ($df = \sigma \cdot \epsilon_t \cdot (dt)^{0,5}$) wie folgt schreiben:

$$d\delta(f) = \frac{1}{\alpha} \cdot (s_f(f) \cdot \sigma \cdot \varepsilon \cdot \sqrt{dt} + \frac{1}{2} \cdot s_{ff}(f) \cdot \sigma^2 \cdot dt - \frac{1}{\alpha} \cdot \sigma \cdot \varepsilon \cdot \sqrt{dt}. \tag{2.38}$$

Die bedingte Standardabweichung für die Veränderungsrate der internationalen Zinsdifferenz ist damit durch:

$$\sigma^{\delta}(f) = \frac{1}{\alpha}\cdot[1 - s_f(f)]\cdot\sigma \tag{2.39}$$

gegeben. Aus der Gleichung (2.39) resultiert in Zusammenhang mit der Gleichung (2.35) die Beziehung:

$$\sigma = \sigma^{s}(f) + \alpha\cdot\sigma^{\delta}(f). \tag{2.40}$$

Aus der voranstehenden Gleichung wird deutlich, daß sich die Volatilität des Fundamentalprozesses $f(t)$ in der bedingten Varianz des Wechselkurses und der internationalen Zinsdifferenz niederschlägt. Im Modell bei flexiblen Wechselkursen wird die Volatilität der Fundamentalvariablen f über den proportionalen Zusammenhang zwischen dem freien Wechselkurs und der Fundamentalgröße ($s_f(f) = 1$) vollständig durch die bedingte Standardabweichung der Veränderungsrate des freien Wechselkurses aufgefangen, so daß die Volatilität des Zinsspreads in diesem Fall gleich Null ist. Dagegen besteht im Zielzonenmodell ein negativer "trade-off" zwischen der Stabilisierung des Wechselkurses und der Zinsstabilität.[79] So nimmt im Krugman'schen Zielzonenmodell die bedingte Standardabweichung der Veränderungsrate des Zinsspreads zu, wenn die Volatilität des Zielzonenwechselkurses durch den kompensierenden Einfluß der Wechselkursänderungserwartungen gedämpft wird. Aus der Gleichung (2.39) ergibt sich in Zusammenhang mit der Gleichung (2.28) für die bedingte Standardabweichung der Veränderungsrate des Zinsspreads im Zielzonenmodell:

$$\sigma^{\delta}(f)\,|_{TZ} = \frac{1}{\alpha}\cdot\frac{[e^{\lambda_1 f} + e^{\lambda_2 f}]}{[e^{\lambda_1 f^{o}} + e^{\lambda_2 f^{o}}]}\cdot\sigma. \tag{2.41}$$

Der oben beschriebene funktionale Zusammenhang zwischen der bedingten Standardabweichung der Veränderungsrate der internationalen Zinsdifferenz und der Position der Fundamentalvariablen im Band ist in der Abbildung 2.12 graphisch dargestellt. Hierbei ist die Volatilität des Zinsspreads an den Bandenden am größten, weil an den Grenzen der Zielzone der Wechselkurs

[79] Vgl. Svensson (1991a), S. 49.

vollkommen unelastisch auf die Fluktuationen der Fundamentalvariablen reagiert und sich infolgedessen die *gesamte* Volatilität des Fundamentalprozesses in der internationalen Zinsdifferenz niederschlägt.

Insgesamt bleibt festzuhalten, daß im Krugman'schen Zielzonenmodell zwar bereits durch die Erwartung der glaubhaft angekündigten marginalen Zentralbankinterventionen die Wechselkursfluktuationen im Band gedämpft werden. Dieser Stabilisierungsgewinn geht jedoch zu Lasten der Zinsstabilität. Vor diesem Hintergrund liegt die Schlußfolgerung nahe, daß im Modellzusammenhang dem zinsabhängigen Investitionssektor durch die Errichtung einer Zielzone Kosten in Form

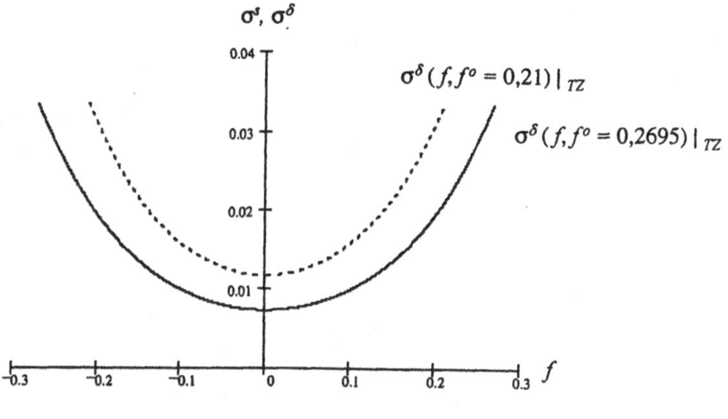

Abb. 2.12: Die bedingte Standardabweichung der internationalen Zinsdifferenz

Parameterwerte: $\alpha = 3$; $\sigma = 0{,}1$; $\lambda_1 = 8{,}165$; $\lambda_2 = -8{,}165$; $f^o = 0{,}2695$; $f^u = -0{,}2695$; $s^o = 0{,}15$; $s^u = -0{,}15$ und $f^o = 0{,}21$; $f^u = -0{,}21$; $s^o = 0{,}115$; $s^u = -0{,}115$.

einer höheren Zinsunsicherheit entstehen. Hierbei ist jedoch zu berücksichtigen, daß sich im Zielzonenmodell der "honeymoon"-Effekt vor allem in der kurzfristigen Zinsvolatilität und weniger in der Variabilität der langfristigen Zinssätze niederschlägt.[80] Weil die Investitionsentscheidungen aber einem langfristigen Planungshorizont unterliegen und daher nicht von dem

[80] Vgl. Svensson (1991a), S. 52. Eine explizite Analyse der kurz- und der langfristigen Zinsvolatilität im Krugman'schen Zielzonenmodell findet sich in Svensson (1991b).

kurzfristigen, sondern von dem langfristigen Zinssatz beeinflußt werden, ist davon auszugehen, daß die Investitionsunsicherheit durch die Errichtung einer Zielzone nicht spürbar erhöht wird.[81]

- *Die asymptotische Dichtefunktion des Zielzonenwechselkurses und des Zinsspreads*

Im Krugman'schen Zielzonenmodell sind die zwischen den Interventionspunkten zugelassenen Fluktuationen der Fundamentalvariablen f als Prozeß einer Brown'schen Bewegung modelliert. Dies impliziert, daß jeder Realisation der Fundamentalvariable f, die innerhalb des zugelassenen Schwankungsintervalls $f^u \leq f \leq f^o$ liegt, die gleiche Wahrscheinlichkeit zugeordnet wird. Weil die stochastische Größe f im Schwankungsintervall $f^u \leq f \leq f^o$ gleichmäßig verteilt ist, wird die asymptotische Dichtefunktion der Fundamentalgröße f durch:

$$\varpi^f(f) = \frac{1}{f^o - f^u} \quad \text{für } f^u \leq f \leq f^o \tag{2.42}$$

beschrieben.[82] Abbildung 2.13 zeigt die asymptotische Dichtefunktion der Fundamentalgröße f für ein zugelassenes Fundamentalband von ± 26,95 Prozent (f^u=-0,2695; f^o=+0,2695).

Im Krugman'schen Zielzonenmodell besteht eine funktionale Abhängigkeit $s(f)$ zwischen dem Zielzonenwechselkurs und dem Fundamentalterm f, der in Gleichung (2.28) beschrieben ist. Hierbei stoßen der Zielzonenwechselkurs und die stochastische Fundamentalvariable f zur gleichen Zeit an die Enden ihrer errichteten Fluktuationsbänder. Dies hat zusammengenommen zur Folge, daß zwischen der Position des Wechselkurses im Währungsband und der Position der Fundamentalvariablen im Fundamentalband eine deterministische Beziehung besteht. Bezeichnet

---

[81] Werner (1996) kommt dagegen zu dem Ergebnis, daß die Zinsvolatilität in einem Zielzonenregime geringer ist als in einem Regime fester Wechselkurse. In dem Beitrag von Werner setzt sich die erwartete Wechselkursänderungsrate in einem Zielzonenregime aus der erwarteten prozentualen Wechselkursbewegung zur Bandmitte und einer erwarteten Realignmentrate zusammen. Im Modell bei festen Wechselkursen stimmt die erwartete Wechselkursänderungsrate mit der erwarteten Realignmentrate überein. Weil die erwartete Realignmentrate und die erwartete Wechselkursänderungsrate zur Bandmitte im Zielzonenmodell von Werner negativ korreliert sind, läßt sich im Modellzusammenhang die bedingte Zinsvariabilität durch den Übergang von einem Regime fester Wechselkurse zu einem Zielzonenregime vermindern.

[82] Zur allgemeinen Herleitung der asymptotischen Dichtefunktion einer regulierten Brown'schen Bewegung vgl. Harrison (1985), S. 90f.

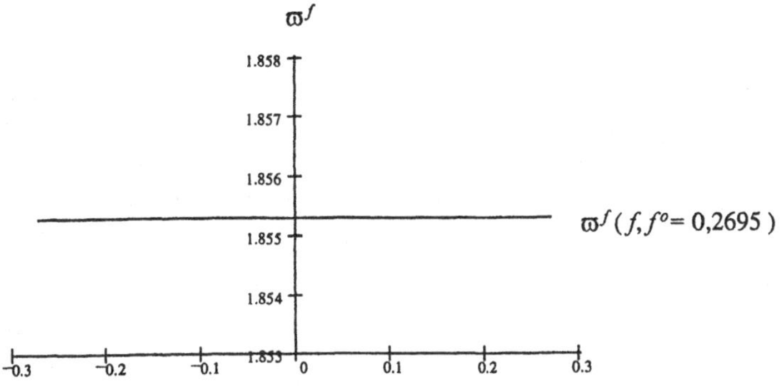

Abb. 2.13: Die asymptotische Dichtefunktion des Fundamentalterms

Parameterwerte: $\alpha = 3$; $\sigma = 0,1$; $\lambda_1 = 8,165$; $\lambda_2 = -8,165$; $f^o = 0,2695$; $f^u = -0,2695$.

$s^{-1}(s)$ die Inverse der Wechselkurszielzonenfunktion $s\,(f)$, die den zusammengefaßten Fundamentalterm f für einen exogen gegebenen Zielzonenwechselkurs bestimmt, ist die asymptotische Dichtefunktion des Zielzonenwechselkurses allgemein durch:

$$\varpi^s(s)\,|_{TZ} = \frac{\varpi^f(s^{-1}(s))}{s_f(s^{-1}(s))} \tag{2.43}$$

gegeben.[83] Wird die erste Ableitung der Zielzonenwechselkursfunktion (Gleichung (2.28)) gebildet und das Resultat zusammen mit der asymptotischen Dichtefunktion für den Fundamentalterm f (Gleichung (2.42)) in die voranstehende Gleichung eingesetzt, läßt sich die asymptotische Dichtefunktion des Zielzonenwechselkurses wie folgt schreiben:

$$\varpi^s(s)\,|_{TZ} = \frac{1}{2\cdot f^o}\cdot\frac{[e^{\lambda_1 f^o(s^o)}+e^{\lambda_2 f^o(s^o)}]}{[e^{\lambda_1 f^o(s^o)}+e^{\lambda_2 f^o(s^o)}]+\lambda_1\cdot[e^{\lambda_1 f(s)}+e^{\lambda_2 f(s)}]}, \qquad \text{für } s^u < s < s^o. \tag{2.44}$$

Hierbei ist zu berücksichtigen, daß im Krugman'schen Zielzonenmodell die Grenzen des Fundamentalbandes symmetrisch um den Mittelwert $E[f]=0$ angelegt sind ($f^u = -f^o$), so daß der

[83] Zur Ableitung der Dichtefunktion des Wechselkurses vgl. etwa Bertola und Caballero (1992a), S.524; Lindberg und Söderlind (1994), S. 1444 sowie Svensson (1991a), S.37.

Ausdruck $f^o - f^u$ durch $2f^o$ ersetzt wurde. Weil die Zielzonenwechselkursfunktion an den Bandgrenzen durch die Eigenschaft des "smooth pastings" charakterisiert ist und mithin an den Grenzen eine Steigung von Null aufweist, ist die oben beschriebene asymptotische Dichtefunktion des Zielzonenwechselkurses nur für den Bereich $s^u < s < s^o$ definiert.[84]

In Abbildung 2.14 wurde die asymptotische Dichtefunktion des Zielzonenwechselkurses sowohl für ein relativ schmales Wechselkursband von ± 10 Prozent ($s^o = 0{,}1$) als auch für ein relativ weites Wechselkursband von ± 15 Prozent (s^o=0,15) geplottet. Die Abbildung zeigt einen U-förmigen Verlauf der asymptotischen Dichtefunktion des Zielzonenwechselkurses, der für das weite Währungsband vergleichsweise stark ausgeprägt ist. Der U-förmige Verlauf impliziert, daß der Zielzonenwechselkurs in diejenigen Teilintervalle gleicher Länge seines Schwankungsintervalls mit einer relativ großen Wahrscheinlichkeit hineinfällt, die sich in der Nähe von einer der beiden Intervallgrenzen befinden. Dies ist darauf zurückzuführen, daß der Wechselkurs über den kompensierenden Einfluß der Wechselkursänderungserwartungen immer schwächer auf eine Änderung der Fundamentalvariablen reagiert und sich infolgedessen immer langsamer bewegt, wenn die Distanz zu seinen Bandgrenzen schrumpft. Die Fundamentalvariable f nimmt dagegen in der langen Frist jeden beliebigen Wert innerhalb ihres zugelassenen Schwankungsintervalls mit der gleichen Wahrscheinlichkeit an und bewegt sich innerhalb der Grenzen des Fundamentalbandes mit einer konstanten Geschwindigkeit. Dies hat zusammengenommen zur Folge, daß der Zielzonenwechselkurs sich relativ schnell aus seinem Bandinneren heraus bewegt und sich überwiegend in der Nähe der Bandenden aufhält. In einem engen Wechselkursband tritt der kompensierende Einfluß der Wechselkursänderungserwartungen im Gegensatz zu einem weiten Währungsband bereits im Bandinneren in Erscheinung, so daß der U-förmige Verlauf hier schwächer ausgeprägt ist.[85]

Aus der Annahme, daß das Schwankungsintervall der Fundamentalgröße symmetrisch um den Startwert des stochastischen Prozesses $f(0) = 0$ angelegt ist, ergibt sich in Verbindung mit der gleichmäßigen Verteilung der Fundamentalgröße f im Fundamentalband ein unbedingter Erwar-

---

[84] Vgl. Svensson (1991a), S. 37.

[85] Eine verbale Herleitung des U-förmigen Verlaufs der asymptotischen Dichtefunktion des Zielzonenwechselkurses findet sich in Flood, Rose und Mathieson (1991); S. 6, Svensson (1992a), S. 126 sowie in Garber und Svensson (1995), S. 1877.

tungswert der Fundamentalgröße von Null ($E[f] = 0$). Der unbedingte Erwartungswert des Zielzonenwechselkurses ist ebenfalls gleich Null ($E[s] = 0$), weil die Wechselkursgrenzen annahmegemäß symmetrisch um den langfristigen Mittelkurs $s = 0$ angelegt sind und die asymptotische Dichtefunktion des Zielzonewechselkurses daher symmetrisch zur Ordinate verläuft. Weil die Fundamentalgröße f über ihr gesamtes Schwankungsintervall gleichmäßig verteilt ist und der Wechselkurs dagegen über sein gesamtes Band bi-modal mit der größten Ausprägungsdichte an den Bandenden verteilt ist, ist die unbedingte Standardabweichung des Zielzonenwechselkurses größer als die unbedingte Standardabweichung der Fundamentalvariablen f.[86]

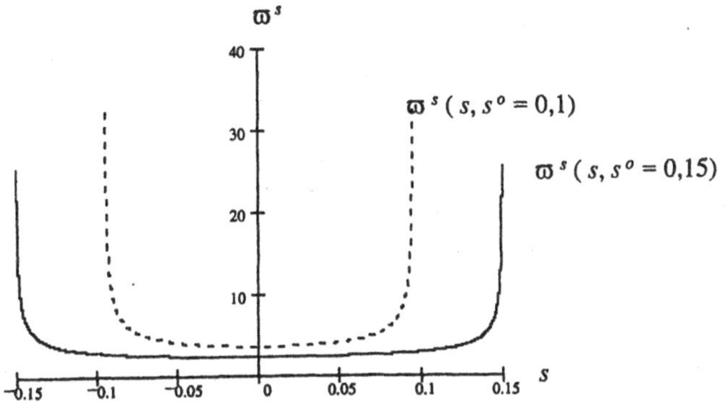

Abb. 2.14: Die asymptotische Dichtefunktion des Zielzonenwechselkurses

Parameterwerte: $\alpha = 3$; $\sigma = 0,1$; $\lambda_1 = 8,165$; $\lambda_2 = -8,165$; $f^o = 0,2695$; $f^u = -0,2695$; $s^o = 0,15$; $s^u = -0,15$ und ; $f^o = 0,21$; $f^u = -0,21$; $s^o = 0,115$; $s^u = -0,115$.

Im Krugman'schen Zielzonenmodell besteht eine funktionale Abhängigkeit $\delta(f)$ zwischen der internationalen Zinsdifferenz und dem Fundamentalterm f, der in Gleichung (2.29) beschrieben ist. Analog zur Vorgehensweise bei der Herleitung der asymptotischen Dichtefunktion des Wechselkurses läßt sich die asymptotische Dichtefunktion des Zinsspreads mit Hilfe der Inversen $\delta^{-1}(\delta)$ der Funktion $\delta(f)$ durch:

[86] In Svensson (1991a) werden die unbedingte Standardabweichung des Wechselkurses und der Fundamentalvariablen in Abhängigkeit von der Länge des zugelassenen Schwankungsintervalls geplottet. Beide Größen nehmen im Zuge einer Ausweitung des Schwankungsintervalls zu. Für $f^u \leq f \leq f^o = \pm\infty$ gehen die unbedingte Standardabweichung des Wechselkurses und der Fundamentalvariablen gegen $\pm\infty$.

$$\varpi^{\delta}(\delta)\,|_{TZ} = \frac{\varpi^{f}(\delta^{-1}(\delta))}{|\delta_{f}(\delta^{-1}(\delta))|}, \qquad \text{für } \delta^{u} \leq \delta \leq \delta^{o} \tag{2.45}$$

ausdrücken. Unter Berücksichtigung der Gleichungen (2.29) und (2.42), ist die asymptotische Dichtefunktion der internationalen Zinsdifferenz im Krugman'schen Zielzonenmodell durch:

$$\varpi^{\delta}(\delta)\,|_{TZ} = \frac{1}{2\cdot f^{o}}\cdot\frac{\alpha\cdot[e^{\lambda_1 f^{o}(\delta^{u})}+e^{\lambda_2 f^{o}(\delta^{u})}]}{[e^{\lambda_1 f(\delta)}+e^{\lambda_2 f(\delta)}]} \tag{2.46}$$

bestimmt. Im Gegensatz zur asymptotischen Wahrscheinlichkeitsdichte des Zielzonenwechselkurses ist die Dichtefunktion der internationalen Zinsdivergenz an den Bandgrenzen definiert, weil die Funktion des Zinsspreads an den Interventionspunkten eine negative Steigung aufweist. Hierbei muß jedoch berücksichtigt werden, daß der Zinsspread im Bandinneren eines sehr weiten Bandes von Variationen der Fundamentalfaktoren unberührt bleibt. Für diesen Bereich läßt sich die Umkehrfunktion $\delta^{\prime}(\delta)$ nicht bilden, so daß die asymptotische Dichtefunktion des Zinsspreads für ein sehr weites Schwankungsintervall nicht definiert ist.[87]

Eine graphische Darstellung der asymptotischen Dichtefunktion der internationalen Zinsdivergenz im Zielzonenmodell findet sich in der Abbildung 2.15. Aus der Abbildung ist ersichtlich, daß der unbedingte Erwartungswert der internationalen Zinsdifferenz gleich Null ist $E\,[\delta] = 0$. Die asymptotische Dichtefunktion des Zinsspreads verläuft symmetrisch zur Ordinate und ordnet der Zinsdivergenz in Höhe von Null die höchste Wahrscheinlichkeit zu. Dieser Verlauf ist auf die Modellannahmen zurückzuführen, daß der "honeymoon"-Effekt einer glaubhaft angekündigten Verteidigung der Bandgrenzen um so stärker ausgeprägt ist, je weiter sich die Fundamentalvariable einer der beiden Bandgrenzen nähert und sich über die Gültigkeit der ungedeckten Zinsparität in einer Anpassung der internationalen Zinsdifferenz niederschlägt. Dies impliziert, daß der Zinsspread in der Bandmitte im Vergleich zu einer Position in der Nähe der Interventionspunkte auf eine Veränderung der Fundamentalvariablen f relativ unelastisch und damit vergleichsweise langsam reagiert. Demgegenüber ist die Geschwindigkeit mit der sich die

---

[87] Svensson. (1991a) weist darauf hin, daß die Funktion des Zinsspreads über das gesamte Schwankungsintervall invertierbar ist. Im Inneren eines weiten Bandes ist aber auch die Zinsfunktion nicht-invertierbar.

Fundamentalvariable f zwischen den beiden Interventionspunkten bewegt konstant, so daß sich der Zinsspread im Zeitablauf überwiegend in der Bandmitte aufhält.

Die Abbildung 2.15 zeigt, daß der oben beschriebene "peak"-förmige Verlauf der asymptotischen Dichtefunktion des Zinsspreads durch die Weite des Fundamentalbandes beeinflußt wird. Im Gegensatz zu einem engen Fundamentalband stellt sich der "honeymoon" Effekt in einem weiten Fundamentalband erst dann ein, wenn sich die Fundamentalvariablen aus dem Bandinneren heraus in die Nähe eines der beiden Interventionspunkte bewegt haben. Damit ist der Zinsspread über weite Teile eines breiten Fundamentalbandes gleich Null, so daß mit zunehmender Weite des Fundamentalbandes der "peak"-förmige Verlauf der Dichtefunktion des Zinsspreads verstärkt wird und die unbedingte Standardabweichung des Zinsspreads sinkt. Die unbedingte Standardabweichung geht gegen Null, wenn das Fundamentalband unendlich weit ist und damit de facto flexible Wechselkurse vorliegen.

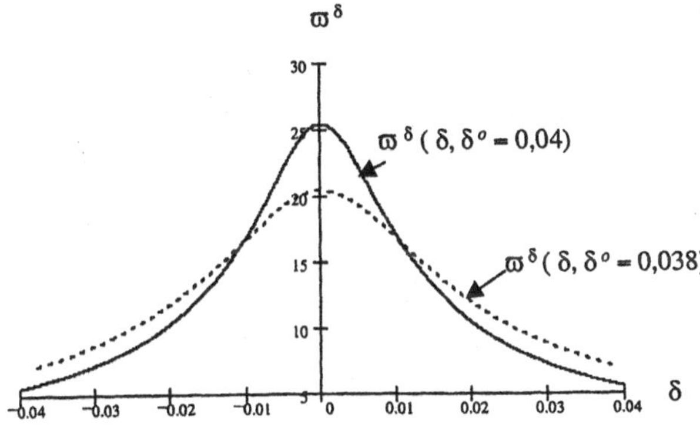

Abb. 2.15: Die asymptotische Dichtefunktion der internationalen Zinsdifferenz

Parameterwerte: $\alpha = 3$; $\sigma = 0,1$; $\lambda_1 = 8,165$; $\lambda_2 = -8,165$; $f^o = 0,2695$; $f^u = -0,2695$; $\delta^o = 0,04$; $\delta^u = -0,04$ und ; $f^o = 0,21$; $f^u = -0,21$; $\delta^o = 0,038$; $\delta^u = -0,038$.

2.5 Empirische Implikationen

Im Zentrum des Krugman'schen Grundmodells einer Wechselkurszielzone steht die Frage, wie die Wechselkursdynamik durch die Errichtung einer perfekt glaubwürdigen Wechselkurszielzone beeinflußt wird. Die Vor- und Nachteile eines solchen Wechselkursregimes werden dagegen nicht diskutiert. Das zentrale Ergebnis des Krugman-Modells besteht in der S-förmigen Gleichgewichtsbeziehung zwischen dem Zielzonenwechselkurs und der zusammengefaßten Fundamentalgröße f. Hieraus lassen sich eine Reihe von empirischen Implikationen ableiten, die in einer Vielzahl von Studien überprüft wurden.

- *Nicht-linearer Zusammenhang zwischen dem Wechselkurs und dem Fundamentalterm*

In Flood, Rose und Mathieson (1991) wird für sechs verschiedene Mitgliedsländer des Europäischen Währungssystems (EWS) die Beziehung zwischen dem bilateralen Wechselkurs der jeweiligen Inlandswährung gegenüber der D-Mark und dem (geschätzten) Fundamentalterm empirisch untersucht. Beim Versuch, den S-förmigen Zusammenhang zwischen dem Zielzonenwechselkurs $s(f)$ und dem Fundamentalterm $f = m+v$ direkt empirisch zu überprüfen, ergibt sich zunächst das Problem, daß f keine beobachtbare Variable ist. So setzt sich der Bestandteil v des Fundamentalterms f aus verschiedenen Wechselkursdeterminanten zusammen, deren Einfluß auf den Wechselkurs nach der monetären Wechselkurstheorie bei perfekt flexiblen Preisen modelliert ist ($v = -m^{*} - k\{y^{*}-y\}$). Daher muß zunächst der Fundamentalterm f geschätzt werden, bevor der postulierte nicht-lineare Zusammenhang zwischen dem Zielzonenwechselkurs und der Variablen f empirisch überprüft werden kann.

Aus der allgemeinen Bestimmungsgleichung für den Wechselkurs (2.5) folgt, daß der Fundamentalterm f zum einen durch den Wechselkurs s und zum anderen durch die mit der Semi-Zinselastizität der Geldnachfrage α gewichtete erwartete Wechselkursänderungsrate bestimmt ist. Aufgrund der angenommenen Gültigkeit der ungedeckten Zinsparität entspricht die erwartete Wechselkursänderungsrate der Zinsdifferenz zwischen In- und Auslandsanlagen. Während der Wechselkurs und der internationale Zinsspread empirisch beobachtbare Variablen sind, ist neben dem Fundamentalterm auch die Semizinselastizität der Geldnachfrage eine nicht-beobachtbare

Größe. Wird in einem ersten Schritt ein Schätzwert $\hat{\alpha}$ für die Semizinselastizität der Geldnachfrage ermittelt, dann läßt sich $\hat{f}$ in einem zweiten Schritt unmittelbar aus der Beziehung $\hat{f}=s-\hat{\alpha}\cdot(i-i^*)$ bestimmen. Flood, Rose und Mathieson legen für die Bestimmung des Schätzwertes $\hat{f}$ einen Schätzwert $\hat{\alpha}$ von 0,1 zugrunde. Die Autoren kommen zu dem Ergebnis, daß sich der im Grundmodell einer Wechselkurszielzone hergeleitete S-förmige Zusammenhang zwischen dem Zielzonenwechselkurs und dem Fundamentalterm empirisch nicht bestätigen läßt, was sich mit den Resultaten einer Vielzahl von anderen empirischen Studien deckt.[88]

- *U-förmiger Verlauf der asymptotischen Dichtefunktion des Wechselkurses*

Im S-förmigen Verlauf der Krugman'schen Zielzonenwechselkursfunktion spiegelt sich die modellendogene Verhaltensannahme wieder, daß die Reaktion des Wechselkurses auf eine gegebene Veränderung des Fundamentalterms f um so schwächer ausfällt, je näher sich der Wechselkurs an den Enden seines zugelassenen Fluktuationsbandes befindet. Hierbei wird unterstellt, daß über die Interventionen an den Enden des Währungsbandes ein Fluktuationsintervall für den Fundamentalterm f errichtet wird und die zugelassenen Veränderungen der Variablen f einer Brown'schen Bewegung folgen. Damit ist die Variable f über das errichtete Schwankungsintervall hinweg gleichverteilt, so daß sie sich mit einer konstanten Geschwindigkeit zwischen den beiden Intervallgrenzen bewegt. Dies hat in Verbindung mit dem S-förmigen Verlauf der Wechselkursfunktion zur Folge, daß sich der Wechselkurs in der Nähe der Bandenden langsamer bewegt als in der Bandmitte. Aus diesem Zusammenhang resultiert die empirisch überprüfbare Hypothese, daß sich der Zielzonenwechselkurs im Zeitverlauf überwiegend in der Nähe der Bandenden aufhält. Die asymptotische Dichtefunktion des Zielzonenwechselkurses müßte somit U-förmig verlaufen.[89]

Der U-förmige Verlauf der asymptotischen Dichtefunktion des Zielzonenwechselkurses konnte in keiner empirischen Studie bestätigt werden.[90] Die Studien kommen statt dessen zu dem

[88] Vgl. etwa Meese und Rose (1990), Diebold und Nason (1990), Chinn (1991), Lindberg und Söderlind (1994) sowie Iannizzotto und Taylor (1999).

[89] Vgl. hierzu Svensson (1992a), S. 125f, sowie Garber und Svensson (1995), S. 1876.

[90] Vgl. etwa Meese und Rose (1990), Flood; Rose und Mathieson (1991), Bertola und Caballero (1992), Chen und Giovannini (1992) sowie Lindberg und Söderlind (1994).

Ergebnis, daß die asymptotische Dichtefunktion des Zielzonenwechselkurses häufig hügelförmig verläuft. In diesem Fall wird den Wechselkursrealisationen im Inneren der Zielzone eine höhere Wahrscheinlichkeitsmasse zugeordnet als an den Zonenrändern. In der Abbildung 2.16a wird dies

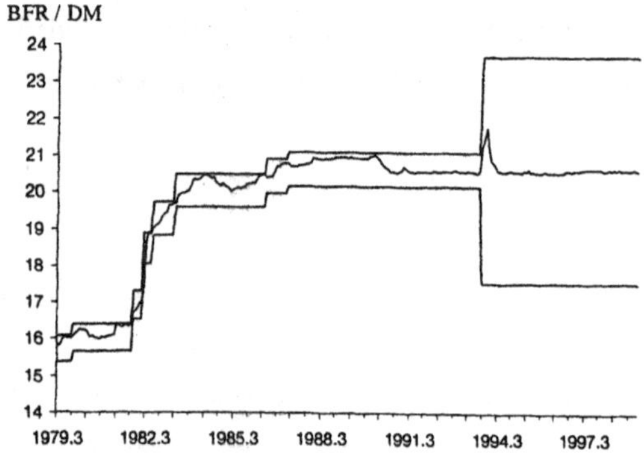

2.16a: Wechselkurs der D-Mark gegenüber dem Belgischen Franc

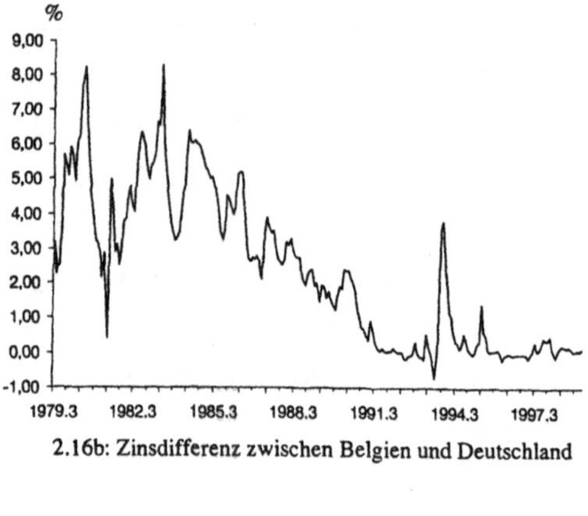

2.16b: Zinsdifferenz zwischen Belgien und Deutschland

Abb. 2.16: Entwicklung des Wechselkurses und der Zinsdifferenz zwischen Belgien und Deutschland im EWS

exemplarisch anhand der Entwicklung des Wechselkurses des belgischen Franc gegenüber der D-Mark im EWS gezeigt. Wie aus der Abbildung ersichtlich ist, hat sich der Wechselkurs im

Zeitverlauf überwiegend im Bandinneren aufgehalten. Die negative empirische Evidenz der Verteilungshypothese ist möglicherweise darauf zurückzuführen, daß die Zentralbank nicht - wie im Grundmodell einer Wechselkurszielzone angenommen wird - ausschließlich an den Bandenden interveniert, sondern häufig intramarginal interveniert wurde. Intramarginale Interventionen haben im Modellzusammenhang zur Folge, daß die Brown'sche Bewegung der Fundamentalgröße f bereits im Bandinneren reguliert wird. Dies impliziert, daß gegenüber dem Grundmodell einer Zielzone den innerhalb des errichteten Schwankungsintervalls zugelassenen Realisationen der Fundamentalvariablen f in der Umgebung der Intervallmitte eine höhere Wahrscheinlichkeit und in der Nähe der Intervallgrenzen eine geringere Wahrscheinlichkeit zugeordnet wird. Daher nimmt auch die Wahrscheinlichkeit für eine Position des Wechselkurses im Bandinneren zu und an den Bandenden ab, wenn das Grundmodell einer Wechselkurszielzone um intramarginale Interventionen erweitert wird.[91] Im Ergebnis wird der nicht-lineare Verlauf der Zielzonenwechselkursfunktion geglättet, was in Svensson (1992a) dargestellt wird.

- *Negativer "trade-off" zwischen der Volatität des Wechselkurses und des Zinsspreads*

Der S-förmige Verlauf der Wechselkursfunktion im Krugman'schen Grundmodell folgt daraus, daß der bedingte Erwartungswert einer Wechselkursbewegung in Richtung des politisch fixierten Leitkurses von der Mitte des Währungsbandes hin zu den Bandenden immer stärker zunimmt. Dies impliziert in Verbindung mit der angenommenen Gültigkeit der ungedeckten Zinsparität, daß die Fluktuationen der Fundamentalvariablen von der Bandmitte hin zu den Bandenden immer weniger durch eine Anpassung des Wechselkurses und immer stärker durch eine Anpassung der Zinsdifferenz aufgefangen werden. Hieraus lassen sich die beiden empirisch überprüfbaren Hypothesen ableiten, daß die Volatilität des Wechselkurses sinkt und die der Zinsdifferenz steigt, wenn sich der Wechselkurs aus seinem Bandinneren heraus zu einer der beiden Bandgrenzen bewegt. Daneben läßt sich der postulierte negative "trade-off" zwischen der Volatilität des Wechselkurses und der Volatilität des Zinsspreads direkt empirisch überprüfen. In den empirischen Studien fanden auch diese Implikationen des Krugman'schen Grundmodells keine Bestäti-

[91] Die Erweiterung des Grundmodells einer Zielzone um intramarginale Interventionen geht zurück auf Delgado und Dumas (1992). Eine empirische Überprüfung des um intramarginale Interventionen erweiterten Grundmodells findet sich in Dominguez und Kenen (1992) sowie in Beetsma und van der Ploeg (1994a).

gung.[92] Insgesamt läßt sich festhalten, daß sich der postulierte S-förmige Verlauf der Zielzonenwechselkursfunktion empirisch nicht bestätigen läßt.

- *Negativer Zusammenhang zwischen der Wechselkursposition im Band und der internationalen Zinsdifferenz*

Im Grundmodell einer perfekt glaubwürdigen Wechselkurszielzone herrscht an den beiden Enden des Währungsbandes die Erwartung vor, daß das entsprechende Bandende in der nahen Zukunft durch eine Anpassung der Geldmenge verteidigt wird. Hierdurch entsteht im Modellzusammenhang die Erwartung, daß sich der Wechselkurs in der nächsten Zeit von den Bandenden weg zurück ins Bandinnere bewegt. Daneben wird die Gültigkeit der ungedeckten Zinsparität unterstellt, so daß die Differenz zwischen dem in- und dem ausländischen Zinssatz im Grundmodell einer Zielzone am unteren Rand der Wechselkurszielzone einen positiven Wert und am oberen Zonenrand einen negativen Wert annimmt. Nähert sich der Wechselkurs aufgrund einer Zunahme des Fundamentalterms f seinem oberen Bandende an, nimmt die Wahrscheinlichkeit von Interventionen am unteren Bandende ab und die Wahrscheinlichkeit einer Verteidigung des oberen Bandendes zu, woraufhin der bedingte Erwartungswert der Wechselkursänderungsrate sinkt. Weil sich der bedingte Erwartungswert der Wechselkursänderungsrate mit einer Annäherung des Wechselkurses an das obere Bandende vermindert und die ungedeckte Zinsparität annahmegemäß erfüllt ist, läßt sich aus dem Grundmodell einer perfekt glaubwürdigen Wechselkurszielzone die empirisch testbare Hypothese ableiten, daß ein negativ-deterministischer Zusammenhang zwischen der Position des Wechselkurses im Band und der Differenz zwischen dem in- und dem ausländischen Zinssatz besteht.

Die Abbildung 2.16b zeigt für Belgien und Deutschland die Entwicklung der Zinsdifferenz in der Zeit des EWS. In der Abbildung wurden die Zinssätze für Dreimonatsgeld am Euro-Geldmarkt zugrunde gelegt. Der aufgezeigte Verlauf der Zinsdivergenz steht im Widerspruch zu den Hypothesen des Grundmodells, was sich mit den Ergebnissen der empirischen Studien deckt.[93]

---

[92] Vgl. etwa Flood, Rose und Mathieson (1991); Bertola und Caballero (1992a) sowie Lindberg und Söderlind (1994).

[93] Lindberg und Söderlind (1994) sowie Bertola und Caballero (1992a) kommen in ihrer empirischen Studie zu dem Ergebnis, daß häufig ein positiver Zusammenhang zwischen dem Zielzonenwechselkurs und dem Zinsspread

Obwohl sich der Wechselkurs des belgischen Franc gegenüber der D-Mark zwischen 1979 und 1991 überwiegend in der oberen Hälfte des Währungsbandes aufgehalten hat (Abbildung 2.16a), ist dieser Zeitraum durch einen belgischen Zinsvorsprung geprägt. Wie in Kapitel 3 dieser Arbeit gezeigt wird, ist dies möglicherweise auf eine Risikoprämie zurückzuführen, von dem die ungedeckte Zinsparität im Krugman-Modell abstrahiert. Es könnte aber auch darauf hindeuten, daß in den ersten Jahren des EWS die Verteidigung des Währungsbandes unglaubwürdig gewesen ist und statt dessen eine Anhebung des D-Mark-Leitkurses erwartet wurde.[94] In einigen Weiterentwicklungen des Krugman'schen Zielzonenmodells finden daher Realignmenterwartungen Berücksichtigung. In Kapitel 5 dieser Arbeit wird gezeigt, daß sich der negative Zusammenhang zwischen der Wechselkursposition im Band und der Zinsdifferenz im Krugman'schen Zielzonenmodell aufheben läßt, wenn die Realignmenterwartungen entweder endogen in Abhängigkeit von der Position des Wechselkurses im Band oder stochastisch modelliert werden.[95]

In Rose und Svensson (1995) und in Lindberg, Svensson und Söderlind (1991) werden die Realignmenterwartungen während des EWS mit Hilfe der "Drift-Adjustment"-Methode geschätzt. Der "Drift-Adjustment"-Methode liegen die folgenden Überlegungen zugrunde. Bei Gültigkeit der ungedeckten Zinsparität schlägt sich die erwartete Wechselkursänderungsrate in einer entsprechenden internationalen Zinsdifferenz nieder. Wird das Krugman'sche Zielzonenmodell um Realignmenterwartungen erweitert, setzt sich die erwartete Wechselkursänderungsrate aus der erwarteten Änderungsrate des Wechselkurses im Band einerseits und der erwarteten Realignmentrate andererseits zusammen. Unter diesen Annahmen ergibt sich die erwartete Realignmentrate aus der Differenz zwischen dem internationalen Zinsspread und der erwarteten Wechselkursänderungsrate im Band. Ein möglicher Ansatz zur Bestimmung der erwarteten Wechselkursänderungsrate im Band wird in Rose und Svensson (1995) beschrieben. Rose und Svensson (1995) kommen zu dem Ergebnis, daß im EWS der wechselkursstabilisierende "honeymoon"-Effekt der marginalen Zentralbankinterventionen zwar aufgetreten ist, durch

---

oder gar keine Beziehung besteht und nur selten ein negativer Zusammenhang zu beobachten ist.

[94] Svensson (1992a) sowie Garber und Svensson (1995) gelangen in Bezug auf die Entwicklung des Wechselkurses zwischen der D-Mark und dem französischen Franc im EWS zu der Schlußfolgerung, daß die Realignments antizipiert wurden.

[95] Die Modellierung von Realignmenterwartungen in Abhängigkeit von der Position des Wechselkurses im Band geht auf Bertola und Caballero (1992a) zurück. Stochastische Realignmentrisiken wurden erstmals von Bertola und Svensson (1993) modelliert.

Realignmenterwartungen jedoch überlagert wurde. Da die Wechselkursbänder im EWS anscheinend nicht perfekt glaubwürdig waren, ist es auch nicht verwunderlich, daß sich der S-förmige Verlauf der Wechselkursfunktion und die daraus resultierenden übrigen empirischen Implikationen des Krugman'schen Zielzonenmodells für das EWS nicht bestätigt haben.

2.6 Fazit

Im Mittelpunkt der Krugman'schen Analyse eines Wechselkurszielzonenregimes steht die Wechselkursdynamik in der Zielzone. Im Ergebnis wird gezeigt, daß der Wechselkurs unter den vereinfachenden Modellannahmen nicht nur durch die Interventionen selbst, sondern bereits durch ihre glaubwürdige Ankündigung stabilisiert wird. Dies setzt aber im Modellzusammenhang voraus, daß der langfristige Durchschnittskurs von der errichteten Zielzone umschlossen wird und auf eine Sterilisation der Geldmengeneffekte der marginalen Interventionen verzichtet wird.

Das Wechselkurszielzonenmodell von Krugman (1991) löste nach seinem Erscheinen eine Flut von wissenschaftlichen Publikationen aus, in denen der Ansatz von Krugman erweitert und empirisch überprüft wurde. Das starke Interesse an dem Krugman'schen Zielzonenmodell läßt sich zum einen damit begründen, daß im EWS bei der Inflationsbekämpfung und bei der Rückführung der Inflationsdivergenzen beachtliche Erfolge erzielt wurden und vor diesem Hintergrund die stabilisierende Wirkung einer Währungsanbindung an eine Ankerwährung verstärkt diskutiert wurde. Zum anderen stellt das formale Instrumentarium dieses Ansatzes eine bedeutsame Weiterentwicklung der traditionellen Wechselkursanalyse dar. So sind die Wechselkursfundamentalfaktoren in dem Krugman'schen Zielzonenmodell stochastisch modelliert. Hieraus resultiert, daß der freie Wechselkurs einem Random-Walk folgt, was sich mit den Ergebnissen einer Vielzahl von empirischen Studien deckt. In dem Beitrag von Krugman wird ein zweistufiger Lösungsansatz entwickelt, mit dem der funktionale Zusammenhang zwischen dem Zielzonenwechselkurs und den Fundamentalvariablen - trotz des stochastischen Umfeldes - bestimmt werden kann.

Die Ergebnisse des Krugman'schen Grundmodells einer Wechselkurszielzone werden aber in den empirischen Studien durchweg abgelehnt. So baut der Ansatz von Krugman auf dem monetären Wechselkursmodell bei perfekt flexiblen Preisen auf, dessen Aussagen sich empirisch nicht bestätigen lassen. Außerdem sind die Verhaltensannahmen, daß die Zentralbank auf intramarginale Interventionen verzichtet und der vereinbarte Leitkurs unter allen Umständen verteidigt wird, in den existierenden Zielzonensystemen zumeist nicht vorzufinden. Vor diesem Hintergrund wird der Lösungsansatz des Krugman'schen Zielzonenmodells im Verlauf dieser Arbeit um realistischere Annahmen verfeinert.

Der monetäre Ansatz der Wechselkursbestimmung unterstellt die permanente Gültigkeit der ungedeckten Zinsparität. Dies impliziert in Zusammenhang mit der Annahme rationaler Erwartungen, daß der Terminkurs ein unverzerrter Prediktor des zukünftigen Kassakurses ist. Diese Hypothese wird aber in einer Vielzahl von empirischen Studien zur Unverzerrtheit des Terminkurses bei freien Wechselkursen abgelehnt.[96] Svensson (1992b) geht davon aus, daß Risikoprämien in Zielzonenregimen nur dann eine mögliche Ursache der empirisch zu beobachtenden Devisenmarktineffizienz sein können, wenn Realignmentrisiken eine entsprechend hohe Wechselkursunsicherheit entstehen lassen. Dies setzt aber voraus, daß die in einem perfekt glaubwürdigen Zielzonenregime verbleibende Wechselkursunsicherheit durch eine enge Bandbreite sehr stark begrenzt wird und der Umfang der in Fremdwährung fakturierten offenen Positionen unbedeutend ist. In Kapitel 3 dieser Arbeit soll daher analysiert werden, ob und wie sich die im Rahmen einer Wechselkurszielzone zugelassene Wechselkursdynamik verändert, wenn das Krugman'sche Grundmodell einer perfekt glaubwürdigen Zielzone um Risikoüberlegungen der Devisenmarktteilnehmer erweitert wird.

Mit Hilfe des Grundmodells einer Wechselkurszielzone läßt sich veranschaulichen, daß die Freiheiten der Geldpolitik in der Wahl der optimalen Inflationsrate durch die Einführung einer Wechselkurszielzone beschnitten werden. Im Rahmen des Krugman-Modells wird jedoch nicht diskutiert, unter welchen Umständen die Preisniveaustabilität durch eine solche außenwirtschaftliche Ausrichtung der Geldpolitik erhöht beziehungsweise gefährdet wird. Krugman (1992) weist selbst darauf hin, daß der von ihm gewählte Modellrahmen der monetären Wechselkurstheorie bei perfekt flexiblen Preisen nicht geeignet ist, um die Vor- und Nachteile verschiedener

[96] Frankel, Phillips und Chinn (1993) gelangen in ihrer empirischen Studie für den Betrachtungszeitraum Februar 1988 bis Dezember 1991, daß zeitvariable Risikoprämien als Einflußgrößen für die Zinsdifferenz zwischen den EWS-Mitgliedsländern relevant waren.

Wechselkursregime zu analysieren.[97] So wird der Wechselkurs nach der monetären Wechselkurstheorie ausschließlich durch die Geldmenge und die Determinanten der Geldnachfrage bestimmt. Der Wechselkurseinfluß von realen Störungen, die zwischen den einzelnen Ländern asymmetrisch verteilt sind und deren Beseitigung eine Anpassung des realen Wechselkurses bedingt, findet in dem monetären Ansatz nur mittelbar über ihren Einfluß auf die Geldnachfrage Berücksichtigung. Dies führt im Zusammenhang mit der Annahme vollkommener Preisflexibilität zu der Hypothese, daß die absolute Kaufkraftparität permanent erfüllt ist. Die Annahme eines im Zeitverlaufs konstanten realen Wechselkurses, kann in zahlreichen empirischen Studien nicht bestätigt werden und wird daher in Kapitel 4 dieser Arbeit aufgegeben.[98] Hier wird der Modellrahmen des Krugman'schen Grundmodells einer Wechselkurszielzone derart modifiziert, daß die Bedingungen im realen Sektor als Bestimmungsgründe für den realen Wechselkurs integriert werden. Durch diese Erweiterung lassen sich die Umstände näher analysieren, unter denen dem Ziel der Preisniveaustabilität durch eine auf die Verteidigung der Zielzone ausgerichtete Geldpolitik Rechnung getragen wird.

Im Krugman'schen Grundmodell einer perfekt glaubwürdigen Zielzone wird der langfristige Durchschnittskurs als exogen gegeben und konstant angenommen. Weil daneben unterstellt wird, daß der Leitkurs des Zielzonenregimes dem langfristigen Gleichgewichtskurs entspricht und damit fundamental gerechtfertigt ist, besteht im Grundmodell einer Wechselkurszielzone kein sachlich gerechtfertigter Grund für eine Leitkursanpassung. In der Realität sind in Wechselkurszielzonenregimen jedoch häufig Leitkursanpassungen zu beobachten, so daß die Modellannahme einer perfekt glaubwürdigen Verteidigung der Wechselkurszielzone unrealistisch erscheint. In Kapitel 5 dieser Arbeit wird daher das Krugman'sche Zielzonenmodell um die Risiken eines Regimezusammenbruchs und einer Leitkursanpassung erweitert. Wie gezeigt wird, ist die schlechte empirische Performance des Krugman'schen Grundmodells vermutlich im wesentlichen auf die Modellannahme zurückzuführen, daß die Verteidigung der Wechselkurszielzone perfekt glaubwürdig ist.

---

[97] Vgl. Krugman (1992), S.13f.

[98] Vgl. etwa Dornbusch (1983b), S. 47ff.

Kapitel 3

Wechselkurszielzonen und Risikoprämie

3.1 Vorbemerkungen

Bisher wurde unterstellt, daß in- und ausländische Vermögensanlagen perfekte Substitute bilden und auch alle übrigen Voraussetzungen für einen vollkommenen Kapitalmarkt erfüllt sind. Weichen die erwarteten Ertragsraten in- und ausländischer Aktiva unter den Bedingungen eines vollkommenen Kapitalmarktes voneinander ab, werden diese Diskrepanzen durch die Zinsarbitrage sofort beseitigt. Unter diesen Umständen gilt die ungedeckte Zinsparität auch in der kurzen Frist. Die Annahme perfekter Substitutionsbeziehungen zwischen In- und Auslandsanlagen setzt aber voraus, daß entweder das Risiko der Anlagealternativen gleich hoch bewertet wird oder die Anleger sich risikoneutral verhalten. Sind die Anleger dagegen risikoscheu, werden sie die risikoreichere Vermögensanlage nur dann halten, wenn sie für die Übernahme des höheren Risikos eine Risikoprämie erhalten oder sich gegen das zusätzliche Risiko kostenlos absichern können.

Im Rahmen der ungedeckten Zinsparität werden festverzinsliche Anlagen betrachtet, die in unterschiedlichen Währungen fakturiert sind und die gleiche Bonität aufweisen.[99] Unter diesen Umständen lassen sich in einer groben Gliederung die folgenden drei Risikoarten unterscheiden:

- Inflationsrisiko,
- politisches Risiko und
- Wechselkursrisiko.

Sofern ein Inflationsrisiko besteht, werden die Investoren mit der Gefahr konfrontiert, daß die Kaufkraft ihrer nominalen Vermögensanlagen unerwartet sinkt. Das politische Risiko resultiert aus der Unsicherheit über die künftig verfolgte nationale Wirtschaftspolitik. So nimmt das Risiko einer Vermögensanlage im Inland aus der Perspektive eines Inländers beispielsweise zu, wenn die

[99] Zum Insolvenzrisiko vgl. Adler und Dumas (1979).

Wahrscheinlichkeit steigt, daß die inländische Regierung während der Anlageperiode die Ertragssteuern erhöht oder Kapitalverkehrskontrollen einführt.[100] Schließlich entsteht das Wechselkursrisiko aus einer unsicheren Entwicklung des Außenwertes der Auslandswährung. Hierbei ist die Wechselkursunsicherheit mit der Gefahr verbunden, daß die tatsächliche Veränderungsrate des Kassakurses, die eine Ertragskomponente der Auslandsanlagen ist, von ihrem Erwartungswert abweicht. Bei einem in Auslandswährung fakturierten Asset stellen sich ex post unerwartete Kursverluste ein, wenn auf eine Absicherung auf dem Terminmarkt verzichtet wurde und sich der Kassakurs der Auslandswährung gegenüber der Inlandswährung zum Zeitpunkt der Anlagenauflösung schwächer entwickelt hat, als zum Zeitpunkt der Anlageentscheidung erwartet wurde.

In der Wechselkurstheorie spielen Risikoprämien im Zusammenhang mit der Wirkungsanalyse von sterilisierten Devisenmarktinterventionen eine Rolle.[101] Daneben wird in einer Vielzahl von theoretischen Beiträgen gezeigt, daß die empirisch zu beobachtende schlechte Prognosefähigkeit des Terminkurses für den künftigen Kassakurs nicht zwangsläufig auf einen ineffizienten Devisenmarkt hindeutet, sondern auch durch die Existenz einer zeitvariablen Risikoprämie verursacht werden kann.[102] Obwohl zeitvariablen Risikoprämien in der neueren Wechselkurstheorie ein nicht unbedeutender Stellenwert zukommt, finden sie in den Zielzonenmodellen kaum Berücksichtigung. Dies läßt sich dadurch begründen, daß Zielzonen in der theoretischen Literatur häufig mit einem System fester Wechselkurse mit sehr engen Bandbreiten gleichgesetzt werden. Unter diesen Umständen ist das Wechselkursrisiko in einer engen Zielzone, die zudem für glaubwürdig gehalten wird, sehr gering. So kommt Svensson (1992b) zu dem Schluß, daß die im Rahmen eines sehr engen Wechselkursbandes von ± 1,5 Prozent zugelassene Wechselkursunsicherheit mit einem nahezu vernachlässigbaren Währungsrisiko verbunden ist.

Während in der theoretischen Zielzonenliteratur in der Regel von sehr engen Bandbreiten ausgegangen wird, sind die existierenden Zielzonenregime mitunter durch einen hohen Grad an

[100] Zum politischen Risiko einerseits und zum Wechselkursrisiko andererseits vgl. Aliber (1973) sowie Dooley und Isard (1980).

[101] Ein theoretischer und empirischer Überblick über die Effizienz von sterilisierten Devisenmarktinterventionen findet sich in Obstfeld (1988). Eine umfassende Übersicht über die theoretische Literatur zur Wirkungsweise von Devisenmarktinterventionen im Rahmen verschiedener Wechselkursmodelle findet sich in Almekinders (1994).

[102] Vgl. hierzu etwa Frenkel, M. (1994) sowie Mark und Wu (1998).

Wechselkursflexibilität charakterisiert und daher mit einer nicht unerheblichen Wechselkursunsicherheit verbunden. So sind etwa im Rahmen des neuen europäischen Wechselkursmechanismus (WKM II) die Wechselkurse der hieran teilnehmenden Länder an den Euro durch ein relativ breites Fluktuationsband von ± 15 Prozent gebunden. Unter diesen Umständen ist aber nicht auszuschließen, daß Risikoüberlegungen der Devisenmarktteilnehmer bedeutende Risikoprämien entstehen lassen.

Vor diesem Hintergrund wollen wir im folgenden untersuchen, ob und inwiefern durch die Errichtung einer Wechselkurszielzone die Variabilität der Risikoprämie beeinflußt wird. Diese Frage ist im Zusammenhang mit der Analyse der Funktionsweise von Wechselkurszielzonen von großem Interesse, weil Schwankungen in der Risikoprämie Substitutionsprozesse zwischen In- und Auslandsanlagen auslösen und hierüber das Wechselkursverhalten im Band beeinflussen. Aus diesem Grund steht im Mittelpunkt der nachfolgenden Analyse die Frage, ob sich die Modellaussagen des Krugman'schen Grundmodells einer Wechselkurszielzone ändern, wenn Risikoüberlegungen der Marktteilnehmer berücksichtigt werden.

Während im Mittelpunkt des Modellansatzes von Svensson (1992b) die Auswirkungen von Realignmentrisiken auf die Risikoprämien in einem Zielzonensystem stehen, werden wir im folgenden die Annahme beibehalten, daß die marginalen Zentralbankinterventionen perfekt glaubwürdig sind. Von Realignmentrisiken wird also abgesehen. Weil einige der existierenden Zielzonensysteme durch eine relativ weite Wechselkursbandbreite charakterisiert sind, betrachten wir ein Zielzonensystem, in dem die zugelassene Wechselkursflexibilität ein spürbares Maß an Wechselkursunsicherheit entstehen läßt. Unter diesen Annahmen läßt sich zeigen, daß auch bei perfekter Glaubwürdigkeit der marginalen Zentralbankinterventionen zeitvariable Risikoprämien entstehen können, die einen spürbaren Einfluß auf die Wechselkursdynamik im Band ausüben und einen Erklärungsbeitrag für die empirisch zu beobachtende Devisenmarktineffizienz liefern. Dieser Zusammenhang findet in Svensson (1992b) keine Berücksichtigung, weil hier ein schmales Wechselkursband unterstellt wird, das bei perfekter Glaubwürdigkeit der marginalen Devisenmarktinterventionen eine nahezu vernachlässigbare Wechselkursunsicherheit generiert. Außerdem wird im folgenden gezeigt, daß sterilisierte Devisenmarktinterventionen in einem Zielzonenzonensystem effizient sein können, was in der vorliegenden Literatur noch nicht analysiert wurde.

3.2 Ein Modell zur Bestimmung der Risikoprämie

In dem vorliegenden Abschnitt wird die Risikoprämie am Kapitalmarkt aus einem portfoliotheoretischen Optimierungsansatz hergeleitet. Das im folgenden dargestellte Modell wurde von uns aufbauend auf den Ansätzen von Black (1985) einerseits und Frankel (1979) andererseits entwickelt. Der mikroökonomische Ansatz von Black wurde dahingehend modifiziert, daß in die betrachtete Nutzenfunktion der Wirtschaftssubjekte nicht die nominalen, sondern statt dessen die realen Erträge des Portfolios eingehen. Dies läßt sich etwa durch die Annahme begründen, daß die Wirtschaftssubjekte über die Bildung von Finanzvermögen ihren intertemporalen Konsum steigern möchten. Eine Voraussetzung hierfür ist, daß die realen Renditen der Vermögensanlagen positiv sind und infolgedessen die Kaufkraft des Vermögens im Zeitverlauf steigt. Im folgenden nehmen wir also an, daß nicht die nominalen, sondern statt dessen die realen Renditen der Vermögensanlagen in das Nutzenkalkül der Wirtschaftssubjekte eingehen.

Den Ausgangspunkt unserer Analyse bildet das Optimierungsproblem eines repräsentativen inländischen Investors j. Um die Analyse vergleichsweise einfach zu halten betrachten wir lediglich zwei Formen von Vermögensanlagen, nämlich inländische Wertpapiere und ausländische Wertpapiere mit einer kurzen Laufzeit. Außerdem nehmen wir zur Vereinfachung an, daß die Wertpapierkurse fest sind. Unter diesen Umständen kann sich der in Inlandswährung (Auslandswährung) bewertete Bestand an inländischen (ausländischen) Wertpapieren nur dann ändern, wenn die Menge der Vermögensanlagen variiert. Die Nominalzinsen sollen über den kurzen Anlagezeitraum fest sein und zum Zeitpunkt der Anlageentscheidung durch die Lage am Wertpapiermarkt bestimmt werden. Schließlich wird unterstellt, daß der inländische Investor nur den Teil seines Geldvermögens in Wertpapieren anlegt, der über die geplante Kassenhaltung hinaus geht. Bezeichnen W den in inländischen Währungseinheiten ausgedrückten Wert des gesamten Wertpapierportfolios, B den in Inlandswährung bewerteten Bestand an inländischen Vermögenstiteln, F den in Auslandswährung bewerteten Bestand an ausländischen Wertpapieren und S den Preis der Auslandswährung in inländischen Währungseinheiten, lautet die Bilanzrestriktion des inländischen Portfoliohalters j:

$$W_j = B_j + S \cdot F_j . \tag{3.1}$$

Weil die ausländischen Wertpapiere in Fremdwährung fakturiert sind, werden sie mit Hilfe des Kassakurses S in Inlandswährung umgerechnet. Aufgrund der Bilanzrestriktion (3.1) addieren sich die Anteile der inländischen Wertpapiere und der ausländischen Wertpapiere am Gesamtportfolio zu Eins. Dementsprechend gilt:

$$\frac{B_j}{W_j} + \frac{S \cdot F_j}{W_j} = 1. \tag{3.2}$$

Der inländische Investor j steht zum Zeitpunkt der Anlageentscheidung vor der Frage, welchen Teil seines gegebenen Anlagevermögens W_j er im Inland und welchen Teil er im Ausland anlegen soll. Hierbei wird unterstellt, daß der Investor die Struktur seines Portfolios derart wählt, daß der Erwartungswert seines Nutzens maximiert wird. Wir nehmen an, daß der Nutzen eines gegebenen Wertpapierportfolios durch die reale Rendite R des Portfolios bestimmt wird. Diese ergibt sich als gewogener geometrischer Durchschnitt der realen Ertragsraten inländischer Wertpapiere r und ausländischer Wertpapiere r^*:

$$R = r \cdot \frac{B}{W} + r^* \cdot \frac{S \cdot F}{W}, \tag{3.3}$$

wobei die Gewichtungsfaktoren die Anteile der inländischen und der ausländischen Wertpapiere am Gesamtportfolio angeben.

Zur Illustration des Optimierungsproblems sei unterstellt, daß der Investor seine Portfoliostruktur zum Zeitpunkt t festlegt und die Anlagen zum Zeitpunkt $t+1$ freiwerden. Legt er den in inländischen Währungseinheiten zur Verfügung stehenden Geldbetrag G zum Zeitpunkt t in inländische Wertpapiere an, fließt ihm in $t+1$ ein in Inlandswährung ausgedrückter Geldbetrag in Höhe von

$$G_{t+1} = (1 + i_t) \cdot G_t$$

zu, wobei i für den Nominalzinssatz der Inlandsanlage steht. Da es sich bei dem betrachteten Investor um einen Inländer handelt, wird die Kaufkraft dieses Geldbetrages durch den inländischen Konsumentenpreisindex bestimmt, in den die in Inlandswährung bewerteten Preise der heimischen Konsumgüter und der Importgüter nach Maßgabe ihrer Konsumanteile eingehen. Wir nehmen an, daß die absolute Kaufkraftparität permanent erfüllt ist. Bezeichnet P das inländische Preisniveau in Inlandswährung und P^* das ausländische Preisniveau in Auslandswährung, wird die absolute Kaufkraftparitätentheorie durch die Bedingung

$$P = S \cdot P^* \tag{3.4}$$

beschrieben. Bei Gültigkeit der absoluten Kaufkraftparität stimmt die Kaufkraft des Geldes in beiden Ländern überein, so daß zwischen dem inländischen Konsumentenpreisindex und dem Preisniveau des Inlandes kein Unterschied besteht. Unter diesen Umständen ist die Kaufkraft des Geldbetrages G_{t+1} aus der Sicht des inländischen Investors j durch

$$\frac{G_{t+1}}{P_{t+1}} = (1 + i_t) \cdot \frac{G_t}{P_{t+1}}$$

gegeben. Legt der inländische Investor den Geldbetrag G zum Zeitpunkt t in inländische Wertpapiere an, hat sich die Kaufkraft dieses Betrages zum Zeitpunkt der Anlagenauflösung $t+1$ im Vergleich zum Zeitpunkt der Anlageentscheidung t um

$$(1 + i_t) \cdot \frac{G_t}{P_{t+1}} - \frac{G_t}{P_t}$$

geändert. Demzufolge erhalten wir für die reale Ertragsrate, die der inländische Investor in $t+1$ aus einer in t eingegangenen Inlandsanlage erzielt, den Ausdruck:

$$r_{j,t+1} = (1 + i_t) \cdot \frac{P_t}{P_{t+1}} - 1$$

oder

$$r_{j,t+1} = (1 + i_t) \cdot \left(\frac{P_t - P_{t+1}}{P_t + P_{t+1} - P_t} + 1 \right) - 1 .$$

Unter der Annahme, daß die Differenz $P_{t+1} - P_t$ gegenüber P_t vernachlässigbar gering ist, läßt sich die reale Ertragsrate $r_{j,t+1}$ nach einer geeigneten Umstellung näherungsweise

$$r_{j,t+1} = (1+i_t)\cdot\left(-\frac{P_{t+1}-P_t}{P_t} + 1\right) - 1$$

schreiben. Weil der Nominalzinssatz i relativ klein ist, kann auch der Ausdruck $i_t \cdot (P_t - P_{t+1})/P_t$ vernachlässigt werden. Unter diesen Umständen gilt approximativ:

$$r_{j,t+1} \approx i_t - (p_{t+1} - p_t), \tag{3.5}$$

wobei p für den natürlichen Logarithmus des inländischen Preisniveaus steht und zu berücksichtigen ist, daß die Wachstumsrate einer Variablen annähernd gleich der absoluten Veränderung des natürlichen Logarithmus dieser Variablen ist.

Entschließt sich der inländische Investor dagegen, den Geldbetrag G zum Zeitpunkt t in ausländische Wertpapiere anzulegen, so muß er zunächst den in Inlandswährung zur Verfügung stehenden Geldbetrag G am Kassamarkt in Auslandswährung umtauschen. Hierdurch erhält er einen Geldbetrag in Auslandswährung in Höhe von G_t / S_t, den er für den Kauf von ausländischen Wertpapieren unmittelbar einsetzt. Dieser Betrag hat sich in $t+1$ auf

$$(1+i^*_t)\cdot\frac{G_t}{S_t}$$

erhöht, wobei i^* den nominalen Auslandszinssatz bezeichnet. Wird dieser Betrag in $t+1$ am Kassamarkt in Inlandswährung umgetauscht, fließt dem Investor j aus der Auslandsanlage ein in Inlandswährung ausgedrückter Geldbetrag in Höhe von

$$G_{t+1} = (1+i^*_t)\cdot\frac{G_t \cdot S_{t+1}}{S_t}$$

zu. Die Kaufkraft dieses Geldbetrags hat sich in $t+1$ gegenüber t um

$$(1+i^*_t)\cdot\frac{G_t}{P_{t+1}}\cdot\frac{S_{t+1}}{S_t} - \frac{G_t}{P_t}$$

geändert. Die reale Ertragsrate, die der inländische Investor in $t+1$ aus einer in t vorgenommenen Auslandsanlage erzielt, ist daher durch

$$r^*_{j,t+1} = (1+i^*_t)\cdot\frac{P_t}{P_{t+1}}\cdot\frac{S_{t+1}}{S_t} - 1$$

oder

$$r^*_{j,t+1} = (1+i^*_t)\cdot\left(-\frac{P_{t+1}-P_t}{P_t+P_{t+1}-P_t} + 1\right)\cdot\left(\frac{S_{t+1}-S_t}{S_t} + 1\right) - 1$$

gegeben. Unter den Annahmen, daß die Differenz $P_{t+1} - P_t$ gegenüber P_t vernachlässigbar gering ist und der ausländische Nominalzinssatz i^*_t relativ niedrig ist, läßt sich die reale Ertragsrate $r^*_{j,t+1}$ näherungsweise

$$r^*_{j,t+1} \approx (1+i^*_t)\cdot\left(-\frac{P_{t+1}-P_t}{P_t}\cdot\frac{S_{t+1}-S_t}{S_t} - \frac{P_{t+1}-P_t}{P_t} + \frac{S_{t+1}-S_t}{S_t}\right) - 1$$

schreiben. Unter den Annahmen, daß die Veränderungsraten des Preisniveaus und des Wechselkurses relativ niedrig sind, geht das Produkt aus den beiden Veränderungsraten (erster Term in dem zweiten Klammerausdruck) gegen Null. Bezeichnet s den natürlichen Logarithmus des Wechselkurses, folgt unter diesen Umständen:

$$r^*_{j,t+1} \approx i^*_t - (p_{t+1} - p_t) + (s_{t+1} - s_t). \tag{3.6}$$

Werden die Gleichungen (3.5) und (3.6) in die Gleichung (3.3) eingesetzt, erhält man den folgenden Ausdruck für die reale Rendite einer gegebenen Portfoliozusammensetzung:

$$R_{j,t+1} \approx \{i_t-(p_{t+1}-p_t)\}\cdot\frac{B_{j,t}}{W_{j,t}} + \{i^*_t-(p^*_{t+1}-p^*_t)\}\cdot\frac{S_t\cdot F_{j,t}}{W_{j,t}}. \tag{3.7}$$

Als nächstes wird angenommen, daß zwischen dem erwarteten Nutzen einer gegebenen Portfoliozusammensetzung und der erwarteten realen Portfoliorendite ein positiver Zusammenhang besteht. Außerdem wird unterstellt, daß der Investor j risikoscheu ist, so daß der erwartete Nutzen einer gegebenen Portfoliozusammensetzung mit steigendem Risiko abnimmt. Die folgende Nutzenfunktion sei unterstellt:

$$E[U(R_{j,t+1})|I_t] = E[R_{j,t+1}|I_t] - \Phi_j \cdot \sigma^2_{R_{j,t}}, \tag{3.8}$$

wobei $E[...|I_t]$ den bedingten Erwartungswert bezeichnet, der unter Ausschöpfung aller verfügbaren und relevanten Informationen I_t gebildet wird. Die Größe $\sigma^2_{R\,j,t}$ steht für die bedingte Varianz der realen Ertragsrate, die der Investor j in $t+1$ aus einer in t festgelegten Portfoliozusammensetzung erzielt. Hierbei ist die bedingte Varianz der realen Portfoliorendite ein Maß für das Risiko der gewählten Portfoliostruktur. Das Risikoverhalten des Investors j wird durch die Größe Φ_j ausgedrückt. Die angenommene Risikoaversion des Investors impliziert, daß der erwartete Nutzen einer gegebenen Portfoliozusammensetzung mit steigendem Risiko abnimmt. Hieraus folgt, daß zwischen dem erwarteten Nutzen einer gegebenen Portfoliostruktur und der bedingten Varianz der Portfoliorendite ein negativer Zusammenhang besteht. Demzufolge muß $\Phi_j>0$ gelten.

Wenden wir uns nun den Bestimmungsgrößen für das Risiko einer gegebenen Portfoliostruktur zu. Wir nehmen an, daß die Inflationsrate des Inlandes einem stochastischen Prozeß folgt. Unter diesen Umständen besteht zum Zeitpunkt der Anlageentscheidung t Unsicherheit darüber, um wieviel Prozent sich das inländische Preisniveau zum Zeitpunkt der Anlagenauflösung $t+1$ gegenüber t verändern wird. Wie bereits dargestellt wurde, ist aus Inländersicht die in $t+1$ realisierte reale Ertragsrate einer in t eingegangenen Auslandsanlage gleich der Differenz zwischen dem in t feststehenden inländischen Nominalzinssatz und der in $t+1$ gegenüber t zu verzeichnenden inländischen Inflationsrate (Gleichung (3.5)), die in t annahmegemäß unbekannt ist. Aus diesem Grund gehen die Inländer bei einer Inlandsanlage das Risiko ein, daß sich zum Zeitpunkt der Anlagenauflösung $t+1$ ex post eine geringe reale Ertragsrate herausbildet als bei der Anlageentscheidung in t zugrundegelegt wurde. Hierbei kann die bedingte Varianz der inländischen Inflationsrate als Maß für das Risiko einer Inlandsanlage herangezogen werden.

Während das inländische Preisniveau als stochastischer Prozeß modelliert ist, wird das ausländische Preisniveau als konstant angenommen. Die ausländische Inflationsrate wird also Null gesetzt. Außerdem nehmen wir an, daß die Kaufkraftparität auch in der kurzen Frist erfüllt ist (Gleichung (3.4)). Unter diesen Umständen stimmen die Veränderungsraten des Kassakurses und des inländischen Preisniveaus überein. Aus den Annahmen resultiert, daß nicht nur das inländische Preisniveau, sondern auch der Kassakurs einem stochastischen Prozeß folgt. Die Veränderungsrate des Kassakurses ist aus der Sicht der Inländer eine Ertragskomponente der Auslandsanlagen und annahmegemäß unsicher. Hieraus folgt, daß dem inländischen Investor j bei der Bewertung der realen Ertragsrate einer Auslandsanlage nicht nur ein Inflationsrisiko sondern auch ein Wechselkursrisiko entsteht. Weil aber die Veränderungsraten des Kassakurses und des inländischen Preisniveaus annahmegemäß übereinstimmen, heben sich die Risiken gegenseitig auf. Unter diesen Annahmen vereinfacht sich die Bestimmungsgleichung für die reale Ertragsrate einer Auslandsanlage (Gleichung (3.6)) zu:

$$r^*_{j,t+1} = i^*_t. \tag{3.9}$$

Im Modellzusammenhang ist die reale Rendite, die der inländische Investor j in $t+1$ aus einer in t vorgenommenen Auslandsanlage erzielt, gleich dem in t festgelegten ausländischen Nominalzinssatz. Die reale Rendite einer Auslandsanlage ist dem inländischen Investor daher bereits zum Zeitpunkt der Anlageentscheidung t bekannt. Daneben wird von politischen Risiken und Insolvenzrisiken abgesehen. Unter diesen Umständen geht der inländische Investor j bei einer Vermögensanlage im Ausland kein Risiko ein.[103] Durch den Einsatz der Gleichung (3.9) in die Gleichung (3.7) erhält man für den bedingten Erwartungswert der realen Rendite, die der inländische Investor j aus einer gegebenen Portfoliozusammensetzung erhält:

$$E[R_{j,t+1} | I_t] = \{i_t - (E[p_{t+1} | I_t] - p_t)\} \cdot \frac{B_{j,t}}{W_{j,t}} + i^* \cdot \frac{S_t \cdot F_{j,t}}{W_{j,t}}. \tag{3.10}$$

Im Modellzusammenhang ist die bedingte Varianz der realen Ertragsrate einer gegebenen Portfoliozusammensetzung ein Maß für das Risiko, daß die Kaufkraft des Finanzvermögens niedriger ausfällt als erwartet wurde. Hierbei ist die bedingte Varianz der realen Rendite einer gegebenen Portfoliozusammensetzung unter den getroffenen Annahmen durch:

$$\sigma^2_{R_{j,t}} = \sigma^2_{p,t} \cdot \left(\frac{B_{j,t}}{W_{j,t}}\right)^2 \tag{3.11}$$

---

103 Vgl. hierzu Fama und Farber (1979).

gegeben, wobei $\sigma^2_{p,t}$ die bedingte Varianz der inländischen Inflationsrate bezeichnet. Hiernach ist das Portfolio des inländischen Investors risikolos, wenn es ausschließlich aus ausländischen Vermögenstiteln besteht ($S_t F_{j,t} / W_{j,t} = 1$), deren reale Ertragsrate zum Zeitpunkt der Anlageentscheidung t bekannt ist und dem in t vorherrschenden ausländischen Nominalzinssatz i^* entspricht. Enthält das Portfolio ausschließlich inländische Vermögenstitel ($B_{j,t} / W_{j,} = 1$), die annahmegemäß mit dem Risiko eines unerwarteten Kaufkraftverlustes behaftet sind, ist die bedingte Varianz der Portfoliorendite gleich der bedingten Varianz der inländischen Inflationsrate.

Werden die Gleichungen (3.10) und (3.11) in die Nutzenfunktion (3.8) eingesetzt, erhält man:

$$E[U(R_{j,t+1})|I_t] = \{i_t - (E[p_{t+1}|I_t] - p_t)\} \cdot \frac{B_{j,t}}{W_{j,t}} + i^*_t \cdot \frac{S_t F_{j,t}}{W_{j,t}} - \Phi_j \cdot \sigma^2_{p,t} \cdot \left(\frac{B_{j,t}}{W_{j,t}}\right)^2. \quad (3.12)$$

Zur Ableitung der nutzenmaximalen Portfoliostruktur muß zunächst die Nutzenfunktion nach den Vermögensanteilen der Inlandsanlagen und der Auslandsanlagen partiell abgeleitet werden. Man erhält:

$$\frac{\partial E[U(R_{j,t})|I_t]}{\partial \frac{B_{j,t}}{W_{j,t}}} = i_t - (E[p_{t+1}|I_t] - p_t) - 2 \cdot \Phi_j \cdot \sigma^2_{p,t} \cdot \frac{B_{j,t}}{W_{j,t}} \quad (3.13)$$

und

$$\frac{\partial E[U(R_{j,t+1})|I_t]}{\partial \frac{S_t \cdot F_{j,t}}{W_{j,t}}} = i^*_t. \quad (3.14)$$

Die Gleichung (3.13) gibt an, um wieviel der Nutzen des Investors ceteris paribus steigt, wenn er den Portfolioanteil inländischer Wertpapiere infinitesimal ausdehnt. Aus der Gleichung (3.14) ist dagegen abzulesen, um wieviel der Nutzen des Investors steigen würde, wenn er den Portfolioanteil der ausländischen Wertpapiere infinitesimal erhöhen würde. Hierbei ist zu beachten, daß der Portfolioanteil inländischer Vermögensanlagen zu lasten des Anteils ausländischer Finanztitel ausgeweitet wird; die Anteile der in- und der ausländischen Vermögensanlagen am Portfolio ergänzen sich zu Eins (Gleichung (3.2)). Infolgedessen kann die Gleichung (3.14) als die in Nutzeneinheiten ausgedrückten marginalen Opportunitätskosten interpretiert werden, die dem inländischen Investor *j* entstehen, wenn er den Portfolioanteil inländischer Wertpapiere geringfügig ausdehnt.[104]

Die optimale Portfoliostruktur wird durch die Bedingung festgelegt, daß der erwartete marginale Nutzen einer Umstrukturierung des Portfolios zugunsten des Anteils inländischer Wertpapiere den hiermit einhergehenden marginalen Opportunitätskosten entspricht.[105] Demzufolge ist die Optimierungsbedingung des inländischen Investors durch

$$i_t - (E[p_{t+1} | I_t] - p_t) = i^*_t + 2 \cdot \Phi_j \cdot \sigma^2_{p,t} \cdot \frac{B_{j,t}}{W_{j,t}} \tag{3.15}$$

gegeben. Im Nutzenmaximum ist der erwartete Realzins einer Inlandsanlage (linke Seite der voranstehenden Gleichung) gleich dem erwarteten Realzins einer Auslandsanlage zuzüglich der auf Inlandsanlagen geforderten Risikoprämie (rechte Seite der voranstehenden Gleichung). Aufgrund der Annahmen einer ausländischen Inflationsrate in Höhe von Null und der permanenten Gültigkeit der Kaufkraftparität, ist die reale Rendite, die der inländische Investor in $t+1$ aus einer in t vorgenommenen Auslandsanlage erzielt, gleich dem in t festgelegten ausländischen Nominalzinssatz i^*. In der voranstehenden Gleichung steht der ausländische Nominalzinssatz daher für die erwartete reale Ertragsrate der Auslandsanlage. Der zweite Term auf der rechten Seite der voranstehenden Gleichung repräsentiert die Risikoprämie, die dem risikoaversen inländischen Investor *j* für einen gegebenen Anteil inländischer Wertpapiere am Gesamtportfolio gezahlt werden muß, weil die Kaufkraftentwicklung des im Inland angelegten Vermögens im Gegensatz zum Auslandsvermögen unsicher ist. Die auf Inlandsanlagen geforderte Risikoprämie fällt umso höher aus, je größer die Risikoaversion Φ des betrachteten Investors ist. Außerdem nimmt die geforderte Risikoprämie zu, wenn sich das Risiko erhöht, daß die Kaufkraft des im

[104] Vgl. hierzu etwa Black (1985).

[105] Ausgehend von der nutzenmaximierenden Portfoliostruktur hat eine Änderung der Portfoliostruktur zur Folge, daß die hiermit verbundenen marginalen Opportunitätskosten stärker zunehmen als der marginale Nutzen und damit der Nutzen des Portfolios insgesamt abnimmt. Im Nutzenmaximum muß daher die zweite Ableitung der Zielfunktion negativ sein. Diese Bedingung ist durch die Annahme der Risikoaversion zu jeder beliebigen Portfoliostruktur gesichert, so daß die in Gleichung (3.15) dargestellte Bedingung für ein Nutzenmaximum hinreichend ist.

Inland angelegten Vermögens ex post niedriger ausfällt als ex ante erwartet wurde. Dies ist dann der Fall, wenn die bedingte Varianz der inländischen Inflationsrate (σ^2_p) steigt oder wenn der Portfolioanteil der risikobehafteten Inlandsanlagen ($B/B+SF$) zunimmt.

Aus der Optimierungsbedingung (3.15) folgt, daß der Anteil inländischer Vermögensanlagen am Portfolio des inländischen Investors j bei nutzenmaximierendem Verhalten durch

$$\frac{B_{j,t}}{W_{j,t}} = \frac{1}{2 \cdot \Phi_j \cdot \sigma^2_{p,t}} \cdot \{ i_t - i^*_t - (E[p_{t+1} | I_t] - p_t) \} \tag{3.16}$$

gegeben ist. Aufgrund der Budgetrestriktion addieren sich die Anteile der inländischen Wertpapiere und der ausländischen Wertpapiere am Gesamtportfolio zu Eins (Gleichung (3.2)), so daß sich für den optimalen Anteil ausländischer Anlagetitel am Finanzvermögen des inländischen Investors:

$$\frac{S_t \cdot F_{j,t}}{W_{j,t}} = 1 - \frac{i_t - i^*_t - (E[p_{t+1} | I_t] - p_t)}{2 \cdot \Phi_j \cdot \sigma^2_{p,t}} \tag{3.17}$$

ergibt. Die in inländischen Währungseinheiten bewertete Nachfrage des inländischen Investors j nach in- und nach ausländischen Wertpapieren läßt sich ermitteln, indem die optimalen Portfolioanteile inländischer Wertpapiere (Gleichung (3.16)) und ausländischer Wertpapiere (Gleichung (3.17)) jeweils mit dem in Inlandswährung bewerteten Finanzvermögen W_j multipliziert wird. Man erhält für die Nachfrage des inländischen Investors j nach Inlandsanlagen:

$$B^n_{j,t} = \frac{1}{2 \cdot \Phi_j \cdot \sigma^2_{p,t}} \cdot \{ i_t - i^*_t - (E[p_{t+1} | I_t] - p_t) \} \cdot W_{j,t} \tag{3.18}$$

und nach Auslandsanlagen:

$$S_t \cdot F^n_{j,t} = W_{j,t} - \frac{i_t - i^*_t - (E[p_{t+1} | I_t] - p_t)}{2 \cdot \Phi_j \cdot \sigma^2_{p,t}} \cdot W_{j,t}. \tag{3.19}$$

Die Nachfrage des inländischen Investors j nach in- und nach ausländischen Wertpapieren wird bei einem gegebenen Wert des gesamten Portfolios W_j durch die optimale Portfoliostruktur determiniert. Substitutionsprozesse von ausländischen zu inländischen Anlagetiteln finden statt, wenn die erwartete reale Rendite der Inlandsanlagen gegenüber der entsprechenden Ertragsrate der Auslandsanlagen steigt. Daneben plant der Investor j eine Umstrukturierung seines Portfolios zugunsten der risikobehafteten inländischen Finanztitel, wenn seine Risikoaversion sinkt oder wenn sich die bedingte Varianz des inländischen Preisniveaus vermindert und damit das Risiko sinkt, daß die Kaufkraft des im Inland angelegten Vermögens ex post niedriger ausfällt als ex ante erwartet wird. Eine Erhöhung des Finanzvermögens W_j hat im Modellzusammenhang keinen Einfluß auf die Portfoliostruktur und läßt die Nachfrage nach in- und nach ausländischen Vermögenstiteln proportional steigen.

Das oben beschriebene Entscheidungskalkül läßt sich mit umgekehrtem Vorzeichen auf ein Passivgeschäft übertragen. Der inländische Kreditnehmer erzielt aus dem realen Kapitaldienst der aufgenommenen Kredite einen negativen Nutzen. Im Modellzusammenhang geht der inländische Kreditnehmer bei einer Kreditaufnahme im Inland das Risiko ein, daß der reale Schuldendienst durch eine unerwartet niedrige inländische Inflationsrate ex post höher ausfällt als ex ante erwartet wurde. Demgegenüber ist eine Kreditaufnahme im Ausland risikolos, weil annahmegemäß das ausländische Preisniveau konstant ist und die Kaufkraftparität auch in der kurzen Frist erfüllt ist. Der inländische Kreditnehmer wählt im Modellzusammenhang jene Schuldenstruktur, welche den negativen Nutzen des Kapitaldienstes und des Risikos insgesamt minimiert. Analytisch lassen sich die Verbindlichkeiten im In- und Ausland durch einen negativen Bestand an in- beziehungsweise ausländischen Vermögenstiteln ausdrücken. Ferner nehmen wir an, daß die inländischen Investoren und Kreditnehmer identische Präferenzen haben. Unter diesen Annahmen läßt sich die Nachfragefunktion des inländischen Investors j nach inländischen Vermögenstiteln (3.18) zur Nettonachfragefunktion des privaten Inlandssektors (private Haushalte und Unternehmen im Inland) nach inländischen Wertpapieren aggregieren.[106] Steht das Subskript h für das Inland und bezeichnen NB^n_h die Nettonachfrage des privaten Inlandssektors nach inländischen Vermögenstiteln und NW_h das aggregierte Nettovermögen des privaten Sektors im Inland, gilt:

---

[106] Zur Herleitung der Nettonachfragefunktionen nach inländischen und nach ausländischen Assets vgl. etwa Frankel, (1979) und (1983), sowie Krugman und Obstfeld (1997) S. 525.

$$NB^{n}_{h,t} = \frac{1}{2 \cdot \Phi_h \cdot \sigma^2_{p,t}} \cdot \{ i_t - i^*_t - (E[p_{t+1} | I_t] - p_t) \} \cdot NW_{h,t}, \tag{3.20}$$

wobei

$$NB^{n}_{h,t} = \sum_j B^{n}_{j,t} \quad \text{und} \quad \frac{1}{\Phi_h} = \sum_j \frac{1}{\Phi_j}.$$

Entsprechend erhält man durch Aggregation der Nachfragefunktion (3.19) die Nettonachfrage des privaten Sektors im Inland nach ausländischen Wertpapieren:

$$S_t \cdot NF^{n}_{h,t} = NW_{h,t} - \frac{i_t - i^*_t - (E[p_{t+1} | I_t] - p_t)}{2 \cdot \Phi_h \cdot \sigma^2_{p,t}} \cdot NW_{h,t}, \tag{3.21}$$

wobei

$$S \cdot NF^{n}_{h,t} = \sum_j S \cdot F^{n}_{j,t} \quad \text{und} \quad \frac{1}{\Phi_h} = \sum_j \frac{1}{\Phi_j}$$

und NF^{n}_{h} für die in Auslandswährung bewertete Nettonachfrage des privaten Sektors im Inland nach Auslandsanlagen steht.

Wir nehmen an, daß nicht nur Inländer, sondern auch Ausländer Wertpapiere beider Länder in ihrem Portfolio halten. Gesucht ist im folgenden jene Portfoliostruktur, welche den erwarteten Nutzen eines repräsentativen ausländischen Investors *d* maximiert. Hierbei wird unterstellt, daß für den ausländischen Investor *d* bei der Festlegung der optimalen Portfoliostruktur die gleichen Rahmenbedingungen gelten, die zuvor bei der Herleitung der Optimierungsbedingung für den inländischen Investor *j* beschrieben wurden. Wir nehmen also an, daß der Investor *d* den Teil seines Geldvermögens in Wertpapiere anlegt, der über seine geplante Kassenhaltung hinaus geht. Außerdem wird wieder unterstellt, daß zwischen dem Nutzen und der realen Ertragsrate einer gegebenen Portfoliozusammensetzung ein positiver Zusammenhang besteht und das Risiko der gewählten Portfoliostruktur einen negativen Nutzen stiftet.

Aus der Sicht des ausländischen Anlegers *d* ist die Kaufkraft des Finanzvermögens eine Funktion des ausländischen Preisniveaus in Auslandswährung P^*. Unter der Annahme, daß das ausländische Preisniveau im Zeitablauf konstant bleibt, entspricht die reale Rendite der Auslandsanlage aus der Sicht des ausländischen Investors *d* dem ausländischen Nominalzinssatz. Es gilt:

$$r^*_{d,t} = (1 + i^*_t) \cdot \frac{P^*_t}{P^*_{t+1}} - 1 = i^*_t . \tag{3.22}$$

Bezeichnet 1/S den Preis der Inlandswährung in ausländischen Währungseinheiten, ist eine Inlandsanlage für den ausländischen Investor mit einer realen Ertragsrate in Höhe von:

$$r_{d,t+1} = (1 + i_t) \cdot \frac{\frac{1}{S_{t+1}}}{\frac{1}{S_t}} \cdot \frac{P^*_t}{P^*_{t+1}} - 1$$

verbunden.

Im Gegensatz zu einer Vermögensanlage im Ausland ist eine Wertpapieranlage im Inland aus Sicht des ausländischen Investors *d* im Modellzusammenhang mit dem Risiko verbunden, daß ihm aufgrund der unsicheren Kassakursentwicklung unerwartete Kursverluste entstehen. Der bedingte Erwartungswert, den der ausländische Investor zum Zeitpunkt der Anlageentscheidung *t* im Hinblick auf die reale Rendite einer in *t+1* freiwerdenden Inlandsanlage bildet, ist wie folgt determiniert:

$$E\left[r_{d,t+1} \mid I_t\right] = (1 + i_t) \cdot \left\{ \frac{E\left[\frac{1}{S_{t+1}} \mid I_t\right] - \frac{1}{S_t}}{\frac{1}{S_t}} - 1 \right\} - 1 .$$

Bezeichnet ln [1/*S*] den natürlichen Logarithmus des Wechselkurses in Mengennotierung und *s* den natürlichen Logarithmus des Kassakurses in Preisnotierung, gilt:

$$\ln\left(\frac{1}{S}\right) = -\ln S = -s.$$

Unter Berücksichtigung der voranstehenden Beziehung läßt sich der bedingte Erwartungswert, den der ausländische Investor *d* zum Zeitpunkt der Anlageentscheidung *t* im Hinblick auf die in *t+1* fällige reale Rendite einer Inlandsanlage bildet, wie folgt ausdrücken:[107]

$$E[r_{d,t+1} | I_t] \approx (1+i_t)\cdot\left\{-(E[s_{t+1} | I_t]-s_t) + 1\right\} - 1.$$

Hierbei repräsentiert der Ausdruck $E[s_{t+1} | I_t] - s_t$ approximativ den bedingten Erwartungswert der Veränderungsrate des Kassakurses, der unter Ausschöpfung aller relevanten Informationen I_t über den Anlagezeitraum gebildet wird. Dieser stimmt mit dem über die entsprechende Periode gebildeten bedingten Erwartungswert der inländischen Inflationsrate überein, weil annahmegemäß das ausländische Preisniveau konstant ist und die Kaufkraftparität permanent erfüllt ist. Unter diesen Umständen läßt sich die voranstehende Gleichung durch den Ausdruck:

$$E[r_{d,t} | I_t] \approx i_t - (E[p_{t+1} | I_t] - p_t) \tag{3.23}$$

ersetzen. Hierbei kann der Ausdruck $i_t\cdot\{-(E[s_{t+1} | I_t]-s_t)\}$ vernachlässigt werden, weil der Nominalzinssatz *i* relativ niedrig ist.

Bezeichnen B_d / W_d und SF_d / W_d die Anteile inländischer und ausländischer Assets am Portfolio des Investors *d*, läßt sich der bedingte Erwartungswert der realen Portfoliorendite wie folgt schreiben:

$$E[R_{d,t+1} | I_t] = \left\{i_t - (E[p_{t+1} | I_t] - p_t)\right\}\cdot\frac{B_{d,t}}{W_{d,t}} + i^*_t\cdot\frac{S_t\cdot F_{d,t}}{W_{d,t}}. \tag{3.24}$$

Ein Vergleich der Gleichung (3.24) mit der Gleichung (3.10) zeigt, daß der bedingte Erwartungswert der realen Ertragsrate einer gegebenen Portfoliozusammensetzung für in- und für auslän

[107] In bezug auf die nicht-logarithmierten Größen gilt die Jensen'sche Ungleichung $E[1/S] > 1/E[S]$.

dische Investoren identisch ist. Dies ist auf die Annahme zurückzuführen, daß die absolute Kaufkraftparität auch in der kurzen Frist erfüllt ist.[108]

Als Zwischenergebnis bleibt festzuhalten, daß bei Gültigkeit der Kaufkraftparität die reale Rendite einer gegebenen Portfoliozusammensetzung für In- und Ausländer identisch ist. Neben der Gültigkeit der absoluten Kaufkraftparität haben wir unterstellt, daß das ausländische Preisniveau konstant bleibt und das inländische Preisniveau einem stochastischen Prozeß folgt. Unter diesen Umständen erstreckt sich für den in- und für den ausländischen Investor das Risiko einer gegebenen Portfoliostruktur ausschließlich auf den Portfolioanteil inländischer Wertpapiere. Hierbei besteht das Risiko darin, daß die Kaufkraft des im Inland angelegten Vermögens ex post niedriger ausfällt als ex ante erwartet wurde. Dies ist dann der Fall, wenn die inländische Inflationsrate unerwartet hoch ausfällt und hierüber die Vermögenskaufkraft des inländischen Investors unmittelbar fällt und die des ausländischen Investors mittelbar über unerwartete Kursverluste geschmälert wird.

Wir nehmen an, daß die Nutzenfunktion des ausländischen Investors d durch die Gleichung (3.8) beschrieben wird. Unter diesen Umständen ist der Nutzen, den der Investor d aus einer gegebenen Portfoliozusammensetzung erwartet, durch

$$E[U(R_{d,t})] = \left\{ i_t - (E[p_{t+1}] - p_t) \right\} \cdot \frac{B_{d,t}}{W_{d,t}} + i^*_t \cdot \frac{S_t \cdot F_{d,t}}{W_{d,t}} - \Phi_d \cdot \sigma^2_{p,t} \cdot \left(\frac{B_{d,t}}{W_{d,t}} \right)^2 \qquad (3.25)$$

gegeben. Das Optimierungsproblem des ausländischen Investors d stimmt mit dem des inländischen Investors j überein, so daß auf eine explizite Herleitung der optimalen Portfoliostruktur verzichtet wird. Bezeichnet W_d das Finanzvermögen des Investors d in Inlandswährung, ist seine in inländischen Währungseinheiten ausgedrückte Nachfrage nach Inlandsanlagen durch

$$B^n_{d,t} = \frac{1}{2 \cdot \Phi_d \cdot \sigma^2_{p,t}} \cdot \left\{ i_t - i^*_t - (E[p_{t+1} | I_t] - p_t) \right\} \cdot W_{d,t} \qquad (3.26)$$

[108] Insbesondere Frankel (1979) sowie Fama und Farber (1979) weisen darauf hin, daß die reale Rendite einer Anlage bei Gültigkeit der Kaufkraftparitätentheorie für In- und Ausländer gleich hoch ist.

bestimmt und nach Auslandsanlagen durch

$$S_t \cdot F^n_{d,t} = W_{d,t} - \frac{i_t - i^*_t - (E[p_{t+1} | I_t] - p_t)}{2 \cdot \Phi_d \cdot \sigma^2_{p,t}} \cdot W_{d,t} \tag{3.27}$$

gegeben.

Es wird unterstellt, daß die Präferenzen der ausländischen Investoren und Kreditnehmer übereinstimmen, so daß sich die Nachfrage des ausländischen Investors *d* nach inländischen Vermögenstiteln (Gleichung (3.26)) zur Nettonachfrage des privaten Auslandssektors nach Inlandsanlagen aggregieren läßt. Steht das Subskript *a* für das Ausland und bezeichnen NB^n_a die Nettonachfrage des privaten Sektors im Ausland nach inländischen Vermögenstiteln und NW_a das aggregierte Nettovermögen des privaten Sektors im Ausland, gilt:

$$NB^n_{a,t} = \frac{1}{2 \cdot \Phi_a \cdot \sigma^2_{p,t}} \cdot \left\{ i_t - i^*_t - (E[p_{t+1} | I_t] - p_t) \right\} \cdot NW_{a,t}. \tag{3.28}$$

Entsprechend erhält man durch Aggregation der Nachfragefunktion (3.27) die Nettonachfrage des privaten Sektors im Ausland nach ausländischen Wertpapieren:

$$S_t \cdot NF^n_{a,t} = NW_{a,t} - \frac{i_t - i^*_t - (E[p_{t+1} | I_t] - p_t)}{2 \cdot \Phi_a \cdot \sigma^2_{p,t}} \cdot NW_{a,t}. \tag{3.29}$$

Hierbei gilt:

$$NB^n_{a,t} = \sum_d B^n_{d,t}, \quad S_t \cdot NF^n_{a,t} = \sum_d S_t \cdot F^n_{d,t} \quad und \quad \frac{1}{\Phi_a} = \sum_d \frac{1}{\Phi_d}.$$

Unter der Annahme, daß das Ausland den Rest der Welt repräsentiert, setzt sich die in Inlandswährung bewertete Nettonachfrage der Welt nach inländischen Wertpapieren NB^n und nach ausländischen Wertpapieren $S \cdot NF^n$ jeweils wie folgt zusammen:

$$NB^n_t = NB^n_{h,t} + NB^n_{a,t}, \tag{3.30}$$

$$S \cdot NF^n_t = S \cdot NF^n_{h,t} + S \cdot NF^n_{a,t}. \tag{3.31}$$

Der Markt für inländische (ausländische) Wertpapiere befindet sich im Gleichgewicht, wenn der Nettonachfrage des privaten Sektors nach inländischen (ausländischen) Vermögensanlagen ein entsprechend hohes Bestandsangebot an Anleihen des öffentlichen Sektors im Inland (Ausland) gegenübersteht. Der Grund hierfür ist, daß die Nettonachfrage des privaten Sektors nach Vermögensanlagen für die Differenz zwischen der privaten Nachfrage und dem privaten Angebot an Kapitalmarktanlagen steht. Es wird unterstellt, daß es sich bei den Wertpapieren der öffentlichen Hand um Regierungsanleihen handelt. Bezeichnen *NB* das Angebot an inländischen Regierungsanleihen, $S \cdot NF$ das zu dem laufenden Wechselkurs *S* in Inlandswährung bewertete Angebot an ausländischen Staatsanleihen und *NW* das in Inlandswährung ausgedrückte und auf Weltebene aggregierte Nettoanlagevermögen des privaten Sektors, lassen sich die Gleichgewichtsbedingungen für den inländischen und für den ausländischen Wertpapiermarkt unter Berücksichtigung der Gleichungen (3.20), (3.21), (3.28) und (3.29) wie folgt formulieren:

$$NB_t = \frac{1}{2 \cdot \Phi \cdot \sigma^2_{p,t}} \cdot \left\{ i_t - i^*_t - (E[p_{t+1} | I_t] - p_t) \right\} \cdot NW_t \tag{3.32}$$

und

$$S_t \cdot NF_t = NW_t - \frac{1}{2 \cdot \Phi \cdot \sigma^2_{p,t}} \cdot \left\{ i_t - i^*_t - (E[p_{t+1} | I_t] - p_t) \right\} \cdot NW_t. \tag{3.33}$$

Hierbei gilt:

$$\frac{1}{\Phi} = \frac{1}{\Phi_h} + \frac{1}{\Phi_a} \quad \textit{und} \quad NW_t = NB_t + S_t \cdot NF_t.$$

Ist die reale Ertragsrate inländischer Wertpapiere im Gegensatz zu der realen Ertragsrate ausländischer Vermögenstitel zum Zeitpunkt der Anlageentscheidung unsicher und sind die Anleger risikoavers, muß die Annahme der vollkommenen Substituierbarkeit aufgegeben werden. Unter diesen Umständen sind die Investoren nur dann zu einer Wertpapieranlage im Inland bereit, wenn zum Zeitpunkt der Anlageentscheidung *t* die erwartete reale Ertragsrate der Inlandsanlage höher ausfällt als die in t bereits feststehende reale Rendite der Auslandsanlage. Als Entschädigung fordern also die Anleger für die Haltung von inländischen Wertpapieren eine Risikoprämie. Im Modellzusammenhang entspricht die zum Zeitpunkt der Anlageentscheidung t bereits bekannte und damit sichere reale Ertragsrate einer Auslandsanlage r^* dem in t vorherrschenden ausländischen Nominalzinssatz i^*. Infolgedessen kann die gleichgewichtige Risikoprämie (RP) auf Inlandsanlagen ermittelt werden, indem die Gleichgewichtsbedingung (3.32) oder alternativ in Gleichung (3.33) nach der Differenz zwischen der erwarteten realen Ertragsrate der Inlandsanlage und dem Nominalzinssatz der Auslandsanlage aufgelöst wird. Man erhält:

$$RP_t = i_t - (E[p_{t+1} | I_t] - p_t) - i^*_t = 2 \cdot \Phi \cdot \sigma^2_{p,t} \cdot \frac{NB_t}{NB_t + S_t \cdot NF_t}. \qquad (3.34)$$

Die gleichgewichtige Risikoprämie steigt erstens an, wenn sich die Risikoaversion des privaten Sektors Φ erhöht. Zweitens nimmt die gleichgewichtige Risikoprämie mit steigender Anfälligkeit des Portfolios ($NB/(NB+S \cdot NF)$) gegenüber dem Risiko eines Kaufkraftverlustes zu. Drittens steigt sie an, wenn sich das Risiko einer gegebenen Portfoliozusammensetzung durch einen Anstieg der bedingten Varianz der inländischen Inflationsrate (σ^2_p) erhöht. Aufgrund der Annahmen, daß das ausländische Preisniveau konstant ist und die Kaufkraftparität permanent erfüllt ist, stimmt die Veränderungsrate des Kassakurses mit der über die entsprechende Periode zu verzeichnende Veränderungsrate des inländischen Preisniveaus überein. Dies impliziert, daß die bedingte Varianz der Veränderungsrate des Kassakurses identisch ist mit der bedingten Varianz der Veränderungsrate des inländischen Preisniveaus. Bezeichnet $\sigma^2_{s,t}$ die bedingte Varianz der Veränderungsrate des Kassakurses, läßt sich die gleichgewichtige Risikoprämie wie folgt schreiben:

$$RP_t = i_t - i^*_t - (E[s_{t+1} | I_t] - s_t) = 2 \cdot \Phi \cdot \sigma^2_{s,t} \cdot \frac{NB_t}{NB_t + S_t \cdot NF_t}. \qquad (3.35)$$

Hierbei ist zu berücksichtigen, daß die Veränderungsrate des Kassakurses näherungsweise gleich der absoluten Veränderung des logarithmierten Kassakurses ist. Aus der Gleichung (3.35) ist abzulesen, daß bei unterschiedlich hohen Risiken der In- und Auslandsanlagen und Risikoaversion der Anleger die ungedeckte Zinsparität als Gleichgewichtsbedingung für die Finanzmärkte nur dann weiterhin anwendbar ist, wenn sie um eine Risikoprämie erweitert wird. Hierbei wird die Risikoanfälligkeit des Portfolios und mithin die Risikoprämie durch den Anteil der inländischen Staatsanleihen am Portfolio des privaten Sektors bestimmt. Werden die inländischen Anleihen dagegen in ihrer Gesamtheit vom privaten Sektor emittiert und beträgt das Bestandsangebot an inländischen Regierungsanleihen *NB* demzufolge Null, wird auf Inlandsanlagen im Modellzusammenhang keine Risikoprämie erhoben ($NB/(NB+S \cdot NF)=0$). Unter diesen Umständen kann sich nämlich der private Sektor am Terminmarkt gegen eine ungünstige Kaufkraftentwicklung der Inlandsanlagen absichern, was im folgenden begründet wird.

Weil der Kassakurs im Modellzusammenhang einem stochastischen Prozeß folgt, ist der nominale Ertrag (Schuldendienst) einer in Fremdwährung fakturierten Forderung (Verbindlichkeit) aus der Sicht eines repräsentativen Investors (Schuldners) unsicher. Hierbei kann sich der Investor (Schuldner) gegen das Risiko einer unvorhergesehenen Reduktion (Erhöhung) des Kassakurses absichern, indem er den Fremdwährungsbetrag, den er in $t+1$ aus einer in t vorgenommenen Vermögensanlage (Kreditaufnahme) erhält (zurückzahlt), zu dem in t bereits feststehenden und für $t+1$ vereinbarten Terminkurs verkauft (kauft). Unter diesen Umständen stimmt der erwartete reale Ertrag (Schuldendienst) eines im Inland oder alternativ im Ausland angelegten (aufgenommenen) Geldbetrages überein, wenn aus der Sicht des inländischen Investors (Schuldners) die Bedingung:

$$i_t - (E[P_{t+1} | I_t] - P_t) = i^*_t - (E[P_{t+1} | I_t] - P_t) + s^T_{t,t+1} - s_t$$

und aus der Sicht des ausländischen Investors (Schuldners) die Bedingung:

$$i_t - (E[P^*_{t+1} | I_t] - P^*_t) - (s^T_{t,t+1} - s_t) = i^*_t - (E[P^*_{t+1} | I_t] - P^*_t)$$

erfüllt ist, wobei $s^T_{t,\, t+1}$ für den natürlichen Logarithmus des in t feststehenden und für $t+1$ vereinbarten Terminkurses steht. Hierbei sind die Modellannahmen zu berücksichtigen, daß die Entwicklung des inländischen Preisniveaus einem stochastischen Prozeß folgt und sein zukünftiges Niveau aus diesem Grund unsicher ist, während das ausländische Preisniveau konstant und damit im Voraus bekannt ist. Hieraus resultiert, daß die Inländer ihre in Fremdwährung fakturierten offenen Positionen zwar durch das oben beschriebene Terminmarktgeschäft gegenüber dem bestehenden Währungsrisiko absichern können. Durch eine solche Absicherung wird aber die ansonsten unter vollkommener Voraussicht kalkulierbare Kaufkraft der Fremdwährungspositionen unsicher. Weil die Kapitalmarktteilnehmer im Modellzusammenhang ihre Portfolioentscheidungen an den realen Ertragsaussichten ausrichten und risikoavers sind, werden die Inländer auf das beschriebene Terminmarktgeschäft verzichten. Während die realen Ertragsraten aus der Sicht der Inländer durch die inländische Inflationsrate bestimmt werden, schauen die Ausländer bei der Bewertung der realen Erträge auf das ausländische Preisniveau. Weil das ausländische Preisniveau aber annahmegemäß konstant bleibt, ist das Risiko einer Vermögensanlage (Schuldenaufnahme) im Inland aus der Sicht eines repräsentativen Ausländers in der unsicheren Entwicklung des Kassakurses begründet. Gegen dieses Risiko kann sich der ausländische Investor durch die beschriebenen Transaktionen auf dem Terminmarkt absichern. Im Ergebnis werden sich also nur die ausländischen Kapitalmarktteilnehmer am Terminmarkt gegen das Währungsrisiko einer in Fremdwährung fakturierten Vermögensanlage (Kreditaufnahme) absichern.

Aus den beiden voranstehenden Bedingungen resultiert die gedeckte Zinsparität:

$$i_t - i^*_t = s^T_{t,t+1} - s_t. \qquad (3.36)$$

Solange die Zinsdifferenz zwischen dem In- und dem Ausland (linke Seite der voranstehenden Gleichung) kleiner ist als der Swapsatz (rechte Seite der Gleichung), ist aus der Sicht der Ausländer der reale Ertrag (Schuldendienst) einer Anlage (Kreditaufnahme) im Ausland (Inland) mit Sicherheit höher als im Inland (Ausland). Unter diesen Umständen werden die ausländischen Investoren ihr gesamtes Vermögen im Ausland anlegen und die ausländischen Kreditnehmer ihre gesamten Kredite im Inland aufnehmen. Hierbei sichern die risikoaversen ausländischen Kreditnehmer ihre in Inlandswährung fakturierten Kredite auf dem Terminmarkt gegen das Währungsrisiko ab, indem sie den in $t+1$ fällig werdenden und in inländischen Währungseinheiten fakturierten Rückzahlungsbetrag bereits zum Zeitpunkt der Kreditaufnahme t auf dem Terminmarkt gegen Auslandswährung kaufen. Weil die Inländer auf eine Absicherung gegen das Währungsrisiko verzichten, entsteht auf dem Terminmarkt ein Angebotsüberschuß an Auslandswährung, der den Terminkurs fallen läßt und erst dann beseitigt ist, wenn die ausländischen Investoren (Schuldner) zwischen einer Vermögensanlage im Inland oder im Ausland indifferent sind. Im Modellzusammenhang ist daher die gedeckte Zinsparität eine notwendige Bedingung für das Arbitragegleichgewicht. Aufgrund der angenommenen perfekten Kapitalmobilität ist die gedeckte Zinsparität im Modell permanent erfüllt, was sich mit den Ergebnissen der empirischen Studien deckt.

Wird die gedeckte Zinsparität (Gleichung (3.36)) in die Bestimmungsgleichung für die Risikoprämie (Gleichung (3.35)) eingesetzt und der resultierende Ausdruck nach dem Terminkurs aufgelöst, erhält man:

$$s^{T}_{t,t+1} = E[s_{t+1} | I_t] + 2 \cdot \Phi \cdot \sigma^2_{s,t} \cdot \frac{NB_t}{NB_t + S_t \cdot NF_t}. \qquad (3.37)$$

Aus der voranstehenden Gleichung ist abzulesen, daß im Arbitragegleichgewicht der in t für $t+1$ vereinbarte Terminkurs dem in t für $t+1$ rational erwarteten Kassakurs genau dann entspricht, wenn der Anteil der inländischen Regierungsanleihen am Portfolio des privaten Sektors Null ist. Dies ist dann der Fall, wenn sich keine inländischen Regierungsanleihen im Umlauf befinden (NB=0) und infolgedessen der private Sektor weder Nettogläubiger noch Nettoschuldner der inländischen Regierung ist. Unter diesen Umständen wird auf Inlandsanlagen keine Risikoprämie gefordert. Dieser Zusammenhang impliziert, daß sich die privaten inländischen Investoren und Schuldner gegen das Risiko einer für sie ungünstigen Kaufkraftentwicklung des im Inland angelegten Vermögens und der im Inland aufgenommenen Kredite absichern können. Wie gezeigt wird, ist dieses Ergebnis darauf zurückzuführen, daß im Modellzusammenhang das Risiko einer Inlandsanlage auf einer unerwartet hohen inländischen Inflationsrate beruht und das Risiko einer Kreditaufnahme im Inland auf einer unerwartet niedrigen Inflationsrate im Inland basiert, so daß das Risiko der Investoren und Schuldner genau entgegengesetzt ist.

Stimmt der in t für $t+1$ erwartete Kassakurs mit dem in t für $t+1$ vereinbarten Terminkurs überein, können sich die inländischen Investoren gegen einen unerwarteten Kaufkraftverlust ihres im Inland angelegten Vermögens absichern. Die Absicherung erfolgt dadurch, daß die inländischen Investoren zum Anlagezeitpunkt t ihren in $t+1$ freiwerdenden und in Inlandswährung fakturierten Geldbetrag zu dem in t bekannten und für $t+1$ vereinbarten Terminkurs gegen Auslandswährung verkaufen und die ausländische Währung in $t+1$ auf dem Kassamarkt in Inlandswährung umtauschen. Steigen das inländische Preisniveau und über die angenommene

Gültigkeit der Kaufkraftparität der Kassakurs unerwartet stark an, erzielen die inländischen Investoren aus dem beschriebenen Terminmarktengagement einen unerwarteten Kursgewinn, der den unvorhergesehenen preisinduzierten Kaufkraftverlust ihres im Inland angelegten Vermögens genau ausgleicht. Fallen der Anstieg des inländischen Preisniveaus und mithin die Erhöhung des Kassakurses dagegen unerwartet schwach aus, entsteht den inländischen Investoren durch das beschriebene Terminmarktgeschäft ein unerwarteter Kursverlust, der dadurch kompensiert wird, daß die Kaufkraft des im Inland angelegten Vermögens ex post höher ausfällt als ex ante erwartet wurde. Die inländischen Kreditnehmer können sich durch ein entgegengesetztes Terminmarktgeschäft gegen das Risiko einer unerwartet hohen realen Verzinsung ihrer im Inland eingegangenen Schulden absichern, wenn der für $t+1$ erwartete Kassakurs mit dem für $t+1$ vereinbarten Terminkurs übereinstimmt. Unter der Annahme, daß das Bestandsangebot an inländischen Regierungsanleihen gleich Null ist, gleichen sich die beschriebenen entgegengesetzten Terminmarktgeschäfte der in- und der ausländischen privaten Kapitalmarktteilnehmer insgesamt aus, wenn die gedeckte Zinsparität erfüllt ist und sich demzufolge ein Terminkurs herausbildet, der dem erwarteten Kassakurs entspricht. Im Arbitragegleichgewicht kann sich der private Sektor unter diesen Umständen gegen das Risiko der Inlandsanlagen vollständig absichern, so daß auf Inlandsanlagen keine Risikoprämie gefordert wird.

Sind dagegen inländische Regierungsanleihen Bestandteil des privaten Vermögens ($NB > 0$), können die oben beschriebenen Terminmarktgeschäfte der Gläubiger nicht mehr vollständig durch entgegengerichtete Absicherungsmaßnahmen der privaten Kreditnehmer gedeckt werden. Dies impliziert, daß auf dem Terminmarkt ein Nachfrageüberschuß nach Auslandswährung vorliegt, wenn der in t für $t+1$ vereinbarte Terminkurs mit dem in t für $t+1$ erwarteten Kassakurs übereinstimmt und die inländische Regierung von einer Absicherung am Terminmarkt absieht. Der Nachfrageüberschuß läßt den Terminkurs über den erwarteten Kassakurs steigen. Hierbei ist die resultierende Differenz zwischen dem Terminkurs und dem erwarten Kassakurs darauf zurückzuführen, daß sich die privaten Investoren gegen das Risiko der Inlandsanlagen am Terminmarkt nicht mehr vollständig absichern können und infolgedessen für die Haltung der Inlandsanlagen eine Risikoprämie fordern. Mit Hilfe des zugrundegelegten Modells läßt sich also zeigen, daß die empirisch zu beobachtenden Abweichungen der Terminkurse von den späteren

Kassakursen mit der Annahme eines effizienten Devisenmarktes durchaus vereinbar ist, wenn Risikoüberlegungen der Marktteilnehmer berücksichtigt werden.

Im Rahmen des zweiten Kapitels dieser Arbeit wurde gezeigt, daß die bedingte Varianzrate des Wechselkurses durch das bestehende Wechselkurssystem determiniert wird, wenn die Wechselkursfundamentalfaktoren einer Brown'schen Bewegung folgen, die in Abhängigkeit von dem bestehenden Wechselkurssystem reguliert wird. Weil die bedingte Varianz der Veränderungsrate des Kassakurses im Modellzusammenhang eine Determinante der Risikoprämie darstellt (Gleichung (3.35)), wird die Risikoprämie entscheidend von dem zugrundeliegenden Wechselkurssystem beeinflußt. Dies hat wiederum Rückwirkungen auf das Wechselkursverhalten, sowohl in einem System vollkommen flexibler Wechselkurse als auch in einem Zielzonensystem, was in dem folgenden Abschnitt dargestellt wird.

3.3 Das Wechselkursverhalten in einer Zielzone unter Berücksichtigung einer Risikoprämie

Im Mittelpunkt des vorliegenden Abschnitts steht die Frage, wie sich das Wechselkursverhalten im Krugman'schen Grundmodell einer perfekt glaubwürdigen Wechselkurszielzone ändert, wenn Risikoüberlegungen der Kapitalmarktteilnehmer - bei sonst gleichen Annahmen - berücksichtigt werden. Krugman modelliert den Wechselkurs nach der monetären Wechselkurstheorie bei perfekt flexiblen Preisen. Wir folgen dem Kerngedanken des monetären Ansatzes und nehmen an, daß Veränderungen des Preisniveaus auf Geldmarktungleichgewichte zurückzuführen sind.[109] Dieser Zusammenhang resultiert aus der Verhaltensannahme, daß die Wirtschaftssubjekte versuchen, über den Kauf von Gütern und Wertpapieren überschüssige Kassenbestände abzubauen und über den Verkauf von Gütern und Wertpapieren unzureichende Kassenbestände aufzustocken. Hierbei wird unterstellt, daß die Wirtschaftssubjekte nur horten beziehungsweise enthorten, um ihre geplanten Kassenbestände zu sichern. Unter diesen Umständen ist die Han-

---

[109] In dem Ansatz von Frankel (1979) werden ausschließlich die Determinanten der Risikoprämie bei Gültigkeit der Kaufkraftparitätentheorie analysiert. Der Geldmarkt und die Rückwirkungen einer Risikoprämie auf den laufenden Wechselkurs finden keine Berücksichtigung.

delsbilanz ausgeglichen, wenn sich der in- und der ausländische Geldmarkt im Gleichgewicht befinden. Außerdem ist die Summe der Ungleichgewichte auf den Wertpapiermärkten gleich Null, wenn die Geldmärkte geräumt sind. Da das Gleichgewicht auf den Geldmärkten durch die Annahme der perfekten Preisflexibilität gesichert ist, muß daher ein Überschußangebot auf dem inländischen Wertpapiermarkt durch einen Nachfrageüberhang auf dem ausländischen Wertpapiermarkt ausgeglichen werden und vice versa.

Den Ausgangspunkt unserer Analyse bildet die Wechselkursbestimmungsgleichung nach dem monetären Ansatz bei perfekter Preisflexibilität[110]:

$$s_t = m_t + v_t + \alpha \cdot (i_t - i^*_t), \qquad mit \ \ v = -m^*_t - k \cdot (y_t - y^*_t), \tag{3.38}$$

wobei s für den natürlichen Logarithmus des Wechselkurses steht und der Wechselkurs den Preis der Auslandswährung in inländischen Währungseinheiten repräsentiert. Des weiteren bezeichnen m und y die natürlichen Logarithmen der Geldnachfrage und des Realeinkommens, k und α die Einkommens- und die Zinselastizität der Geldnachfrage und i den Nominalzins. Ferner sind Auslandsgrößen wieder durch das Symbol "*" gekennzeichnet.

Dem Standardmodell einer Wechselkurszielzone folgend zerlegen wir die Fundamentaldaten unter dem Gesichtspunkt der Kontrollierbarkeit in zwei Komponenten. Es wird angenommen, daß die Geldmenge m durch die Zentralbank kontrollierbar ist und außenwirtschaftlichen Zielen untergeordnet ist. Die übrigen Fundamentalfaktoren sind im Modellzusammenhang exogen gegeben und werden zur Größe v zusammengefaßt. Analog zum Krugman-Modell wird die unkontrollierbare Variable v als Brown'sche Bewegung ohne Trend modelliert. Die zeitlichen Zuwächse der Brown'schen Bewegung lassen sich formal wie folgt ausdrücken:

$$dv(t) = \sigma \cdot dz(t). \tag{3.39}$$

110 Im Gegensatz zum Portfolioansatz der Wechselkursbestimmung, welcher in Svensson (1992b) zugrunde gelegt wird, berücksichtigt die monetäre Wechselkurstheorie keine vermögensbedingten Rückwirkungen des Wechselkurses auf die Geldnachfrage und daraus resultierende sekundäre Wechselkursanpassungsprozesse.

Hierbei steht σ für den (konstanten) Varianzparameter und dz bezeichnet einen standardnormalverteilten Wiener-Prozeß, mit einem bedingten Erwartungswert von Null und einer Varianz (dt), die proportional zu der Länge des betrachteten Zeitintervalls zunimmt.[111]

Unter den Annahmen, daß die inländische Geldmenge und das ausländische Preisniveau gegeben sind und die Kaufkraftparität auch in der kurzen Frist erfüllt ist, löst die Brown'sche Bewegung der Fundamentalgröße v eine proportionale Anpassung des inländischen Preisniveaus und des Wechselkurses aus. Wie bereits dargestellt wurde, hat dies zusammengenommen zur Folge, daß die reale Ertragsrate von festverzinslichen inländischen Wertpapieren - im Gegensatz zur realen Rendite festverzinslicher Auslandsanlagen - zum Zeitpunkt der Anlageentscheidung unsicher ist. Die Sicherung des Arbitragegleichgewichts setzt erstens voraus, daß die Geldmärkte geräumt sind. Unter diesen Umständen stimmt das Angebot an Vermögenstiteln dem Wert nach mit der Wertpapiernachfrage überein, so daß die Summe der Ungleichgewichte auf dem in- und dem ausländischen Wertpapiermarkt Null ist. Diese Voraussetzung ist im Modellzusammenhang durch die Annahme vollkommen flexibler Preise permanent erfüllt. Zweitens muß die tatsächliche Portfoliostruktur vom privaten Sektor auch gewünscht sein. Wie in dem vorausgegangenen Abschnitt dargestellt wurde, kann sich der private Sektor gegen die unsichere Kaufkraftentwicklung seines im Inland angelegten Vermögens nicht vollständig absichern, wenn sich inländische Regierungsanleihen im Portfolio des privaten Sektors befinden ($NB > 0$). Unter diesen Umständen fragen die risikoaversen Anleger inländische Wertpapiere nur dann nach, wenn sie für die Übernahme des verbleibenden Risikos eine höhere Ertragsrate und mithin eine Risikoprämie erhalten. Unter der Annahme, daß der Anlagezeitraum der Wertpapiere infinitesimal kurz ist, läßt sich die Bedingung für das Arbitragegleichgewicht wie folgt schreiben:[112]

$$i - i^* = \frac{E[ds \mid I]}{dt} + 2 \cdot \Phi \cdot \sigma^2_{s,dt} \cdot \frac{NB}{NB + S \cdot NF}. \tag{3.40}$$

Dieser Ausdruck wurde in dem vorangegangenen Abschnitt dieser Arbeit bereits hergeleitet. Hierbei repräsentiert der Ausdruck $E[ds(t) \mid I_t]/dt$ den bedingten Erwartungswert der kurzfristigen

[111] Zu den Eigenschaften der Brown'schen Bewegung vgl. Kapitel 2.2.3 dieser Arbeit.

[112] Aus Gründen der besseren Übersicht wird die Zeitabhängigkeit der stochastischen Variablen im folgenden nicht mehr aufgeführt.

Wechselkursänderungsrate, der unter Ausschöpfung der zum Zeitpunkt der Anlageentscheidung verfügbaren Informationen gebildet wird. Die Größen Φ und $\sigma^2_{s,dt}$ stehen für das Risikoverhalten des privaten Sektors und für die bedingte Varianz der kurzfristigen Veränderungsrate des Wechselkurses. Wir gehen von Risikoaversion des privaten Sektors aus, so daß $\Phi < 0$ gilt. Die Größen NB und $S{\cdot}NF$ stehen für den in Inlandswährung bewerteten Bestand an inländischen und an ausländischen Regierungsanleihen, wobei der Bestand an ausländischen Regierungsanleihen NF in Auslandswährung fakturiert ist und mit Hilfe des Wechselkurses S in Inlandswährung umgerechnet wird. Die gleichgewichtige Risikoprämie wird durch den zweiten Term auf der rechten Seite der voranstehenden Gleichung ausgedrückt.

Im Modellzusammenhang ist die oben aufgeführte Bedingung für das Arbitragegleichgewicht permanent erfüllt. Dies ist auf die Annahme zurückzuführen, daß das Kapital international vollkommen mobil ist. Setzt man die Gleichung (3.40) in die Gleichung (3.38) ein, erhält man für den Wechselkurs:

$$s = m + v + \alpha \cdot \frac{E[ds|I]}{dt} + \alpha \cdot 2 \cdot \phi \cdot \sigma^2_{s,dt} \cdot \frac{NB}{NB + S \cdot NF}. \tag{3.41}$$

Die Erweiterung des Krugman'schen Zielzonenmodells um Risikoüberlegungen der Wirtschaftssubjekte schlägt sich in dem letzten Term auf der rechten Seite der Wechselkursgleichung nieder, der für den Wechselkurseinfluß der Risikoprämie steht. Aus der voranstehenden Gleichung ist abzulesen, daß eine Erhöhung der gleichgewichtigen Risikoprämie den Wechselkurs steigen läßt. Der Wechselkursanstieg hat wiederum zur Folge, daß sich der mit Hilfe des Wechselkurses in Inlandswährung bewertete Bestand an ausländischen Regierungsanleihen $S{\cdot}NF$ erhöht. Über den Anstieg des Wechselkurses nimmt daher das in Inlandswährung bewertete private Nettovermögen zu und der Portfolioanteil inländischer Regierungsanleihen ceteris paribus ab. Daraufhin vermindert sich die gleichgewichtige Risikoprämie, so daß der primäre Anstieg des Wechselkurses über den beschriebenen Vermögenseffekt sekundär gedämpft wird.

Wir nehmen an, daß das Portfolio des privaten Sektors keine ausländischen Regierungsanleihen enthält ($NF=0$). Hierdurch wird die oben beschriebene wechselseitige Abhängigkeit zwischen der Risikoprämie und dem Wechselkurs ausgeschaltet, was auf die qualitativen Ergebnisse keinen

Einfluß hat. Diese Annahme dient daher lediglich der Vereinfachung. Unter diesen Umständen vereinfacht sich die Wechselkursgleichung (3.41) zu

$$s = m + v + \alpha \cdot \frac{E[ds \mid I]}{dt} + \alpha \cdot 2 \cdot \Phi \cdot \sigma^2_{s,dt}. \tag{3.42}$$

Hiernach wird der Wechselkurs durch die aktuellen Fundamentaldaten, den bedingten Erwartungswert der kurzfristigen Wechselkursänderungsrate und den laufenden Wert der Risikoprämie beeinflußt. Weil von ausländischen Regierungsanleihen aus Gründen der Vereinfachung abgesehen wird und α sowie Φ als konstant angenommen werden, verändert sich die Risikoprämie im Modellzusammenhang nur dann, wenn die bedingte Varianz der Veränderungsrate des Wechselkurses $\sigma^2_{s,dt}$ (des inländischen Preisniveaus) im Zeitablauf schwankt.

Wir folgen dem Grundmodell einer Wechselkurszielzone und nehmen erstens an, daß keine spekulativen Blasen auftreten. In diesem Fall werden die Wechselkursänderungserwartungen und damit auch der Wechselkurs und die Risikoprämie allein durch die laufenden Fundamentaldaten m und v und ihre erwarteten Entwicklungspfade bestimmt. Zweitens wird (zunächst) unterstellt, daß die Entwicklung des Fundamentalterms $m+v$ in Abhängigkeit von dem bestehenden Wechselkursregime durch nicht-sterilisierte Devisenmarktinterventionen reguliert wird und ein Regimewechsel ausgeschlossen ist. Drittens nehmen wir an, daß die Interventionsstrategie der Zentralbank von den Wirtschaftssubjekten antizipiert wird. Insgesamt hat dies zur Folge, daß eine funktionale Abhängigkeit zwischen der aktuell erwarteten Wechselkursänderungsrate und dem laufenden Fundamentalterm $m+v$ besteht. Im Modellzusammenhang liegt daher auch zwischen dem aktuellen Wechselkurs s und dem laufenden Fundamentalterm $m+v$ eine funktionale Beziehung $s\,(m+v)$ vor.

Unter der Annahme, daß die Geldmenge m gegeben (m^c) ist, löst die Brown'sche Bewegung der Fundamentalgröße v im Modellzusammenhang eine Wechselkursanpassung aus. Mit Hilfe der Ito-Regel läßt sich das stochastische Differential der Wechselkursfunktion $s\,(m+v)$ wie folgt ausdrücken:

$$ds = s_v(m^c + v) \cdot \sigma \cdot \varepsilon \cdot \sqrt{dt} + \frac{1}{2} \cdot s_{vv}(m^c + v) \cdot \sigma^2 \cdot dt, \tag{3.43}$$

wobei die Geldmenge als konstant angenommen wird (m^c) und die Ausdrücke $s_v(...)$ und $s_{vv}(...)$ für die erste und zweite Ableitung der Wechselkursfunktion $s(m+v)$ nach der stochastischen Fundamentalgröße v stehen. Aus der Gleichung (3.43) folgt für den bedingten Erwartungswert der kurzfristigen Wechselkursänderungsrate:

$$\frac{E[ds\,|\,I]}{dt} = \frac{1}{2}\cdot s_{vv}(m^c+v)\cdot\sigma^2. \tag{3.44}$$

Aus der voranstehenden Gleichung ist ersichtlich, daß der bedingte Erwartungswert der kurzfristigen Wechselkursänderungsrate durch das Krümmungsverhalten der gesuchten Wechselkursfunktion $s(m+v)$ bestimmt wird. Weil die Varianz der Random-Größe ε gleich Eins ist ($E[\varepsilon^2]=1$), erhält man für die bedingte Varianz der kurzfristigen Wechselkursänderungsrate:

$$\sigma^2_{s,dt} = s_v(m^c+v)^2\cdot\sigma^2. \tag{3.45}$$

Setzt man die Gleichungen (3.44) und (3.45) in die Wechselkursgleichung (3.42) ein, resultiert:

$$s(t) = m(t) + v(t) + \alpha\cdot\frac{1}{2}\cdot s_{vv}(m^c+v)\cdot\sigma^2 + \alpha\cdot 2\cdot\Phi\cdot s_v(m^c+v)^2\cdot\sigma^2. \tag{3.46}$$

Die voranstehende nicht-lineare Differentialgleichung zweiter Ordnung besitzt keine allgemeine Lösung in geschlossener Form, so daß die Schar der fundamentalbestimmten Wechselkurspfade nicht bestimmt werden kann. Dies hat zur Folge, daß die Wechselkurssattelpfade alternativer Wechselkurssysteme - im Gegensatz zum Krugman'schen Grundmodell - nun nicht mehr über die Einführung von ökonomischen Randwertbedingungen identifiziert werden können. Im folgenden müssen wir uns daher auf die qualitative Analyse des Wechselkursverhaltens im Regime freier Wechselkurse und im Zielzonensystem beschränken.

Bei der Herleitung der Risikoprämie wurde unterstellt, daß das ausländische Preisniveau konstant ist und das inländische Preisniveau einem stochastischen Prozeß folgt. Im Modellzusammenhang sind die Fluktuationen des Preisniveaus auf Störungen des Geldmarktgleichgewichts zurückzuführen. Vor diesem Hintergrund nehmen wir analog zum Krugman'schen Zielzonenmodell an, daß die Geldmenge und die Geldnachfrage im Ausland konstant sind. Unter diesen Umständen umfaßt die Brown'sche Bewegung der Fundamentalvariablen v ausschließlich den einkommensabhängigen Bestandteil der inländischen Geldnachfrage. Ein Anstieg der Random-Größe v steht im folgenden daher für eine stochastische Verminderung der Geldnachfrage und vice versa. Ist die Geldmenge m gegeben, geht ein Anstieg von v mit einem Angebotsüberschuß auf dem Geldmarkt einher, der bei annahmegemäß perfekt flexiblen Preisen über einen Anstieg des inländischen Preisniveaus sofort beseitigt wird. Die Erhöhung des inländischen Preisniveaus löst über die angenommene Gültigkeit der Kaufkraftparität einen proportionalen Wechselkursanstieg aus. Im Modell bei festen Wechselkursen muß daher die Veränderung von v über eine entgegengerichtete Anpassung von m aufgefangen werden, so daß der Geldmarkt im Gleichgewicht verbleibt und das inländische Preisniveau konstant ist. Dies hat im Modellzusammenhang zur Folge, daß die Inlandsanlagen risikolos sind und demzufolge auch keine Risikoprämie gefordert wird. Auf die Modellergebnisse bei festen Wechselkursen hat der Einbezug von Risikoüberlegungen des privaten Sektors daher keinen Einfluß. Demgegenüber werden die stochastischen Bewegungen des Wechselkurses und mithin des inländischen Preisniveaus im Modellzusammenhang bei flexiblen Wechselkursen und innerhalb der Grenzen der Zielzone unbegrenzt zugelassen. Unter diesen Umständen ist der reale Ertrag der Inlandsanlagen im Gegensatz zu dem realen Ertrag der Auslandsanlagen unsicher, so daß die risikoaversen Anleger für die Haltung von inländischen Vermögenstiteln eine Risikoprämie fordern. Vor diesem Hintergrund soll im folgenden untersucht werden, inwiefern sich das Verhalten des Wechselkurses und des inländischen Preisniveaus bei flexiblen Wechselkursen und im Zielzonenregime gegenüber dem Krugman'schen Grundmodell verändert, wenn Risikoaversion der Kapitalmarktteilnehmer unterstellt wird.

Dem Grundmodell einer Wechselkurszielzone folgend wird unterstellt, daß die Geldmenge m bei flexiblen Wechselkursen konstant ist. Weil m konstant ist und die Veränderungen der übrigen Fundamentalvariablen v einer Brown'schen Bewegung mit einem Erwartungswert von Null folgen, sind im Modell bei flexiblen Wechselkursen systematische Veränderung der Fundamentaldaten ausgeschlossen. Infolgedessen ist der bedingte Erwartungswert der kurzfristigen Wechselkursänderungsrate gleich Null. Dies hat im Modellzusammenhang zur Folge, daß der inländische Geldmarktzins konstant ist. Unter diesen Umständen setzt die Sicherung des Geldmarktgleichgewichts nach einem Anstieg der Random-Größe v voraus, daß das inländische Preisniveau proportional zur Erhöhung von v steigt. Gleichzeitig steigt der freie Wechselkurs im Modellzusammenhang proportional zum inländischen Preisniveau, so daß auch zwischen dem freien Wechselkurs und der Random-Größe v ein proportionaler Zusammenhang besteht. Im Modell bei flexiblen Wechselkursen schlägt sich daher die Variabilität des stochastischen Fundamentalprozesses $v(t)$ vollständig in der Volatilität des Wechselkurses nieder. Unter der Annahme, daß der Anlagezeitraum der Wertpapiere infinitesimal kurz ist und nur eine Zeiteinheit umfaßt, folgt aus der Gleichung (3.42) für den freien Wechselkurs:

$$s\,|_{flex} = m^c + v + \alpha \cdot 2 \cdot \Phi \cdot \sigma^2 . \tag{3.47}$$

Hierbei steht σ^2 für die Varianz der Zuwächse des stochastischen Prozesses $v(t)$ pro Zeiteinheit, die konstant ist und im Modellzusammenhang eine entsprechend hohe bedingte Varianz der kurzfristigen Veränderungsrate des freien Wechselkurses erzeugt. Weil die bedingte Varianz der kurzfristigen Wechselkursänderungsrate im Modell bei flexiblen Wechselkursen konstant ist, bleibt hier die Risikoprämie auf Inlandsanlagen im Zeitverlauf unverändert. Insgesamt ergibt sich eine proportionale Abhängigkeit zwischen dem freien Wechselkurs und dem Fundamentalterm $m+v$, was dem Ergebnis des Krugman'schen Zielzonenmodells entspricht und in der Abbildung 3.1 durch die FF'-Linie dargestellt ist. Im Gegensatz zum Krugman'schen Grundmodell (gestrichelte Linie) verläuft die gezeigte FF'-Linie aber nicht durch den Ursprung, weil Risikoüberlegungen des privaten Sektors Berücksichtigung finden.

Das Krugman'sche Grundmodell einer perfekt glaubwürdigen Zielzone wird von uns ausschließlich im Hinblick auf das Risikoverhalten der Kapitalmarktteilnehmer modifiziert. Die mit diesen beiden Ansätzen korrespondierenden funktionalen Zusammenhänge zwischen dem Zielzonenwechselkurs und dem Fundamentalterm $m+v$ sind in der Abbildung 3.2 gegenübergestellt. Hierbei repräsentiert die gestrichelte S-Kurve die Wechselkurszielzonenlösung des Krugman-Ansatzes, in dem Risikoüberlegungen keine Berücksichtigung finden. Die durchgezogene S-Kurve skizziert dagegen den Wechselkurssattelpfad im Zielzonenmodell bei Risikoaversion der Kapitalmarktteilnehmer.

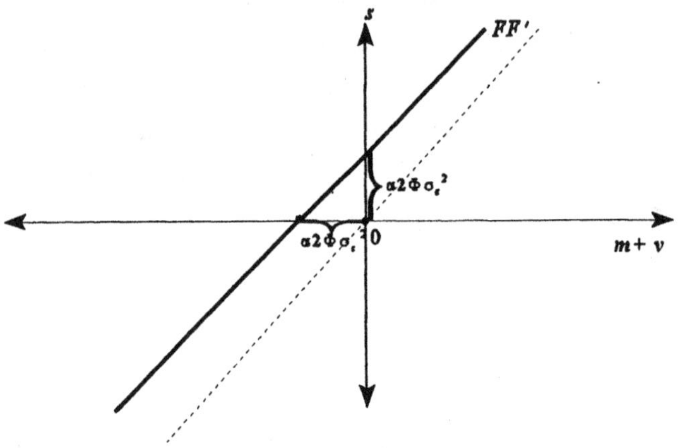

Abb. 3.1: Auswirkungen einer Risikoprämie auf den freien Wechselkurs

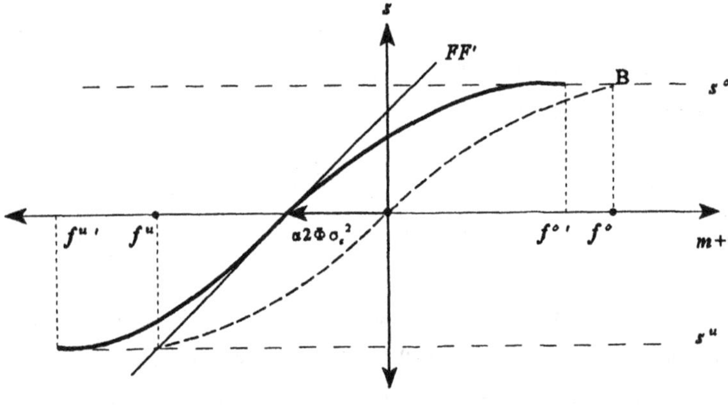

Abb. 3.2. Risikoprämie und Dynamik des Zielzonenwechselkurses

Das Zielzonensystem ist dadurch charakterisiert, daß die Zielzone symmetrisch um den Leitkurs $s = 0$ angelegt ist und sich der Wechselkurs im Bandinneren bei Konstanz der Geldmenge m frei bewegen kann. An den Bandenden ist die inländische Zentralbank verpflichtet, m über nicht-sterilisierte Devisenmarktinterventionen derart anzupassen, daß der Wechselkurs an seinen Bandenden verharrt. Dies impliziert, daß die Zentralbank am oberen (unteren) Ende des Währungsbandes das Gleichgewicht auf dem inländischen Geldmarkt dadurch sichert, daß eine Zunahme (Abnahme) von v durch eine Verminderung (Erhöhung) von m ausgeglichen wird. Im Ergebnis wird durch die beschriebenen marginalen Devisenmarktinterventionen ein Schwankungsintervall für den Fundamentalterm $m+v$ errichtet, dessen obere und untere Intervallgrenze zur gleichen Zeit wie die entsprechende Grenze des Wechselkursbandes erreicht wird. In der Abbildung 3.2 ist daher die obere (untere) Grenze des Wechselkursbandes s^o (s^u) mit einem oberen (unteren) Grenzwert für den Fundamentalterm $m+v$ verbunden. In der Abbildung werden die resultierenden Grenzwerte des Fundamentalbandes im Rahmen des Standardmodells mit f^o (f^u) bezeichnet und im Zusammenhang mit der um Risikoüberlegungen erweiterten Modellvariante durch $f^{o\prime}$ ($f^{u\prime}$) repräsentiert. Weil durch die Geldmengeneffekte der marginalen Interventionen die monetäre Störung aufgefangen wird, bleibt der monetäre Sektor im Gleichgewicht. Infolgedessen bleiben das inländische Preisniveau und - aufgrund der angenommenen Gültigkeit der Kaufkraftparität - der Wechselkurs unverändert. Demzufolge ist die Aufrechterhaltung der Zielzone durch die beschriebenen Interventionen gesichert. Außerdem wird unterstellt, daß die marginalen Interventionen von den rational handelnden Wirtschaftssubjekten antizipiert werden, so daß die Verteidigung der Zielzone perfekt glaubwürdig ist.

Die Implikationen für den Wechselkurssattelpfad in einer perfekt glaubwürdigen Zielzone bei Risikoaversion der Kapitalmarktteilnehmer lassen sich unmittelbar aus den Ergebnissen des Krugman'schen Grundmodells einer Wechselkurszielzone herleiten, in dem implizit Risikoneutralität unterstellt wird. Die Ergebnisse des Krugman-Modells sind bereits ausführlich in Kapitel 2 dieser Arbeit hergeleitet wurden, so daß an dieser Stelle auf eine Darstellung der Modellimplikationen verzichtet wird.

In unserer Modellvariante, in der das Grundmodell einer Wechselkurszielzone um Risikoüberlegungen erweitert wird, ist die bedingte Varianz der kurzfristigen Wechselkursänderungsrate $\sigma^2_{s,t}$

ein Maß für das Risiko einer Inlandsanlage, für das die Kapitalmarktteilnehmer über die Risikoprämie $2\Phi\sigma^2_{s,t}$ eine Entschädigung fordern. Aus der Gleichung (3.42) ist ersichtlich, daß die laufende Risikoprämie mit dem Gewicht α in den aktuellen Wechselkurs eingeht. Außerdem wird der aktuelle Wechselkurs durch den laufenden Fundamentalterm $m+v$ und den bedingten Erwartungswert der kurzfristigen Wechselkursänderungsrate bestimmt, der in der Mitte des Wechselkursbandes gleich Null ist. Dies hat zusammengenommen zur Folge, daß der Wechselkurs genau dann die Mitte seines Fluktuationsbandes $s = 0$ realisiert, wenn der positive Einfluß der Risikoprämie auf den Wechselkurs durch einen entsprechend hohen negativen Wert des Fundamentalterms $m+v$ ausgeglichen wird. Dies zeigt sich in der Abbildung 3.2 darin, daß der mit dem Wechselkurs $s=0$ korrespondierende Wert des Fundamentalterms $m+v$ um den Betrag $\alpha 2\Phi\sigma^2_{s,t}$ nach links wandert, wenn das Krugman'sche Grundmodell einer Zielzone (gestrichelte S-Kurve) um Risikoüberlegungen erweitert wird (durchgezogene S-Kurve).

Die S-förmige Beziehung zwischen dem Zielzonenwechselkurs und dem Fundamentalterm $m+v$ impliziert, daß der Zielzonenwechselkurs auf die stochastische Bewegung der Fundamentalgröße v immer weniger reagiert, wenn er sich aus der Mitte des Wechselkursbandes heraus zu einem der beiden Bandenden bewegt. Hieraus folgt, daß die bedingte Varianz der kurzfristigen Wechselkursänderungsrate durch eine Positionsverschiebung des Wechselkurses vom Bandinneren hin zu den Bandenden sinkt. Im Modellzusammenhang nimmt die Risikoprämie auf Inlandsanlagen ab, wenn die bedingte Varianz der kurzfristigen Wechselkursänderungsrate durch eine Wechselkursbewegung aus dem Bandinneren heraus zu einem der beiden Bandenden sinkt. Aus der Gleichung (3.42) ist abzulesen, daß eine Veränderung der Risikoprämie (letzter Term auf der rechten Seite der Gleichung) den funktionalen Zusammenhang zwischen dem Wechselkurs und dem Fundamentalterm $m+v$ direkt beeinflußt. So läßt eine Verminderung der Risikoprämie den Inlandszins ceteris paribus fallen (Gleichung (3.40)) und löst über eine zinsinduzierte Erhöhung der Geldnachfrage eine Wechselkursreduktion aus. Der beschriebene direkte Einfluß der variablen Risikoprämie auf den Entwicklungspfad des Zielzonenwechselkurses findet in den rationalen Erwartungen der Wirtschaftssubjekte Berücksichtigung (Gleichung (3.44)) und beeinflußt hierüber indirekt den Verlauf der Zielzonenwechselkursfunktion (Gleichung (3.46)). Die Abbildung 3.2 zeigt, wie sich der funktionale Zusammenhang zwischen dem Zielzonenwechselkurs und dem Fundamentalterm $m+v$ verändert, wenn die im Grundmodell einer Zielzone implizit getroffene Annahme der Risikoneutralität durch die Annahme ersetzt wird, daß sich die Anleger risikoavers verhalten. Der in der Abbildung 3.2 dargestellte modifizierte Verlauf der Zielzonenwechselkursfunktion (durchgezogene S-Kurve) läßt sich im einzelnen wie folgt begründen.

Im Modellzusammenhang löst ein Anstieg (Reduktion) von v einen Angebotsüberschuß auf dem inländischen Geldmarkt aus und läßt einen Anpassungsdruck auf den Wechselkurs nach oben (unten) entstehen. Bewegt sich der Wechselkurs daraufhin in die obere Hälfte seines Fluktuationsbandes hinein, nimmt die Wahrscheinlichkeit zu (ab), daß die Zentralbank in naher Zukunft das obere (untere) Ende des Währungsbandes durch eine Geldmengenkontraktion (-expansion) verteidigen wird. Daraufhin wird der bedingte Erwartungswert der kurzfristigen Veränderungsrate des Wechselkurses (inländischen Preisniveaus) negativ. Im Modellzusammenhang nimmt hierüber der bedingte Erwartungswert der realen Ertragsrate der inländischen Vermögensanlagen zu. Gleichzeitig sinkt die bedingte Varianz der kurzfristigen Veränderungsrate des Wechselkurses (inländischen Preisniveaus), so daß die geforderte Risikoprämie auf Inlandsanlagen fällt. Beide Effekte haben zur Folge, daß der private Sektor eine Portfolioumschichtung von aus- zu inländischen Vermögensanlagen plant. Im Zuge der einsetzenden Substitutionsprozesse fällt der Inlandszins, woraufhin die inländische Geldnachfrage steigt und der Angebotsüberschuß auf dem Geldmarkt gemindert wird. Demnach erfordert die Sicherung des Geldmarktgleichgewichts einen um so schwächeren Anstieg des inländischen Preisniveaus und löst über die angenommene Gültigkeit der Kaufkraftparität eine um so geringere Erhöhung des Wechselkurses aus, je stärker der Inlandszins sinkt. Weil die Reduktion des Inlandszinses über die beschriebene Anpassung der Risikoprämie verstärkt wird, löst eine Erhöhung von v in der oberen Hälfte des Wechselkursbandes einen schwächeren Wechselkursanstieg aus, wenn das Krugman'sche Grundmodell um Risikoüberlegungen der Anleger erweitert wird. Dies kommt in der Abbildung 3.2 dadurch zum Ausdruck, daß in der oberen Hälfte des Währungsbandes die um die Risikoprämie modifizierte Beziehung zwischen dem Zielzonenwechselkurs und dem Fundamentalterm $m+v$ (durchgezogene S-Kurve) flacher verläuft als die Wechselkurszielzonenlösung des Grundmodells (gestrichelte S-Kurve).

Die oben beschriebene Anpassung kehrt sich um, wenn sich der Wechselkurs durch eine Reduktion der Fundamentalgröße v in die untere Hälfte des Währungsbandes bewegt. Unter diesen

Umständen nimmt der bedingte Erwartungswert der kurzfristigen Wechselkursänderungsrate in Anbetracht der drohenden Interventionen am unteren Bandende einen positiven Wert an. Dies löst eine Erhöhung des Inlandszinses aus (Gleichung (3.40)), woraufhin die Geldnachfrage zinsbedingt sinkt und der bestehende Druck zu einer Wechselkursanpassung gedämpft wird. Durch den stabilisierenden Einfluß der Wechselkursänderungserwartungen auf den Wechselkurs sinkt die bedingte Varianz der kurzfristigen Wechselkursänderungsrate und die Risikoprämie auf Inlandsanlagen nimmt daraufhin ab. Die Reduktion der Risikoprämie hat nun aber zur Folge, daß die primäre wechselkursstabilisierende Erhöhung des Inlandszinses sekundär gedämpft wird. Dementsprechend wirkt sich die beschriebene Anpassung der Risikoprämie in der unteren Hälfte des Währungsbandes auf den Wechselkurs destabilisierend aus. Dies zeigt sich in der Abbildung 3.2 darin, daß die funktionale Beziehung zwischen dem Zielzonenwechselkurs und dem Fundamentalterm $m+v$ in der unteren Hälfte des Währungsbandes steiler wird, wenn die Wechselkurszielzonenlösung von Krugman (gestrichelte S-Kurve) um Risikoüberlegungen erweitert wird (fett gedruckte S-Kurve). Weil der Wechselkurs durch die beschriebene Anpassung der Risikoprämie in der oberen Hälfte des Währungsbandes stabilisiert und in der unteren Bandhälfte destabilisiert wird, weitet sich in der Abbildung 3.2 der konkave Krümmungsabschnitt der Krugman'schen S-Kurve zu Lasten des konvexen Krümmungsabschnitts aus. Im Ergebnis geht die Symmetrieeigenschaft der Krugman'schen S-Kurve verloren, wenn das Grundmodell einer Wechselkurszielzone um Risikoüberlegungen der Anleger modifiziert wird.

Weil die Verteidigung der Wechselkurszielzone im Modellzusammenhang über die marginalen Interventionen gesichert ist und damit perfekt glaubwürdig ist, reagiert der Wechselkurs an den Enden des Währungsbandes - unabhängig von dem zugrundegelegten Risikoverhalten der Anleger - vollkommen insensitiv auf eine Bewegung des Fundamentalterms $m+v$. Die "smooth pasting"-Eigenschaft der Zielzonenwechselkursfunktion bleibt also auch bei Risikoaversion der Kapitalmarktteilnehmer erhalten. Hieraus folgt, daß die bedingte Varianz der kurzfristigen Wechselkursänderungsrate und hierüber die Risikoprämie im Modellzusammenhang Null betragen, wenn der Wechselkurs an die Enden seines Fluktuationsbandes stößt. Der Wechselkurs wird an den Enden der Zielzone daher nur noch von dem Fundamentalterm $m+v$ und dem bedingten Erwartungswert der kurzfristigen Wechselkursänderungsrate bestimmt (Gleichung (3.44)). Vor diesem Hintergrund liegt die Vermutung nahe, daß der um Risikoüberlegungen modifizierte

Wechselkurszielzonenpfad gegen die Grenzwerte der Krugman'schen Zielzonenlösung konvergiert. Abbildung 3.2 zeigt jedoch aus den folgenden Gründen ein anderes Bild.

Bei rationalen Erwartungen findet der beschriebene Einfluß der Risikoprämie auf den funktionalen Zusammenhang zwischen dem Wechselkurs und dem Fundamentalterm $m+v$ in der erwarteten Wechselkursänderungsrate Berücksichtigung (Gleichung (3.44)) und beeinflußt hierüber indirekt den Verlauf der Zielzonenwechselkursfunktion (Gleichung (3.46)). Bewegen sich der Fundamentalterm $m+v$ und hierüber der Wechselkurs ausgehend von den Interventionspunkten ins Band zurück, wird die bedingte Varianz der Wechselkursänderungsrate positiv, woraufhin auf Inlandsanlagen eine Risikoprämie gefordert wird. Durch das beschriebene Verhalten der Risikoprämie wird die wechselkursstabilisierende Wirkung der glaubwürdigen Ankündigung der marginalen Interventionen in der oberen Hälfte des Währungsbandes verstärkt und in der unteren Bandhälfte abgeschwächt. In unserer Modellvariante erwarten die Wirtschaftssubjekte im Vergleich zum Krugman'schen Zielzonenmodell daher am oberen Ende des Währungsbandes eine relativ schwache Wechselkursreduktion und am unteren Bandende einen relativen starken Wechselkursanstieg. In der Abbildung 3.2 stößt daher der Fundamentalterm $m+v$ entlang der modifizierten Zielzonenlösung (durchgezogene S-Kurve) im Vergleich zur Lösung des Krugman'schen Grundmodells (gestrichelte S-Kurve) früher an seinen oberen Interventionspunkt $f^{o\,\prime}$ und später an seinen unteren Interventionspunkt $f^{u\,\prime}$.

Im Krugman'schen Grundmodell einer Wechselkurszielzone haben die Devisenmarktinterventionen der Zentralbank nur über den Kanal der Geldmengeneffekte Einfluß auf den Entwicklungspfad des Wechselkurses. Im Fall nicht-sterilisierter Interventionen ist die Aufrechterhaltung der Zielzone dadurch gesichert, daß die Störung des Geldmarktgleichgewichts, die hinter einer Veränderung der Fundamentalgröße v steht und die Ursache für den Anpassungsdruck auf den Wechselkurs ist, über eine Anpassung der Geldmenge beseitigt wird. Im Grundmodell einer Zielzone bilden in- und ausländische Wertpapiere perfekte Substitute, so daß die Kapitalmarktteilnehmer zwischen In- und Auslandsanlagen nur dann indifferent sind, wenn die erwarteten realen Ertragsraten übereinstimmen. Weil im Krugman-Modell Änderungen des realen Wechselkurses ausgeschlossen sind und die Erwartungen rational gebildet werden, ist diese Bedingung bei Gültigkeit der ungedeckten Zinsparität erfüllt. Außerdem wird von perfekter Kapitalmobilität ausgegangen, so daß die ungedeckte Zinsparität permanent erfüllt ist. Unter diesen Umständen ist der private Sektor zwischen den möglichen Zusammensetzungen des Portfolios indifferent. Sterilisierte Devisenmarktinterventionen, bei denen die positiven (negativen) Geldmengeneffekte der Interventionen durch eine restriktive (expansive) Offenmarktpolitik neutralisiert werden und hierdurch die Portfoliostruktur im privaten Sektor verändert wird, lösen im Krugman-Modell daher keine Zinsanpassung aus. Infolgedessen kann das Ungleichgewicht auf dem Geldmarkt und der hiermit einhergehende Anpassungsdruck auf den Wechselkurs durch den Portfolioeffekt der sterilisierten Devisenmarktinterventionen nicht beseitigt werden. Daneben wird im Krugman-Modell unterstellt, daß die Zentralbankinterventionen von den Wirtschaftssubjekten antizipiert werden und demzufolge keine neuen Informationen über die künftige Wechselkursentwicklung liefern. Unter diesen Umständen lösen die Devisenmarktinterventionen keine unerwartete Anpassung der Wechselkurserwartungen und damit auch keine Zinsanpassung aus, über die das Gleichgewicht auf dem Geldmarkt abgebaut wird. Im Ergebnis können die Devisenmarktinterventionen im Grundmodell einer Wechselkurszielzone keinen Wechselkurseinfluß über den beschriebenen Portfolioeffekt auslösen und sind auch mit keiner Signalwirkung auf die Wechselkurserwartungen verbunden, woraufhin sterilisierte Devisenmarktinterventionen vollkommen ineffizient sind.[113]

In unserer Variante des Krugman'schen Zielzonenmodells bei Risikoaversion der Kapitalteilnehmer ist die oben beschriebene vollkommene Ineffizienz sterilisierter Devisenmarktinterventionen dagegen aus dem folgenden Grund nicht gegeben. Es sei angenommen, daß die Zentralbank am oberen Ende des Währungsbandes die negativen Geldmengeneffekte ihrer Devisenmarktinterventionen durch eine expansive Offenmarktpolitik neutralisiert und sich hierüber der Portfoliobestand an inländischen Regierungsanleihen im privaten Sektor vermindert. Außerdem wird unterstellt, daß sich das Portfolio im privaten Sektor aus in- und ausländischen Regierungsanleihen zusammensetzt. Dies hat insgesamt zur Folge, daß der Portfolioanteil inländischer Regierungsanleihen im privaten Sektor durch die sterilisierten Devisenmarktinterventionen sinkt. Aufgrund der Annahme, daß die Aufrechterhaltung der Zielzone perfekt glaubwürdig ist, weist die modifizierte Zielzonenwechselkursfunktion in der Abbildung 3.2 an den Enden der Zielzone eine

[113] Zur Signalwirkung sterilisierter Devisenmarktinterventionen auf den erwarteten Entwicklungspfad der Fundamentaldaten und des Wechselkurses vgl. etwa Vitale (1999).

Steigung von Null auf ("smooth pasting"- Eigenschaft). Hieraus resultiert, daß an den Bandenden in- und ausländische Wertpapiere perfekte Substitute bilden und demzufolge die ungedeckte Zinsparität erfüllt ist. Unter diesen Umständen kann über den beschriebenen Portfolioeffekt der sterilisierten Devisenmarktinterventionen am oberen Bandende der bestehende Druck zu einem Wechselkursanstieg nicht gedämpft werden. Diese Implikation entspricht dem Ergebnis des Krugman'schen Zielzonenmodells. Von der Rückführung des Portfolioanteils inländischer Regierungsanleihen im privaten Sektor geht aber das Signal aus, daß die im Bandinneren auf Inlandsanlagen geforderte Risikoprämie sinkt und sich die Wechselkursdynamik im Band hierüber verändert. So wird die modifizierte Zielzonenwechselkursfunktion in der oberen Hälfte des Wechselkursbandes steiler, wenn die Risikoprämie auf Inlandsanlagen durch eine expansive Offenmarktpolitik fällt. Infolgedessen nimmt der bedingte Erwartungswert der Wechselkursänderungsrate am oberen Bandende sprungartig ab, wenn der Portfolioeffekt der sterilisierten Devisenmarktinterventionen sichtbar wird. Dies löst über die Gültigkeit der ungedeckten Zinsparität eine Reduktion des Inlandszinses aus, woraufhin die inländische Geldnachfrage steigt und der Druck zu einer Wechselkursanpassung nach oben gemindert wird.

Im Idealfall nimmt die inländische Geldnachfrage zinsbedingt um den gleichen Betrag zu, um den sie zuvor über den Anstieg von v gesunken ist, so daß der Geldmarkt bei einem unveränderten Wechselkurs im Gleichgewicht bleibt und das obere Ende der Zielzone demzufolge erfolgreich verteidigt wird. Steigt der Fundamentalterm $m+v$ in der Abbildung 3.2 durch eine Erhöhung von v von $f^{o\prime}$ auf f^{o} an, setzt die Verteidigung der Zielzone voraus, daß der Portfoliobestand an inländischen Regierungsanleihen im privaten Sektor durch die sterilisierten Devisenmarktinterventionen vollständig abgebaut wird. Weil das Portfolio im privaten Sektor nunmehr keine inländischen Regierungsanleihen enthält, bilden in- und ausländische Wertpapiere von nun an perfekte Substitute, wenn sich der Wechselkurs durch eine Reduktion des Fundamentalterms $m+v$ zurück ins Band bewegt. Nimmt v ausgehend von Punkt B der Abbildung 3.2 ab, bewegt sich daher der Wechselkurs entlang der Krugman'schen Zielzonenwechselkursfunktion (gestrichelte S-Kurve) ins Bandinnere. Nimmt v ausgehend von Punkt B dagegen zu, können die Geldmengeneffekte der Devisenmarktinterventionen über eine expansive Offenmarktpolitik nicht mehr sterilisiert werden, weil sich die inländischen Regierungsanleihen bereits vollständig im Besitz der Zentralbank befinden. Dies verdeutlicht, daß die Effizienz der sterilisierten Devisenmarktinterventionen zeitlich begrenzt ist. Hierbei ist jedoch zu berücksichtigen, daß der Portfoliobestand an inländischen Regierungsanleihen im privaten Sektor zumeist wesentlich größer ist als der Devisenbestand der Zentralbank. Vor diesem Hintergrund ist eine Sterilisierungsstrategie nur insofern begrenzt möglich, da die Portfoliostruktur im privaten Sektor nur über umfangreiche Offenmarktgeschäfte der Zentralbank spürbar verändert werden kann und die Währungsreserven der Zentralbank aus diesem Grunde schnell erschöpft sind.

Im Modellzusammenhang bewegt sich der Fundamentalterm $m+v$ ausgehend von dem Startwert $m+v=0$ mit einer konstanten Geschwindigkeit zwischen seinen Interventionspunkten. Dies hat in Verbindung mit dem symmetrischen Verlauf der Krugman'schen Zielzonenwechselkursfunktion zur Folge, daß Interventionen am oberen und am unteren Bandende bei einer langfristigen Betrachtung mit der gleichen Wahrscheinlichkeit eintreten. Demgegenüber resultiert aus dem asymmetrischen Verlauf der modifizierten Zielzonenwechselkursfunktion, daß in der langen Frist das obere Ende der Zielzone häufiger verteidigt werden muß als das untere Ende. Dies impliziert, daß die Währungsreserven des preisinstabilen Landes im Zeitablauf abnehmen, wenn das Krugman'sche Zielzonenmodell in der gezeigten Weise um Risikoüberlegungen der Anleger erweitert wird. Weil die Zentralbank ihre Interventionen am Devisenmarkt einstellen muß, wenn die Währungsreserven erschöpft sind, läßt sich aus unserer Variante des Krugman'schen Zielzonenmodells die Schlußfolgerung ziehen, daß bei Risikoaversion der Kapitalmarktteilnehmer ein Zielzonenregime nur dann auf Dauer tragfähig sein kann, wenn der Entwicklungspfad des inländischen Preisniveaus durch eine stetige Wirtschaftspolitik stabilisiert wird und die Risikoprämie auf Inlandsanlagen hierüber abgebaut wird.

Kapitel 4

Voraussetzungen für die Überlegenheit einer Wechselkurszielzone gegenüber festen und flexiblen Wechselkursen

4.1 Vorbemerkungen

Bislang bildete die Finanzmarkttheorie des Wechselkurses den Modellrahmen für die Analyse der Funktionsweise eines Zielzonensystems. Die Finanzmarkttheorie bestimmt den Wechselkurs über die Gleichgewichtsbedingungen auf den Bestandsmärkten für Finanzaktiva. Der Gütermarkt wird über die Annahme integriert, daß die Kaufkraftparität bei annahmegemäß perfekt flexiblen Preisen permanent erfüllt ist. Hiernach spiegeln Änderungen des nominalen Wechselkurses Unterschiede in der Preisniveauentwicklung im In- und Ausland wider, was empirisch nicht bestätigt wird.[114] So veranschaulichen die Diagramme in der Abbildung 4.1, daß die monatlichen Schwankungen der Wechselkurse des US-Dollar und des japanischen Yen gegenüber der D-Mark zwischen 1990 und 1999 wesentlich stärker ausfielen als die Veränderungen der Preisverhältnisse. Trotz des Wechselkursverbunds im EWS waren auch die Wechselkursbewegungen des französischen Franc und der italienischen Lira gegenüber der D-Mark bis Ende 1996 erheblich stärker ausgeprägt als die Schwankungen der Preisrelationen. Im Vorfeld der Währungsunion hat sich seit Anfang 1997 das Bild für den französischen Franc umgekehrt und sich neben dem Wechselkurs auch das Preisverhältnis der italienischen Lira gegenüber der D-Mark weitestgehend stabilisiert.

Weil empirische Untersuchungen gegen die Gültigkeit der Kaufkraftparität in der kurzen Frist sprechen, erweist sich die Finanzmarkttheorie bei flexiblen Preisen für die kurzfristige Wechselkursbestimmung als inadäquat.[115] Da aber in der Zielzonenliteratur gerade die kurzfristigen Wechselkurseffekte stochastischer Schocks im Mittelpunkt der Analyse stehen, ist die Finanz-

---

[114] Vgl. Dornbusch (1983b), Frenkel, J. A. (1981a und b) und Dornbusch (1986).

[115] Vgl. Taylor (1995), Frankel (1983) sowie Frenkel, M. (1994) S. 33f. Zu den möglichen Ursachen der schlechten empirischen Performance monetärer Wechselkursmodelle vgl. auch Rogoff (1999).

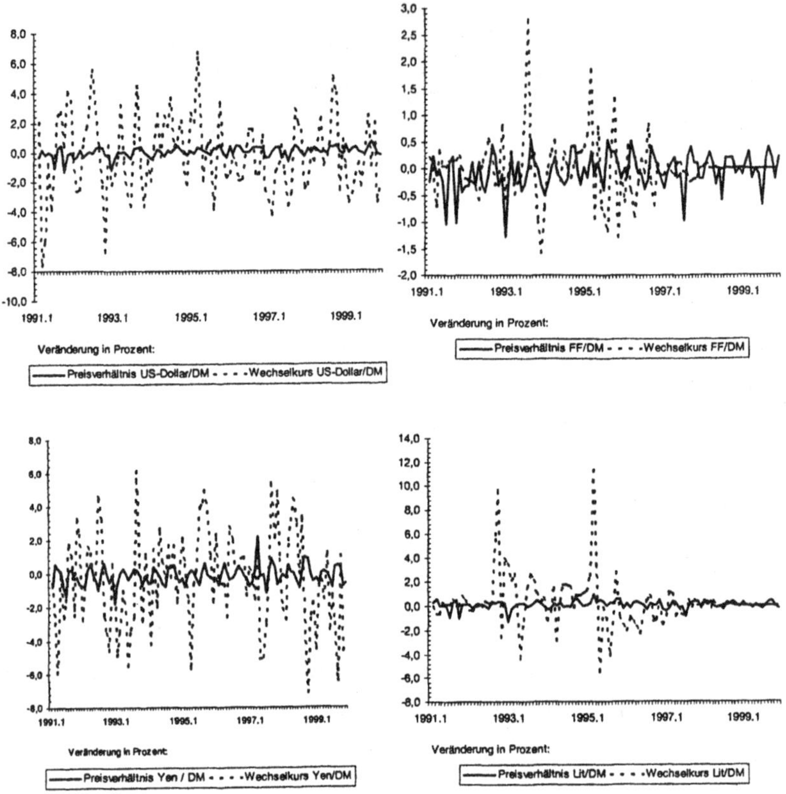

Abb. 4.1: Prozentuale Schwankungen von Wechselkurs und Preisrelation gegenüber der D-Mark 1991-1999 (Monatsdaten)

markttheorie bei flexiblen Preisen als Modellrahmen für die Analyse der Vor- und Nachteile eines Zielzonenregimes ungeeignet.[116]

Vor diesem Hintergrund wurde das Krugman'sche Grundmodell einer Zielzone in Miller und Weller (1999a und b) durch die Berücksichtigung von verzögerten Preisreaktionen auf den

[116] Krugman selbst weist darauf hin, daß die monetäre Wechselkurstheorie bei perfekt flexiblen Wechselkursen als Modellrahmen der Zielzonenmodelle empirisch nicht zu rechtfertigen ist. Er wählt diesen Modellrahmen, "*...because is the easiest one in wich to express the basic target zone approach.*" Vgl. Krugman (1992), S. 14.

Gütermärkten modifiziert.[117] Die Beiträge zeigen eine stochastische Version des "overshooting"-Modells von Dornbusch, bei der das gesamtwirtschaftliche Gleichgewicht durch Preisschocks gestört wird, die als Brown'sche Bewegung modelliert sind.[118] Es wird angenommen, daß die Preisschocks mit zeitlicher Verzögerung durch eine Anpassung der Preise abgebaut werden und sich die Volkswirtschaft zum "steady state" zurück bewegt (Ornstein-Uhlenbeck-Prozeß).[119] Im Gegensatz zu einem einfachen Ornstein-Uhlenbeck-Prozeß wird die "mean reverting"-Komponente der Preisdynamik in Miller und Weller (1991 a und b) nicht nur vom Abstand zwischen dem laufenden und dem gleichgewichtigen Preisniveau bestimmt, sondern ist auch von dem aktuellen Wechselkursniveau abhängig. So wirken Preisschocks auf den Wechselkurs ein, der über seinen Einfluß auf die Güternachfrage auf den Anpassungsprozeß der Preise zurückwirkt. Diese Interdependenz ist der Grund dafür, daß das Modell von Miller und Weller keine allgemeine Lösung in geschlossener Form besitzt. Infolgedessen lassen sich die mit einem System flexibler Wechselkurse und einem Zielzonenregime korrespondierenden Wechselkurssattelpfade nicht eindeutig bestimmen, so daß sich die Analyse von Miller und Weller auf die qualitativen Lösungseigenschaften beschränken muß.

Die Erweiterung des Grundmodells einer Wechselkurszielzone um träge Güterpreise verbessert die empirische Performance des Zielzonenmodells in den folgenden Punkten.[120] Aus der Annahme einer verzögerten Preisanpassung resultiert, daß die Kaufkraftparität nur noch in der langen Frist erfüllt ist. Demzufolge wird den empirisch zu beobachtenden kurzfristigen Fluktuationen des realen Wechselkurses Rechnung getragen. Weil die Preisschocks im Zeitverlauf abgebaut werden und von sonstigen Störungen abgesehen wird, sind die Prozesse des Preisniveaus, des Realeinkommens und des Wechselkurses bei Konstanz der Geldmenge stationär. Mittelfristig reagieren der Wechselkurs, das Preisniveau und die Geldmenge proportional zueinander, so daß die zugelassenen Geldmengeneffekte der Devisenmarktinterventionen eine Anpassung des "steady states" bewirken. Die angenommene "mean reversion" der endogenen

[117] Eine ausführliche Darstellung des Ansatzes von Miller und Weller (1991a und b) findet sich in Kremski (1997) und in Scheunpflug (1997).

[118] Zum "overshooting" des Wechselkurses vgl. Dornbusch (1976).

[119] Zur Charakteristik eines Ornstein-Uhlenbeck-Prozesses vgl. etwa Dixit und Pindyck (1994), S. 74ff.

[120] Vgl. Sutherland (1994).

Variablen zum "steady state" findet in den rationalen Erwartungen Berücksichtigung. Im Gegensatz zum Krugman-Modell (1991) nimmt daher die erwartete Wechselkursänderungsrate ceteris paribus zu, wenn die Geldmenge durch die Devisenmarktinterventionen der Zentralbank ausgeweitet wird und daraufhin der Wechselkurs im "steady state" steigt. Dies hat in Zusammenhang mit der angenommenen Gültigkeit der ungedeckten Zinsparität zur Folge, daß zwischen der internationalen Zinsdifferenz und der Geldmenge eine positive Beziehung besteht. Der vom Krugman'schen Zielzonenmodell postulierte deterministische Zusammenhang zwischen der internationalen Zinsdifferenz und der Wechselkursposition im Band wird demzufolge aufgehoben, was mit den empirischen Ergebnissen in Einklang steht. Solange sich der langfristige Gleichgewichtskurs im Inneren der Wechselkurszielzone befindet, impliziert die angenommene "mean reversion" des Wechselkurses, daß sich der Wechselkurs im Zeitverlauf überwiegend im Bandinneren aufhalten müßte. Damit leistet die Modellmodifiktion von Miller und Weller einen Erklärungsbeitrag dafür, daß sich der Wechselkurs in existierenden Zielzonenregimen im Zeitverlauf hauptsächlich im Bandinneren aufhält.[121]

Empirische Studien kommen häufig zu dem Ergebnis, daß sich der Wechselkurs auch dann nicht befriedigend erklären läßt, wenn das monetäre Flex-Preis-Modell durch die Berücksichtigung von Preisrigiditäten auf den Gütermärkten modifiziert wird. So ist das "Overshooting" des Wechselkurses im Dornbusch-Modell und in dem Ansatz von Miller und Weller (1991a und b) auf die Annahmen zurückzuführen, daß ein Angebotsüberschuß auf dem inländischen Geldmarkt bei trägen Güterpreisen durch eine Zinsreduktion im Inland abgebaut wird und die ungedeckte Zinsparität permanent erfüllt ist. Bei Gültigkeit der ungedeckten Zinsparität muß der prozentuale Zinsnachteil des Inlandes durch eine erwartete Aufwertungsrate der Inlandswährung ausgeglichen werden, die im Modellzusammenhang durch das Überschießen des Wechselkurses über seinen langfristigen Gleichgewichtswert erzeugt wird. Dies impliziert, daß zwischen dem Wechselkurs und der internationalen Zinsdifferenz ein negativer Zusammenhang besteht, was sich empirisch nicht bestätigen läßt.[122] Infolgedessen liegt die Vermutung nahe, daß der in existierenden Zielzonenregimen zu beobachtende instabile Zusammenhang zwischen der internationalen Zinsdifferenz und der Wechselkursposition im Band einerseits und der hügelförmige Verlauf der

---

[121] Zu den empirischen Implikationen des Krugman-Modells vgl. Kapitel 2.5 dieser Arbeit.

[122] Vgl. etwa Hodrick (1978) und Backus (1984) und Frenkel, M. (1994), S. 35ff.

asymptotischen Wechselkursdichtefunktion andererseits nicht auf Preisrigiditäten zurückzuführen ist, sondern auf andere Faktoren zurückgeht. So läßt sich das erste Phänomen auch durch eine Erweiterung des Grundmodells um intramarginale Interventionen und durch die Berücksichtigung von zeitvariablen Realignmentrisiken modelltheoretisch ableiten.[123] Außerdem können intramarginale Interventionen auch eine Ursache für das Auftreten des zweiten Phänomens sein. Gegenüber den Zielzonenmodellen mit intramarginalen Interventionen und zeitvariablen Realignmentrisiken läßt sich also die empirische Kongruenz durch die Berücksichtigung von verzögerten Preisanpassungen nur insofern erhöhen, als den empirisch zu beobachtenden kurzfristigen Schwankungen der realen Wechselkurse Rechnung getragen wird.[124]

In Kempa und Nelles (1998) wird der Zusammenhang zwischen dem Wechselkursverhalten in einer Zielzone und einer stochastischen Veränderung des Realeinkommens analysiert, der als angebotsseitiger Schock interpretiert wird. Den modelltheoretischen Rahmen bildet eine Version des Mundell-Fleming-Modells mit vollkommen starren Güterpreisen. Der Beitrag stellt eine Variante des Ansatzes von Miller und Weller (1991a und b) dar, in der die fehlende Preisdynamik durch die Anpassungsdynamik des Realeinkommens ersetzt wird. In dem Ansatz von Kempa und Nelles ist die Dynamik des Realeinkommens als Ornstein-Uhlenbeck-Prozeß modelliert. So wird unterstellt, daß das Güterangebot einer Brown'schen Bewegung folgt, die sich in der kurzen Frist in einer entsprechenden Veränderung des Realeinkommens niederschlägt. Die hieraus resultierende Abweichung des Realeinkommen von seinem als konstant angenommenen Gleichgewichtswert wird in der mittleren Frist durch eine Anpassung des Realeinkommens wieder abgebaut. Weil die Güternachfrage als Funktion des Wechselkurses modelliert ist, wird die "mean reverting"-Komponente der Realeinkommensdynamik von dem Wechselkurs beeinflußt, der wiederum durch die Brown'sche Bewegung des Realeinkommens gesteuert wird. Wie in dem Modell von Miller und Weller (1991a und b) hat die beschriebene wechselseitige Interdependenz zwischen dem Ornstein-Uhlenbeck-Prozeß der Störgröße und dem Wechselkurs in dem Ansatz von Kempa und Nelles zur Folge, daß sich für den Zielzonenwechselkurs keine mathematisch eindeutige

---

[123] Die Erweiterung des Grundmodells einer Wechselkurszielzone um intramarginale Interventionen geht auf Delgado und Dumas (1992) zurück. Zeitvariable Realignmentrisiken wurden als erstes von Bertola und Svensson (1993) in das Zielzonenmodell integriert.

[124] Vgl. Sutherland (1994), S. 110.

Lösung herleiten läßt. Daneben sind auch die oben angesprochenen empirischen Implikationen des Zielzonenmodells auf die Modellvariante von Kempa und Nelles übertragbar.

Im Rahmen des Krugman'schen Zielzonenmodells mit perfekter Preisflexibilität und den oben angesprochenen Zielzonenmodellen mit Preisrigiditäten finden langanhaltende Schwankungen des realen Wechselkurses keine Berücksichtigung. Um zu prüfen, ob in der langen Frist tatsächlich von einer Konstanz des realen Wechselkurses ausgegangen werden kann, ist in der Abbildung 4.2 die Entwicklung des realen Außenwerts der D-Mark gegenüber verschiedenen Währungen für den Zeitraum 1970-1999 abgetragen. Seit Beginn der siebziger Jahre zeigt sich ein realer Ab-

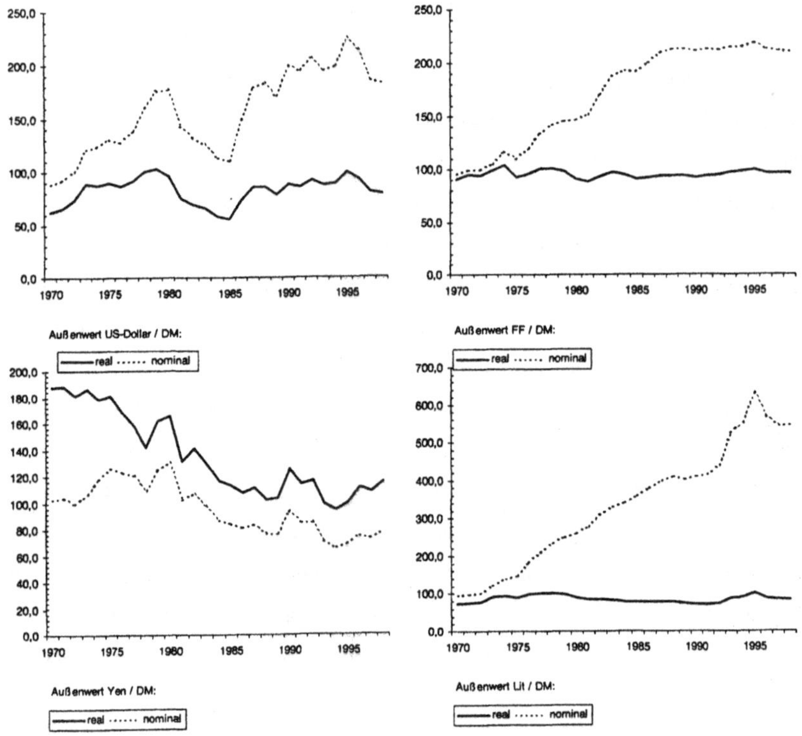

Abb. 4.2: Realer Außenwert der D-Mark gegenüber verschiedenen Währungen 1970-1999

wärtstrend der D-Mark gegenüber dem japanischen Yen, während der reale Außenwert der D-Mark gegenüber dem US-Dollar, dem französischen Franc und der italienischen Lira längerfristige Bewegungen in beide Richtungen aufweist. Die Entwicklung des realen effektiven Wechselkurses der D-Mark weist ein ähnliches Muster auf, was in der Abbildung 4.3 gezeigt ist.

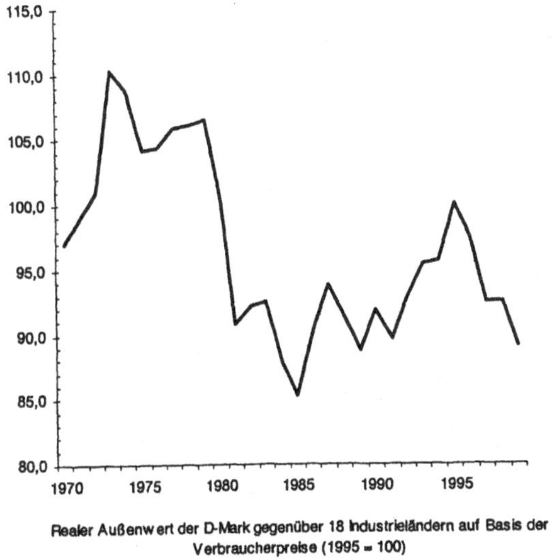

Abb. 4.3: Realer effektiver Außenwert der D-Mark 1970-1999

Weil langanhaltende reale Wechselkursschwankungen empirisch zu beobachten sind, sollte ein adäquates Modell der Wechselkursbestimmung nicht nur die Effekte monetärer Schocks, sondern auch die Wirkungen realer Störungen abbilden können.

Reale Schocks entstehen am Gütermarkt und haben ihren Ursprung entweder auf der Nachfrageseite oder auf der Angebotsseite. Die Ölpreisschocks in den siebziger Jahren und die hiermit einhergehenden realen Kostensteigerungen werden häufig als Beispiel für eine angebotsseitige Störung angeführt.[125] Nachfrageschocks sind beispielsweise auf eine drastische Änderung des

[125] In Barsky und Kilian (2000) wird dagegen dargestellt, daß die Ölpreisschocks 1973/74 und 1979/80 möglicherweise auf eine monetäre Expansion in den USA zurückzuführen ist.

autonomen Konsums, der Investitionen, der Exportnachfrage oder der Staatsausgaben zurückzuführen. Die achtziger Jahre waren vor allem durch die expansive Fiskalpolitik in den Vereinigten Staaten geprägt. Zu Beginn der neunziger Jahre löste die Wiedervereinigung in Deutschland einen drastischen Anstieg des autonomen Konsums und der Staatsausgaben aus.[126] Treten reale Störungen auf, erfordert die Wiederherstellung des gesamtwirtschaftlichen Gleichgewichts eine Anpassung des realen Wechselkurses.

Im Zusammenhang mit der Modellierung von Wechselkurszielzonen wurden nachfrageseitige Schocks zunächst in dem Ansatz von Klein (1990) integriert.[127] Neben nachfrageseitigen realen Störungen werden in dem Beitrag von Klein stochastische Schwankungen der Geldmenge betrachtet. Hierbei wird unterstellt, daß die stochastischen Bewegungen der Güternachfrage und der Geldmenge durch diskretionäre Maßnahmen der Regierung und der Zentralbank begrenzt werden. In dem Beitrag von Sutherland (1995) werden die Auswirkungen von stochastischen Störungen der Geldnachfrage und der Güternachfrage in einem Zielzonenregime analysiert und mit den Anpassungsprozessen bei festen und flexiblen Wechselkursen verglichen. Ein Modell der "Neoklassischen Synthese" mit flexiblen Güterpreisen bildet den Modellrahmen dieser Analyse. Beschäftigungsschwankungen werden über die Annahme starrer Nominallöhne integriert. Mithin verzichtet Sutherland auf eine dynamische Modellierung der Anpassungsprozesse. Diese Vorgehensweise hat den Vorteil, daß die Reaktionen der endogenen Variablen auf die stochastischen Störungen quantitativ bestimmt werden können. Eine simultane Betrachtung von monetären Schocks, Nachfrageschocks und Angebotsschocks erfolgt in Beetsma und van der Ploeg (1994b). Hier sind die angebotsseitigen Störungen wieder als Preisschock modelliert, der einem Ornstein-Uhlenbeck-Prozeß folgt. Außerdem sind die monetären und die nachfrageseitigen Störungen in Form eines Ornstein-Uhlenbeck Prozesses formuliert, woraufhin die Sattelpunktstabilität des Systems - im Gegensatz zu dem Modell von Sutherland - erhalten bleibt. Weil der Preisanpassungsprozeß in dem Ansatz von Beetsma und van der Ploeg analog zu dem Modell von Miller und Weller einem autoregressiven Prozeß mit einer endogen bestimmten Driftkomponente folgt, läßt sich das zugrundegelegte Gleichungssystem nicht eindeutig lösen.

---

[126] Zu der Bedeutung von realen versus nominalen Schocks als Ursache von Wechselkursschwankungen vgl. Claassen (1996) S. 123 ff.

[127] Vgl. Klein (1990).

In den Zielzonenmodellen der ersten Generation sind die Fundamentalfaktoren nach der monetären Wechselkurstheorie bei perfekt flexiblen Preisen modelliert. Im Mittelpunkt dieser Arbeiten steht das Verhalten der endogenen Variablen Wechselkurs und internationale Zinsdifferenz im Krugman'schen Grundmodell einer perfekt glaubwürdigen Wechselkurszielzone und die empirische Performance dieses Modellansatzes. Die Modelle der zweiten Generation tragen dazu bei, daß die im Rahmen des Kapitel 2.5 dieser Arbeit angesprochene unbefriedigende Performance des Krugman'schen Zielzonenmodells dadurch verbessert wird, daß das Modell um die realistischen Annahmen intramarginaler Interventionen und unvollkommener Glaubwürdigkeit der errichteten Zielzone erweitert wird. In den neueren theoretischen Studien wird der modelltheoretische Rahmen der monetären Wechselkurstheorie bei perfekt flexiblen Preisen zunehmend aufgegeben. Im Zentrum der Beiträge von Miller und Weller (1991a und b) und von Kempa und Nelles (1998) stehen endogene Realignmentrisiken, während sich die modelltheoretischen Studien von Beetsma und van der Ploeg (1994b) und von Sutherland (1995) mit der Frage nach den Vor- und Nachteilen eines Zielzonenregimes beschäftigen. Hierbei wird die Überlegenheit eines Zielzonenregimes daran gemessen, inwiefern die Entwicklung des Preisniveaus und des Realeinkommens über die Errichtung einer Zielzone im Vergleich zu den Regimen fester und flexibler Wechselkurse stabilisiert werden kann. Die im Hinblick auf den Wechselkurs modellierte Stabilitätseigenschaft der betrachteten Wechselkursregime bleibt dagegen bei der wohlfahrtstheoretischen Bewertung der Regime unberücksichtigt. Dies läßt sich dadurch rechtfertigen, daß bestehende Wechselkursunsicherheiten über verschiedene von den Finanzmärkten angebotene Instrumente "gehedgt" werden können. Dies ist vermutlich der Grund dafür, daß in einer Vielzahl von empirischen Studien ein negativer Einfluß der Wechselkursvolatilität auf den Umfang des internationalen Handels und mithin auf den Grad der internationalen Arbeitsteilung nicht nachgewiesen werden kann.

Im folgenden sollen die Vor- und die Nachteile eines perfekt glaubwürdigen Zielzonenregimes näher beleuchtet werden. Eine allgemeingültige wohlfahrtstheoretische Bewertung eines Zielzonensystems setzt voraus, daß die Stabilitätsanalyse dieses Regimes die potentiellen Störquellen des "steady states" erfaßt. In dieser Hinsicht besteht gegenwärtig noch Forschungsbedarf. So werden in den oben angesprochenen Beiträgen angebotsseitige Störungen - wenn überhaupt - nur rudimentär erfaßt. Sutherland (1994) weist darauf hin, daß Preisschocks sowohl durch die

Angebotsseite als auch durch die Nachfrageseite verursacht werden können. Einerseits ist als Ursache der Preisschocks eine durch Produktivitätsschocks ausgelöste Anpassung des Vollbeschäftigungseinkommens denkbar, was von Beetsma und van der Ploeg (1994b) angenommen wird. Andererseits lassen sich die Preisschocks auch als nachfrageseitige Störungen interpretieren.[128] In der gleichen Weise können auch die von Kempa und Nelles (1998) betrachteten stochastischen Veränderungen des Realeinkommens nicht nur als das Resultat einer angebotsseitigen Störung sondern auch als das Ergebnis eines Nachfrageschocks im realen Sektor interpretiert werden. Weil die Angebotsseite durch die Bedingungen auf den Faktormärkten beeinflußt wird, sollte eine umfassende Analyse der Vor- und Nachteile alternativer Wechselkurssysteme den Einfluß dieser Märkte berücksichtigen. Daneben bleiben Datenänderungen im Ausland und die hiermit einhergehende Gefahr des Inflationsimportes und der internationalen Konjunkturübertragung in den angesprochenen Beiträgen unberücksichtigt. Die Stärke dieser Übertragungskanäle wird entscheidend von der Ausgestaltung des vereinbarten Wechselkursregimes determiniert, so daß potentielle Instabilitäten im Ausland berücksichtigt werden sollten.

Mit Hilfe der nachfolgenden Analyse soll ein Beitrag zur Minderung der bestehenden Forschungslücke geleistet werden. Anknüpfend an den oben angesprochenen Kritikpunkten der vorliegenden Studien werden wir im vorliegenden Kapitel die Modellvariante von Sutherland (1995) um inländische Angebotsschocks und um Störungen im monetären und realen Sektor des Auslandes erweitern. Hierbei finden die Anpassungsmechanismen auf dem Arbeitsmarkt Berücksichtigung. Wie gezeigt wird, sind feste Wechselkurse gegenüber flexiblen Wechselkursen vorzuziehen, wenn der monetäre Sektor der inländischen Volkswirtschaft gestört wird. Handelt es sich dagegen um eine Störung im monetären Sektor der ausländischen Volkswirtschaft, die mit einer Instabilität des ausländischen Preisniveaus verbunden ist, sind flexible Wechselkurse das überlegene Wechselkursregime. Demgegenüber lassen sich im Modellzusammenhang die Vor- und Nachteile von festen und flexiblen Wechselkursen bei realen Störungen nicht per se bestimmen. Finden monetäre *und* reale Störungen des "steady states" Berücksichtigung, lassen sich die Stabilitätseigenschaften der Wechselkursregime daher nur dann miteinander vergleichen, wenn sich die Reaktionen der endogenen Variablen quantitativ bestimmen lassen. Dies bedingt, daß das zugrundeliegende Modell eine rekursive Struktur aufweist. Aus diesem Grund wird im

[128] Vgl. Sutherland (1994), S. 99.

folgenden perfekte Lohn- und Preisflexibilität unterstellt, wenngleich in der Realität Preisrigiditäten zu beobachten sind. Daneben findet in unserer Modellvariante Berücksichtigung, daß die Investitionsnachfrage durch den längerfristigen Zinssatz - und nicht wie in den oben angesprochenen Modellen angenommen wird - durch den Geldmarktzins bestimmt wird.

Gegenstand der nachfolgenden Analyse bilden die Anpassungsmechanismen in den Regimen fester und flexibler Wechselkurse und in einem Zielzonensystem nach verschiedenen in- und ausländischen Schocks. Das Prozedere ist wie folgt. In Kapitel 4.2 werden zunächst die Modellannahmen und die Gleichgewichtsbedingungen beschrieben. Hieran anschließend werden in Kapitel 4.3 die Lösungen für ein Wechselkurszielzonenregime, für ein Festkurssystem und für ein Regime flexibler Wechselkurse hergeleitet. Mit Hilfe dieser Lösungssysteme werden in Kapitel 4.4 die Anpassungsprozesse in den Regimen fester und flexibler Wechselkurse und in einem Zielzonensystem nach Störungen im monetären und realen Sektor der in- und der ausländischen Volkswirtschaft analysiert. In Kapitel 4.5 wird schließlich dargestellt, unter welchen Umständen ein Zielzonenregime im Modellzusammenhang den Regimen fester und flexibler Wechselkurse überlegen ist und die optimale Bandbreite der Wechselkurszielzone formal hergeleitet. Hierauf aufbauend wird in Kapitel 4.6 abschließend darauf eingegangen, in welcher Phase des Transformationsprozesses für die ehemals sozialistischen Länder eher feste oder eher flexible Wechselkurse ratsam sind.

4.2 Die Modellstruktur

Die nachfolgende Analyse zeigt eine stochastische Version eines Modells der "Neoklassischen Synthese" mit außenwirtschaftlichen Verflechtungen und perfekter Lohn- und Preisflexibilität. Modelle der "Neoklassischen Synthese" verbinden die Güternachfragetheorie des keynesianischen Standardmodells mit einer neoklassischen Theorie des Güterangebots, das durch die Bedingungen auf dem Arbeitsmarkt determiniert wird.[129] Im Rahmen dieser Modellklasse lassen sich Angebotsschocks darstellen, die auf eine exogene Veränderung des Kapitalstocks oder der Produktivität zurückzuführen sind. Außerdem kann es in einer offenen Volkswirtschaft zu einer

---

[129] Vgl. Schmitt-Rink und Bender (1992), S. 237.

Änderung des gesamtwirtschaftlichen Angebots kommen, wenn sich die Importpreise durch eine Variation des Wechselkurses oder des ausländischen Preisniveaus ändern.[130] So ist ein Preisanstieg der importierten Konsumgüter in einer offenen Volkswirtschaft mit einem Kaufkraftverlust der Löhne verbunden, der steigende Lohnforderungen und damit einen Anstieg der Produktionskosten nach sich ziehen kann. Daneben nehmen die Kosten der Produktion zu, wenn die Preise importierter Vorleistungen steigen. Im Ergebnis lösen Änderungen der Importpreise mittelbar über die oben beschriebenen Kosteneffekte eine Anpassung des gesamtwirtschaftlichen Angebots aus. Diese Kosteneffekte finden in dem Zielzonenmodell von Sutherland (1995) keine Berücksichtigung. Hier wird unterstellt, daß die Vorleistungen im Inland produziert werden und die Nominallöhne starr sind. Von exogenen Angebotsschocks wird hier ebenfalls abgesehen, so daß eine Änderung des gesamtwirtschaftlichen Angebots allein durch eine Variation des inländischen Preisniveaus ausgelöst wird.

Wir betrachten eine kleine offene Volkswirtschaft, die auf die Größen des Auslandes keinen Einfluß hat. Die Auslandgrößen sind im folgenden also wieder aus Sicht des Inlandes exogen gegeben und werden durch das Symbol "*" gekennzeichnet. Das betrachtete Modell ist in logarithmischer Schreibweise formuliert. Mit Ausnahme der Zinssätze repräsentieren Kleinbuchstaben den (natürlichen) Logarithmus der betrachteten Variablen.

Ausgangspunkt unserer Betrachtung ist das Bestandsgleichgewicht auf dem inländischen Geldmarkt. Die reale Geldnachfrage ist wie zuvor als eine Funktion des Realeinkommens und des Geldmarktzinses modelliert. Außerdem findet eine stochastische Störung der Geldnachfrage Berücksichtigung. Bezeichnen m, p, y und v die Logarithmen der Geldmenge, des Preisniveaus, des Realeinkommen und eine stochastische Störgröße, k und α die Einkommens- bzw. die Semi-

---

[130] Die Modellierung einer wechselkursbedingten Veränderung der Importpreise geht zurück auf Salop (1974). Die Kosteneffekte einer Veränderung der Importpreise werden im Zusammenhang mit den Wirkungen stabilitätspolitischer Maßnahmen bei flexiblen Wechselkursen in Argy und Salop (1979 und 1980) berücksichtigt, wobei in Argy und Salop (1979) eine kleine offene Volkswirtschaft betrachtet wird und in Argy und Salop (1980) von einer großen offenen Volkswirtschaft ausgegangen wird. Vgl. in diesem Zusammenhang auch Sauernheimer (1980), S. 43ff sowie Rose und Sauernheimer (1995), S. 300ff. Eine umfassende Darstellung der Modelle der neoklassischen Synthese mit außenwirtschaftlichen Verflechtungen findet sich in Schmitt-Rink und Bender (1992), S. 237ff.

zinselastizität der Geldnachfrage und i den Geldmarktzins, lautet die Gleichgewichtsbedingung für den inländischen Geldmarkt:

$$m_t = p_t + k \cdot y_t - \alpha \cdot i_t - v_t, \tag{4.1}$$

wobei das Subskript t für den aktuellen Zeitpunkt steht.

Wir nehmen an, daß die Wirtschaftssubjekte neben Geld vier verschiedene festverzinsliche Assets in ihrem Portfolio halten können. Hierbei wird zwischen Vermögensanlagen im In- und im Ausland einerseits und zwischen kurz- und langfristigen Assets andererseits unterschieden. Die Substitutionsbeziehungen zwischen den Anlagetiteln gleicher Fristigkeit seien perfekt und es wird von vollkommener Kapitalmobilität ausgegangen. Unter diesen Umständen befinden sich die internationalen Kapitalmärkte im Gleichgewicht, wenn die ungedeckte Zinsparität erfüllt ist. Hiernach müssen die erwarteten Ertragsraten von In- und Auslandsanlagen gleicher Fristigkeit einander entsprechen. Bei Vollkommenheit der internationalen Kapitalmärkte stellt der Marktmechanismus sicher, daß die ungedeckte Zinsparität auch in der kurzen Frist zustande kommt. Im folgenden wird daher angenommen, daß sich die internationalen Kapitalmärkte permanent im Arbitragegleichgewicht befinden.

Analog zum Krugman-Modell soll die Erwartungsbildung im Modellzusammenhang rational erfolgen, so daß die Erwartungen gleich dem bedingten Erwartungswert $E[\ldots | I_t]$ sind, der unter Ausschöpfung aller aktuell verfügbaren Informationen I_t gebildet wird. Außerdem nehmen wir wieder an, daß die Laufzeit der kurzfristigen Assets infinitesimal ist und eine Zeiteinheit umfaßt. Die Zinssätze der kurzfristigen Anlagen werden durch den Geldmarktzins i repräsentiert. Steht $E[ds|I_t]/dt$ für den in t gebildeten und auf den infinitesimalen Anlagezeitraum der kurzfristigen Assets bezogenen (bedingten) Erwartungswert der Wechselkursänderungsrate, erfüllen die kurzfristigen In- und Auslandsanlagen die Bedingung der ungedeckten Zinsparität, wenn gilt:

$$i_t = \frac{E[ds \,|\, I_t]}{dt} + i_t^*. \tag{4.2}$$

Während die Laufzeit der kurzfristigen Assets eine Zeiteinheit umfaßt, beträgt der Anlagezeitraum der langfristigen Vermögensaktiva τ Zeiteinheiten. Bezeichnen z den Nominalzins der langfristigen Assets, s den Logarithmus des Wechselkurses und $E[s_{t+\tau}|I_t]$ den bedingten Erwartungswert von s, der auf der Basis der laufenden Informationen I_t für den Zeitpunkt $t+\tau$ gebildet wird, läßt sich die Bedingung für das Arbitragegleichgewicht der langfristigen Vermögensanlagen wie folgt schreiben:[131]

$$z_t = E[s_{t+\tau}|I_t] - s_t + z_t^* . \tag{4.3}$$

Wenden wir uns nun den Substitutionsbeziehungen zwischen den kurz- und den langfristigen Assets zu. Die Erwartungstheorie der Zinsstruktur geht von Risikoneutralität der Marktteilnehmer aus und unterstellt, daß sich die Märkte im Arbitragegleichgewicht befinden. Unter diesen Umständen muß der Zinsertrag der langfristigen Anlagen gleich dem erwarteten Ertrag sukzessiver kurzfristiger Anlagen sein.[132] Annahmegemäß umfaßt der Anlagezeitraum der langfristigen Vermögensanlagen τ Zeiteinheiten und derjenige kurzfristiger Anlagen eine Zeiteinheit. Daneben wird unterstellt, daß der Geldmarktzins so niedrig ist, daß der Zinseszins der Geldmarktanlagen vernachlässigbar gering ist. Unter diesen Annahmen läßt sich die Bedingung für das Arbitragegleichgewicht

$$z_t = \sum_{j=0}^{\tau} E[i_{t+j}|I_t] \tag{4.4}$$

schreiben. Aus der voranstehenden Bedingung resultiert, daß der Einfluß des laufenden Geldmarktzinses auf den aktuellen langfristigen Zinssatz abnimmt, wenn der Anlagezeitraum der langfristigen Assets τ steigt. Wir nehmen an, daß die Auslandszinsen z^* und i^* Zufallsvariablen sind, die unabhängig voneinander verteilt sind. Es wird also unterstellt, daß zwischen dem langfristigen Zinssatz z und dem kurzfristigen Geldmarktzins i kein Zusammenhang besteht. Diese Annahme läßt sich im Rahmen der Erwartungstheorie der Zinsstruktur dadurch rechtfertigen, daß der Anlagezeitraum der Geldmarktzinsen annahmegemäß infinitesimal ist. Im

---

[131] Es ist zu berücksichtigen, daß die Wachstumsrate einer Variablen näherungsweise durch die absolute Veränderung des Logarithmus dieser Variablen aufgedrückt werden kann.

[132] Zur Erwartungstheorie der Zinsstruktur vgl. Issing (1992), S. 187 und Deutsche Bundesbank (1998), S. 54ff.

Modellzusammenhang wird zwischen kurz- und langfristigen Assets unterschieden, weil die Opportunitätskosten der Geldhaltung durch den Zinssatz der kurzfristigen Finanzanlagen i bestimmt werden, wohingegen für die Opportunitätskosten der Investitionen in Sachkapital - aufgrund des vergleichsweise langfristigen Planungshorizonts - eher der Zinssatz der langfristigen Finanzanlagen z entscheidend ist.

Des weiteren wird zwischen Exportgütern einerseits und Importgütern andererseits unterschieden. Das Inland produziert ein Gut, das im Inland nachgefragt und auf dem Weltmarkt angeboten wird. Dieses Gut bildet aus Sicht der Konsumenten ein Substitut für ein anderes Gut, welches aus dem Ausland importiert wird. Es wird angenommen, daß das inländische Gut gleichzeitig den Charakter eines Konsumgutes und eines Investitionsgutes hat. Demgegenüber wird das Importgut ausschließlich für den Konsum verwendet. Die Nachfrage nach Investitionsgütern wird durch den erwarteten langfristigen Realzins r^e determiniert, während die Nachfrage nach Konsumgütern von dem Niveau des realen Wechselkurses $s + p^* - p$ abhängig ist. Ein Anstieg des realen Wechselkurses läßt die preisliche Wettbewerbsfähigkeit des Inlandes auf den Weltmärkten steigen, so daß die ausländischen Konsumgüter durch inländische Konsumgüter substituiert werden. Weil die Investitionsentscheidungen in die Zukunft gerichtet sind und sich auf einen langfristigen Planungshorizont beziehen, nehmen wir an, daß die Opportunitätskosten der Investitionen in Sachkapital durch den erwarteten Realzins einer langfristigen Vermögensanlage r^e angegeben werden.[133] Wäre die Güternachfrage eine Funktion des Realeinkommens, würden die Preis- und Einkommenseffekte im Fall eines Nachfrageschocks verstärkt und im Fall eines Angebotsschocks gedämpft werden. Zur Vereinfachung nehmen wir an, daß die Güternachfrage vom Einkommen unabhängig ist, was auf die qualitativen Modellergebnisse keinen Einfluß hat. Werden die Zins- und Wechselkurselastizitäten der Güternachfrage mit γ und η bezeichnet und steht w für eine exogene Störgröße, läßt sich die Güternachfragefunktion wie folgt schreiben:

$$y_t^d = -\gamma \cdot r_t^e + \eta \cdot \{s_t + p_t^* - p_t\} + w_t. \tag{4.5}$$

---

[133] Demgegenüber ist die Güternachfrage im Modell von Sutherland (1995) vom erwarteten Realzins unabhängig und in Klein (1990), Miller und Weller (1991a und b), Beetsma und van der Ploeg (1994b) und Kempa und Nelles (1998) wird unterstellt, daß die Investitionsnachfrage durch den für die kurze Frist erwarteten Realzins beeinflußt wird.

Der erwartete Realzins r^e (r^{e*}) einer langfristigen Inlandsanlage (Auslandsanlage) ist gleich der Differenz zwischen dem langfristigen Nominalzins z (z^*) der Vermögensanlage und der über den Anlagezeitraum τ erwarteten inländischen (ausländischen) Inflationsrate. Weil rationale Erwartungen unterstellt werden, entspricht die über den Anlagezeitraum τ erwartete Inflationsrate ihrem bedingten Erwartungswert $E[p_{t+\tau} - p_t \mid I_t]$, der unter Ausschöpfung aller zum aktuellen Zeitpunkt verfügbaren Informationen I_t gebildet wird. Unter diesen Voraussetzungen kann die ungedeckte Zinsparität (Gleichung (4.3)) wie folgt geschrieben werden:[134]

$$r_t^e - E[p_{t+\tau} - p_t | I_t] = E[s_{t+\tau} | I_t] - s_t + r_t^{e*} + E[p_{t+\tau}^* - p_t^* | I_t].$$

Weil von Vollkommenheit der internationalen Kapitalmärkte ausgegangen wird, stellt die Zinsarbitrage sicher, daß die erwarteten realen Ertragsraten von In- und Auslandsanlagen mit der gleichen Fristigkeit übereinstimmen. Demzufolge ist im Modellzusammenhang die reale Zinsparität ex ante stets erfüllt, so daß der erwartete Realzins einer langfristigen Inlandsanlage durch

$$r_t^e = E[s_{t+\tau} + p_{t+\tau}^* - p_{t+\tau} | I_t] - \{s_t + p_t^* - p_t\} + r_t^{e*}. \tag{4.6}$$

gegeben ist.

Es wird angenommen, daß die Wettbewerbssituation auf dem Arbeitsmarkt durch vollständige Konkurrenz charakterisiert ist. Unter dieser Bedingung dehnen die Produzenten ihre Arbeitsnachfrage solange aus, bis das Grenzprodukt der Arbeit dem Reallohn entspricht. Hierbei rechnet der Reallohn den Geldlohn in Mengeneinheiten des inländischen Gutes um. In logarithmischer Schreibweise bezeichnet der Reallohn die Differenz zwischen dem Logarithmus des Nominallohns l und dem Logarithmus des inländischen Preisniveaus p. Außerdem wird unterstellt, daß der Kapitalstock exogen gegeben und konstant ist und das Grenzprodukt der Arbeit mit steigendem Arbeitseinsatz fällt. Dies impliziert in Zusammenhang mit der oben angesprochenen Gewinnmaximierungsbedingung, daß die Arbeitsnachfrage mit steigendem Reallohn abnimmt. Die Abbildung 4.4 zeigt die Arbeitsnachfrage a^d daher als eine fallende Funktion des Reallohnes l-p.

---

[134] Es ist zu berücksichtigen, daß die Wachstumsrate einer Variablen näherungsweise durch die absolute Veränderung des Logarithmus dieser Variablen ausgedrückt werden kann.

Annahmegemäß werden die Importgüter ausschließlich für den Konsum verwendet, so daß die Importpreise keinen Kostenfaktor der Produktion darstellen und damit keinen Einfluß auf die Arbeitsnachfrage ausüben. In der Abbildung 4.4 ist der reale Wechselkurs demzufolge kein Lageparameter der Arbeitsnachfragefunktion a^d.[135]

Wir nehmen an, daß die Arbeitnehmer keiner Geldillusion unterliegen. In diesem Fall ist das Arbeitsangebot eine Funktion der Kaufkraft des Geldlohnes, die durch den Konsumenten-Reallohn angezeigt wird. In einer offenen Volkswirtschaft gehen in den Konsumentenpreisindex

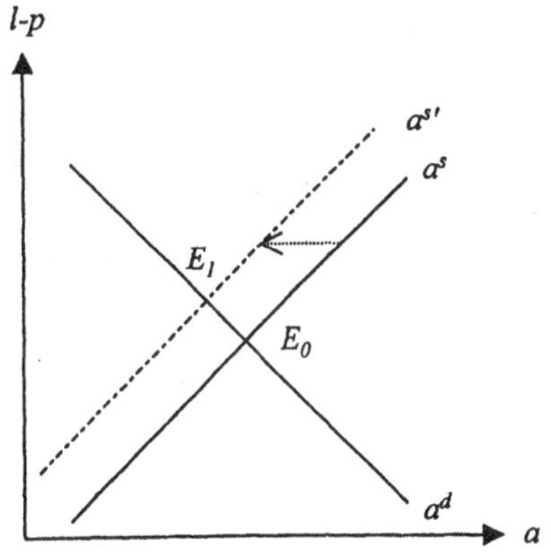

Abb. 4.4: Realer Wechselkurs und gleichgewichtiger Arbeitseinsatz

die Preise der im Inland produzierten Konsumgüter und der importierten Konsumgüter ein. Hierbei werden die Auslandspreise der Importgüter mit Hilfe des Wechselkurses in Inlandswährung umgerechnet. Repräsentieren β und $1-\beta$ die Anteile der inländischen und der ausländischen Güter an den Konsumausgaben der Inländer, läßt sich der Konsumentenpreisindex wie folgt ausdrücken:

---

[135] Vgl. etwa Sauernheimer (1980), S. 43f.

$$p_t^C = \beta \cdot p_t + (1-\beta) \cdot \{s_t + p_t^*\},$$

bzw.

$$p_t^C = p_t + (1-\beta) \cdot \{s_t + p_t^* - p_t\} \qquad mit\ \beta < 1. \tag{4.7}$$

Der Konsumentenpreisindex nimmt zu, wenn entweder die Preise der inländischen Konsumgüter steigen oder ein Anstieg des realen Wechselkurses zu verzeichnen ist. Der Konsumenten-Reallohn ist durch

$$l_t - p_t^C = l_t - p_t + (\beta - 1) \cdot \{s_t + p_t^* - p_t\} \qquad mit \quad (\beta - 1) < 0 \tag{4.8}$$

gegeben. Im Modellzusammenhang hat der reale Wechselkurs keinen Einfluß auf den Reallohn, der den Geldlohn in Mengeneinheiten des inländischen Gutes umrechnet und die Bestimmungsgröße für die Arbeitsnachfrage der Produzenten darstellt.[136] Demgegenüber zeigt der Konsumenten-Reallohn die Kaufkraft der Löhne an. Diese wird durch den Konsumentenpreisindex bestimmt, in den die Preise der in- und der ausländischen Konsumgüter nach Maßgabe der Konsumanteile eingehen. Im Ergebnis nehmen die Kaufkraft des Geldlohnes und hierüber das Arbeitsangebot zu, wenn der Reallohn ($l-p$) steigt und / oder der reale Wechselkurs ($s+p^*-p$) fällt.[137] Infolgedessen ist in der Abbildung 4.4 das Arbeitsangebot a^s als steigende Funktion des Reallohnes l-p dargestellt, wobei die Position der Kurve a^s durch den realen Wechselkurs bestimmt wird.

In der Abbildung 4.4 ist die Beschäftigungswirkung einer gegebenen Erhöhung des realen Wechselkurses geometrisch illustriert. Ein Anstieg des realen Wechselkurses impliziert, daß der Preis des Importgutes relativ zum Preis des heimischen Gutes steigt. Nach einer Erhöhung des realen Wechselkurses ist in der Abbildung 4.4 jedem gegebenem Reallohn ein niedrigerer Konsumenten-Reallohn zugeordnet, woraufhin das Arbeitsangebot sinkt und die a^s-Kurve sich

---

136 Vgl. Salop (1974).

137 Vgl. Schmitt-Rink und Bender (1992), S. 244 f.

nach links oben auf $a^{s\prime}$ bewegt. In der Abbildung entsteht demzufolge ausgehend vom Gleichgewicht E_0 ein Nachfrageüberschuß auf dem Arbeitsmarkt, wenn der Konsumenten-Reallohn über einen Anstieg des realen Wechselkurses fällt. Dies löst bei annahmegemäß perfekt flexiblen Löhnen einen Lohndruck nach oben aus, so daß der Reallohn bei gegebenem Preisniveau steigt. Im neuen Gleichgewicht E_1 sind die Arbeitsnachfrage und mithin die Beschäftigung gesunken. In E_1 muß daher auch das Arbeitsangebot gefallen sein. Dies setzt voraus, daß im neuen Gleichgewicht E_1 der Konsumenten-Reallohn gegenüber E_0 gesunken ist und demzufolge die Nominallöhne unterproportional zum realen Wechselkurs gestiegen sind.

Die beschriebenen Wirkungen einer Erhöhung des realen Wechselkurses würden verstärkt werden, wenn sich die Kosten der Produktion über steigende Preise importierter Vorleistungen zusätzlich erhöhen würden. In diesem Fall würde die Arbeitsnachfrage bei gegebenem Reallohn sinken, so daß sich in der Abbildung 4.4 die a^d-Kurve nach links verlagern würde. Dieser Kosteneffekt würde den beschriebenen Anstieg der Nominallöhne dämpfen und die Reduktion des gleichgewichtigen Arbeitseinsatzes verstärken. Als Ergebnis bleibt festzuhalten, daß ein Anstieg des realen Wechselkurses die Kosten der Produktion steigen läßt und hierüber eine Einschränkung des gleichgewichtigen Arbeitseinsatzes nach sich zieht.

Es wird unterstellt, daß das Güterangebot mit steigendem Arbeitseinsatz zunimmt. Da von perfekter Lohnflexibilität ausgegangen wird, ist die volkswirtschaftliche Beschäftigung durch die Gleichgewichtsbedingung auf dem Arbeitsmarkt bestimmt. In dem zugrundegelegten Modell einer offenen Volkswirtschaft nehmen der gleichgewichtige Arbeitseinsatz und hierüber das volkswirtschaftliche Güterangebot ab, wenn der reale Wechselkurs steigt. Bezeichnet ϕ die Elastizität der Produktion im Hinblick auf eine Veränderung des realen Wechselkurses, läßt sich die gesamtwirtschaftliche Güterangebotsfunktion:

$$y_t^s = -\phi\{s_t + p_t^* - p_t\} + x_t \tag{4.9}$$

schreiben, wobei x für eine exogene Störgröße steht. In der voranstehenden Güterangebotsfunktion ist der Arbeitsmarkt über die beschriebene Abhängigkeit des Güterangebots vom realen

Wechselkurs implizit berücksichtigt. Sie zeigt das gesamtwirtschaftliche Güterangebot unter der Annahme, daß der Arbeitsmarkt geräumt ist.

Im güterwirtschaftlichen Gleichgewicht ist die Güternachfrage (Gleichung (4.5)) gleich dem Güterangebot (Gleichung (4.9)), so daß der reale Wechselkurs durch:

$$s_t + p_t^* - p_t = \frac{\gamma}{\eta + \phi} \cdot r_t^e + \frac{1}{\eta + \phi} \cdot \{x_t - w_t\} \tag{4.10}$$

gegeben ist. Durch den Einsatz der Gleichung (4.10) in die Gleichung (4.9), erhält man das Realeinkommen im simultanen Gleichgewicht auf dem Arbeits- und dem Gütermarkt:

$$y_t = \frac{\eta}{\eta + \phi} x_t + \frac{\phi}{\eta + \phi} w_t - \frac{\gamma \phi}{\eta + \phi} r_t^e . \tag{4.11}$$

Im Mittelpunkt der nachfolgenden Analyse stehen die Anpassungsmechanismen in den Regimen fester und flexibler Wechselkurse und in einem Zielzonensystem, über die eine Wiederherstellung des simultanen Gleichgewichts auf dem inländischen Arbeits-, Güter-, Geld- und Kapitalmarkt nach verschiedenen Schocks gesichert wird. Die zu analysierenden Schocks sind inländische Störungen in Form einer exogen gegebenen Variation der Geldnachfrage dv, der Güternachfrage dw und des Güterangebots dx und ausländische Datenänderungen in Form einer Veränderung des ausländischen Preisniveaus dp^*, des ausländischen Geldmarktzinses di^* und des erwarteten Realzinses einer Auslandsanlage dr^{e*}. Hierbei sind die Datenänderungen - wie im Krugman'schen Zielzonenmodell (1991) - als Brown'sche Bewegung ohne Trend modelliert. Wird die bedingte Standardabweichung der Prozeßvariablen pro Zeiteinheit mit $\sigma_{..}$ bezeichnet und steht dz für den Zuwachs eines standardnormalverteilten Wiener-Prozesses, lassen sich die zeitlichen Prozeßzuwächse der genannten Störgrößen im Zeitintervall dt wie folgt schreiben:

$$dv(t) = \sigma_v dz_v(t), \tag{4.12a}$$

$$dw(t) = \sigma_w dz_w(t), \tag{4.12b}$$

$$dx(t) = \sigma_x dz_x(t), \tag{4.12c}$$

$$dp^*(t) = \sigma_{p*} dz_{p*}(t), \tag{4.12d}$$

$$dr^{e*}(t) = \sigma_{r^{e*}} dz_{r^{e*}}(t), \tag{4.12e}$$

$$di^*(t) = \sigma_{i*} dz_{i*}(t). \tag{4.12f}$$

Der Wiener-Prozeß ist dadurch charakterisiert, daß der bedingte Erwartungswert der Prozeßzuwächse gleich Null ist ($E[dz(t)] = 0$) und die bedingte Varianz proportional zu der Länge des betrachteten Zeitintervalls zunimmt ($E[dz(t)^2] = dt$). In Kapitel 2.2.4 dieser Arbeit wurde bereits dargestellt, daß die Brown'sche Bewegung einen Prozeß beschreibt, der im "steady state" zum Zeitpunkt $t = 0$ mit einem Wert von Null startet und dessen Prozeßausprägungen sich ausgehend von $t = 0$ im Zeitverlauf kontinuierlich ändern. Hierbei nehmen die Prozeßgrößen zu jedem beliebigen Zeitpunkt mit der gleichen Wahrscheinlichkeit sowohl zu als auch ab. Dies impliziert, daß die bedingten Erwartungswerte der in- und der ausländischen Datenänderungen gleich Null sind. Gleichzeitig sind ausgehend von $t = 0$ alle Aufwärtsbewegungen der einzelnen Prozeßvariablen gleich wahrscheinlich wie entsprechend starke Abwärtsbewegungen, so daß der unbedingte Erwartungswert der Prozeßvariablen gleich Null ist. Im langfristigen Durchschnitt wird demzufolge erwartet, daß sich die Fluktuationen der stochastischen Variablen ausgleichen und das System zur Ausgangssituation zurückkehrt.

4.3 Lösungssysteme für die Regime fester und flexibler Wechselkurse und für ein Zielzonensystem

Im vorliegenden Abschnitt sollen Lösungssysteme hergeleitet werden, mit denen jeweils die endogenen Variablen im Modell bei festen Wechselkursen, im Modell bei flexiblen Wechselkursen und im Zielzonenmodell bestimmt werden können. Aus den Gleichgewichtsbedingungen für den Geld-, Güter-, Arbeits- und Kapitalmarkt lassen sich die Variablen Wechselkurs, Preisniveau, Realeinkommen, erwarteter Realzins langfristiger Inlandsanlagen und Geldmarktzins noch nicht eindeutig bestimmen. Die Unbestimmtheit der Lösungen resultiert daraus, daß fünf Gleichgewichtsbedingungen vorliegen - Gleichungen (4.1), (4.2), (4.6), (4.10) und (4.11) -, die Lösung aber für sieben endogene Variablen gesucht wird. Diese Größen sind neben den oben angesprochenen Variablen die erwartete langfristige Änderungsrate des realen Wechselkurses und der bedingte Erwartungswert der kurzfristigen Änderungsrate des nominalen Wechselkurses.

Über die angenommene Gültigkeit der ungedeckten Zinsparität beeinflußt die für die lange Frist erwartete Änderungsrate des realen Wechselkurses den erwarteten Realzins langfristiger Inlandsanlagen (Gleichung (4.6)). Außerdem ist der bedingte Erwartungswert der kurzfristigen Änderungsrate des nominalen Wechselkurses eine Determinante des inländischen Geldmarktzinses (Gleichung (4.2)). Weil perfekte Lohn- und Preisflexibilität und die permanente Gültigkeit der ungedeckten Zinsparität unterstellt werden, befindet sich die inländische Volkswirtschaft stets im gesamtwirtschaftlichen Gleichgewicht. Hierbei ist das inländische Preisniveau durch die Gleichgewichtsbedingung für den inländischen Geldmarkt (Gleichung (4.1)) bestimmt und hängt bei gegebener Geldmenge vom inländischen Realeinkommen und vom inländischen Geldmarktzins ab. Wir haben den realen Wechselkurs als Verhältnis zwischen dem ausländischen und dem inländischen Preisniveau definiert, wobei das ausländische Preisniveau durch Multiplikation mit dem nominalen Wechselkurs in Inlandswährung ausgedrückt wird. Die Relation zwischen dem nominalen Wechselkurs und dem inländischen Preisniveau wird demzufolge bei gegebenem ausländischem Preisniveau durch den realen Wechselkurs bestimmt. Im Modellzusammenhang stellt der erwartete Realzins langfristiger Inlandsanlagen eine Determinante des realen Wechselkurses dar (Gleichung (4.10)) und beeinflußt mittelbar über den realen Wechselkurs das Realeinkommen (Gleichung (4.11)). Die geschilderten Zusammenhänge implizieren, daß wir erst dann eine Lösung für den nominalen Wechselkurs und mithin für den bedingten Erwartungswert der kurzfristigen Wechselkursänderungsrate herleiten können, wenn wir den erwarteten Realzins langfristiger Inlandsanlagen bestimmt haben. Im vorliegenden Abschnitt ist die Vorgehensweise daher wie folgt.

In Kapitel 4.3.1 wird zunächst eine eindeutige Lösung für den erwarteten Realzins einer langfristigen Inlandsanlage r^e hergeleitet. Wie gezeigt wird besteht ein eindeutiger funktionaler Zusammenhang zwischen r^e als abhängige Variable und den realen Störgrößen w, x und r^{e*}, wenn der Anlagezeitraum der langfristigen Vermögensanlagen hinreichend lang ist und die Erwartungen rational gebildet werden. Aufbauend auf den deterministischen Beziehungen zwischen der endogenen Größe r^e und den realen Störgrößen, werden wir in Kapitel 4.3.2 die Interventionsstrategie der Zentralbank im Modell bei festen Wechselkursen, bei flexiblen Wechselkursen und im Zielzonenmodell bestimmen. Im Anschluß daran lassen sich eindeutige Lösungen für den Wechselkurssattelpfad und die rational erwartete kurzfristige Wechselkursänderungsrate in den betrachteten Wechselkursregimen herleiten. Hierbei folgt das Prozedere dem in Kapitel 2.2.4 dieser Arbeit dargestellten Lösungsansatz von Krugman (1991). Nachdem in einem ersten Schritt eindeutige Lösungen für den erwarteten Realzins einer langfristigen Inlandsanlage und dem bedingten Erwartungswert der kurzfristige Wechselkursänderungsrate ermittelt wurden, lassen sich in Kapitel 4.3.3 in einem zweiten Schritt aus den Gleichgewichtsbedingungen für den Arbeits-, Güter-, Geld- und Kapitalmarkt Lösungssysteme aufstellen, die im Rahmen des zugrunde gelegten Modells die endogenen Variablen in den betrachteten Wechselkursregimen bestimmen.

4.3.1 Die Herleitung einer Lösung für den erwarteten langfristigen Realzins

Den Ausgangspunkt unserer Analyse bildet die Bedingung für das Arbitragegleichgewicht (4.6), nach der die erwarteten realen Ertragsraten von In- und Auslandsanlagen mit der gleichen Fristigkeit übereinstimmen müssen:

$$r^e(t) = E[e(t+\tau)|I_t] - e(t) + r^{e*}(t) .$$

Hierbei steht r^e für den im aktuellen Zeitpunkt t erwarten Realzins einer Inlandsanlage, die in t vorgenommen wird und in $t+\tau$ frei wird. Im folgenden bezeichnen die Größen e und $E[e(t+\tau)|I_t]$ den Logarithmus des realen Wechselkurses und seinen bedingten Erwartungswert, der unter Ausschöpfung aller in t verfügbaren Informationen für den Zeitpunkt $t+\tau$ gebildet wird. Der vorgenommene Austausch von $s+p^*-p$ gegen e ist einer besseren Übersicht dienlich. Die endogenen Variablen werden nun als Funktionen der Zeit formuliert, weil ihre Realisationen durch die Brown'sche Bewegung der Störgrößen zeitabhängig sind. Weil von vollkommenen internationalen Kapitalmärkten ausgegangen wird, befinden sich die Märkte permanent im Arbitragegleichgewicht. Infolgedessen ist die reale Zinsparität ex ante stets erfüllt. Im Ergebnis kann der erwartete Realzins einer Inlandsanlage nur dann von dem erwarteten Realzins einer vergleichbaren Auslandsanlage abweichen, wenn über den Anlagezeitraum τ eine Änderung des realen Wechselkurses erwartet wird.

Der reale Wechselkurs ist in der Gleichung (4.10) beschrieben:

$$e(t) = \frac{\gamma}{\eta+\phi} \cdot r^e(t) + \frac{1}{\eta+\phi} \cdot \{x(t) - w(t)\},$$

wobei die Größen γ und η für die Zinselastizität und die Wechselkurselastizität der Nachfrage nach Inlandsgütern stehen und die Variable ϕ die Wechselkurselastizität des inländischen Güterangebots bezeichnet. Die Größen x und w stehen für die stochastischen Komponenten des Angebots und der Nachfrage nach heimischen Gütern.

Wird die Gleichung (4.10) in die Bestimmungsgleichung für die reale Zinsparität (4.6) eingesetzt und der resultierende Ausdruck anschließend nach r^e aufgelöst, folgt:

$$r^e(t) = \frac{\eta+\phi}{\eta+\phi+\gamma} \cdot E[e(t+\tau) \mid I_t] - \frac{1}{\eta+\phi+\gamma} \cdot \{x(t) - w(t)\} + \frac{\eta+\phi}{\eta+\phi+\gamma} \cdot r^{e*}(t). \tag{4.13}$$

Da rationale Erwartungen auf der Basis des "wahren ökonomischen Modells" gebildet werden, wird bei der Erwartungsbildung der in Gleichung (4.10) beschriebene Zusammenhang zwischen dem realen Wechselkurs in t und seinen Einflußfaktoren auch für den realen Wechselkurs in $t+\tau$ angenommen. In der oben beschriebenen Weise wird also der in t für $t+\tau$ gebildete bedingte Erwartungswert des realen Wechselkurses durch den in t gebildeten bedingten Erwartungswert des in $t+\tau$ erwarteten Realzinses einer Inlandsanlage bestimmt. Außerdem wird der in t für $t+\tau$ erwartete reale Wechselkurs durch die in t für $t+\tau$ erwarteten Störgrößen x und w determiniert. Weil rationale Erwartungen unter Verwendung der in t verfügbaren Informationen gebildet werden, ist der in t für $t+\tau$ erwartete reale Wechselkurs auf Basis des Informationsstandes I_t auszudrücken. Man erhält:

$$E[e(t+\tau) \mid I_t] = \frac{\gamma}{\eta+\phi} \cdot E[r^e(t+\tau) \mid I_t] + \frac{1}{\eta+\phi} \cdot \{E[x(t+\tau) \mid I_t] - E[w(t+\tau) \mid I_t]\}. \tag{4.14}$$

Aus dem Einsatz der Gleichung (4.14) in die Gleichung (4.13) resultiert der folgende Ausdruck für den in t erwarteten Realzins einer in t eingegangenen und in $t+\tau$ fälligen Inlandsanlage:

$$r^e(t) = \frac{\gamma}{\eta+\phi+\gamma}\cdot E[r^e(t+\tau)|I_t] + \frac{1}{\eta+\phi+\gamma}\cdot E[x(t+\tau)|I_t] - \frac{1}{\eta+\phi+\gamma}\cdot E[w(t+\tau)|I_t]$$
$$- \frac{1}{\eta+\phi+\gamma}\cdot\{x(t)-w(t)\} + \frac{\eta+\phi}{\eta+\phi+\gamma}\cdot r^{e*}(t). \tag{4.15}$$

Aus der voranstehenden Beziehung läßt sich der in t gebildete Erwartungswert des in $t+\tau$ erwarteten Realzinses einer Inlandsanlage, die in $t+\tau$ vorgenommen wird und in $t+2\tau$ fällig wird, direkt ableiten:

$$E[r^e(t+\tau)\,|\,I_t] = \frac{1}{\eta+\phi+\gamma}\cdot\left(\gamma\cdot E[r^e(t+\tau+\tau)\,|\,I_t] + E[x(t+\tau+\tau)\,|\,I_t] - E[w(t+\tau+\tau)\,|\,I_t]\right)$$
$$-\frac{1}{\eta+\phi+\gamma}\cdot\left(E[x(t+\tau)\,|\,I_t] - E[w(t+\tau)\,|\,I_t] - (\eta+\phi)\cdot E[r^{e*}(t+\tau)\,|\,I_t]\right). \tag{4.16}$$

Aus dem Einsatz der Gleichung (4.16) in die Gleichung (4.15) resultiert:

$$r^e(t) = \frac{\gamma^2}{(\eta+\phi+\gamma)^2}\cdot E[r^e(t+\tau+\tau)\,|\,I_t] + \frac{\gamma}{(\eta+\phi+\gamma)^2}\cdot\{E[x(t+\tau+\tau)\,|\,I_t] - E[w(t+\tau+\tau)\,|\,I_t]$$
$$+\frac{\eta+\phi}{(\eta+\phi+\gamma)^2}\cdot\{E[x(t+\tau)\,|\,I_t] - E[w(t+\tau)\,|\,I_t] + \gamma E[r^{e*}(t+\tau)\,|\,I_t]\}$$
$$-\frac{1}{\eta+\phi+\gamma}\cdot\{x(t) - w(t) - (\eta+\phi)\cdot r^{e*}(t)\}. \tag{4.17}$$

Wiederholt man diesen Prozeß der Vorwärtsiteration n-mal und läßt gleichzeitig $n\to\infty$ gehen, verkürzt sich die Gleichung (4.17) auf:

$$r^e(t) = \frac{\eta+\phi}{(\eta+\phi+\gamma)^2}\cdot\sum_{j=1}^{\infty}\left(\frac{\gamma}{\eta+\phi+\gamma}\right)^{(j-1)}\cdot\{E[x(t+\tau j)|I_t] - E[w(t+\tau j)|I_t]$$
$$+\gamma\cdot E[r^{e*}(t+\tau j)|I_t]\} - \frac{1}{\eta+\phi+\gamma}\cdot\{x(t) - w(t) - (\eta+\phi)\cdot r^{e*}(t)\}. \tag{4.18}$$

Hierbei steht der erste Term auf der rechten Seite der voranstehenden Gleichung für den bedingten Erwartungswert des realen Wechselkurses in $t+\tau$, der unter Verwendung aller zum aktuellen Zeitpunkt t verfügbaren Informationen gebildet wird. Der in t erwartete Realzins $r^e(t)$, einer in t eingegangen und in $t+\tau$ frei werdenden Inlandsanlage, wird positiv beeinflußt durch den in t für $t+\tau$ erwarteten realen Wechselkurs. Gleichzeitig besteht aber auch zwischen dem realen

Wechselkurs in $t+\tau$ und dem in $t+\tau$ erwarteten Realzins einer Inlandsanlage, die in $t+\tau$ eingegangen wird und in $t+2\tau$ frei wird, eine positive Abhängigkeit (vgl. Gleichung (4.10)). Diese wechselseitige Abhängigkeit findet in den rationalen Erwartungen Berücksichtigung. Im Ergebnis fließen in den für $t+\tau$ erwarteten realen Wechselkurs nicht nur die für $t+\tau$ gebildeten Erwartungswerte der exogenen Bestimmungsgrößen x, w und r^{e*} ein, sondern es finden auch ihre für $t+2\tau$ bis $t+\infty$ gebildeten (bedingten) Erwartungswerte Berücksichtigung. Hierbei werden die weiter in der Zukunft gelegenen Erwartungswerte auf den Zeitpunkt $t+\tau$ abdiskontiert. Außerdem wird der im aktuellem Zeitpunkt t erwartete Realzins $r^e(t)$, einer in t eingegangen und in $t+\tau$ frei werdenden Inlandsanlage, durch den laufenden realen Wechselkurs $e(t)$ und dem aktuell erwarteten Realzins einer entsprechenden Auslandsanlage $r^{e*}(t)$ bestimmt, was in dem zweiten Term auf der rechten Seite der voranstehenden Gleichung berücksichtigt wird. Bei einer temporären Erhöhung des erwarteten Realzinses einer langfristigen Auslandsanlage $r^{e*}(t)$ setzt die Sicherung des Arbitragegleichgewichts voraus, daß die erwartete Rendite einer vergleichbaren Inlandsanlage $r^e(t)$ steigt, woraufhin sich der laufende reale Wechselkurs erhöht (Gleichung (4.10)). Weil für die lange Frist im Durchschnitt erwartet wird, daß der reale Wechselkurs zu seinem Ausgangswert $e = 0$ zurückkehrt, nimmt die erwartete langfristige Änderungsrate des realen Wechselkurses durch die beschriebene Erhöhung des realen Wechselkurses ab, so daß der primäre Anstieg von $r^e(t)$ sekundär gedämpft wird. Die Aufrechterhaltung des Arbitragegleichgewichts setzt daher nach Abschluß der oben beschriebenen Anpassungsprozesse voraus, daß der Anstieg von r^e schwächer ausfällt als die exogene Erhöhung von r^{e*}. Im betrachteten Modell ist die internationale Fisher-Gleichung, nach der die Realzinsen von in- und ausländischen Vermögensanlagen mit der gleichen Fristigkeit ex ante übereinstimmen, also nur dann erfüllt, wenn sich die inländische Volkswirtschaft im "steady state" befindet und infolgedessen keine Anpassung des realen Wechselkurses erwartet wird.[138]

Annahmegemäß folgen die exogenen Variablen x, w und r^{e*} einer Brown'schen Bewegung ohne Trend. Dieser Prozeß ist durch unabhängige und identisch verteilte Zuwächse charakterisiert, die innerhalb eines infinitesimal kurzen Zeitintervalls einer Normalverteilung mit einem bedingten Erwartungswert von Null genügen. Der Prozeß startet zum Zeitpunkt $t=0$ mit einem Ausgangswert in Höhe von Null und folgt für jedes $t > 0$ einer Normalverteilung. Der unbedingte Erwar-

[138] Zur internationalen Fisher-Gleichung vgl. etwa Frenkel, M. (1994), S. 32 und Spahn (1996), S. 135ff.

tungswert der Prozeßvariablen ist daher gleich Null. Aus diesen Prozeßeigenschaften folgt, daß die bedingten Erwartungswerte der zukünftigen Prozeßausprägungen $x(t+\tau j)$, $w(t+\tau j)$ und $r^*(t+\tau j)$ von der Länge des betrachteten Zeitintervalls τj abhängig sind.[139] Weil die Zuwächse der Zufallsvariablen unabhängig voneinander verteilt sind, ist die Vergangenheit für die zukünftige Entwicklung des Prozesses bedeutungslos. Die Zuwächse folgen einem Markov-Prozeß, der kein Gedächtnis besitzt. Ist das betrachtete Zeitintervall τj infinitesimal kurz, stellt der laufende Wert der Zufallsgrößen $x(t)$, $w(t)$ und $r^{e*}(t)$ jeweils den besten Prediktor für die in der nahen Zukunft eintretenden Prozeßausprägungen $x(t+\tau j)$, $w(t+\tau j)$ und $r^{e*}(t+\tau j)$ dar. Dagegen ist der unbedingten Erwartungswert $E[x(t)] = 0$, $E[w(t)] = 0$ und $E[r^{e*}(t)] = 0$ jeweils der beste Prediktor für die zukünftigen Prozeßausprägungen $x(t+\tau j)$, $w(t+\tau j)$ und $r^{e*}(t+\tau j)$, wenn das betrachtete Zeitintervall τj relativ lang ist.

Im Modell wird die Nachfrage nach Investitionsgütern durch den erwarteten Realzins einer inländischen Vermögensanlage (Gleichung (4.5)) und die erwartete reale Ertragsrate einer homogenen Auslandsanlage bestimmt, die über die angenommene Gültigkeit der realen Zinsparität zur Übereinstimmung gebracht werden. Hierbei wird die rational erwartete reale Rendite der Auslandsanlage durch den gesamten erwarteten Entwicklungspfad der stochastischen Variablen x, w und r^{e*} bestimmt. Weil den Investitionsentscheidungen ein langfristiger Planungshorizont zugrunde liegt, bezeichnet r^e im Modellzusammenhang den erwarteten Realzins inländischer Vermögensanlagen, die über einen *langfristigen Anlagezeitraum* τ gehalten werden. Wir nehmen daher an, daß die bedingten Erwartungswerte $E[x(t+\tau j)|I_t]$, $E[w(t+\tau j)|I_t]$ und $E[r^{e*}(t+\tau j)|I_t]$ für alle $j \geq 1$ mit ihren unbedingten Erwartungswerten $E[x(t)] = 0$, $E[w(t)] = 0$ und $E[r^{e*}(t)] = 0$ übereinstimmen. Aus dieser Annahme und unter Berücksichtigung der Gleichung (4.14) resultiert, daß der bedingte Erwartungswert des (logarithmierten) realen Wechselkurses in $t+j$ gleich Null ist. Für die lange Frist wird also im Durchschnitt erwartet, daß der reale Wechselkurs e zum "steady state" $e(0) = 0$ zurückkehrt. Unter dieser Bedingung wird der aktuell erwartete Realzins einer Inlandsanlage nur noch von dem laufenden realen Wechselkurs und dem zum gegenwärtigem Zeitpunkt erwarteten Realzins einer entsprechenden Auslandsanlage bestimmt. Unter diesen Voraussetzungen ergibt sich aus der Gleichung (4.18):

---

[139] Vgl. Svensson (1991b) S. 87ff.

$$r^e(t) = -\frac{1}{\eta+\phi+\gamma}\cdot\{x(t)-w(t)-(\eta+\phi)\cdot r^{e*}(t)\}. \tag{4.19}$$

Hiernach wird der in t erwartete Realzins, einer im aktuellen Zeitpunkt t getätigten und in $t+\tau$ frei werdenden Inlandsanlage, durch die gegebenen Parameterwerte η, ϕ, γ und die laufenden Ausprägungen der stochastischen Prozeßvariablen x, w und r^{e*} bestimmt wird.

Mit Hilfe der Lösung für den erwarteten Realzins einer langfristigen Inlandsanlage lassen sich die Variablen inländisches Realeinkommen, realer Wechselkurs, inländisches Preisniveau und nominaler Wechselkurs im simultanen Gleichgewicht auf dem Güter-, Arbeits-, Geld- und Kapitalmarkt nun näher bestimmen. Aus dem Einsatz der Gleichung (4.19) in die Gleichung (4.11) resultiert:

$$y(t) = \frac{\eta+\gamma}{\eta+\phi+\gamma}\cdot x(t) + \frac{\phi}{\eta+\phi+\gamma}\cdot w(t) - \frac{\gamma\cdot\phi}{\eta+\phi+\gamma}\cdot r^{e*}(t), \tag{4.20}$$

wobei y den Logarithmus des inländischen Realeinkommens bezeichnet. Setzt man die Gleichung (4.19) in die Gleichung (4.10) ein, erhält man den folgenden Ausdruck für den realen Wechselkurs:

$$e(t) = \frac{1}{\eta+\phi+\gamma}\cdot\{x(t)-w(t)\} + \frac{\gamma}{\eta+\phi+\gamma}\cdot r^{e*}(t). \tag{4.21}$$

Die Gleichungen (4.19), (4.20) und (4.21) liefern uns eindeutige Lösungen zur Bestimmung der realen Modellvariablen: erwarteter Realzins einer langfristigen Inlandsanlage, inländisches Realeinkommen und realer Wechselkurs. In der Ausgangssituation $t = 0$ befindet sich die inländische Volkswirtschaft im langfristigen Gleichgewicht. Hier sind die Störgrößen $x(0)$, $w(0)$ und $r^*(0)$ definitionsgemäß gleich Null, so daß in der Ausgangslage $r(0) = 0$, $y(0) = 0$ und $e(0) = 0$ gilt. Im zugrundeliegenden Modell ändern sich die realen Variablen r, y und e, wenn das güterwirtschaftliche Gleichgewicht des Inlandes durch einen Nachfrageschock dw, einen Angebotschock dx oder eine Veränderung des erwarteten Realzinses einer Auslandsanlage dr^{e*} gestört wird. Demgegenüber haben eine Variation des ausländischen Preisniveaus (dp^*) oder monetäre Schocks wie etwa eine exogene Veränderung der Geldmenge (dm), der Geldnachfrage (dv) oder des ausländischen Geldmarktzinses (di^*) keine realen Effekte, was sich wie folgt begründen läßt.

Ausgehend von einer Situation des güterwirtschaftlichen Gleichgewichts läßt ein Anstieg des ausländischen Preisniveaus und/oder eine Erhöhung des nominalen Wechselkurses bei gegebenem inländischen Preisniveau den realen Wechselkurs steigen. Ein Anstieg des realen Wechselkurses hat im vorliegenden Modell zur Folge, daß die gesamtwirtschaftliche Produktion mittelbar über eine Reduktion des gleichgewichtigen Arbeitseinsatzes fällt (Gleichung (4.9)). Außerdem nimmt die Nachfrage nach inländischen Konsum- und Investitionsgütern zu, wenn sich der reale Wechselkurs erhöht (Gleichung (4.5)). Hierbei steigt die Nachfrage nach inländischen Konsumgütern an, weil die preisliche Wettbewerbsfähigkeit des Inlandes durch die reale Abwertung der Inlandswährung ansteigt und infolgedessen Auslandsgüter durch Inlandsgüter substituiert werden. Das Überschießen des realen Wechselkurses über seinen Ausgangswert im "steady state" $e(0) = 0$ erzeugt im Modellzusammenhang die Erwartung, daß der reale Wechselkurs in der langen Frist auf $e(0) = 0$ zurückfällt. Weil der erwartete Realzins einer Auslandsanlage für das Inland exogen gegeben ist und die erwartete Veränderungsrate des realen Wechselkurses fällt, nimmt die erwartete Realrendite einer langfristigen Auslandsanlage aus Sicht der Inländer ab. Die Sicherung des Arbitragegleichgewichts setzt daher voraus, daß der erwartete Realzins einer entsprechenden Inlandsanlage sinkt, woraufhin die Investitionsnachfrage steigt. Im Ergebnis würde sowohl über die Angebotsseite als auch über die Nachfrageseite ein Nachfrageüberschuß auf dem inländischen Gütermarkt entstehen, wenn der reale Wechselkurs ausgehend von einer Situation des güterwirtschaftlichen Gleichgewichts steigen würde. Unter diesen Umständen setzt die Wiederherstellung des güterwirtschaftlichen Gleichgewichts voraus, daß der reale Wechselkurs über einen Anstieg des inländischen Preisniveaus auf seinen Ausgangswert fällt und der erwartete Realzins und das Realeinkommen daraufhin unverändert bleiben. Dies impliziert, daß sich der reale Wechselkurs, der erwartete Realzins einer langfristigen Inlandsanlage und das Realeinkommen nur dann ändern können, wenn sich das Güterangebot oder die Güternachfrage durch einen realen Schock nachhaltig verändern.

Werden die Gleichungen (4.20) und (4.2) in die Gleichgewichtsbedingung für den inländischen Geldmarkt (4.1) eingesetzt, läßt sich das inländische Preisniveau im simultanen Gleichgewicht auf dem Geld-, Güter-, Arbeits- und Kapitalmarkt wie folgt schreiben:

$$p(t) = m(t) + v(t) - \frac{k(\eta+\gamma)}{\eta+\phi+\gamma} \cdot x(t) - \frac{k\phi}{\eta+\phi+\gamma} \cdot w(t) + \frac{\gamma k\phi}{\eta+\phi+\gamma} \cdot r^{e*}(t) + \alpha \cdot i^*(t) + \alpha \cdot \frac{E[ds \mid I_t]}{dt} \qquad (4.22)$$

Schließlich erhält man den nominalen Wechselkurs im gesamtwirtschaftlichen Gleichgewicht, indem die Gleichungen (4.19) und (4.22) in die Gleichung (4.10) eingesetzt werden und der resultierende Ausdruck nach s aufgelöst wird:

$$
\begin{aligned}
s(t) &= m(t) + v(t) - p^{*}(t) + \frac{1-k(\gamma+\eta)}{\eta+\phi+\gamma}\cdot x(t) - \frac{1+k\phi}{\eta+\phi+\gamma}\cdot w(t) \\
&+ \frac{\gamma\cdot(1+k\phi)}{\eta+\phi+\gamma}\cdot r^{e*}(t) + \alpha\cdot i^{*}(t) + \alpha\cdot\frac{E[ds\,|\,I_t]}{dt}.
\end{aligned}
\qquad (4.23)
$$

In dem zugrundeliegenden Modell werden der Wechselkurs und das inländische Preisniveau zum einen durch die Fundamentaldaten und zum anderen durch den bedingten Erwartungswert der kurzfristigen Wechselkursänderungsrate bestimmt. Wie im Krugman'schen Zielzonenmodell (1991) nehmen wir an, daß die Geldmenge m von der Zentralbank kontrolliert wird und die übrigen exogenen Fundamentalvariablen einer Brown'schen Bewegung folgen. Neben den exogenen realen Prozeßvariablen x, w und r^{*} handelt es sich bei den stochastischen modellierten Fundamentaldaten um die exogene Komponente der inländischen Geldnachfrage v, das ausländische Preisniveau p^{*} und den ausländischen Geldmarktzins i^{*}. Weil rationale Erwartungen unterstellt werden, fließt in die erwartete Wechselkursänderungsrate der erwartete Entwicklungspfad der Fundamentalgrößen ein. Im Modellzusammenhang werden der Entwicklungspfad der Geldmenge und damit auch die erwartete Wechselkursänderungsrate von dem zugrundeliegenden Wechselkursregime beeinflußt. Im folgenden wird die Geldmengenstrategie der Zentralbank in den Regimen fester und flexibler Wechselkurse und in einem Zielzonensystem dargestellt. Hierauf aufbauend soll anschließend eine eindeutige Lösung für den bedingten Erwartungswert der kurzfristigen Wechselkursänderungsrate in den zu betrachteten Wechselkursregimen gefunden werden.

4.3.2 Wechselkursänderungserwartungen und Interventionsstrategien

Den Ausgangspunkt unserer Betrachtung bildet die Wechselkursgleichung (4.23):

$$s(t) = m(t) + v(t) - p^*(t) + \frac{1-k(\gamma+\eta)}{\eta+\phi+\gamma}\cdot x(t) - \frac{1+k\phi}{\eta+\phi+\gamma}\cdot w(t) + \frac{\gamma\cdot(1+k\phi)}{\eta+\phi+\gamma}\cdot r^{e*}(t) + \alpha\cdot i^*(t) + \alpha\cdot\frac{E[ds\,|\,I_t]}{dt},$$

wonach der Wechselkurs s durch die Fundamentaldaten einerseits und den bedingten Erwartungswert der kurzfristigen Wechselkursänderungsrate $E[ds|\,I_t]/dt$ andererseits bestimmt wird. Hierbei fließen in den Vektor der Fundamentalgrößen die inländische Geldmenge m, die exogen gegebenen Bestandteile der inländischen Geldnachfrage v, der inländischen Güternachfrage w und des inländischen Güterangebots x. Neben diesen Inlandsgrößen umfaßt der Vektor der Fundamentalvariablen das ausländische Preisniveau p^*, den erwarteten Realzins einer Auslandsanlage r^{e*} und den ausländischen Geldmarktzins i^*.

Wird der Wechselkurseinfluß der einzelnen Fundamentalvariablen zur fundamentalen Bestimmungsgröße f zusammengefaßt, verkürzt sich die Wechselkursgleichung (4.23) auf die Ausgangsgleichung des Krugman-Modells (1991):

$$s(t) = f(t) + \alpha\cdot\frac{E[ds\,|\,I_t]}{dt} \qquad (4.24)$$

mit

$$f(t) = m(t) + v(t) - p^*(t) + \frac{1-k(\gamma+\eta)}{\eta+\phi+\gamma}\cdot x(t) - \frac{(1+k\phi)}{\eta+\phi+\gamma}\cdot w(t) + \frac{\gamma(1+k\phi)}{\eta+\phi+\gamma}\cdot r^{e*}(t) + \alpha\cdot i^*(t) \qquad (4.25)$$

Wie im Krugman'schen Standardmodell einer Wechselkurszielzone (1991) werden spekulative Blasen im folgenden ausgeschlossen. Diese Annahme impliziert, daß der Wechselkurs und die Wechselkursänderungserwartungen allein durch die laufende Realisation des Fundamentalterms f und die bedingten Erwartungswerte seiner zukünftigen Realisationen beeinflußt wird. Daneben werden rationale Wechselkurserwartungen unterstellt, so daß die Wirtschaftssubjekte bei ihrer

Erwartungsbildung das "richtige" ökonomische Modell zugrunde legen. Diese beiden Annahmen haben zusammengenommen zur Folge, daß der aktuelle Wechselkurs durch das laufende Niveau des Fundamentalterms f und durch die auf die Gegenwart abdiskontierten bedingten Erwartungswerte der zukünftigen Realisationen von f bestimmt wird.

Analog zum Krugman-Modell (1991) nehmen wir an, daß die Entwicklung von f im System fester Wechselkurs und im Zielzonensystem durch die Geldmengeneffekte der Devisenmarktinterventionen reguliert wird. Im Modell bei flexiblen Wechselkursen wird dagegen wieder unterstellt, daß die Geldmenge im Zeitablauf konstant bleibt und der Fundamentalterm f einer nicht-regulierten Brown'schen Bewegung folgt. Außerdem wird unterstellt, daß ein Regimewechsel ausgeschlossen ist und die Interventionsstrategie der Zentralbank von den Wirtschaftssubjekten antizipiert wird. Dies hat zusammengenommen zur Folge, daß zwischen der aktuell erwarteten Wechselkursänderungsrate und dem laufenden Fundamentalterm f eine funktionale Abhängigkeit besteht. Infolgedessen liegt auch zwischen dem aktuellen Wechselkurs s und dem Fundamentalterm f eine deterministische Beziehung $s(f(t))$ vor. Weil s von t nur mittelbar über die Zeitabhängigkeit der zusammengefaßten Fundamentalgröße f abhängig ist, werden wir im folgenden die Kurzschreibweise $s(f)$ verwenden und die Zeitabhängigkeit der Fundamentaldaten nicht mehr explizit aufführen.

Unter der Annahme, daß die Geldmenge exogen gegeben ist und die übrigen Fundamentalvariablen einer Brown'schen Bewegung folgen, läßt sich der bedingte Erwartungswert der Wechselkursänderungsrate näher beschreiben, indem die Ito-Regel für stochastische Differentiale angewendet wird.[140] Es resultiert:

$$\frac{E[ds|I]}{dt} = \frac{1}{2} \cdot \sigma^2 \cdot s_{ff}(f), \tag{4.26}$$

wobei σ^2 die bedingte Varianz des Fundamentalterms f pro Zeiteinheit bezeichnet. Es ist zu berücksichtigen, daß Veränderungen des Fundamentalterms f im Modellzusammenhang auf die

[140] Eine ausführliche Erläuterung der Ito-Regel findet sich in Kapitel 2.2.3 dieser Arbeit.

Brown'sche Bewegung der stochastischen Prozeßvariablen v, w, x, p^*, r^{e*} und i^* beruhen. Aus der Gleichung (4.25) folgt:[141]

$$\sigma^2 = \sigma^2_v + \left(\frac{1-k(\gamma+\eta)}{\eta+\phi+\gamma}\right)^2 \cdot \sigma^2_x + \left(\frac{1+k\phi}{\eta+\phi+\gamma}\right)^2 \cdot \sigma^2_w + \sigma^2_{p*} + \left(\frac{\gamma(1+k\phi)}{\eta+\phi+\gamma}\right)^2 \cdot \sigma^2_{r^{e*}} + \alpha^2 \cdot \sigma^2_{i*}. \quad (4.27)$$

Durch den Einsatz der Gleichung (4.26) in die Gleichung (4.24) läßt sich die Wechselkursgleichung (4.24) in die Wechselkursfunktion $s(f)$ überführen:

$$s(f) = f + \frac{\alpha \cdot \sigma^2}{2} \cdot s_{ff}(f). \quad (4.28)$$

Die allgemeine Lösung der voranstehenden inhomogenen Differentialgleichung lautet:[142]

$$s(f) = f + A \cdot e^{\lambda_1 f} + B \cdot e^{\lambda_2 f} \quad mit\ \lambda_1 = \sqrt{\frac{2}{\alpha\sigma^2_f}}\ und\ \lambda_2 = -\sqrt{\frac{2}{\alpha\sigma^2_f}}. \quad (4.29)$$

Die allgemeine Lösung beschreibt die Familie der fundamentalbestimmten Wechselkursfunktionen $s(f)$. Die Wechselkursfunktionen $s(f)$ unterscheiden sich in ihrem Krümmungsverhalten, das durch die bisher noch unbestimmten Konstanten A und B determiniert wird. Ein Blick auf die Wechselkursgleichung (4.24) zeigt, daß das Krümmungsverhalten der Wechselkursfunktion $s(f)$ und demzufolge die noch unbekannten Größen A und B durch den bedingten Erwartungswert der kurzfristigen Wechselkursänderungsrate bestimmt wird, der unter Ausschöpfung aller aktuell verfügbaren Informationen gebildet wird. Hierbei umfaßt die Informationsmenge die laufende Prozeßausprägung von f und die von der Zentralbank mittels der Kontrollvariablen m betriebene Prozeßregulierung.

Im Modellzusammenhang ist der Wechselkurs nur dann vollkommen flexibel, wenn systematische Geldmengenanpassungen ausgeschlossen sind. Im Modell *bei flexiblen Wechselkursen* folgen die Fundamentaldaten demzufolge einer nicht-regulierten Brown'schen Bewegung. Hieraus resultiert, daß der bedingte Erwartungswert einer Veränderung des Fundamentalterms gleich Null ist.

---

[141] Vgl. Sutherland. (1995), S. 165.

[142] Vgl. Kapitel 2.2.3 dieser Arbeit.

In diesem Fall ist der aktuelle Wechselkurs der beste Prediktor für den zukünftigen Wechselkurs, so daß der bedingte Erwartungswert der Wechselkursänderungsrate im Modell bei flexiblen Wechselkursen gleich Null ist:

$$\frac{E[ds(f)\,|\,I]}{dt}\Big|_{flex} = 0. \tag{4.30}$$

Weil der Wechselkurs durch das gegenwärtige Niveau des Fundamentalterms f und die erwartete Wechselkursänderungsrate determiniert wird, setzt eine perfekt glaubwürdige Fixierung des Wechselkurses voraus, daß die stochastischen Fluktuationen der zusammengefaßten Fundamentalgröße f mittels entgegen gerichteter Anpassungen der Geldmenge m absorbiert werden. Für die Interventionsstrategie der Zentralbank im Modell *bei festen Wechselkursen* folgt aus der Gleichung (4.23):

$$dm\,|_{fix} = -dv + dp^{*} - \frac{1-k(\gamma+\eta)}{\eta+\phi+\gamma}\cdot dx + \frac{1+k\phi}{\eta+\phi+\gamma}\cdot dw - \frac{\gamma(1+k\phi)}{\eta+\phi+\gamma}\cdot dr^{e*} + \alpha\cdot i^{*}, \tag{4.31}$$

mit

$$\frac{E[ds(f)\,|\,I]}{dt}\Big|_{fix} = 0. \tag{4.32}$$

Wir folgen dem Krugman'schen Grundmodell einer perfekt glaubwürdigen *Wechselkurszielzone* und unterstellen, daß ein Ausscheren des Wechselkurses aus der Zielzone dadurch verhindert wird, daß am oberen (unteren) Ende des Wechselkursbandes s^{o} (s^{u}) eine exogen gegebene Erhöhung (Reduktion) der zusammengefaßten Fundamentalgröße f durch eine entsprechend starke Kontraktion (Expansion) von m kompensiert wird, so daß der Fundamentalterm f und hierüber der Wechselkurs unverändert bleiben. Im Ergebnis wird ein Schwankungsintervall für den Fundamentalterm f errichtet, dessen obere (untere) Intervallgrenze f^{o} (f^{u}) genau dann erreicht wird, wenn der Wechselkurs an sein oberes (unteres) Bandende s^{o} (s^{u}) stößt.

Wie im Krugman-Modell nehmen wir an, daß die Verteidigung der Zielzone perfekt glaubwürdig ist. Außerdem wird der Logarithmus des exogen gegebenen langfristigen Durchschnittskurses Null gesetzt und es wird unterstellt, daß sich der langfristige Durchschnittskurs in der Mitte des Wechselkursbandes befindet. Weil die Verteidigung der Wechselkurszielzone im Modellzusammenhang perfekt glaubwürdig ist, muß die erwartete Wechselkursänderungsrate Null betragen, wenn der Wechselkurs seine Bandmitte erreicht und infolgedessen die Entfernung zu den beiden Enden des Währungsbandes gleich weit ist. Dies impliziert, daß im Modellzusammenhang der Durchschnittskurs $s=0$ genau dann realisiert wird, wenn die Bedingung $f = 0$ erfüllt ist. Hieraus resultiert erstens, daß die Grenzen des Fundamentalbandes symmetrisch um $f = 0$ angeordnet sind, so daß die Beziehung $f^o = -f^u$ erfüllt ist. Zweitens müssen die Konstanten in der allgemeinen Lösung für die fundamentalbestimmten Wechselkurspfade (Gleichung (4.29)) die Bedingung $A = -B$ erfüllen. Neben diesen Eigenschaften folgt aus den beiden Annahmen perfekte Glaubwürdigkeit der Zielzone und Rationalverhalten der Wirtschaftssubjekte die Bedingung, daß die gesuchte funktionale Abhängigkeit zwischen dem Zielzonenwechselkurs und dem Fundamentalterm f an den Rändern der Zielzone eine Steigung von Null aufweist ("smooth pasting"-Bedingung). Im Ergebnis lautet die gesuchte Lösung für den Zielzonenwechselkurs:

$$s(f)\,|_{TZ} = f + \frac{e^{\lambda_1 f} - e^{\lambda_2 f}}{\lambda_2 [e^{\lambda_1 f^o} + e^{\lambda_2 f^o}]}, \qquad wobei\ f^o = f^u. \tag{4.33}$$

Der zweite Term auf der rechten Seite der voranstehenden Gleichung steht für den Einfluß der erwarteten kurzfristigen Wechselkursänderungsrate auf den Zielzonenwechselkurs. Dieser ergibt sich aus dem Produkt zwischen der Zinselastizität der Geldnachfrage α und der für die kurze Frist erwarteten Wechselkursänderungsrate, was aus der Gleichung (4.24) ersichtlich ist. Dem

zufolge ist die Lösung für den bedingten Erwartungswert der kurzfristigen Wechselkursänderungsrate im Zielzonenmodell durch:

$$\frac{E[ds(f)\,|\,I]}{dt}\,|_{TZ} = \frac{e^{\lambda_1 f} - e^{\lambda_2 f}}{\alpha \cdot \lambda_2 \cdot [e^{\lambda_1 f^o} + e^{\lambda_2 f^o}]} \tag{4.34}$$

gegeben.

4.3.3 Lösungssysteme für die endogenen Modellvariablen

Im vorliegenden Abschnitt werden die mit den Regimen fester und flexibler Wechselkurse und mit einem Zielzonensystem korrespondierenden Gleichgewichtslösungen für die endogenen Variablen unter Berücksichtigung der regimecharakteristischen Geldmengenpolitik gegenübergestellt. In der Ausgangssituation $t = 0$ befindet sich die Volkswirtschaft im langfristigen Gleichgewicht. Hier sind der erwartete inländische Realzins $r^e(0)$ und die Logarithmen des inländischen Realeinkommens $y(0)$ und des realen Wechselkurses $e(0)$ annahmegemäß gleich Null. Dieses langfristige Gleichgewicht wird durch stochastische Schocks gestört, die ihren Ursprung entweder im Inland haben und die Geldnachfrage (dv), die Güternachfrage (dw) oder das Güterangebot (dx) betreffen oder im Ausland auftreten und über die exogen gegebenen Veränderungen der Auslandsgrößen Preisniveau (p^*), erwarteter Realzins (r^{e*}) und Geldmarktzins (i^*) vom Aus- ins Inland transferiert werden.

Das zu lösende Gleichungssystem besteht aus den Bedingungen:

$$r^e = -\frac{1}{\eta+\phi+\gamma}\cdot\{x - w - (\eta+\phi)\cdot r^{e*}\}, \tag{4.19}$$

$$y = \frac{\eta+\gamma}{\eta+\phi+\gamma}\cdot x + \frac{\phi}{\eta+\phi+\gamma}\cdot w - \frac{\gamma\cdot\phi}{\eta+\phi+\gamma}\cdot r^{e*}, \tag{4.20}$$

$$e = \frac{1}{\eta+\phi+\gamma}\cdot\{x - w\} + \frac{\gamma}{\eta+\phi+\gamma}\cdot r^{e*}, \tag{4.21}$$

$$i = \frac{E[ds|I]}{dt} + i^*, \tag{4.2}$$

$$p = m + v - \frac{k(\eta+\gamma)}{\eta+\phi+\gamma}\cdot x - \frac{k\phi}{\eta+\phi+\gamma}\cdot w + \frac{\gamma k\phi}{\eta+\phi+\gamma}\cdot r^{e*} + \alpha\cdot i^* + \alpha\cdot\frac{E[ds|I]}{dt}, \tag{4.22}$$

$$s = m + v - p^* + \frac{1-k(\gamma+\eta)}{\eta+\phi+\gamma}\cdot x - \frac{1+k\phi}{\eta+\phi+\gamma}\cdot w + \frac{\gamma\cdot(1+k\phi)}{\eta+\phi+\gamma}\cdot r^{e*} + \alpha\cdot i^* + \alpha\cdot\frac{E[ds\,|\,I]}{dt}. \tag{4.23}$$

Die aufgeführten Gleichungen beschreiben die Variablen erwarteter Realzins einer langfristigen Inlandsanlage r^e, inländisches Realeinkommen y, realer Wechselkurs e, inländischer Geldmarktzins i, inländisches Preisniveau p und nominaler Wechselkurs s im gesamtwirtschaftlichen Gleichgewicht bei gegebenen exogenen Daten für die Störgrößen v, p^*, x, w, r^{e*} und i^*. Die Geldmenge m und die erwartete kurzfristige Wechselkursänderungsrate $E[ds|I\,]/dt$ sind im Modellzusammenhang von der Interventionsstrategie abhängig, die von der inländischen Zentralbank zur Wahrung des vereinbarten Wechselkursregimes verfolgt wird.

Im Modell bei *flexiblen Wechselkursen* ist der Wechselkurs s eine endogene Variable und die Geldmenge m exogen gegeben ist und im Zeitablauf konstant (m^c). Im Modellzusammenhang ist der bedingte Erwartungswert der kurzfristigen Wechselkursänderungsrate $E[ds|I\,]/dt$ bei freien Wechselkursen permanent gleich Null. Das Lösungssystem für ein Regime *flexibler Wechselkurse* läßt sich nach geeigneter Zusammenfassung in Matrixform folgendermaßen notieren:

$$\begin{bmatrix} s \\ p \\ i \\ e \\ r^e \\ y \end{bmatrix} = \begin{bmatrix} 1 & 1 & -\frac{1+k\phi}{\eta+\phi+\gamma} & \frac{1-k(\gamma+\eta)}{\eta+\phi+\gamma} & -1 & \frac{\gamma(1+k\phi)}{\eta+\phi+\gamma} & \alpha \\ 1 & 1 & -\frac{k\phi}{\eta+\phi+\gamma} & -\frac{k(\eta+\gamma)}{\eta+\phi+\gamma} & 0 & \frac{\gamma k\phi}{\eta+\phi+\gamma} & \alpha \\ 0 & 0 & 0 & 0 & 0 & 0 & 1 \\ 0 & 0 & -\frac{1}{\eta+\phi+\gamma} & \frac{1}{\eta+\phi+\gamma} & 0 & \frac{\gamma}{\eta+\phi+\gamma} & 0 \\ 0 & 0 & \frac{1}{\eta+\phi+\gamma} & -\frac{1}{\eta+\phi+\gamma} & 0 & \frac{\eta+\phi}{\eta+\phi+\gamma} & 0 \\ 0 & 0 & \frac{\phi}{\eta+\phi+\gamma} & \frac{\eta+\gamma}{\eta+\phi+\gamma} & 0 & -\frac{\gamma\phi}{\eta+\phi+\gamma} & 0 \end{bmatrix} \cdot \begin{bmatrix} m^c \\ v \\ w \\ x \\ p^* \\ r^{e*} \\ i^* \end{bmatrix}. \tag{4.35}$$

Im Modell *bei festen Wechselkursen* ist der Wechselkurs exogen gegeben und die Geldmenge eine endogene Variable. Für die makroökonomische Gleichgewichtsanalyse der betrachteten kleinen, offenen Volkswirtschaft mit festen Wechselkursen muß das Lösungssystem so angepaßt werden, daß eine Veränderung der zusammengefaßten Fundamentalgröße f durch eine gegengerichtete Anpassung der inländischen Geldmenge m absorbiert wird (Gleichung (4.31)). Es wird unterstellt, daß das Regime fester Wechselkurse perfekt glaubwürdig ist, so daß der bedingte Erwartungswert der kurzfristigen Wechselkursänderungsrate $E[ds|I]/dt$ gleich Null ist. Bezeichnet s^c den exogen gegebenen Festkurs, resultiert das Lösungssystem:

$$\begin{bmatrix} m \\ p \\ i \\ e \\ r^e \\ y \end{bmatrix} = \begin{bmatrix} 1 & -1 & \frac{1+k\phi}{\eta+\phi+\gamma} & -\frac{1-k(\gamma+\eta)}{\eta+\phi+\gamma} & 1 & -\frac{\gamma(1+k\phi)}{\eta+\phi+\gamma} & -\alpha \\ 1 & 0 & \frac{1}{\eta+\phi+\gamma} & -\frac{1}{\eta+\phi+\gamma} & 1 & -\frac{\gamma}{\eta+\phi+\gamma} & 0 \\ 0 & 0 & 0 & 0 & 0 & 0 & 1 \\ 0 & 0 & -\frac{1}{\eta+\phi+\gamma} & \frac{1}{\eta+\phi+\gamma} & 0 & \frac{\gamma}{\eta+\phi+\gamma} & 0 \\ 0 & 0 & \frac{1}{\eta+\phi+\gamma} & -\frac{1}{\eta+\phi+\gamma} & 0 & \frac{\eta+\phi}{\eta+\phi+\gamma} & 0 \\ 0 & 0 & \frac{\phi}{\eta+\phi+\gamma} & \frac{\eta+\gamma}{\eta+\phi+\gamma} & 0 & -\frac{\gamma\phi}{\eta+\phi+\gamma} & 0 \end{bmatrix} \cdot \begin{bmatrix} s^c \\ v \\ w \\ x \\ p^* \\ r^{e*} \\ i^* \end{bmatrix} . \quad (4.36)$$

Im *Zielzonenmodell* wird die Geldmenge eingesetzt, um ein Ausscheren des Wechselkurses aus der Zielzone zu verhindern. Die Zentralbank reagiert am oberen Bandende s^o (f^o) auf eine Erhöhung der zusammengefaßten Fundamentalgröße f mit einer entsprechenden Verminderung der Geldmenge m und am unteren Bandende s^u (f^u) auf eine Reduktion von f mit einer entsprechenden Ausweitung von m. Die Reaktionen der Inlandsgrößen Geldmenge, Preisniveau, Geldmarktzins auf eine exogene Datenänderung stimmen im Zielzonenmodell mit dem Verhalten der endogenen Variablen im Modell bei festen Wechselkursen überein, sobald die Verteidigung der Bandenden eine Anpassung der Geldmenge erfordert. Im Verteidigungsfall ist daher das Lösungssystem (4.36) anzuwenden.

Während die Geldmenge an den Rändern der Zielzone endogenisiert wird und der Wechselkurs exogen gegeben, ist die Geldmenge im Inneren der Zielzone exogen gegeben und konstant (m^c). Im Inneren der Zielzone bewegt sich der Wechselkurs mithin vollkommen frei. Die Anpassungsdynamik der nominalen Variablen Wechselkurs, Inlandspreis und inländischer Geldmarktzins weicht aber von der bei flexiblen Wechselkursen ab, weil die marginalen Interventionen der Zentralbank in den Wechselkursänderungserwartungen berücksichtigt werden und hierüber die Modelldynamik verändern. Hierbei ist eine exogene Störung des gesamtwirtschaftlichen Gleichgewichts mit einer Anpassung der erwarteten Wechselkursänderungsrate verbunden, weil sich die Position des Fundamentalterms f im Band durch eine exogene Datenänderung verschiebt (Gleichung (4.34)). Im Inneren der Zielzone lassen sich die endogenen Variablen durch das folgende Gleichungssystem bestimmen:

$$\begin{bmatrix} s \\ p \\ i \\ e \\ r^e \\ y \end{bmatrix} = \begin{bmatrix} 1 & 1 & -\frac{1+k\phi}{\eta+\phi+\gamma} & \frac{1-k(\gamma+\eta)}{\eta+\phi+\gamma} & -1 & \frac{\gamma(1+k\phi)}{\eta+\phi+\gamma} & \alpha \\ 1 & 1 & -\frac{k\phi}{\eta+\phi+\gamma} & -\frac{k(\eta+\gamma)}{\eta+\phi+\gamma} & 0 & \frac{\gamma k\phi}{\eta+\phi+\gamma} & \alpha \\ 0 & 0 & 0 & 0 & 0 & 0 & 1 \\ 0 & -\frac{1}{\eta+\phi+\gamma} & \frac{1}{\eta+\phi+\gamma} & 0 & \frac{\gamma}{\eta+\phi+\gamma} & 0 & \\ 0 & 0 & \frac{1}{\eta+\phi+\gamma} & -\frac{1}{\eta+\phi+\gamma} & 0 & \frac{\eta+\phi}{\eta+\phi+\gamma} & 0 \\ 0 & 0 & \frac{\phi}{\eta+\phi+\gamma} & \frac{\eta+\gamma}{\eta+\phi+\gamma} & 0 & -\frac{\gamma\phi}{\eta+\phi+\gamma} & 0 \end{bmatrix} \cdot \begin{bmatrix} m^c \\ v \\ w \\ x \\ p^* \\ r^{e*} \\ i^* \end{bmatrix} - \begin{bmatrix} 1 \\ 1 \\ \frac{1}{\alpha} \\ 0 \\ 0 \\ 0 \end{bmatrix} \cdot \frac{e^{\lambda_1 f} - e^{\lambda_2 f}}{\lambda_2 [e^{\lambda_1 f^o} + e^{\lambda_2 f^o}]}$$

mit

$$f = m^c + v - p^* + \frac{1-k(\gamma+\eta)}{\eta+\phi+\gamma} \cdot x - \frac{(1+k\phi)}{\eta+\phi+\gamma} \cdot w + \frac{\gamma(1+k\phi)}{\eta+\phi+\gamma} \cdot r^{e*} + \alpha \cdot i^* . \qquad (4.37)$$

4.4 Monetäre versus reale Schocks

Die in Kapitel 4.3 hergeleiteten Lösungssysteme sollen nun auf die Frage angewendet werden, durch welche Anpassungsmechanismen das gesamtwirtschaftliche Gleichgewicht der inländischen

Volkswirtschaft nach verschiedenen in- und ausländischen Datenänderungen gesichert wird, wenn sich erstens der Wechselkurs vollkommen frei bewegt, der Wechselkurs zweitens durch Devisenmarktinterventionen fixiert wird und wenn drittens eine Zielzone für den Wechselkurs errichtet wird. Die betrachteten inländischen Schocks sind ein Anstieg der inländischen Geldnachfrage (dv), eine Erhöhung der Nachfrage nach Inlandsgütern (dw) und eine Zunahme des inländischen Güterangebots (dx). Die ausländischen Datenänderungen sind ein Anstieg des ausländischen Preisniveaus (dp^*), des erwarteten ausländischen Realzinses (dr^{e*}) und des ausländischen Geldmarktzinses (di^*).

Aufgrund der Annahme perfekt flexibler Löhne und Preise hat die Geldpolitik der Zentralbank keinen Einfluß auf die Variablen realer Wechselkurs, erwarteter inländischer Realzins und inländisches Realeinkommen.[143] Weil die Devisenmarktinterventionen der Zentralbank im Modellzusammenhang nur über ihre Geldmengeneffekte wirksam sind, ist die Interventionsstrategie der Zentralbank und mithin das vereinbarte Wechselkursregime für die Entwicklung der realen Variablen irrelevant. Im Gegensatz zu den realen Größen, ist die Reaktion der nominalen Variablen Wechselkurs, inländisches Preisniveau und inländischer Geldmarktzins von der Interventionsstrategie der Zentralbank abhängig. Wir nehmen an, daß sich die Devisenmarktteilnehmer gegen Wechselkursrisiken relativ kostengünstig absichern können und die Nachfrage nach Investitionsgütern nicht vom kurzfristigen Geldmarktzins, sondern vom erwarteten Realzins langfristiger Vermögensanlagen abhängig ist. Unter diesen Voraussetzungen spiegeln sich die Vor- und die Nachteile der betrachteten Wechselkurssysteme in der Stärke wider, mit der das inländische Preisniveau auf die Datenänderungen reagiert. Im folgenden wird daher jenes Wechselkursregime den anderen als überlegen eingeordnet, in dem die Reaktion des inländischen Preisniveaus auf eine exogene Störung des gesamtwirtschaftlichen Gleichgewichts am schwächsten ausfällt.

Den Ausgangspunkt unserer Analyse bildet eine Situation, in der sich die inländische Volkswirtschaft im "steady state" befindet. Im zugrundeliegenden Modell ist das "steady state" nur zum Zeitpunkt $t = 0$ realisiert, weil hier die stochastischen Prozesse der Fundamentalvariablen $v(0)$, $w(0)$, $x(0)$, $p^*(0)$, $r^{e*}(0)$ und $i^*(0)$ starten und sich die Prozeßvariablen von nun an permanent

---

[143] Vgl. hierzu die Erläuterungen in Kapitel 4.3.1 dieser Arbeit.

ändern und einem nicht-stationären Prozeß folgen. Im langfristigen Gleichgewicht sind die Prozeßvariablen $v(0)$, $w(0)$, $x(0)$, $p^*(0)$, $r^{e*}(0)$ und $i^*(0)$ gleich Null. Annahmegemäß sind in der Ausgangssituation auch die Logarithmen des realen Wechselkurses $e(0)$, des erwarteten inländischen Realzinses $r^e(0)$ und des inländischen Realeinkommens $y(0)$ gleich Null. Im Gegensatz zu den realen Größen werden der nominale Wechselkurs und das inländische Preisniveau im Modellzusammenhang von der inländischen Geldmenge beeinflußt, die in Abhängigkeit von dem vereinbarten Wechselkursregime gesteuert wird. Im "steady state" des zugrundegelegten Modells sind die Geldmenge und damit auch der nominale Wechselkurs und das inländische Preisniveau unbestimmt. Wir folgen dem Krugman'schen Zielzonenmodell (1991) und nehmen erstens an, daß die Logarithmen der inländischen Geldmenge m, des nominalen Wechselkurses s und des inländischen Preisniveaus p im "steady state" gleich Null sind. Zweitens wird unterstellt, daß der politisch fixierte Leitkurs dem langfristigen Durchschnittskurs $s(0) = 0$ entspricht und die Wechselkurszielzone symmetrisch um den Mittelkurs angelegt ist.

Die Annahme der Brown'schen Bewegung impliziert, daß sich die stochastischen Prozeßvariablen ausgehen von $t = 0$ im Zeitablauf stetig und damit simultan verändern. Im folgenden werden zunächst die Anpassungsprozesse nach einer Veränderung der stochastischen Variablen getrennt voneinander analysiert. Ziel dieser isolierten Analyse der Datenänderungen ist, die Vor- und die Nachteile der verschiedenen Wechselkursregime in Abhängigkeit von den potentiellen Störungen des gesamtwirtschaftlichen Gleichgewichts zu untersuchen. Eine simultane Analyse der Datenänderungen findet sich in Kapitel 4.5 dieser Arbeit. Im Modellzusammenhang stellen die Regime fester und flexibler Wechselkurse die Randlösungen eines Wechselkurszielzonenregimes dar; das Schwankungsintervall für den Wechselkurs weist im Modell bei festen Wechselkursen eine Länge von Null auf und ist im Modell bei flexiblen Wechselkursen unendlich weit. Aus dem unendlich breiten Spektrum an möglichen Wechselkursbandbreiten werden wir in Kapitel 4.5 diejenige Bandweite bestimmen, die bei gegebenen Parameterwerten und einer simultanen Berücksichtigung der stochastisch modellierten Datenänderungen jeweils mit dem höchsten Grad an Preisniveaustabilität verbunden ist.

4.4.1 Exogene Reduktion der inländischen Geldnachfrage

Es sei unterstellt, daß das langfristige Gleichgewicht E_0 durch eine exogene Reduktion der inländischen Geldnachfrage gestört wird. Im Modellzusammenhang resultiert diese Störung aus einem Anstieg der stochastischen Größe v und schlägt sich in einer Zunahme der Umlaufgeschwindigkeit des Geldes nieder.

Die exogene Verminderung der inländischen Geldnachfrage zieht primär einen Angebotsüberschuß auf dem inländischen Geldmarkt nach sich. Dieser würde eine Reduktion des inländischen Geldmarktzinses induzieren, die bei annahmegemäß perfekter Kapitalmobilität zu Kapitalabflüssen und einer Abwertung der Inlandswährung auslösen würde. Die weiteren Anpassungen hängen daher davon ab, welches Wechselkursregime vereinbart wurde.

Die Lösungssysteme (4.35)-(4.37) geben an, wie die endogenen Variablen im Modell bei festen Wechselkursen, bei flexiblen Wechselkursen und im Zielzonenmodell auf eine exogene Verminderung der inländischen Geldnachfrage reagieren. Aus den Lösungssystemen ist ersichtlich, daß die Reduktion der inländischen Geldnachfrage keine realwirtschaftlichen Auswirkungen hat. Wie in Kapitel 4.3.1 bereits dargestellt wurde, ist dieses Ergebnis auf die Annahme zurückzuführen, daß das Gleichgewicht auf dem Gütermarkt durch eine sofortige Reaktion der Preise gesichert ist.

Wir nehmen an, daß die exogenen Variablen w, x, p^*, r^*, i^* auf ihren Ausgangswerten im "steady state" $w(0) = 0$, $x(0) = 0$, $p^*(0) = 0$, $r^*(0) = 0$ und $i^*(0) = 0$ bleiben. Aus dieser Annahme folgt erstens, daß der Fundamentalterm f durch $m+v$ definiert ist (Gleichung (4.25)). Dieses Ergebnis entspricht der Annahme im Krugman'schen Zielzonenmodell (1991). Zweitens resultiert aus den Lösungssystemen (4.35)-(4.37) eine deterministische Beziehung zwischen den abhängigen Variablen: nominaler Wechselkurs s, inländisches Preisniveau p und inländischer Geldmarktzins i und dem unabhängigen Fundamentalterm $m+v$, die von dem vereinbarten Wechselkursregime beeinflußt wird. Aus den Lösungssystemen (4.35)-(4.37) folgt für die Variablen s, p und i im Festkurssystem:

$$s^c = 0, \qquad p(m,v)\,|_{fix} = (m+v)^c = 0, \qquad i\,|_{fix} = i^*(0) = 0,$$

bei freien Wechselkursen:

$$s(m^c+v)\,|_{flex} = m^c + v, \qquad p(m^c+v)\,|_{flex} = m^c + v, \qquad i\,|_{flex} = i^*(0) = 0,$$

und im Zielzonensystem:

$$s(m+v)\,|_{TZ} = m + v + \frac{e^{\lambda_1(m+v)} - e^{\lambda_2(m+v)}}{\lambda_2 \cdot [e^{\lambda_1(m+v)^o} + e^{\lambda_2(m+v)^o}]},$$

$$p(m+v)\,|_{TZ} = m + v + \frac{e^{\lambda_1(m+v)} - e^{\lambda_2(m+v)}}{\lambda_2 \cdot [e^{\lambda_1(m+v)^o} + e^{\lambda_2(m+v)^o}]},$$

$$i(m+v)\,|_{TZ} = \frac{e^{\lambda_1(m+v)} - e^{\lambda_2(m+v)}}{\alpha \cdot \lambda_2 \cdot [e^{\lambda_1(m+v)^o} + e^{\lambda_2(m+v)^o}]}.$$

Die beschriebenen funktionalen Zusammenhänge sind in der Abbildung 4.5 geometrisch dargestellt. Die Abbildung zeigt den Wechselkurs s (Diagramm 1), das inländische Preisniveau p (Diagramm 2) und den inländischen Geldmarktzins i (Diagramm 3) in Abhängigkeit von dem aggregierten Fundamentalterm $m+v$. Den gezeigten Funktionen liegen die Parameterwerte σ_v=0,1, α=3, $\eta = \phi = \gamma$ = 0,5 zugrunde, so daß σ^2 = 0,01 (Gleichung (4.27)) und λ_1=8,165 und λ_2=-8,165 (Gleichung (4.29)) angenommen wird.

Im Modell bei *festen Wechselkursen* wird der monetäre Schock dv durch eine entgegengerichtete Anpassung der Geldmenge m absorbiert, so daß der inländische Geldmarkt im Gleichgewicht bleibt und keine weiteren Anpassungen stattfinden. Dies impliziert, daß im Modell bei festen Wechselkursen neben den realen Variablen auch die nominalen Größen Wechselkurs s, inländisches Preisniveau p und Geldmarktzins i unverändert bleiben. In der Abbildung 4.5 verharrt das Festkurssystem daher in der Ausgangssituation E_0.

Bei *flexiblen Wechselkursen* ist der bedingte Erwartungswert der Wechselkursänderungsrate im Modellzusammenhang permanent gleich Null. Dies hat in Zusammenhang mit der angenommenen Gültigkeit der ungedeckten Zinsparität (Gleichung (4.2)) zur Folge, daß der Geldmarktzins i des kleinen Inlandes an den exogen gegebenen Auslandszins i^* gebunden ist. In Diagramm 3 der Ab-

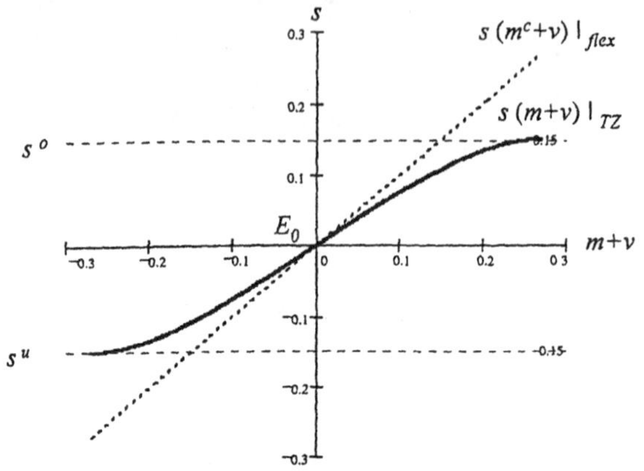

Diagramm 1: Wechselkurs

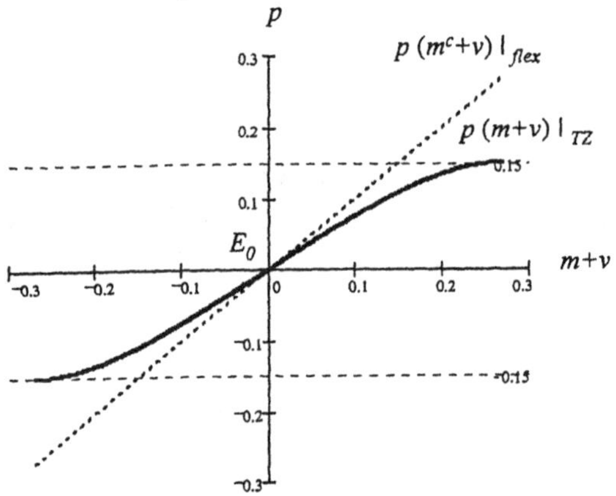

Diagramm 2: Preisniveau

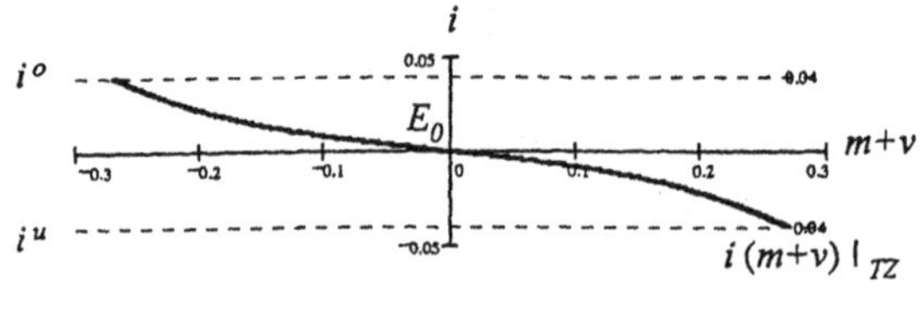

Diagramm 3: Zinsniveau

Abb. 4.5: Nominale Variablen und monetärer Schock

Parameterwerte: $\alpha = 3$; $\gamma = \phi = \eta = 0{,}5$.

bildung 4.5 wurde i^* Null gesetzt, so daß i nicht nur im Modell bei festen Wechselkursen sondern auch bei flexiblen Wechselkursen im Ursprung verharrt. Weil das Realeinkommen und der Geldmarktzins von der monetären Störung unberührt bleiben und die Geldmenge bei flexiblen Wechselkursen annahmegemäß gegeben ist (m^c), setzt die Sicherung des Geldmarktgleichgewichts voraus, daß der monetäre Schock dv durch eine proportionale Anpassung des inländischen Preisniveaus aufgefangen wird (vgl. Gleichung (4.1)). Da die Geldmenge m bei flexiblen Wechselkursen als konstant angenommen wird, ergibt sich eine proportionale Abhängigkeit zwischen dem Preisniveau p und dem Fundamentalterm $m+v$, die in Diagramm 2 durch die Funktion $p(m^c+v)|_{flex}$ dargestellt ist. Weil der reale Wechselkurs konstant bleibt, muß der nominale Wechselkurs proportional zum Preisniveau steigen. Die funktionale Beziehung $s(m^c+v)|_{flex}$ zwischen dem freien Wechselkurs und dem Fundamentalterm $m+v$ besitzt daher in Diagramm 1 der Abbildung ein positives Anstiegsmaß von 45°.

Während der bedingte Erwartungswert der kurzfristigen Wechselkursänderungsrate im Modell bei festen Wechselkursen und bei flexiblen Wechselkursen stets Null ist, stellt sich im Zielzonenmodell die Erwartung einer Wechselkursreduktion ein, wenn die monetäre Störgröße v ausgehend von E_0 steigt und sich daraufhin der Zielzonenwechselkurs in Diagramm 1 der Abbildung 4.5 seinem oberen Bandende s^o annähert. Weil der ausländische Geldmarktzins annahmegemäß konstant ist, setzt die Sicherung der ungedeckten Zinsparität voraus, daß die gegenüber der Inlandswährung entstandene Aufwertungserwartung durch eine entsprechende Reduktion des inländischen Geldmarktzinses kompensiert wird. Solange sich der Wechselkurs noch im Inneren der Zielzone bewegt, resultiert eine negativ-deterministische Beziehung zwischen dem Geldmarktzins i und dem Fundamentalterm $m+v$, die in Diagramm 3 durch die Funktion $i(m+v)|_{TZ}$ dargestellt ist. Hierbei ist der gezeigte nicht-lineare Funktionsverlauf - wie im Krugman-Modell (1991) - auf die Annahme zurückzuführen, daß die angekündigte Verteidigung der Zielzone perfekt glaubwürdig ist. In diesem Fall nimmt der bedingte Erwartungswert einer Wechselkursbewegung zur Bandmitte immer stärker zu, wenn sich der Wechselkurs aus dem Bandinneren heraus zu einem der beiden Bandenden bewegt.

Die Reduktion des Geldmarktzinses läßt die zinsabhängige Geldnachfrage steigen, so daß der monetäre Schock im Inneren der Zielzone eine unterproportionale Preis- und Wechselkursanpassung auslöst. Diese stabilisierende Wirkung der Wechselkurserwartungen zeigt sich in den

Diagrammen 1 und 2 darin, daß der funktionale Zusammenhang $s(m+v)|_{TZ}$ zwischen dem Zielzonenwechselkurs s und dem Fundamentalterm $m+v$ (Diagramm 1) und die deterministische Beziehung $p(m+v)|_{TZ}$ zwischen dem Preisniveau p im Zielzonenregime und der Fundamentalgröße $m+v$ (Diagramm 2) jeweils flacher verläuft als die korrespondierende Gleichgewichtslösung bei flexiblen Wechselkursen. Hierbei nimmt die stabilisierende Wirkung der Wechselkursänderungserwartungen in Richtung der beiden Bandenden zu, was sich in dem S-förmigen Verlauf der Funktionen $s(m+v)|_{TZ}$ und $p(m+v)|_{TZ}$ niederschlägt. Am oberen Ende des Währungsbandes s^o wird ein Anstieg von v durch eine gegengerichtete Anpassung von m aufgefangen, so daß der Zielzonenwechselkurs und die Inlandsgrößen Preisniveau und Geldmarktzins unverändert bleiben.

Weil im zugrundeliegenden Modell perfekte Lohn- und Preisflexibilität unterstellt ist, wird eine Störung im monetären Sektor durch eine Anpassung der nominalen Variablen sofort beseitigt. Im Rahmen der voranstehenden Analyse wurde gezeigt, daß die Reaktionen der Größen Wechselkurs, Preisniveau, Geldmarktzins und Geldmenge von dem zugrundegelegten Wechselkursregime abhängig sind. Tabelle 4.1 faßt die Ergebnisse zusammen. Hierbei hebt die schraffierte Fläche jenes Wechselkursregime hervor, daß bei einem monetären Schock im Sinne der angestrebten Preisniveaustabilität optimal ist.

	s	p	i	m
Feste Wechselkurse	—	—	—	↓
Flexible Wechselkurse	↑	↑	—	—
Zielzone: $s^u < s < s^o$	↑	↑	↓	—

Tab. 4.1: Reaktion der nominalen Variablen auf eine exogene Reduktion der Geldnachfrage

Im Zielzonenmodell werden die Fluktuationen sowohl des Wechselkurses als auch des Preisniveaus durch die Wechselkurserwartungen im Bandinneren und die Zentralbankinterventionen an den Bandenden gedämpft, wenn der monetäre Sektor durch eine exogene Veränderung der Geldnachfrage gestört wird. Unter diesen Voraussetzungen ist ein Zielzonenregime einem Regime freier Wechselkurse überlegen. Hierbei ist jedoch zu berücksichtigen, daß die Preis- und Wechselkursreaktionen auf eine monetäre Datenänderung im Bandinneren über den Erwartungseffekt der marginalen Interventionen zwar gedämpft aber nicht vollständig unterdrückt werden. Demgegenüber wird der monetäre Schock im Modell bei festen Wechselkursen durch eine Anpassung der Geldmenge aufgefangen, so daß das inländische Preisniveau unverändert bleibt. Mit Blick auf das Ziel der Preisniveaustabilität sind daher feste Wechselkurse im Modellzusammenhang einem Regime flexibler Wechselkurse und einem Zielzonenmodell vorzuziehen, wenn das gesamtwirtschaftliche Gleichgewicht der betrachteten Volkswirtschaft durch einen monetären Schock gestört wird.[144]

4.4.2 Nachfrageschock im realen Sektor der inländischen Volkswirtschaft

Betrachten wir nun eine exogene Erhöhung der Nachfrage nach Inlandsgütern, die sich in dem zugrundeliegenden Modell in einem Anstieg der stochastischen Größe w niederschlägt. Die Datenänderung läßt sich etwa auf eine Präferenzverschiebung von aus- zu inländischen Konsumgütern oder auf eine expansive Fiskalpolitik im Inland zurückführen. Wie zuvor sei für die Ausgangssituation das langfristige Gleichgewicht E_0 unterstellt. Wir gehen also von einer Situation aus, bei der die stochastischen Modellgrößen (v, w, x, p^*, r^*, i^*) gleich Null sind. Durch den exogenen Anstieg der Güternachfrage entsteht primär ein Nachfrageüberschuß nach Inlandsgütern. Im folgenden werden zunächst die Anpassungsprozesse der realen Variablen zur Sicherung des güterwirtschaftlichen Gleichgewichts dargestellt. Diese sind aufgrund der Annahme perfekter Lohn- und Preisflexibilität vom vereinbarten Wechselkursregime unabhängig, was in Kapitel 4.3.1 dargestellt wurde.

[144] Vgl. Sutherland. (1995), S. 165.

Der Nachfrageüberschuß auf dem Gütermarkt wird bei perfekter Preisflexibilität durch Preissteigerungen unmittelbar abgebaut. Die Wiederherstellung des güterwirtschaftlichen Gleichgewichts setzt im Modellzusammenhang voraus, daß der reale Wechselkurs fällt. Die Reduktion des realen Wechselkurses läßt erstens die Nachfrage nach inländischen Konsumgütern sinken, weil sich die preisliche Wettbewerbsfähigkeit des Inlandes durch die reale Aufwertung der Inlandswährung verschlechtert (Gleichung (4.5)). Zweitens hat der Fall des realen Wechselkurses unter den langfristigen Mittelwert $e(0) = 0$ zur Folge, daß für die lange Frist ein Anstieg des realen Wechselkurses erwartet wird. Unter den Annahmen, daß der erwartete Realzins einer langfristigen Auslandsanlage konstant bleibt ($r^{e*} = 0$) und die ungedeckte Zinsparität permanent erfüllt ist, nimmt die erwartete reale Rendite einer vergleichbaren Inlandsanlage (r^e) daraufhin zu (Gleichung (4.6)). Dies hat wiederum zur Folge, daß die Investitionsnachfrage der Inländer sinkt (Gleichung (4.5)). Drittens nehmen der Arbeitseinsatz und damit auch das gesamtwirtschaftliche Güterangebot im Modellzusammenhang zu, weil der gleichgewichtige Reallohn durch die reale Aufwertung der Inlandswährung sinkt (Gleichung (4.9)). Im Ergebnis läßt die Reduktion des realen Wechselkurses die exogen gestiegene Güternachfrage fallen und das Güterangebot steigen, so daß das Realeinkommen im neuen Gütermarktgleichgewicht gestiegen ist (Gleichung (4.11)). Aus den Gleichungen (4.19)-(4.21) folgt für die Reaktion der Variablen realer Wechselkurs e, Realeinkommen y und erwarteter Realzins r^e auf eine exogen gegebene Erhöhung der Güternachfrage:

$$\frac{de}{dw} = -\frac{1}{\eta+\phi+\gamma}, \qquad \frac{dy}{dw} = \frac{\phi}{\eta+\phi+\gamma}, \qquad \frac{dr^e}{dw} = \frac{1}{\eta+\phi+\gamma}.$$

Nach einem positiven Nachfrageüberschock auf dem Gütermarkt ist im neuen güterwirtschaftlichen Gleichgewicht das Realeinkommen gestiegen und das inländische Preisniveau hat sich bei gegebenem nominalen Wechselkurs erhöht. Weil das reale Geldangebot preisinduziert gesunken ist und die reale Geldnachfrage einkommenbedingt gestiegen ist, geht das neue güterwirtschaftliche Gleichgewicht mit einem Nachfrageüberschuß auf dem Geldmarkt einher. Dieser Nachfrageüberschuß würde ceteris paribus einen Anstieg des inländischen Geldmarktzinses induzieren. Aufgrund der Annahme eines vollkommenen Kapitalmarktes, würde die Erhöhung des inländischen Geldmarktzinses zu Kapitalzuflüssen führen und hierüber auf den Wechselkurs einen Druck nach unten auslösen. Die weitere Reaktion der nominalen Variablen hängt also wiederum davon ab, welche Interventionsstrategie die Zentralbank in Abhängigkeit von dem vereinbarten

Wechselkursregime verfolgt. Im folgenden sollen die Reaktionen der nominalen Variablen auf den Nachfrageschock im Modell bei festen Wechselkursen, bei flexiblen Wechselkursen und im Zielzonenmodell zunächst formal dargestellt werden. Im Anschluß daran werden die formalen Resultate geometrisch veranschaulicht und die gezeigten Anpassungsprozesse ökonomisch erläutert.

Es wird unterstellt, daß die Störgröße w ausgehend vom "steady state" steigt und die übrigen Störgrößen unverändert bleiben ($v(0)=0$, $x(0)=0$, $p^*(0)=0$, $r^*(0)=0$, $i^*(0)=0$). Unter diesen Umständen werden die nominalen Variablen Wechselkurs s, inländisches Preisniveau p und inländischer Geldmarktzins i nur noch von der Geldmenge m und von der Störgröße w bestimmt. Im Modell bei festen Wechselkursen paßt die Zentralbank ihre Kontrollgröße m derart an, daß der Wechselkurseinfluß der beschriebenen Veränderung von w ausgeglichen wird und s konstant bleibt. Im Modell bei festen Wechselkursen besteht demzufolge ein funktionaler Zusammenhang zwischen der Kontrollgröße m und der stochastischen Variablen w. Demgegenüber wird m im Modellzusammenhang bei flexiblen Wechselkursen und im Inneren der Zielzone als konstant angenommen (m^c). Unter diesen Annahmen resultiert bei festen Wechselkursen, bei flexiblen Wechselkursen und in der Zielzone eine funktionale Beziehung zwischen den abhängigen Variablen s, p und i und der unabhängigen Störgröße w. Aus den Lösungssystemen (4.35)-(4.37) folgt für die Variablen s, p und i bei flexiblen Wechselkursen:

$$s(w,m^c)\big|_{flex} = m^c - \frac{1+k\phi}{\eta+\phi+\gamma}\cdot w, \qquad p(w,m^c)\big|_{flex} = m^c - \frac{k\phi}{\eta+\phi+\gamma}\cdot w, \qquad i\big|_{flex} = 0$$

bei festen Wechselkursen:

$$s\big|_{fix} = 0, \qquad p(w,m)\big|_{fix} = \frac{1}{\eta+\phi+\gamma}\cdot w, \qquad i\big|_{fix} = i^*(0) = 0$$

$$mit \quad m(w)\big|_{fix} = \frac{1+k\phi}{\eta+\phi+\gamma}\cdot w,$$

und im Inneren der Zielzone:

$$s(w,m^c)|_{TZ} = m^c - \frac{1+k\phi}{\eta+\phi+\gamma}\cdot w + \frac{e^{\lambda_1 f}-e^{\lambda_2 f}}{\lambda_2\cdot[e^{\lambda_1 f^o}+e^{\lambda_2 f^o}]},$$

$$p(w,m^c)|_{TZ} = m^c - \frac{k\phi}{\eta+\phi+\gamma}\cdot w + \frac{e^{\lambda_1 f}-e^{\lambda_2 f}}{\lambda_2\cdot[e^{\lambda_1 f^o}+e^{\lambda_2 f^o}]},$$

$$i(w,m^c)|_{TZ} = \frac{e^{\lambda_1 f}-e^{\lambda_2 f}}{\alpha\cdot\lambda_2\cdot[e^{\lambda_1 f^o}+e^{\lambda_2 f^o}]},$$

$$mit \quad f = m^c - \frac{1+k\phi}{\eta+\phi+\gamma}\cdot w.$$

Die aufgezeigten funktionalen Zusammenhänge sind in der Abbildung 4.6 geometrisch dargestellt. In der Abbildung wurde der Logarithmus der Geldmenge bei flexiblen Wechselkursen und im Zielzonenmodell auf $m^c = 0$ normiert. Außerdem wurden die Parameterwerte $\sigma_w = 0{,}1$; $\alpha=3$; $\eta = \phi = \gamma = 0{,}5$ und $k = 1{,}5$ unterstellt. Aus diesen Parameterwerten resultiert in Zusammenhang mit den Gleichungen (4.27) und (4.29): $\sigma^2 = 0{,}0136$, $\lambda_1 = 6{,}998$ und $\lambda_2 = -6{,}998$.

In der Abbildung 4.6 findet Berücksichtigung, daß der Wechselkurseinfluß der Größe w im Modell bei festen Wechselkursen durch eine Anpassung der Geldmenge m kompensiert wird, so daß der Wechselkurs zu jedem beliebigen Wert von w dem politisch fixierten Leitkurs $s=0$ entspricht. Im Gegensatz zu der bisherigen Darstellungsweise zeigen die Zielzonenlösungen den funktionalen Zusammenhang zwischen den abhängigen Variablen s, p und i und der unabhängigen Größe w für eine exogen gegebene Geldmenge m^c. Die geänderte Darstellungsweise ist deshalb erforderlich, weil die Fundamentalgrößen m und w nun mit einem unterschiedlichen Gewicht in die aggregierte Fundamentalgröße f eingehen. In diesem Fall besteht zwischen den endogenen Variablen s, p und i und dem Term $m+w$ nur dann ein eindeutiger Zusammenhang, wenn die Variablen m und w in einem konstanten Verhältnis zueinander angepaßt werden. Dies ist aber im Zielzonenmodell - im Gegensatz zum Modell bei festen Wechselkursen - nicht der Fall, weil die Geldmenge im Inneren der Zielzone konstant bleibt und an den Bandenden zur Verteidigung der Zielzone angepaßt wird. Dies gilt auch für die Störgrößen x, p^*, r^{e*} und i^*, so daß wir die geänderte Darstellungsweise beibehalten werden, wenn wir im weiteren Verlauf des Kapitels 4.4 die Wirkungen einer exogenen Änderung dieser Variablen untersuchen.

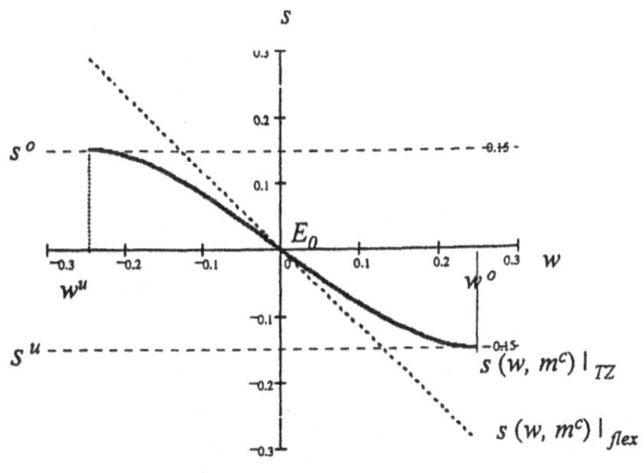

Diagramm 1: Wechselkurs

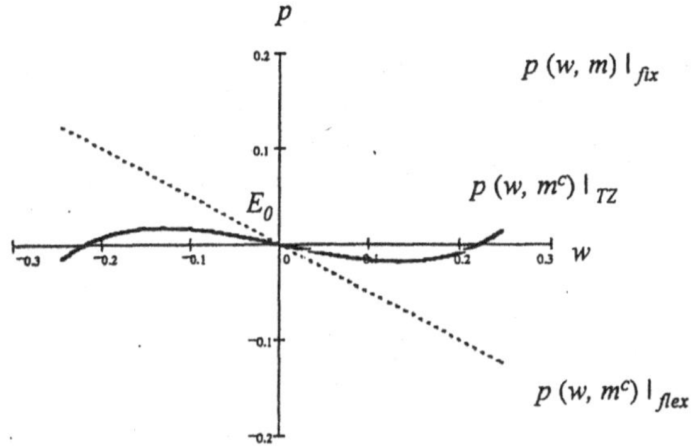

Diagramm 2: Preisniveau

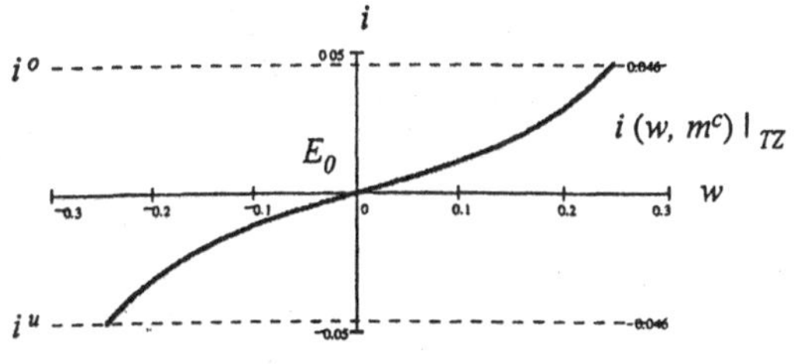

Diagramm 3: Zinsniveau

Abb. 4.6: Nominale Variablen und Nachfrageschock

Parameterwerte: $\alpha = 3$; $\gamma = \phi = \eta = 0{,}5$ und $k = 1{,}5$.

Im Modell bei *flexiblen Wechselkursen* ist die erwartete Wechselkursänderungsrate gegeben und permanent gleich Null. Daneben wird der ausländische Geldmarktzins als konstant $i^*(0)=0$ angenommen. Unter diesen Umständen setzt die Einhaltung der ungedeckten Zinsparität voraus, daß der inländische Geldmarktzins auf das Niveau ausländischen Geldmarktzinses zurückfällt. In Diagramm 3 der Abbildung 4.6 ist der Geldmarktzins bei flexiblen Wechselkursen daher konstant Null. Weil der Geldmarktzins im neuen gesamtwirtschaftlichen Gleichgewicht konstant bleibt und sich das gleichgewichtige Realeinkommen nach dem exogenen Anstieg der Güternachfrage erhöht hat, ist die reale Geldnachfrage nach Maßgabe der Einkommenselastizität k gestiegen. Das neue güterwirtschaftliche Gleichgewicht wird durch eine Reduktion des realen Wechselkurses sichergestellt. Die Wechselkurselastizität des Güterangebots ϕ gibt den prozentualen Anstieg des Güterangebots nach einer einprozentigen Verringerung des realen Wechselkurses an. Infolgedessen liefert uns das Produkt $k\phi$ den Prozentsatz, mit dem sich eine einprozentige Reduktion des realen Wechselkurses in einer Erhöhung der realen Geldnachfrage niederschlägt.

Die Sicherung des monetären Gleichgewichts setzt voraus, daß die Erhöhung der realen Geldnachfrage durch einen entsprechenden Anstieg der realen Geldmenge ausgeglichen wird. Weil die Geldmenge im Modell bei flexiblen Wechselkursen konstant ist, muß das inländische Preisniveau proportional zum Anstieg der realen Geldnachfrage sinken. Demzufolge ist das inländische Preisniveau nach Abschluß aller Anpassungsprozesse mit einer Rate gesunken, die sich aus dem Produkt $k\phi$ multipliziert mit der prozentualen Reduktion des realen Wechselkurses ergibt.[145] Im Modell bei flexiblen Wechselkursen besteht demnach zwischen dem inländischen Preisniveau und dem exogenen Bestandteil der Güternachfrage w ein negativer Zusammenhang, der in Diagramm 2 der Abbildung 4.6 durch die Funktion $p(w, m^e)|_{flex}$ angezeigt ist. Die Sicherung des Gütermarktgleichgewichts setzt voraus, daß der reale Wechselkurs sinkt. Gleichzeitig bedingt die Aufrecht-

---

[145] In dem Modell von Sutherland (1995), bleibt dagegen das gleichgewichtige Preisniveau bei perfekt flexiblen Wechselkursen von einem Nachfrageschock unberührt. Dies ist darauf zurückzuführen, daß das reale Güterangebot im Modell von Sutherland unabhängig vom realen Wechselkurs ist. Die Reduktion des realen Wechselkurses hat mithin zur Folge, daß der Nachfrageüberschuß auf dem Gütermarkt über eine Verminderung der realen Güternachfrage abgebaut wird. Da der Nachfrageüberschuß ausschließlich nachfrageseitig abgebaut wird, ist das Realeinkommen im neuen Gleichgewicht konstant geblieben. Weil das Realeinkommen unverändert bleibt, setzt die Sicherung des monetären Gleichgewichts bei gegebener Geldmenge und Konstanz des Geldmarktzinses voraus, daß Preiseffekte ausbleiben. Infolgedessen löst ein Nachfrageschock in der Modellvariante von Sutherland keine anhaltenden Preiseffekte aus, wenn der Wechselkurs sich vollkommen frei bewegen kann und der Geldmarktzins damit letztlich konstant bleibt.

erhaltung des monetären Gleichgewichts, daß das inländische Preisniveau fällt. Im neuen gesamtwirtschaftlichen Gleichgewicht muß folglich der nominale Wechselkurs überproportional zum inländischen Preisniveau gefallen sein. Diagramm 1 der Abbildung 4.6 zeigt daher einen negativen Zusammenhang $s(w, m^c)|_{flex}$ zwischen dem freien Wechselkurs und der Variablen w, der mit Blick auf die Funktion $p(w, m^c)|_{flex}$ relativ steil verläuft.

Im Modell bei festen Wechselkursen wird der Nachfrageüberschuß auf dem Geldmarkt über eine Expansion der Geldmenge abgebaut, so daß die oben beschriebenen sekundären Anpassungsprozesse wegfallen. In der Abbildung 4.6 bleiben also die Variablen Wechselkurs (Diagramm 1) und Geldmarktzins (Diagramm 3) bei festen Wechselkursen auf ihren Ausgangswerten $s = 0$ und $i = 0$. Das Gleichgewicht im realen Sektor setzt voraus, daß der reale Wechselkurs sinkt, was bei festen Wechselkursen durch den primären Anstieg des Preisniveaus gesichert wird. Infolgedessen weist der funktionale Zusammenhang $p(w, m)|_{fix}$ zwischen dem inländischen Preisniveau bei festen Wechselkursen und der Variablen w in Diagramm 2 der Abbildung ein positives Anstiegsmaß auf.

Im neuen gesamtwirtschaftlichen Gleichgewicht bei festen Wechselkursen muß das inländische Preisniveau proportional zur erforderlichen Verminderung des realen Wechselkurses gestiegen sein. Dagegen ist im Modell bei flexiblen Wechselkursen das inländische Preisniveau um den Prozentsatz $k\phi$ multipliziert mit der prozentualen Reduktion des realen Wechselkurses gesunken. Dies impliziert, daß die Preisreaktionen auf eine exogen gegebene Veränderung der Güternachfrage im Modellzusammenhang bei festen und bei flexiblen Wechselkursen die gleiche Stärke aufweisen, wenn $k\phi = 1$ erfüllt ist. Gilt dagegen $k\phi > 1$ ($k\phi < 1$), fallen die Preiseffekte eines güterwirtschaftlichen Nachfrageschocks bei flexiblen Wechselkursen stärker (schwächer) aus als bei festen Wechselkursen.

In der Abbildung 4.6 stößt der Zielzonenwechselkurs an sein unteres (oberes) Bandende, wenn w den Grenzwert w^o (w^u) realisiert. Solange sich w zwischen den Grenzwerten w^u und w^o bewegt bleibt die Geldmenge im *Zielzonenmodell* konstant, so daß sich der Wechselkurs im Bandinneren frei bewegen kann. Im Gegensatz zum Flexkursmodell ist die erwartete Wechselkursänderungsrate im Zielzonenmodell aber endogen durch die Position des Wechselkurses im Band bestimmt. Im Rahmen der sekundären Anpassungsprozesse löst der positive Güternachfrageschock im

Inneren der Zielzone eine Wechselkursreduktion aus, woraufhin den Interventionen am unteren Bandende eine höhere Wahrscheinlichkeit und am oberen Bandende eine geringere Wahrscheinlichkeit zugeordnet wird. Dies läßt im Zielzonenmodell die erwartete Wechselkursänderungsrate steigen, so daß bei annahmegemäß gegebenem Auslandszins ($i^*(0)=0$) die Sicherung der ungedeckten Zinsparität einen Anstieg des inländischen Geldmarktzinses bedingt. Die funktionale Beziehung $i(w, m^c)|_{TZ}$ zwischen dem Geldmarktzins i und der Störgröße w im Inneren der Zielzone weist daher in Diagramm 3 der Abbildung 4.6 ein positives Anstiegsmaß auf. Hierbei nimmt der Erwartungswert einer Wechselkursbewegung zur Bandmitte immer stärker zu, wenn sich der Wechselkurs ausgehend von der Bandmitte an eines der beiden Bandenden annähert. Dieser Zusammenhang wird in Diagramm 3 durch den nicht-linearen Verlauf der Funktion $i(w, m^c)|_{TZ}$ reflektiert.

Im neuen gesamtwirtschaftlichen Gleichgewicht des Zielzonensystems sind das Realeinkommen und der Geldmarktzins gestiegen. Infolgedessen nimmt die reale Geldnachfrage einkommensbedingt zu und zinsinduziert ab. Welcher Effekt auf die reale Geldnachfrage dominiert, hängt von dem Ausmaß ab, mit dem der Geldmarktzins über den beschriebenen Einfluß der Wechselkurserwartungen im Zielzonensystem steigt. Dominiert der Einkommenseffekt den Zinseffekt, nimmt die reale Geldnachfrage per saldo zu, so daß die Sicherung des Geldmarktgleichgewichts eine Reduktion des inländischen Preisniveaus bedingt. Demgegenüber setzt die Aufrechterhaltung des monetären Gleichgewichts eine Preiserhöhung voraus, wenn der Zinseffekt den Einkommenseffekt überkompensiert und die reale Geldnachfrage im Ergebnis fällt.

In der Abbildung 4.6 zeigen die Diagramme 1 und 2 den funktionalen Zusammenhang $s(w, m^c)|_{TZ}$ zwischen dem Zielzonenwechselkurs und der Größe w und die deterministische Beziehung $p(w,m^c)|_{TZ}$ zwischen dem inländischen Preisniveau im Zielzonensystem und der Variablen w. Aus den Diagrammen ist abzulesen, daß das inländische Preisniveau im gesamtwirtschaftlichen Gleichgewicht des Zielzonensystems zunächst sinkt und dann steigt, wenn sich der Zielzonenwechselkurs durch einen Anstieg von w entlang der Zielzonenwechselkursfunktion seinem unteren Bandende nähert. Die beschriebene Anpassung ist darauf zurückzuführen, daß der Zinseffekt der glaubhaft angekündigten marginalen Zentralbankinterventionen vergleichsweise gering ausfällt, wenn der Wechselkurs noch relativ weit von seinem oberen Bandende entfernt ist. In diesem Fall dominiert der Einkommenseffekt den Zinseffekt, so daß die Aufrechterhaltung des monetären Gleichgewichts eine Preisreduktion erfordert. Demgegenüber fällt der Zinsanstieg relativ stark aus, wenn sich der Wechselkurs durch den Anstieg von *w* in die Nähe seines unteren Interventionspunktes bewegt. In diesem Fall dominiert der Zinseffekt den Einkommenseffekt, so daß die reale Geldnachfrage im Ergebnis fällt und die Sicherung des Geldmarktgleichgewichts einen Anstieg des inländischen Preisniveaus voraussetzt.

Nach einem exogenen Anstieg der Güternachfrage setzt die Wiederherstellung des güterwirtschaftlichen Gleichgewichts voraus, daß der reale Wechselkurs sinkt. Im Modell bei flexiblen Wechselkursen wird die Reduktion des realen Wechselkurses dadurch gewährleistet, daß der nominale Wechselkurs überproportional zum inländischen Preisniveau fällt. Während der Geldmarktzins im Modell bei flexiblen Wechselkursen konstant ist, nimmt der Geldmarktzins im Zielzonenmodell nach einem positiven Nachfrageschock über den Erwartungseffekt der marginalen Interventionen zu. Hierbei nimmt der Geldmarktzins um so stärker zu, je weiter sich der Wechselkurs aus dem Bandinneren heraus in Richtung von einem der beiden Interventionspunkte bewegt hat. Infolgedessen wird die Reduktion des Preisniveaus im Bandinneren zunächst gedämpft und schlägt in der Nähe der Interventionspunkte in eine Erhöhung des Preisniveaus um. Dies impliziert, daß der nominale Wechselkurs mit einer Bewegung in Richtung der Zonenränder immer weniger fallen muß, um die erforderliche Reduktion des realen Wechselkurses zu gewährleisten. Im Inneren der Zielzone wirkt sich die erwartete Wechselkursbewegung zur Bandmitte und die hiermit verbundene Zinsanpassung wechselkursstabilisierend aus ("honeymoon"-Effekt). Hierbei nimmt der "honeymoon"-Effekt immer stärker zu, wenn sich der Wechselkurs aus dem Bandinneren heraus zu einem der beiden Bandenden bewegt. Aus diesem Grund verläuft die Zielzonenwechselkursfunktion in Diagramm 1 der Abbildung nicht-linear.

Bei der geometrischen Darstellung des Zielzonenmodells ist die Geldmenge von nun an exogen gegeben und demzufolge ein Lageparameter der Zielzonenlösungen für den Wechselkurs *s*, das inländische Preisniveau *p* und den inländischen Geldmarktzins *i*. Mit Hilfe der Abbildung 4.7 soll exemplarisch gezeigt werden, wie sich die Position der Zielzonenlösungen in einer geometrischen Darstellung verändert, wenn die Zentralbank den unteren Interventionspunkt der Zielzone s^{u} durch eine Erhöhung der Geldmenge verteidigen muß. Weil die Anpassungsprozesse an den Bandenden der Zielzone mit denen bei festen Wechselkursen identisch sind, werden wir uns im weiteren Verlauf der Arbeit auf die Anpassungsprozesse im Inneren der Zielzone konzentrieren und auf die Darstellung der Auswirkungen von marginalen Interventionen verzichten.

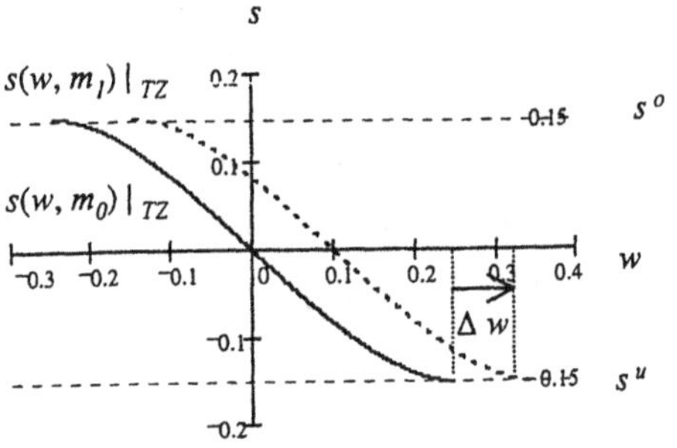

Diagramm 1: Wechselkurs

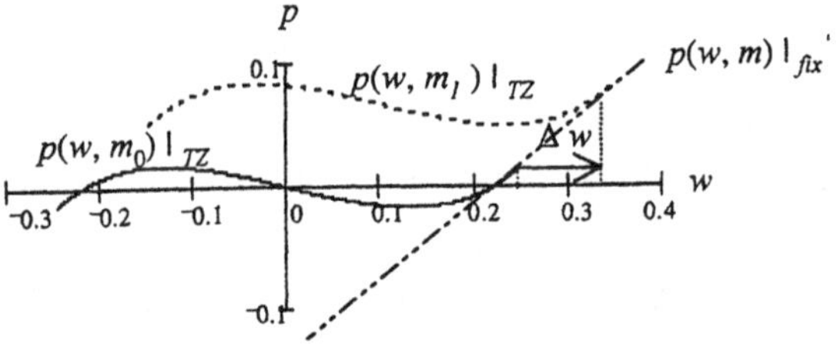

Diagramm 2: Preisniveau

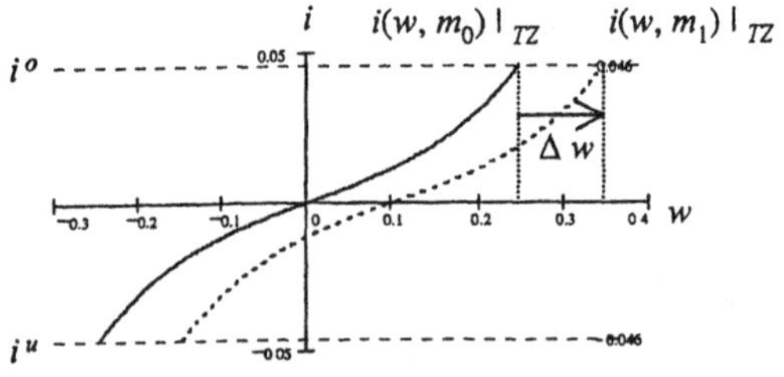

Diagramm 3: Zinsniveau

Abb. 4.7: Nachfrageschock und Interventionen am oberen Bandende

Parameterwerte: $\alpha = 3$; $\gamma = \phi = \eta = 0{,}5$; $k = 1{,}5$; $\Delta w = 0{,}1$ und damit $\Delta m = 0{,}1167$.

Nimmt die Nachfrage nach Inlandsgütern ausgehend von einer Position des Wechselkurses am unteren Bandende s'' um Δw zu, muß die Zentralbank im Modellzusammenhang dafür sorgen, daß der Geldmarkt über eine Ausweitung der Geldmenge im Gleichgewicht bleibt. In der Abbildung 4.7 hat der exogen gegebene Anstieg der Geldmenge zur Folge, daß der wechselkursdämpfende Effekt des positiven Nachfrageschocks ausgeglichen wird. In Diagramm 1 verlagert sich die Kurve $s(w, m_0)|_{TZ}$ daraufhin parallel um Δw nach rechts auf $s(w, m_1)|_{TZ}$. Weil der Wechselkurs durch die Ausweitung der Geldmenge konstant bleibt, kann der Nachfrageschock auch keinen Einfluß auf die erwartete Wechselkursänderungsrate haben. Daneben ist der ausländische Geldmarktzins gegeben, so daß der inländische Geldmarktzins über die angenommene Gültigkeit der ungedeckten Zinsparität konstant bleibt. Dies zeigt sich in Diagramm 3 der Abbildung darin, daß sich die Kurve $i(w,m_0)|_{TZ}$ ebenfalls um Δw parallel nach rechts auf $i(w,m_1)|_{TZ}$ verschiebt. Im Fall einer Verteidigung des unteren Bandendes stimmt im Modellzusammenhang die Preisreaktion auf einen positiven Nachfrageschock mit derjenigen bei festen Wechselkursen überein. Diese ist in Diagramm 2 der Abbildung 4.7 durch die Gerade $p(w,m)|_{fix}'$ angezeigt. In Diagramm 2 verlagert sich daher die Kurve $p(w,m_0)|_{TZ}$ um Δw nach rechts und entlang der Geraden $p(w,m)|_{fix}'$ nach oben auf $p(w,m_1)|_{TZ}$, wenn nach einem positiven Nachfrageschock das untere Ende des Währungsbandes durch eine *exogene* Erhöhung der Geldmenge verteidigt wird.

Wird das güterwirtschaftliche Gleichgewicht durch einen exogen gegebenen Anstieg der Güternachfrage gestört, setzt die Wiederherstellung des gesamtwirtschaftlichen Gleichgewichts in allen betrachteten Wechselkursregimen voraus, daß der reale Wechselkurs um einen bestimmten Betrag sinkt. Im Modell bei flexiblen Wechselkursen erfolgt die erforderliche Reduktion des realen Wechselkurses dadurch, daß das inländische Preisniveau überproportional zum nominalen Wechselkurs fällt. Während der Geldmarktzins im Modell bei flexiblen Wechselkursen im gesamtwirtschaftlichen Gleichgewicht konstant ist, muß der Geldmarktzins im Zielzonenmodell steigen, wenn sich der Wechselkurs seinem unteren Bandende annähert. Infolgedessen fällt die Reduktion des inländischen Preisniveaus im Zielzonenmodell schwächer aus als im Flexkurssystem.

Im Gegensatz zum Modell bei flexiblen Wechselkursen ist im Modell bei festen Wechselkursen das inländische Preisniveau im neuen gesamtwirtschaftlichen Gleichgewicht nach einer exogen gegebenen Erhöhung der Güternachfrage gestiegen. Im Zielzonenmodell gleichen sich die Richtung und die Stärke der Preiseffekte an die Preisreaktionen im Fixkursmodell an, wenn sich die Distanz des Wechselkurses zu seinem unteren Bandende verkürzt und die Reaktion des nominalen Wechselkurses über den Einfluß der Wechselkurserwartungen auf den Geldmarktzins zunehmend gedämpft wird. Solange sich also der Zielzonenwechselkurs im Bandinneren aufhält, ist ein positiver Nachfrageschock im Zielzonenmodell mit einem geringeren Anstieg des Preisniveaus verbunden als im Modell bei festen Wechselkursen.

Als Ergebnis bleibt festzuhalten, daß die Reaktion des inländischen Preisniveaus auf eine nachfrageseitige Störung des Gütermarktgleichgewichts im Zielzonenmodell in der Nähe des Leitkurses geringer ausfällt als im Modell bei flexiblen Wechselkursen und im Bandinneren insgesamt schwächer ausfällt als im Modell bei festen Wechselkursen. Dies impliziert, daß im Modellzusammenhang die Interventionsstrategie der Zentralbank im Zielzonenregime optimal ist, wenn der reale Sektor der inländischen Volkswirtschaft von einem Nachfrageschock betroffen ist und die resultierenden (entgegengesetzten) Reaktionen des inländischen Preisniveaus bei festen und bei flexiblen Wechselkursen die gleiche Stärke aufweisen ($k\phi = 1$).

	$k\varphi > 1$				$k\varphi = 1$				$k\varphi < 1$			
	s	p	i	m	s	p	i	m	s	p	i	m
Flexible Wechselkurse	↓*	↓	—	—	↓*	↓	—	—	↓*	↓	—	—
Feste Wechselkurse	—	↑	—	↑	—	↑	—	—	—	↑	—	↑
Zielzone: $s^u < s < s^o$	↓*	↓/↑	↑	—	↓*	↑	↑	—	↓*	↓/↑	↑	—

* Es ist zu berücksichtigen, daß der reale Wechselkurs fällt und s daher überproportional zu p sinkt.

Tab. 4.2: Reaktion der nominalen Variablen auf eine exogene Erhöhung der Güternachfrage

Tabelle 4.2 gibt einen Überblick über die Stärke und das Ausmaß der nominalen Effekte eines positiven Nachfrageschocks in den betrachteten Wechselkursregimen. Durch die schraffierte Fläche wird hervorgehoben, daß ein Zielzonenregime im Fall $k\phi = 1$ optimal ist.

4.4.3 Angebotsschock im realen Sektor des Inlandes

Im folgenden wird eine exogene Erhöhung des inländischen Güterangebots thematisiert, die im Modellzusammenhang durch einen Anstieg der stochastischen Größe x zum Ausdruck kommt und etwa durch eine Erhöhung des Kapitalstocks oder der Produktivität hervorgerufen wird. Ausgehend vom langfristigen Gleichgewicht E_0 entsteht durch die angenommene Datenänderung ein Angebotsüberschuß an inländischen Gütern.

Bei perfekter Preisflexibilität löst der Angebotsüberschuß auf dem inländischen Gütermarkt einen Rückgang der Preise aus, der solange anhält, bis der Gütermarkt wieder geräumt ist. Die Wiederherstellung des güterwirtschaftlichen Gleichgewichts setzt voraus, daß sich der reale Wechselkurs erhöht. Steigt der reale Wechselkurs an, nimmt im Modellzusammenhang die gesamtwirtschaftliche Produktion mittelbar über eine Einschränkung der Beschäftigung ab (Gleichung (4.9)). Außerdem nimmt die gesamtwirtschaftliche Nachfrage nach Inlandsgütern zu, wenn sich der reale Wechselkurs erhöht (Gleichung (4.5)). Dies ist erstens darauf zurückzuführen, daß die preisliche Wettbewerbsfähigkeit der inländischen Konsumgüter steigt und infolgedessen Substitutionsprozesse von Auslandsgütern zu Inlandsgütern ausgelöst werden. Zweitens läßt der Anstieg des realen Wechselkurses die erwartete langfristige Änderungsrate des realen Wechselkurses fallen, so daß der erwartete Realzins langfristiger Inlandsanlagen über die angenommene Gültigkeit der realen Zinsparität sinkt (Gleichung (4.6)). Hierdurch nimmt die Investitionsnachfrage im Inland zu. Weil der Angebotsüberschuß auf dem Gütermarkt nicht nur durch eine Einschränkung der Produktion, sondern auch durch eine Ausweitung der Güternachfrage abgebaut wird, muß das Realeinkommen im neuen gesamtwirtschaftlichen Gleichgewicht gestiegen sein. Aus den Gleichungen (4.19)-(4.21) ergeben sich für die Reaktionen der endogenen Variablen realer Wechselkurs e, Realeinkommen y und erwarteter Realzins r^e auf einen positiven Angebotsschock am Gütermarkt:

$$\frac{de}{dx} = \frac{1}{\eta+\phi+\gamma}\,, \qquad \frac{dy}{dx} = \frac{\eta+\gamma}{\eta+\phi+\gamma}\,, \qquad \frac{dr^e}{dx} = -\frac{1}{\eta+\phi+\gamma}\,.$$

Bei zunächst gegebenem nominalen Wechselkurs setzt die Sicherung des Gütermarktgleichgewichts nach einem positiven Angebotsschock voraus, daß der reale Wechselkurs über eine Reduktion des inländischen Preisniveaus steigt. Die Verminderung des inländischen Preisniveaus ist mit einem proportionalen Anstieg des realen Geldangebots verbunden. Ist die nominale Geldmenge gegeben, hat sich das reale Geldangebot proportional zu dem Anstieg des realen Wechselkurses erhöht. Gleichzeitig läßt die Erhöhung des realen Wechselkurses das gleichgewichtige Realeinkommen steigen, so daß sich die reale Geldnachfrage nach Maßgabe der Einkommenselastizität k erhöht hat. Mit welcher Situation das neue güterwirtschaftliche Gleichgewicht auf dem Geldmarkt einhergeht hängt davon ab, ob das reale Geldangebot preisinduziert oder die reale Geldnachfrage einkommensbedingt stärker gestiegen sind. Hierbei wird der Anstieg des Realeinkommens durch den Term $\eta+\gamma$ bestimmt, der ein Maß ist für die prozentuale Erhöhung der Nachfrage nach inländischen Konsum- und Investitionsgütern auf einen einprozentigen Anstieg des realen Wechselkurses.

Im neuen güterwirtschaftlichen Gleichgewicht sind das reale Geldangebot und die reale Geldnachfrage proportional zum realen Wechselkurs gestiegen, wenn die Parameterkonstellation $k(\gamma+\eta) = 1$ vorliegt. Unter dieser Voraussetzung wird das neue Gütermarktgleichgewicht von einem Gleichgewicht auf dem Geldmarkt begleitet. Dies impliziert, daß eine Anpassung des nominalen Wechselkurses und des Geldmarktzinses ausbleibt und das gesamtwirtschaftliche Gleichgewicht in den betrachteten Wechselkursregimen durch die oben beschriebenen primären Anpassungsprozesse gesichert wird.

Demgegenüber hängt die Reaktion der nominalen Variablen auf eine angebotsseitige Störung von dem zugrundegelegten Wechselkursregime ab, wenn $k(\gamma+\eta) \neq 1$ gilt und die primären Anpassungsprozesse zur Wiederherstellung des Gütermarktgleichgewichts infolgedessen ein Ungleichgewicht auf dem Geldmarkt induzieren. Unter der Annahme, daß die stochastischen Variablen v, w, p^*, r^* und i^* jeweils auf ihrem Ausgangswert Null verharren, resultiert aus den Lösungssystemen (4.35)-(4.37) für den Zusammenhang zwischen dem nominalen Wechselkurs s, dem inländischen Preisniveau p und dem inländischen Geldmarktzins i als abhängige Variablen und dem exogenen Bestandteil des Güterangebots x als unabhängige Variable bei flexiblen Wechselkursen:

$$s(x,m^c)\,|_{flex} = m^c + \frac{1-k(\gamma+\eta)}{\eta+\phi+\gamma}\cdot x, \qquad p(x,m^c)\,|_{flex} = m^c - \frac{k(\gamma+\eta)}{\eta+\phi+\gamma}\cdot x, \qquad i\,|_{flex} = 0$$

bei festen Wechselkursen:

$$s^c = 0, \qquad p(x,m)\,|_{fix} = -\frac{1}{\eta+\phi+\gamma}\cdot x, \qquad i\,|_{fix} = i^*(0) = 0$$

$$mit \quad m(x)\,|_{fix} = -\frac{1-k(\gamma+\eta)}{\eta+\phi+\gamma}\cdot x,$$

und im Inneren der Zielzone:

$$s(x,m^c)\,|_{TZ} = m^c - \frac{1-k(\gamma+\eta)}{\eta+\phi+\gamma}\cdot x + \frac{e^{\lambda_1 f}-e^{\lambda_2 f}}{\lambda_2\cdot[e^{\lambda_1 f^o}+e^{\lambda_2 f^o}]},$$

$$p(x,m^c)\,|_{TZ} = m^c - \frac{k(\gamma+\eta)}{\eta+\phi+\gamma}\cdot x + \frac{e^{\lambda_1 f}-e^{\lambda_2 f}}{\lambda_2\cdot[e^{\lambda_1 f^o}+e^{\lambda_2 f^o}]},$$

$$i(x,m^c)\,|_{TZ} = \frac{e^{\lambda_1 f}-e^{\lambda_2 f}}{\alpha\cdot\lambda_2\cdot[e^{\lambda_1 f^o}+e^{\lambda_2 f^o}]},$$

$$mit \quad f = m^c + \frac{1-k(\gamma+\eta)}{\eta+\phi+\gamma}\cdot x.$$

Die beschriebenen Zusammenhänge sind in den Abbildungen 4.8 (Seite 188) und 4.9 (Seite 193)graphisch dargestellt. Die zugrundegelegten Parameterwerte sind $\sigma_x = 0{,}1$, $\alpha =$; $\eta = \phi = \gamma = 0{,}5$. Aus den Annahmen resultiert in Zusammenhang mit den Gleichungen (4.27) und (4.29): $\sigma^2 = 0{,}0333$, $\lambda_1 = 24{,}497$ und $\lambda_2 = -24{,}497$. Bei sonst gleichen Parameterwerten wurde in den Abbildungen ein unterschiedlicher Wert für den Kassenhaltungskoeffizienten k zugrundegelegt: in der Abbildung 4.8 wurde k=1,5 und damit $k(\gamma+\eta)>1$ angenommen, während in der Abbildung 4.9 k=0,5 und somit $k(\gamma+\eta)<1$ unterstellt wurde.

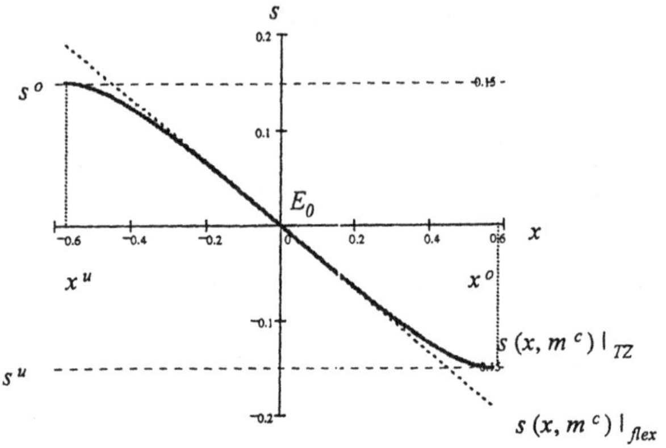

Diagramm 1: Wechselkurs

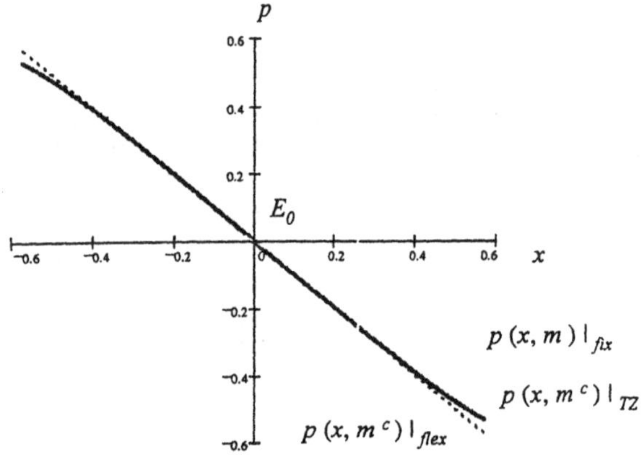

Diagramm 2: Preisniveau

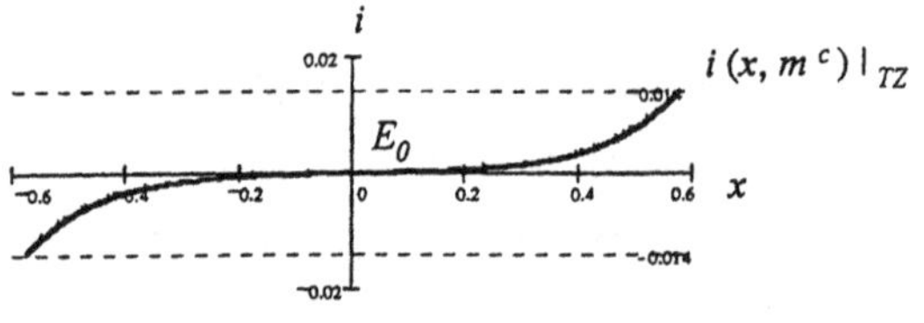

Diagramm 3: Zinsniveau

Abb. 4.8: Nominale Variablen und Angebotsschock

Parameterwerte: $\alpha = 3$; $\gamma = \phi = \eta = 0{,}5$; $k = 1{,}5$.

In der Abbildung 4.8 geht das neue Gütermarktgleichgewicht mit einem Nachfrageüberschuß auf dem Geldmarkt einher, weil die reale Geldnachfrage einkommensbedingt stärker gestiegen ist, als sich das reale Geldangebot preisinduziert erhöht hat ($k(\gamma+\eta)>1$). Der Nachfrageüberschuß am Geldmarkt würde eine Erhöhung des Geldmarktzinses induzieren, der bei gegebenen Wechselkursänderungserwartungen und perfekter Kapitalmobilität zu Kapitalzuflüssen und einer Aufwertung der Inlandswährung führen würde. Die sekundären Anpassungsprozesse sind also wiederum von der Interventionsstrategie der Zentralbank auf dem Devisenmarkt abhängig.

Im Modell bei flexiblen Wechselkursen ist die erwartete Wechselkursänderungsrate permanent gleich Null, so daß es solange zu Kapitalzuflüssen aus dem Ausland und einer damit verbundenen Reduktion des nominalen Wechselkurses kommt, bis der Geldmarktzins auf sein ursprüngliches Niveau fällt. Diagramm 1 der Abbildung 4.8 zeigt daher einen negativen Zusammenhang $s(x,m^e)|_{flex}$ zwischen dem freien Wechselkurs und der Störgröße x und in Diagramm 3 verharrt der Geldmarktzins bei flexiblen Wechselkursen auf seinem Ausgangswert $i = 0$. Die Sicherung des güterwirtschaftlichen Gleichgewichts setzt voraus, daß der primäre Anstieg des realen Wechselkurses erhalten bleibt. Im Rahmen der sekundären Anpassungsprozesse müssen daher der nominale Wechselkurs und das inländische Preisniveau proportional zueinander fallen. Hierbei halten die Reduktion des Wechselkurses und die sekundäre Verminderung des inländischen Preisniveaus solange an, bis der Nachfrageüberschuß auf dem Geldmarkt durch die preisbedingte Erhöhung des realen Geldangebots abgebaut ist. Im Modell bei flexiblen Wechselkursen wird die primäre Reduktion des inländischen Preisniveaus sekundär verstärkt und der nominale Wechselkurs muß hierzu proportional fallen. Die Abbildung zeigt daher einen negativen Zusammenhang $p(x,m^e)|_{flex}$ zwischen dem inländischen Preisniveau bei flexiblen Wechselkursen und der Störgröße x (Diagramm 2), der mit Blick auf die Funktion $s(x,m^e)|_{flex}$ relativ steil verläuft (Diagramm 1).

Löst der positive Angebotsschock über die primären Anpassungsprozesse zur Sicherung des Gütermarkgleichgewichts einen Nachfrageüberhang auf dem Geldmarkt aus, wird das Gleichgewicht auf dem Geldmarkt im Modell bei festen Wechselkursen über eine Ausweitung der Geldmenge sichergestellt. Die oben beschriebenen sekundären Anpassungsprozesse werden durch die Anpassung der Geldmenge unterdrückt. In der Abbildung 4.8 bleiben der Wechselkurs (Diagramm 1) und der Geldmarktzins (Diagramm 3) im Fall fester Wechselkurse auf ihren Ausgangswerten $s = 0$ und $i = 0$. Weil die primäre Reduktion des inländischen Preisniveaus unter der Bedingung $k(\gamma+\eta)>1$ und bei Konstanz der Geldmenge sekundär verstärkt wird, wirkt sich die kompensierende Anpassung der Geldmenge im Modell bei festen Wechselkursen preisstabilisierend aus. Dies zeigt sich in Diagramm 2 der Abbildung 4.8 darin, daß der funktionale Zusammenhang $p(x,m)|_{fix}$ zwischen dem inländischen Preisniveau bei festen Wechselkursen und der Störgröße x gegenüber der Funktion $p(x,m^c)|_{flex}$ ein relativ geringes (negativen) Anstiegsmaß aufweist.

In Diagramm 1 der Abbildung 4.8 stößt der Zielzonenwechselkurs an sein unteres (oberes) Bandende, wenn die Störgröße x den Grenzwert x^o (x^u) erreicht. Solange sich x zwischen den Grenzwerten x^o und x^u bewegt, bleibt die Geldmenge im Zielzonenmodell analog zum Fall bei freien Wechselkursen konstant (m^c). Im Gegensatz zum Modell bei flexiblen Wechselkursen ist die erwartete Wechselkursänderungsrate im Zielzonenmodell aber endogen durch die Position des Wechselkurses im Band bestimmt. Unter der Bedingung $k(\gamma+\eta)>1$ löst der positive Angebotsschock im Rahmen der primären Anpassungsprozesse zur Wiederherstellung des Gütermarktgleichgewichts einen Nachfrageüberschuß auf dem Geldmarkt aus, der den Wechselkurs im Inneren der Zielzone sinken läßt. Mithin nähert sich der Wechselkurs seinem unteren Bandende an, woraufhin die erwartete kurzfristige Wechselkursänderungsrate positiv wird. Weil der ausländische Geldmarktzins annahmegemäß auf seinem Ausgangsniveau $i^*(0) = 0$ verharrt, setzt die Sicherung der ungedeckten Zinsparität voraus, daß der Inlandszins i um die Erhöhung der erwarteten Wechselkursänderungsrate steigt. Dies zeigt sich in Diagramm 3 der Abbildung 4.8 darin, daß die funktionale Beziehung $i(x,m^c)|_{TZ}$ zwischen dem Geldmarktzins i und der Variablen x positiv verläuft. Hierbei verläuft die Kurve $i(x,m^c)|_{TZ}$ nicht-linear, weil der Erwartungswert einer Wechselkursbewegung zur Bandmitte immer stärker steigt, wenn sich der Zielzonenwechselkurs durch eine Veränderung von x aus dem Bandinneren heraus bewegt.

Im Zielzonenmodell wird der Nachfrageüberschuß auf dem Geldmarkt über den endogenen Anstieg des Geldmarktzinses geschmälert, so daß die Wiederherstellung des monetären Gleichgewichts eine schwächere Reduktion des inländischen Preisniveaus bedingt als im Modell bei flexiblen Wechselkursen. Der funktionale Zusammenhang $p(x,m^c)|_{TZ}$ zwischen dem inländischen Preisniveau im Zielzonenmodell und der Störgröße x verläuft in Diagramm 2 der Abbildung 4.8 daher flacher als die korrespondierende Lösung $p(x,m^c)|_{flex}$ bei flexiblen Wechselkursen. Da die

Aufrechterhaltung des güterwirtschaftlichen Gleichgewichts voraussetzt, daß die sekundäre Verminderung des inländischen Preisniveaus mit einer proportionalen Reduktion des nominalen Wechselkurses einhergeht, wird im Zielzonenmodell nach einem positiven Angebotsschock auf dem Gütermarkt nicht nur das inländische Preisniveau sondern auch der nominale Wechselkurs über die beschriebene Anpassung des Geldmarktzinses stabilisiert. Dies schlägt sich in Diagramm 1 der Abbildung 4.8 darin nieder, daß die Beziehung $s(x,m^c)|_{TZ}$ zwischen dem Zielzonenwechselkurs und der Variablen x eine geringere Steigung aufweist als die korrespondierende Lösungsfunktion bei flexiblen Wechselkursen $s(x,m^c)|_{flex}$.

Im Fall $k(\gamma+\eta)>1$ werden die Reaktionen des inländischen Preisniveaus auf einen Angebotsschock durch die sekundären Anpassungsprozesse verstärkt. Während die sekundäre Preisniveauanpassung nach einem Angebotsschock auf dem Gütermarkt im Zielzonenmodell über den kompensierenden Einfluß des Geldmarkzinses gedämpft wird, werden die Sekundäreffekte im Modell bei festen Wechselkursen durch eine Anpassung der Geldmenge vollständig unterdrückt. Unter diesen Umständen wirkt sich im Modellzusammenhang ein Regime fester Wechselkurse sowohl gegenüber einem Zielzonenregime als auch gegenüber einem Flexkurssystem preisstabilisierend aus. In Diagramm 2 der Abbildung 4.8 weist demzufolge die Preisfunktion bei festen Wechselkursen $p(x,m)|_{fix}$ eine geringere Steigung auf als die Funktionen $p(x,m^c)|_{TZ}$ und $p(x,m^c)|_{flex}$.

Die Stabilisierungseigenschaften der Wechselkurssysteme kehren sich um, wenn die Parameterkonstellation $k(\gamma+\eta)<1$ (Abbildung 4.9) vorliegt. In diesem Fall ist im neuen Gütermarktgleichgewicht nach einem positiven Angebotsschock auf dem Gütermarkt das reale Geldangebot preisbedingt stärker gestiegen, als sich die reale Geldnachfrage einkommensbedingt erhöht hat. Der resultierende Angebotsüberschuß auf dem Geldmarkt löst bei gegebener Geldmenge eine Reduktion des inländischen Geldmarktzinses aus, der bei einem annahmegemäß vollkommenen Kapitalmarkt zu Kapitalabflüssen und hierüber zu einem Wechselkursanstieg führt. Die Sicherung des güterwirtschaftlichen Gleichgewichts setzt voraus, daß der reale Wechselkurs von den sekundären Anpassungsprozessen unberührt bleibt. Im Rahmen der sekundären Anpassungsprozesse steigt daher das inländische Preisniveau proportional zum nominalen Wechselkurs an. Demzufolge wird im Fall $k(\gamma+\eta)<1$ die primäre Reduktion des inländischen Preisniveaus sekundär gedämpft, wenn die Geldmenge und der Geldmarktzins konstant bleiben.

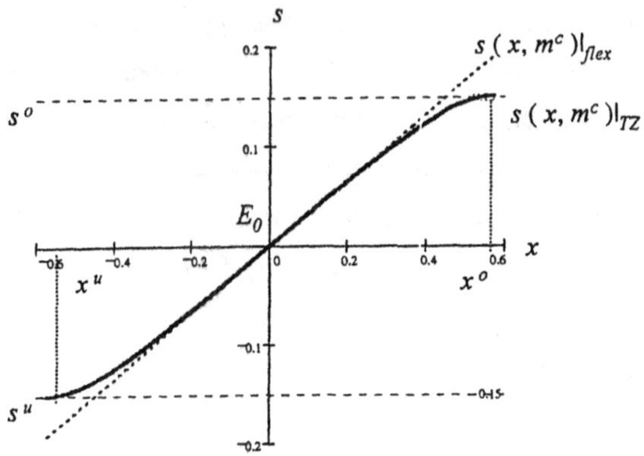

Diagramm 1: Wechselkurs

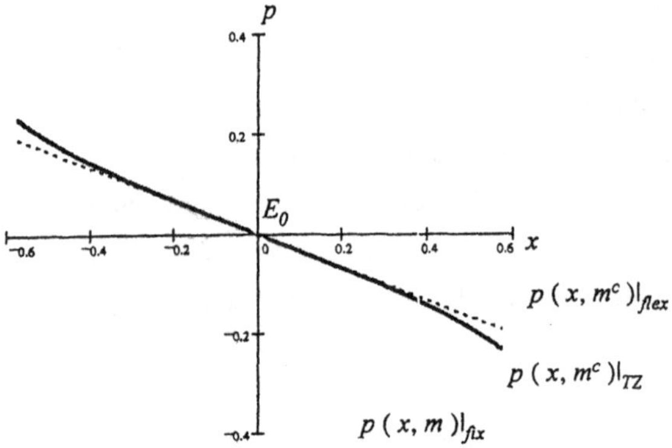

Diagramm 2: Preisniveau

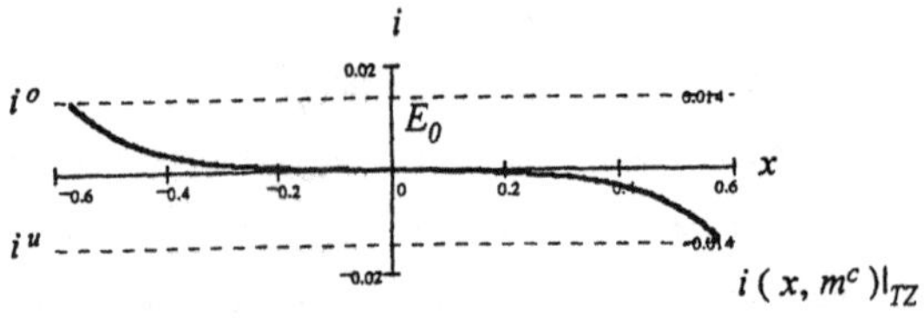

Diagramm 3: Zinsniveau

Abb. 4.9: Nominale Variablen und Angebotsschock

Parameterwerte: $\alpha = 3$; $\gamma = \phi = \eta = 0{,}5$; $k = 0{,}5$.

Im Modell bei flexiblen Wechselkursen fallen die Wechselkurserhöhung und der sekundäre Anstieg des inländischen Preisniveaus höher aus als im Zielzonenmodell, weil der Geldmarktzins bei flexiblen Wechselkursen konstant ist. Demgegenüber läßt der Wechselkursanstieg im Zielzonenmodell die erwartete Wechselkursänderungsrate fallen, woraufhin über die Zinsarbitrage eine Reduktion des inländischen Geldmarktzinses erzwungen wird. Daraufhin steigt die Geldnachfrage an, so daß der Angebotsüberschuß auf dem Geldmarkt zinsbedingt vermindert wird. Dies impliziert, daß die im Rahmen der sekundären Anpassungsprozesse zu verzeichnende Reduktion des inländischen Preisniveaus über den Erwartungseffekt der Wechselkurszielzone abgeschwächt wird. Weil aber im Fall $k(\gamma+\eta)<1$ die primäre Erhöhung des inländischen Preisniveaus sekundär gedämpft wird, geht von den Wechselkursänderungserwartungen im Zielzonenmodell eine destabilisierende Wirkung auf das inländische Preisniveau aus.

Ein mit einem Anstieg von x einhergehender Angebotsüberschuß auf dem Geldmarkt wird in dem zugrundeliegenden Modell über eine Ausweitung der Geldmenge abgebaut, wenn der Wechselkurs politisch fixiert ist oder der obere Interventionspunkt der Zielzone überschritten wird. Weil das Geldmarktgleichgewicht über die Interventionen der Zentralbank gesichert ist, bleiben die oben beschriebenen sekundären Anpassungsprozesse aus. Im Fall $k(\gamma+\eta)<1$ wird die primäre Reduktion des inländischen Preisniveaus über die sekundären Anpassungsprozesse abgeschwächt, so daß die Interventionen im Regime fester Wechselkurse hier preisdestabilisierend wirken.

Insgesamt läßt sich festhalten, daß im Modellzusammenhang ein Regime flexibler Wechselkurse einem Zielzonensystem und einem Regime fester Wechselkurse vorzuziehen ist, wenn die Parameterkonstellation $k(\gamma+\eta)<1$ gegeben ist und das güterwirtschaftliche Gleichgewicht durch einen Angebotsschock gestört wird. Demgegenüber sind feste Wechselkurse einem Zielzonenregime und einem System flexibler Wechselkurse vorzuziehen, wenn die Bedingung $k(\gamma+\eta)>1$ vorliegt und der reale Sektor von einer angebotsseitigen Störung betroffen ist. Tabelle 4.3 faßt die Ergebnisse zusammen.

	$k(\gamma+\eta)>1$				$k(\gamma+\eta)=1$				$k(\gamma+\eta)<1$			
	s	p	i	m	s	p	i	m	s	p	i	m
Flexible Wechselkurse	↓*	↓	—	—		↓	—	—	↑	↓	—	—
Feste Wechselkurse	—	↓	—	↑	—	↓	—	—	—	↓	—	↓
Zielzone: $s^u < s < s^o$	↓	↓	↑	—		↓		—	↑	↓	↓	—

* Es ist zu berücksichtigen, daß der reale Wechselkurs steigt und p daher überproportional zu s sinkt.

Tab. 4.3: Reaktion der nominalen Variablen auf eine exogene Erhöhung des Güterangebot

4.4.4 Anstieg des ausländischen Preisniveaus

Im folgenden werden die Auswirkungen externer Störungen auf die kleine inländische Volkswirtschaft analysiert. Zunächst wird unterstellt, daß das ausländische Preisniveau p^* ausgehend vom "steady state" E_0 steigt. Unter der Annahme, daß das Ausland die gleiche Modellstruktur aufweist wie das Inland, läßt sich der Anstieg des ausländischen Preisniveaus auf eine Einschränkung der ausländischen Geldnachfrage oder einen Anstieg der ausländischen Geldmenge zurückführen. Hierbei nehmen wir an, daß die Ursachen für den Anstieg des ausländischen Preisniveaus stochastischer Natur sind. Unter diesen Umständen hat die Erhöhung des ausländischen Preisniveaus keinen Einfluß auf die Inflationserwartungen, so daß der ausländische Geldmarktzins konstant bleibt. Es stellt sich nun die Frage, ob und durch welche Wechselkurspolitik sich das Inland gegen eine Inflationsübertragung aus dem Ausland abschirmen kann.

Es wird unterstellt, daß der nominale Wechselkurs durch die Anpassungsvorgänge auf den Finanzmärkten bestimmt wird und daher zunächst gegeben ist. Unter diesen Umständen geht der Anstieg des ausländischen Preisniveaus mit einer Erhöhung des realen Wechselkurses einher. Die Erhöhung des realen Wechselkurses bewirkt zum einen, daß die Nachfrage nach inländischen Konsumgütern und Investitionsgütern steigt. Zum anderen nimmt das Angebot an Inlandsgütern ab, weil der gleichgewichtige Arbeitseinsatz durch die reale Abwertung der Inlandswährung sinkt und die gesamtwirtschaftliche Produktion infolgedessen eingeschränkt wird. Der resultierende Nachfrageüberschuß auf dem Gütermarkt läßt das inländische Preisniveau steigen und ist erst dann beseitigt, wenn der reale Wechselkurs auf sein ursprüngliches Niveau fällt und infolgedessen das Güterangebot und die Güternachfrage unverändert bleiben. Dies impliziert, daß das inländische Preisniveau bei gegebenem nominalen Wechselkurs proportional zum ausländischen Preisniveaus steigt. Im neuen güterwirtschaftlichen Gleichgewicht sind daher der reale Wechselkurs, der erwartete Realzins und das Realeinkommen unverändert geblieben.

Der Anstieg des inländischen Preisniveaus ist mit einer Reduktion der realen Geldmenge verbunden, so daß auf dem inländischen Geldmarkt ein Nachfrageüberschuß entsteht. Dieser löst einen Anstieg des Geldmarktzinses aus, woraufhin die Inlandswährung im Zuge der einsetzenden Zinsarbitrage unter Aufwertungsdruck gerät. Die weiteren Anpassungen sind daher von dem vereinbarten Wechselkursregime abhängig, das im Modellzusammenhang durch die Geldmengenpolitik der Zentralbank charakterisiert wird.

Unter der Annahme, daß die Random-Größen v, w, x, r^* und i^* auf ihrem Ausgangswert Null verharren, werden die Variablen Wechselkurs s, inländisches Preisniveau p und inländischer Geldmarktzins i allein von der Geldmenge m und dem ausländischen Preisniveau p^* bestimmt. Im Modell bei festen Wechselkursen wird der Wechselkurseinfluß einer Erhöhung des ausländischen Preisniveaus p^* durch eine Anpassung der Geldmenge kompensiert. Weil im Modell bei festen Wechselkursen zwischen m und p^* eine deterministische Beziehung vorliegt und m im Modellzusammenhang bei flexiblen Wechselkursen und im Inneren der Zielzone gegeben ist, besteht in den betrachteten Wechselkursregimen ein funktionaler Zusammenhang zwischen dem nominalen Wechselkurs s, dem inländischen Preisniveau p und dem inländischen Geldmarktzins i als abhängige Variablen und dem ausländischen Preisniveau p^* als unabhängige Größe. Aus den Lösungssystemen (4.35) - (4.37) resultiert für die Variablen s, p und i bei flexiblen Wechselkursen:

$$s(p^*,m^c)\big|_{flex} = m^c + p^*, \qquad p(p^*,m^c)\big|_{flex} = 0, \qquad i\big|_{flex} = i^*(0) = 0,$$

bei festen Wechselkursen:

$$s^c = 0, \qquad p(p^*,m)|_{fix} = p^*, \qquad i|_{fix} = i^*(0) = 0,$$

$$\text{mit } m(p^*) = p^*,$$

und im Zielzonensystem:

$$s(p^*,m^c)|_{TZ} = m^c + \frac{e^{\lambda_1 f} - e^{\lambda_2 f}}{\lambda_2 \cdot [e^{\lambda_1 f^o} + e^{\lambda_2 f^o}]},$$

$$p(p^*,m^c)|_{TZ} = m^c + \frac{e^{\lambda_1 f} - e^{\lambda_2 f}}{\lambda_2 \cdot [e^{\lambda_1 f^o} + e^{\lambda_2 f^o}]},$$

$$i(p^*,m^c)|_{TZ} = \frac{e^{\lambda_1 f} - e^{\lambda_2 f}}{\alpha \cdot \lambda_2 \cdot [e^{\lambda_1 f^o} + e^{\lambda_2 f^o}]},$$

$$\text{mit } f = m^c - p^*(t).$$

Diese funktionalen Zusammenhänge sind in der Abbildung 4.10 graphisch dargestellt. Der Abbildung liegen die Parameterwerte $\sigma_{p^*} = 0{,}1$; $\alpha = 3$ und $\eta = \phi = \gamma = 0{,}5$ zugrunde. Hieraus folgt: $\sigma^2 = 0{,}01$ (Gleichung 4.27), $\lambda_1 = 8{,}165$ und $\lambda_2 = -8{,}165$ (Gleichung (4.29)).

Im Modell bei ***flexiblen Wechselkursen*** ist der bedingte Erwartungswert der kurzfristigen Wechselkursänderungsrate permanent gleich Null. Dies hat in Zusammenhang mit der angenommenen Gültigkeit der ungedeckten Zinsparität zur Folge, daß der inländische Geldmarktzins an den exogen gegebenen ausländischen Geldmarktzins gebunden ist. Der zinsbedingte Kapitalzufluß ins Inland und die damit verbundene Reduktion des nominalen Wechselkurses halten im Modell bei freien Wechselkursen solange an, bis der Geldmarkt bei einem unveränderten Geldmarktzins geräumt ist. In Diagramm 3 der Abbildung 4.10 verharrt der inländische Geldmarktzins daher auf seinem Ausgangswert $i = 0$. Im neuen gesamtwirtschaftlichen Gleichgewicht ist das Realeinkommen - unabhängig von dem bestehenden Wechselkursregime - konstant geblieben. Außerdem bleiben der inländische Geldmarktzins und die Geldmenge auf ihren Ausgangswerten. Im Modell bei flexiblen Wechselkursen setzt die Sicherung des monetären Gleichgewichts daher voraus, daß das inländische Preisniveau p konstant bleibt. In Diagramm 2 der Abbildung 4.10 wurde p in der Ausgangssituation E_0 Null gesetzt, so daß das inländische Preisniveau bei flexiblen

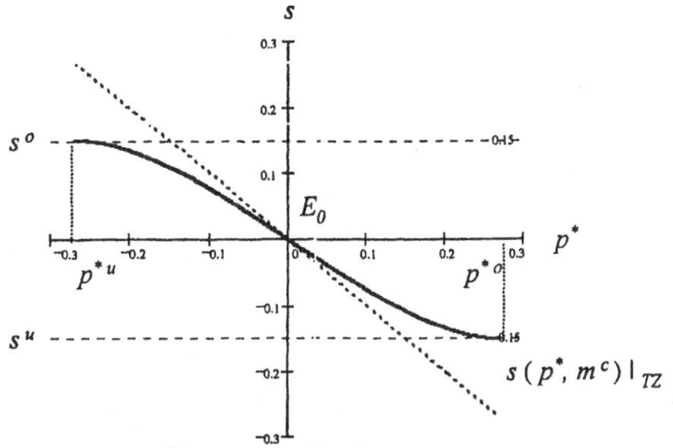

Diagramm 1: Wechselkurs

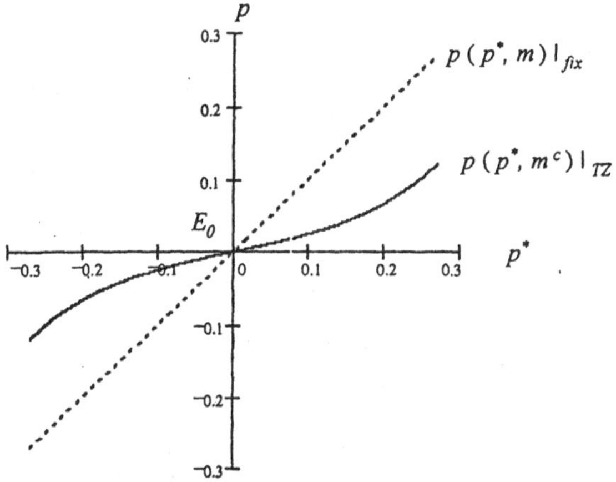

Diagramm 2: Preisniveau

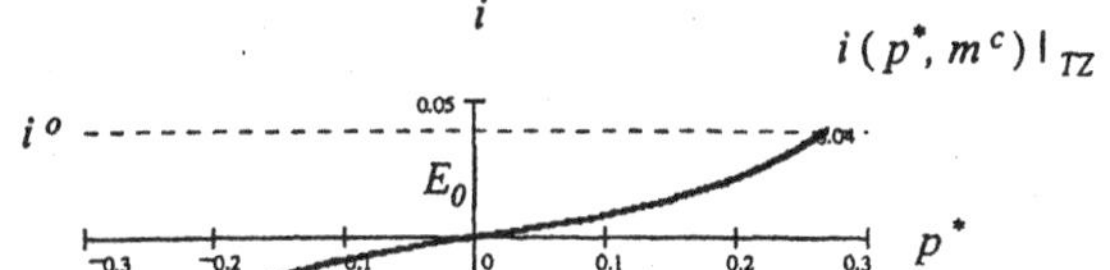

Diagramm 3: Zinsniveau

Abb. 4.10: Nominale Variablen und Instabilität des ausländischen Preisniveaus

Parameterwerte: $\alpha = 3$; $\gamma = \phi = \eta = 0{,}5$.

Wechselkursen im Ursprung verharrt. Im Modellzusammenhang wird die inländische Volkswirtschaft gegenüber einem Inflationsimport aus dem Ausland also perfekt abgeschirmt, wenn sich der Wechselkurs frei bewegen kann. Die zur Sicherung des güterwirtschaftlichen Gleichgewichts erforderliche Konstanz des realen Wechselkurses wird im Modell bei flexiblen Wechselkursen dadurch gewährleistet, daß der nominale Wechselkurs um den gleichen Prozentsatz sinkt, um den das ausländische Preisniveau gestiegen ist. In Diagramm 1 der Abbildung 4.10 verläuft der funktionale Zusammenhang $s(p^*m^e)|_{flex}$ zwischen dem freien Wechselkurs und dem ausländischen Preisniveau daher negativ mit einem Anstiegsmaß von 45°.

Im Modell bei *festen Wechselkursen* wird der Inflationsimport aus dem Ausland durch eine Erhöhung der inländischen Geldmenge monetär alimentiert. Weil die Erhöhung des ausländischen Preisniveaus vollständig auf das inländische Preisniveau durchschlägt, verläuft in Diagramm 2 der Abbildung 4.10 der funktionale Zusammenhang $p(p^*,m)|_{fix}$ zwischen dem inländischen Preisniveau p und dem ausländischen Preisniveau p^* bei festen Wechselkursen positiv mit einer Steigung von 45°. Der durch den Anstieg des inländischen Preisniveaus entstandene Nachfrageüberschuß auf dem inländischen Geldmarkt wird im Modell bei festen Wechselkursen über eine Ausweitung der Geldmenge abgebaut, so daß keine weiteren Anpassungsprozesse stattfinden. Im Fall fester Wechselkurse bleiben daher in der Abbildung 4.10 der Wechselkurs (Diagramm 1) und der inländische Geldmarktzins (Diagramm 3) auf ihren Ausgangswerten $s = 0$ und $i = 0$.

Im *Zielzonenmodell* nimmt der bedingte Erwartungswert der kurzfristigen Wechselkursänderungsrate einen positiven Wert an, wenn in Diagramm 1 der Abbildung 4.10 das ausländische Preisniveau ausgehend vom "steady state" E_0 steigt und sich der Zielzonenwechselkurs daraufhin seinem unteren Bandende annähert. Unter diesen Umständen setzt die angenommene Gültigkeit der ungedeckten Zinsparität voraus, daß der inländische Geldmarktzins i steigt. Im Zielzonenmodell herrscht daher eine positiv-deterministische Beziehung zwischen dem Geldmarktzins i und dem ausländischen Preisniveau p^* vor, die in Diagramm 3 der Abbildung 4.10 durch die Funktion $i(p^*,m^f)|_{TZ}$ dargestellt wird. Weil der Geldmarktzins im Inneren der Zielzone über die beschriebene Anpassung der Wechselkursänderungserwartungen steigt und das Realeinkommen unverändert bleibt, ist die reale Geldnachfrage im neuen gesamtwirtschaftlichen Gleichgewicht gesunken. Bei gegebener Geldmenge muß sich daher auch das reale Geldangebot im neuen gesamtwirtschaftlichen Gleichgewicht über einen Anstieg des inländischen Preisniveaus vermindert haben.

Im Inneren der Zielzone läßt die Erhöhung des ausländischen Preisniveaus demzufolge mittelbar über die beschriebene Anpassung des Geldmarktzinses das inländische Preisniveau steigen, so daß die Funktion $p(p^*,m^e)|_{TZ}$ in Diagramm 2 der Abbildung 4.10 positiv verläuft. Weil das inländische Preisniveau im Gegensatz zum Modell bei flexiblen Wechselkursen steigt, setzt die zur Sicherung des güterwirtschaftlichen Gleichgewichts erforderliche Konstanz des realen Wechselkurses voraus, daß der Zielzonenwechselkurs weniger fällt als der freie Wechselkurs. Dies zeigt sich in Diagramm 1 der Abbildung 4.10 darin, daß die Zielzonenwechselkursfunktion $s(p^*,m^e)|_{TZ}$ im Vergleich zur korrespondierenden Lösungsfunktion für den freien Wechselkurs relativ flach verläuft. Im Zielzonenmodell fällt der Inflationsimport aus dem Ausland umso stärker aus, je sensibler die erwartete Wechselkursänderungsrate auf die Erhöhung des ausländischen Preisniveaus reagiert. In der Abbildung 4.10 nehmen daher die wechselkursstabilisierende Wirkung der Wechselkursänderungserwartungen und das Ausmaß der internationalen Inflationsübertragung immer stärker zu, wenn das ausländische Preisniveau ausgehend von E_0 steigt und sich der Zielzonenwechselkurs daraufhin seinem unteren Bandende annähert.

Insgesamt läßt sich festhalten, daß der Anstieg des ausländischen Preisniveaus in keinem der betrachteten Wechselkursregime mit Realeffekten verbunden ist. In dem zugrundeliegenden Modell wird die inländische Volkswirtschaft gegenüber einem Inflationsimport aus dem Ausland perfekt abgeschirmt, wenn die Geldmenge im Zeitablauf konstant bleibt und sich der Wechselkurs vollkommen frei bewegen kann. Obwohl sich der Zielzonenwechselkurs im Bandinneren frei bewegen kann, kommt es im Inneren der Zielzone über den Einfluß der Wechselkursänderungserwartungen auf den Geldmarktzins zu einer Inflationsübertragung aus dem Ausland. Im Modellzusammenhang kommt es zu einer vollständigen Übertragung der Auslandsinflation auf die inländische Inflationsrate, wenn der nominale Wechselkurs bei festen Wechselkursen oder am unteren Interventionspunkt der Wechselkurszielzone durch eine Ausweitung der inländischen Geldmenge konstant bleibt. Die Teilnehmerländer eines Regimes fester Wechselkurse und eines Zielzonenregimes sollten sich daher darauf verständigen, daß das Land mit der höchsten Preisniveausstabilität von der Interventionsverpflichtung zur Verteidigung der gesetzten Wechselkursziele ausgenommen wird, wenn durch die Geldmengeneffekte der Devisenmarktinterventionen eine internationale Inflationsübertragung droht. Die Neugestaltung der Interventionsverpflichtung im EWS II, die im Gegensatz zu der symmetrischen Interventionsverpflichtung EWS I bei einer Gefährdung der Preisniveaustabilität im Euro-Währungsgebiet die Europäische Zentralbank von der Interventionsverpflichtung befreit, ist daher mit Blick auf das angestrebte Ziel der Preisniveausstabilität positiv zu werten.

	s	p	i	m
Feste Wechselkurse	—	↑	—	↑
Flexible Wechselkurse	↑	—	—	—
Zielzone: $s^u < s < s^o$	↑	↑	↓	—

Tab. 4.4: Reaktion der nominalen Variablen auf eine exogene Erhöhung des ausländischen Preisniveaus

4.4.5 Anstieg der erwarteten Rendite einer langfristigen Auslandsanlage

Wir nehmen an, daß der erwartete Realzins einer langfristigen Auslandsanlage r^{e*} ausgehend von einer Situation des langfristigen Gleichgewichts E_0 steigt. Diese Datenänderung läßt sich zum Beispiel auf eine kreditfinanzierte expansive Fiskalpolitik im Ausland zurückführen. Um die Auswirkungen eines Anstiegs des erwarteten ausländischen Realzinses isoliert darstellen zu können, nehmen wir an, daß das ausländische Güterangebot vollkommen preiselastisch ist. Unter dieser Annahme bleibt das ausländische Preisniveau konstant auf seinem exogen gegebenen Ausgangsniveau $p^*=0$.

Bei zunächst gegebenem realen Wechselkurs nimmt die erwartete Rendite der langfristigen Auslandsanlagen zinsbedingt zu, woraufhin der erwartete Realzins einer entsprechenden Inlandsanlage über die angenommene Gültigkeit der ungedeckten Zinsparität steigt. Weil sich die erwarteten Renditen der langfristigen Vermögensanlagen erhöhen, nimmt die Nachfrage nach inländischen und nach ausländischen Investitionsgütern ab. Daraus folgt, daß die expansive Fiskalpolitik im Ausland zum Teil durch eine Verdrängung der Nachfrage nach Inlandsgütern finanziert wird. Infolgedessen nimmt die Nachfrage nach Auslandsgütern per Saldo zu und die

Nachfrage nach Inlandsgütern ab. Hierbei fällt der Nachfrageeinbruch auf dem inländischen Gütermarkt umso stärker aus, je höher die Zinselastizität γ der Investitionen ist.

Durch den oben beschriebenen Rückgang der Investitionsnachfrage entsteht auf dem inländischen Gütermarkt bei gegebenem inländischen Preisniveau ein Angebotsüberschuß. Die weiteren Anpassungsprozesse entsprechen mit jeweils umgekehrten Vorzeichen denen nach einem positiven Nachfrageschock im realen Sektor der inländischen Volkswirtschaft, die in Kapitel 4.4.2 dieser Arbeit analysiert wurden. Auf eine Darstellung der weiteren Anpassungsprozesse soll daher verzichtet werden.

4.4.6 Anstieg des ausländischen Geldmarktzinses

Abschließend sei unterstellt, daß das "steady state" durch einen exogen gegebenen Anstieg des ausländischen Geldmarktzinses gestört wird. Der Anstieg des ausländischen Geldmarktzinses läßt sich etwa darauf zurückführen, daß die ausländische Zentralbank eine kontraktive Offenmarktpolitik betreibt. In diesem Fall verkauft die ausländische Zentralbank ausländische Geldmarktpapiere und reduziert im gleichen Umfang die ausländische Geldmenge. Der Verkauf der ausländischen Geldmarkpapiere läßt den ausländischen Geldmarktzins steigen, so daß die ausländische Geldnachfrage sinkt. Gleichzeitig nimmt die Geldmenge über den Verkauf der Geldmarktpapiere ab, so daß der ausländische Geldmarkt im Gleichgewicht bleibt.

Unter der Annahme vollkommener internationaler Kapitalmärkte, löst der Anstieg des ausländischen Geldmarktzinses Substitutionsprozesse von in- zu ausländischen Assets aus. Diese Substitutionsprozesse halten solange an, bis die ungedeckte Zinsparität wieder hergestellt ist. Die gesunkene Nachfrage nach inländischen Geldmarktpapieren hat zur Folge, daß der inländische Geldmarktzins steigt. Die inländische Geldnachfrage nimmt daraufhin nach Maßgabe der Zinselastizität α der Geldnachfrage ab, so daß auf de inländischen Geldmarkt ein Angebotsüberschuß entsteht. Die weiteren Anpassungsprozesse stimmen daher mit den Auswirkungen eines negativen Nachfrageschocks im monetären Sektor der inländischen Volkswirtschaft überein, die bereits in Kapitel 4.4.1 dieser Arbeit analysiert wurden. Für die weiteren Anpassungsprozesse sei daher auf Kapitel 4.4.1 verwiesen.

4.5 Die optimale Wechselkursbandweite

Die vorangegangene Analyse hat uns gezeigt, daß feste Wechselkurse für eine kleine Volkswirtschaft im Hinblick auf das Ziel der Preisniveaustabilität optimal sind, wenn eine Störung des gesamtwirtschaftlichen Gleichgewichts durch ein Ungleichgewicht auf dem Geldmarkt hervorgerufen wird. So wird ein Ungleichgewicht im monetären Sektor im Modell bei festen Wechselkursen durch eine Anpassung der Geldmenge beseitigt, so daß das Preisniveau unverändert bleibt. Demgegenüber läßt sich im Modellzusammenhang das Preisniveau im Inland gegenüber einer instabilen Entwicklung des ausländischen Preisniveaus nur dann vollständig abschirmen, wenn eine außenwirtschaftliche Bindung der Geldpolitik entfällt und sich der Wechselkurs demnach vollkommen frei bewegen kann. Während im Modellzusammenhang feste Wechselkurse bei einer hohen Anfälligkeit der Volkswirtschaft gegenüber monetären Störungen zu empfehlen sind und flexible Wechselkurse bei einer instabilen Entwicklung des ausländischen Preisniveaus ratsam sind, läßt sich bei realen Datenänderungen im Modellzusammenhang nicht per se bestimmen, welches Wechselkursregime am ehesten zur Wahrung der Preisniveaustabilität beiträgt. So sind im Modellzusammenhang die Stabilisierungseigenschaften der Wechselkursregime bei realen Störungen von der Zins- und Wechselkurselastizität der Güternachfrage (γ und η), der Wechselkurselastizität des Güterangebots (ϕ) und der Einkommenselastizität der Geldnachfrage (k) abhängig. Wie gezeigt wurde, kann ein Zielzonenregime, in dem ein endliches Schwankungsintervall für den Wechselkurs errichtet wird, für eine kleine offene Volkswirtschaft ratsam sein, wenn der reale Sektor von einer nachfrageseitigen Störung betroffen ist.

Die oben aufgeführten Überlegungen verdeutlichen, daß keines der betrachteten Wechselkursregime im Hinblick auf das Ziel der Preisniveaustabilität per se den anderen Währungssystemen überlegen ist. Die Stabilisierungseigenschaften der verschiedenen Wechselkursregime hängen unter anderem von der Schockanfälligkeit und von der Quelle der Störungen ab. Im folgenden soll der Frage nachgegangen, welcher Grad an Wechselkursflexibilität für eine kleine offene Volkswirtschaft im Hinblick auf das Ziel der Preisniveaustabilität ratsam ist, wenn die oben angesprochenen monetären und realen Störungen simultan berücksichtigt werden.

Im Zielzonenmodell wird durch die Zentralbankinterventionen an den Rändern der Zielzone ein Fluktuationsband für die zusammengefaßte Fundamentalvariable f errichtet. An den Bandenden wird ein Ausscheren von f aus dem Fundamentalband durch eine Anpassung der Geldmenge verhindert und hierüber der Wechselkurs konstant gehalten. Im Modell bei flexiblen Wechselkursen kann sich f vollkommen frei bewegen, während der Wechselkurs im Modell bei festen Wechselkursen durch eine Fixierung von f konstant gehalten wird. Im Modellzusammenhang lassen sich daher feste und flexible Wechselkurse als die beiden extremen Varianten eines Zielzonenregimes interpretieren, in denen die Bandweite für den Fundamentalterm f im Fall fester Wechselkurse gleich Null und im Fall flexibler Wechselkurse unendlich ist.

Im vorliegenden Abschnitt soll eine Lösung für die Weite des Währungsbandes formal hergeleitet werden, die bei einer simultanen Berücksichtigung der verschiedenen Störquellen mit dem höchsten Grad an Preisniveaustabilität verbunden ist. Im Modellzusammenhang besteht ein positiv-deterministischer Zusammenhang zwischen den Bandweiten für den Wechselkurs und für die Fundamentalgröße f, der in Kapitel 2.3 dieser Arbeit hergeleitet wurde und durch

$$s^{o}(f^{o}) = f^{o} + \frac{e^{\lambda_1 f^{o}} - e^{\lambda_2 f^{o}}}{\lambda_2 \cdot [e^{\lambda_1 f^{o}} + e^{\lambda_2 f^{o}}]}. \qquad (2.32a)$$

gegeben ist. Im Zielzonenmodell resultiert das Fluktuationsband für die zusammengefaßte Fundamentalgröße f aus den marginalen Interventionen der Zentralbank, über die ein Ausscheren des Wechselkurses aus der Zielzone verhindert wird. Im Rahmen der formalen Analyse muß die Wechselkurszielzone aber in Abhängigkeit von gegebenen Grenzen für die Fundamentalgröße f formuliert werden ($s^{o}(f^{o})$ bzw $s^{u}(f^{u})$). Die Inverse der Funktionen $s^{o}(f^{o})$ bzw $s^{u}(f^{u})$ läßt sich nicht bilden, so daß wir im Rahmen der formalen Analyse die Weite des Währungsband in Termen des Fundamentalbandes ausdrücken müssen.

Den Ausgangspunkt unserer Analyse bildet die Bestimmungsgleichung für das inländische Preisniveau im Zielzonenmodell. Aus dem Lösungssystem für das Zielzonenregime (4.37) folgt:

$$p = m + v - \frac{k(\eta+\gamma)}{\eta+\phi+\gamma} \cdot x - \frac{k\phi}{\eta+\phi+\gamma} \cdot w + \frac{\gamma k\phi}{\eta+\phi+\gamma} \cdot r^{e*} + \alpha \cdot i^{*} - \frac{e^{\lambda_1 f} - e^{\lambda_2 f}}{\lambda_2 \cdot [e^{\lambda_1 f^{o}} + e^{\lambda_2 f^{o}}]}. \qquad (4.38)$$

Hierbei sind die Größen f, σ^2, λ_1 und λ_2 durch:

$$f = m + v - p^* + \frac{1-k(\gamma+\eta)}{\eta+\phi+\gamma} \cdot x - \frac{(1+k\phi)}{\eta+\phi+\gamma} \cdot w + \frac{\gamma(1+k\phi)}{\eta+\phi+\gamma} \cdot r^{e*} + \alpha \cdot i^*, \tag{4.25}$$

$$\sigma^2 = \sigma_v^2 + \left(\frac{1-k(\gamma+\eta)}{\eta+\phi+\gamma} \right)^2 \cdot \sigma_x^2 + \left(\frac{1+k\phi}{\eta+\phi+\gamma} \right)^2 \cdot \sigma_w^2 + \sigma_{p*}^2 + \left(\frac{\gamma(1+k\phi)}{\eta+\phi+\gamma} \right)^2 \cdot \sigma_{r^{e*}}^2 + \alpha^2 \cdot \sigma_{i*}^2, \tag{4.27}$$

$$mit \quad \lambda_{1,2} = \sqrt{\frac{2}{\alpha\sigma^2}} \tag{4.29}$$

gegeben.

Aus der Gleichung (4.38) ist ersichtlich, daß das inländische Preisniveau p zum einen von der inländischen Geldmenge m bestimmt wird, die im Modellzusammenhang von der Zentralbank kontrolliert wird. Zum anderen ist p von den stochastischen Störgrößen v, w, x, p^*, r^{e*} und i^* abhängig ist, deren Veränderungsraten als Brown'sche Bewegung modelliert sind. Außerdem determiniert die erwartete kurzfristige Wechselkursänderungsrate über die angenommene Gültigkeit der ungedeckten Zinsparität den inländischen Geldmarktzins. Der Geldmarktzins beeinflußt wiederum die zinsabhängige Geldnachfrage ($\alpha \cdot i$), woraufhin die Reaktion des Preisniveaus auf die stochastischen Störgrößen in Abhängigkeit von dem Ursprung der Störungen gedämpft oder verstärkt wird.

Die gängige Größe zur Messung der Volatilität des Preisniveaus stellt die unbedingte Varianz der Veränderungsrate des Preisniveaus dar.[146] Im Modellzusammenhang wird die Volatilität des Preisniveaus durch die Fluktuationen der stochastischen Fundamentalgrößen ausgelöst. Weil die Veränderungsraten der stochastischen Fundamentalgrößen als Brown'sche Bewegung modelliert sind, nimmt ihre Varianz proportional zu der Länge des betrachteten Zeitintervalls zu. Hieraus folgt, daß die über einen langen Zeitraum berechnete unbedingte Varianz der Veränderungsrate des Preisniveaus für jedes beliebige Fundamentalband gegen unendlich geht. Die unbedingte

[146] Zur Varianz der Veränderungsrate einer Variablen als Meßgröße für die Volatilität dieser Variablen vgl. etwa Frenkel, M. (1994), S. 16 und Deutsche Bundesbank (1996), S. 67.

Varianz der Veränderungsrate des Preisniveaus scheidet daher als Indikator für die Stabilisierungswirkung der alternativen Wechselkurs- beziehungsweise Fundamentalbänder aus. Wir folgen daher dem Ansatz von Sutherland (1995) und leiten die Preisvariabilität in einer gegebenen Zielzone her, indem wir für jede Position von f im Band die bedingte Varianz der Veränderungsrate des Preisniveaus ermitteln und anschließend aus der Summe der resultierenden Werte den Durchschnitt bilden.

Die bedingte Varianz der Veränderungsrate des Preisniveaus σ^2_p läßt sich wie folgt ausdrücken:

$$\sigma_p^2 = p_v^2 \cdot \sigma_v^2 + p_x^2 \cdot \sigma_x^2 + p_w^2 \cdot \sigma_w^2 + p_{p^*}^2 \cdot \sigma_{p^*}^2 + p_{r^*}^2 \cdot \sigma_{r^*}^2 + p_{i^*}^2 \cdot \sigma_{i^*}^2, \qquad (4.39)$$

wobei die Ausdrücke p_v, p_x, p_w, p_{p^*}, p_{r^*} und p_{i^*} die ersten partiellen Ableitungen der Preifunktion (4.38) nach den Random-Größen bezeichnen. Die partiellen Ableitungen der Preisfunktion bei festen Wechselkursen (f^o=0), flexiblen Wechselkursen ($f^o=\infty$) und im Inneren der Zielzone sind in der Tabelle 4.5 aufgeführt.

Im Zielzonenmodell ist eine Veränderung der stochastischen Fundamentalvariablen mit einer Positionsverschiebung der aggregierten Fundamentalgrößen f im Fundamentalband verbunden. Dies läßt die Wahrscheinlichkeit steigen, daß die Zentralbank das nun näher gerückte Bandende in absehbarer Zukunft durch eine Anpassung der Geldmenge verteidigen wird, woraufhin sich der bedingte Erwartungswert der kurzfristigen Wechselkursänderungsrate verändert. Annahmegemäß ist die ungedeckte Zinsparität permanent erfüllt und der ausländische Geldmarktzins exogen gegeben, so daß eine Veränderung der erwarteten kurzfristigen Wechselkursänderungsrate durch eine Anpassung des inländischen Geldmarktzinses ausgeglichen wird. Im Modellzusammenhang stellt der inländische Geldmarktzins über seinen Einfluß auf die Geldnachfrage ($\alpha \cdot i$) eine Determinante des inländischen Preisniveaus dar. Die Reaktion des Preisniveaus auf eine Veränderung der Fundamentalgrößen wird daher mittelbar über die beschriebene Anpassung der Wechselkursänderungserwartungen durch eine Positionsverschiebung im Fundamentalband beeinflußt. Weil die bedingte Varianz der Veränderungsrate des Preisniveaus mit der Position von f im Band variiert, stellt sie keinen allgemeinen Indikator für die Volatilität des Preisniveaus in einem gegebenen Fundamentalband dar. Vor diesem Hintergrund wird in Sutherland (1995) die bedingte Varianz der Veränderungsrate des Preisniveaus für jede Position von f in einem gegebe-

	Feste Wechselkurse	Flexible Wechselkurse	Wechselkurszielzone: $s^u < s < s^o$
p_v	0	1	$1 - \frac{e^{\lambda_1 f} + e^{\lambda_2 f}}{e^{\lambda_1 f^o} + e^{\lambda_2 f^o}}$
p_x	$-\frac{1}{\eta+\phi+\gamma}$	$-\frac{k(\gamma+\eta)}{\eta+\phi+\gamma}$	$\frac{k(\gamma+\eta)}{\eta+\phi+\gamma} - \frac{1-k(\gamma+\eta)}{\eta+\phi+\gamma} \cdot \frac{e^{\lambda_1 f} + e^{\lambda_2}}{e^{\lambda_1 f^o} + e^{\lambda_2}}$
p_w	$\frac{1}{\eta+\phi+\gamma}$	$-\frac{k\phi}{\eta+\phi+\gamma}$	$-\frac{k\phi}{\eta+\phi+\gamma} + \frac{1+k\phi}{\eta+\phi+\gamma} \cdot \frac{e^{\lambda_1 f} + e^{\lambda_2 f}}{e^{\lambda_1 f^o} + e^{\lambda_2 f^o}}$
p_{p^*}	1	0	$\frac{e^{\lambda_1 f} + e^{\lambda_2 f}}{e^{\lambda_1 f^o} + e^{\lambda_2 f^o}}$
p_{r^*}	$-\frac{\gamma}{\eta+\phi+\gamma}$	$\frac{\gamma k\phi}{\eta+\phi+\gamma}$	$\frac{\gamma k\phi}{\eta+\phi+\gamma} - \frac{\gamma(1+k\phi)}{\eta+\phi+\gamma} \cdot \frac{e^{\lambda_1 f} + e^{\lambda_2 f}}{e^{\lambda_1 f^o} + e^{\lambda_2 f}}$
p_{i^*}	0	$\frac{1}{\alpha}$	$\frac{1}{\alpha} - \frac{1}{\alpha} \cdot \frac{e^{\lambda_1 f} + e^{\lambda_2 f}}{e^{\lambda_1 f^o} + e^{\lambda_2 f^o}}$

Tab. 4.5: Reaktion des Preisniveaus auf die Störvariablen

nen Fundamentalband berechnet und daraus der Durchschnitt gebildet. Mit Hilfe dieser Methode werden wir im folgenden eine Meßgröße $E[\sigma_p^2]$ für die Preisvolatilität in einer gegebenen Zielzone herleiten.[147] Aus der Gleichung (4.39) folgt:

$$\begin{aligned} E[\sigma_p^2] = {} & \frac{1}{2f^o}\int_{-f^o}^{f^o} p_v^2 \sigma_v^2 df + \frac{1}{2f^o}\int_{-f^o}^{f^o} p_x^2 \sigma_x^2 df + \frac{1}{2f^o}\int_{-f^o}^{f^o} p_w^2 \sigma_w^2 df \\ & + \frac{1}{2f^o}\int_{-f^o}^{f^o} p_{p^*}^2 \sigma_{p^*}^2 + \frac{1}{2f^o}\int_{-f^o}^{f^o} p_{r^*}^2 \sigma_{r^*}^2 df + \frac{1}{2f^o}\int_{-f^o}^{f^o} p_{i^*}^2 \sigma_{i^*}^2 df. \end{aligned} \tag{4.40}$$

[147] Vgl. Sutherland (1995), S. 169.

Hierbei ist zu berücksichtigen, daß das Fundamentalband (die Wechselkurszielzone) annahmegemäß symmetrisch um den Ausgangswert $f(0) = 0$ ($s(0) = 0$) im “steady state” angelegt ist. Hieraus folgt, daß $f^u = -f^o$ ($s^u = -s^o$) gilt und die Weite des Fundamentalbandes (Wechselkursbandes) gleich $2 \cdot f^o$ ($2 \cdot s^o$) ist. Die Terme auf der rechten Seite der voranstehenden Gleichung geben den Einfluß an, den die Variabilität der stochastischen Fundamentalgrößen in einem gegebenen Fundamentalband auf die Volatilität des Preisniveaus ausübt.

Der in der Gleichung (4.40) beschriebene Zusammenhang zwischen der Volatilität des Preisniveaus und der Weite des Fundamentalbandes ist in der Abbildung 4.11 geometrisch dargestellt. Die zugrundegelegten Varianzparameter sind $\sigma_v^2 = 0{,}002$; $\sigma_{p*}^2 = 0{,}018$; $\sigma_w^2 = \sigma_x^2 = \sigma_{r\,e*}^2 = \sigma_{i*}^2 = 0{,}01$ und die Werte für die Elastizitäten sind $\alpha = 3$; $\gamma = \phi = \eta = 0{,}5$ und $k = 1{,}5$. Aus den Gleichungen (4.27) und (4.29) folgt in Zusammenhang mit den unterstellten Parameterwerten: $\sigma^2 = 0{,}12814$; $\lambda_1 = 2{,}281$; $\lambda_2 = -2{,}281$. Dieser funktionale Zusammenhang wurde in der Abbildung 4.12 mit Hilfe der Gleichung (2.32a) in eine deterministische Beziehung zwischen der Variabilität des Preisniveaus und der Bandweite für den Wechselkurs überführt. Aus der Abbildung 4.12 ist ersichtlich, daß im Modellzusammenhang und bei Gültigkeit der zugrundegelegten Parameterwerte feste Wechselkurse ($s^o = 0$) flexiblen Wechselkursen ($s^o = \infty$) vorzuziehen sind.

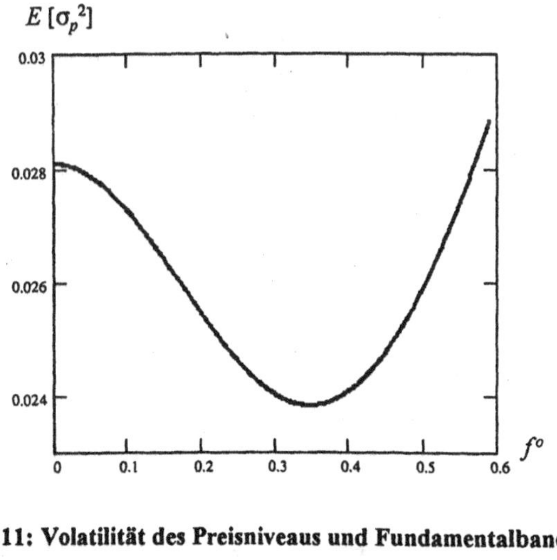

Abb. 4.11: Volatilität des Preisniveaus und Fundamentalbandbreite

Parameterwerte: $\alpha = 3$; $\gamma = \phi = \eta = 0{,}5$; $k = 1{,}5$; $\sigma_v^2 = 0{,}002$; $\sigma_{p*}^2 = 0{,}018$; $\sigma_x^2 = \sigma_w^2 = \sigma_{i*}^2 = 0{,}01$

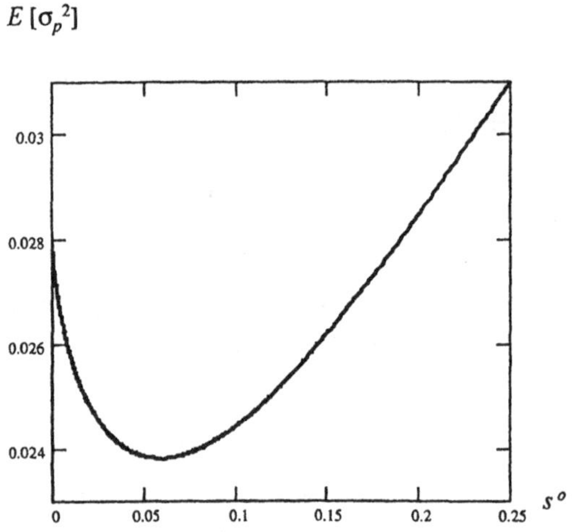

Abb. 4.12: Volatilität des Preisniveaus und Wechselkursbandbreite

Parameterwerte: $\alpha = 3$; $\gamma = \phi = \eta = 0{,}5$; $k = 1{,}5$; $\sigma_v^2 = 0{,}002$; $\sigma_{p*}^2 = 0{,}018$; $\sigma_x^2 = \sigma_w^2 = \sigma_{r*}^2 = 0{,}01$

Im Modellzusammenhang kann sich der Wechselkurs im Inneren einer Zielzone frei bewegen. Die Brown'sche Bewegung der zusammengefaßten Fundamentalgröße f wird im Bandinneren unrestringiert zugelassen. Die zur Verteidigung der Zielzone erforderlichen marginalen Zentralbankinterventionen folgen der Interventionsstrategie bei festen Wechselkursen, wonach eine Veränderung von f durch eine Anpassung von m verhindert wird und der Wechselkurs an seinen Bandenden verharrt. Der Zusammenhang zwischen der Volatilität des Preisniveaus und der Bandweite für den Wechselkurs würde daher linear mit einem positiven Anstiegsmaß verlaufen, wenn die angekündigten Zentralbankinterventionen an den Bandgrenzen keinen Einfluß auf die Anpassungsprozesse im Bandinneren hätten. Unter diesen Umständen könnte die Variabilität des Preisniveaus durch ein Regime fester Wechselkurse minimiert werden.

Die Abbildung 4.12 zeigt aber, daß sich die Volatilität des Preisniveaus durch den Übergang von vollkommen festen Wechselkursen zu einem Zielzonenregime reduzieren läßt. Dieses Ergebnis ist darauf zurückzuführen, daß sich nicht nur die marginalen Zentralbankinterventionen selbst, sondern bereits ihre glaubwürdige Ankündigung auf die Preisvolatilität stabilisierend auswirkt. So erzeugt die glaubwürdige Verteidigung des Wechselkursbandes im Bandinneren die Erwartung einer Wechselkursbewegung zur Bandmitte, woraufhin über die angenommene Gültigkeit der ungedeckten Zinsparität eine entsprechende Anpassung des inländischen Geldmarktzinses ausgelöst wird. Durch die hiermit verbundene Anpassung der zinsabhängigen Geldnachfrage $(\alpha \cdot i)$ wird die Preisvolatilität gedämpft, so daß sich der Erwartungseffekt einer glaubhaft angekündigten Verteidigung der Zielzone unter den zugrundegelegten Parameterwerten preisstabilisierend auswirkt.

Im Kapitel 2.3 dieser Arbeit wurde gezeigt, daß bei einem Übergang von vollkommen festen Wechselkursen zu einem Zielzonenregime das Schwankungsintervall, innerhalb dessen sich der inländische Geldmarktzins um den ausländischen Geldmarktzins bewegen kann, sprungartig steigt. Aus der Bestimmungsgleichung für die Wechselkursbandbreite (2.32a):

$$s^o(f^o) = f^o + \frac{e^{\lambda_1 f^o} - e^{\lambda_2 f^o}}{\lambda_2 \cdot [e^{\lambda_1 f^o} + e^{\lambda_2 f^o}]}$$

und der Bestimmungsgleichung für die Bandbreite des internationalen Zinsdifferenz (2.33a):

$$\delta^u(f^o) = \frac{e^{\lambda_1 f^o} - e^{\lambda_2 f^o}}{\alpha \cdot \lambda_2 \cdot [e^{\lambda_1 f^o} + e^{\lambda_2 f^o}]},$$

resultiert ein funktionaler Zusammenhang zwischen dem Anpassungsspielraum für die zinsabhängige Geldnachfrage $(\alpha \cdot i)$ und der Wechselkursbandbreite, der in der Abbildung 4.13 geometrisch dargestellt ist. Weil der Auslandszins i^* annahmegemäß gleich Null ist, gilt in der Abbildung $(\alpha \cdot \delta) = (\alpha \cdot i)$. Außerdem ist ersichtlich, daß der Anpassungsspielraum für die zinsabhängige Geldnachfrage zunächst ausgeweitet wird, wenn ausgehend von einem engen Wechselkursband die Bandgrenzen gelockert werden. Wie in Kapitel 2.3 bereits dargestellt wurde, ist dies darauf zurückzuführen, daß die Distanz zwischen den Interventionspunkten durch eine Erweiterung der Wechselkursbandbreiten steigt. Daraufhin nimmt der bedingte Erwartungswert der Wechselkursänderungsrate an den Enden des Währungsbandes betragsmäßig zu, so daß sich über die angenommene Gültigkeit der ungedeckten Zinsparität die Bandbreite für den Geldmarktzins erweitert. Hierbei ist entscheidend, daß die Bandbreite für den Inlandszins und damit der Anpassungsspielraum für die zinsabhängige Geldnachfrage zunächst überproportional zur

Wechselkursbandbreite steigt. So nimmt in der Abbildung der stabilisierende Einfluß der erwartungsbedingten Zinsanpassung bis zum Punkt Z stärker zu als der destabilisierende Einfluß der erhöhten Wechselkursflexibilität. Unter der Annahme, daß sich die glaubhafte Ankündigung der marginalen Interventionen unter Berücksichtigung der verschiedenen Schocks auf das Preisniveau stabilisierend auswirkt, läßt sich daher im Modellzusammenhang die Preisvolatilität durch den Übergang von vollkommen festen Wechselkursen zu einem Zielzonensystem vermindern.

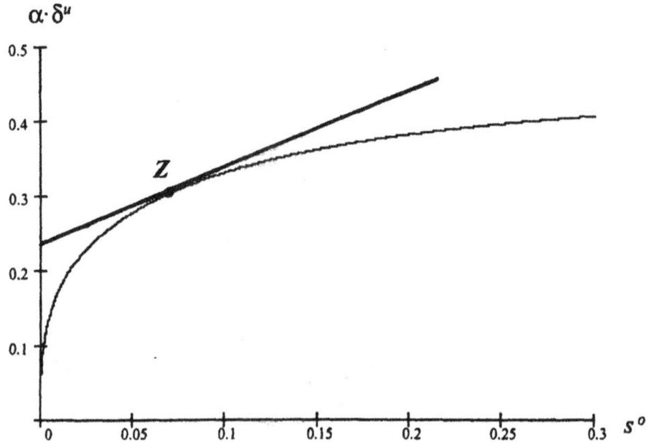

Abb. 4.13: Zusammenhang zwischen dem Anpassungsspielraum für die zinsabhängige Komponente der Geldnachfrage und der Wechselkursbandbreite

Parameterwerte: $\alpha = 3$; $\sigma^2 = 0{,}1281$; $\lambda_1 = 2{,}281$; $\lambda_2 = -2{,}281$

Im Modellzusammenhang ist ein Wechselkurszielzonenregime aus der Sicht einer kleinen und offenen Volkswirtschaft den beiden Randlösungen perfekt feste Wechselkurse und vollkommen flexible Wechselkurse vorzuziehen, wenn monetäre und reale Störungen im In- und im Ausland simultan berücksichtigt werden. Die Überlegenheit des Zielzonenregimes basiert auf der Annahme, daß die marginalen Zentralbankinterventionen perfekt glaubwürdig sind und im Bandinneren Wechselkursänderungserwartungen entstehen lassen, die über die angenommene Gültigkeit der ungedeckten Zinsparität den inländischen Geldmarktzins und damit die Geldnachfrage beeinflussen. Hierbei wird der Erwartungseffekt der marginalen Interventionen und mithin die stabilisierende Wirkung des Zielzonenregimes durch die Elastizität des Wechselkurses bezüglich seiner erwarteten kurzfristigen Veränderungsrate bestimmt. Diese entspricht im Modellzusammenhang der Semizinselastizität der Geldnachfrage α. Dies ist auf die Modellannahme zurückzuführen, daß die Kapitalmärkte vollkommen sind und die ungedeckte Zinsparität infolgedessen stets erfüllt ist. In diesem Fall bestimmt die erwartete kurzfristige Wechselkursänderungsrate die Differenz zwischen dem inländischen Geldmarktzins und dem für das kleine Land exogen gegebenen ausländischen Geldmarktzins. Hieraus folgt, daß die erwartete kurzfristige Wechselkursänderungsrate nach Maßgabe der Semizinselastizität der Geldnachfrage α die inländische Geldnachfrage beeinflußt. Diese stellt im Modellzusammenhang eine Determinante für den Wechselkurs im gesamtwirtschaftlichen Gleichgewicht dar, so daß der Wechselkurs mittelbar über die zinsabhängige Geldnachfrage von seiner erwarteten kurzfristigen Veränderungsrate beeinflußt wird.

Weil der Einfluß der Wechselkursänderungserwartungen auf den Wechselkurs bei der Bildung von rationalen Erwartungen Berücksichtigung findet, wird die erwartete Wechselkursänderungsrate im Modellzusammenhang durch den gesamten erwarteten Entwicklungspfad der Geldmenge bestimmt. Hierbei werden die Erwartungswerte zukünftiger Geldmengenänderungen auf den aktuellen Zeitpunkt abdiskontiert, was in Kapitel 2.2.2 dieser Arbeit ausführlich dargestellt wurde. Der Abdiskontierungsfaktor ergibt sich aus dem Parameter α, der für die Elastizität des Wechselkurses bezüglich seiner eigenen kurzfristigen Wechselkursänderungsrate steht. Im Modellzusammenhang hat ein Anstieg von α zur Folge, daß der Gewichtungsfaktor sinkt, mit dem die für die nahe Zukunft gebildeten Erwartungswerte einer Geldmengenänderung in die erwartete kurzfristige Wechselkursänderungsrate eingehen. Gleichzeitig nimmt der Einfluß zu, mit dem die für die ferne Zukunft erwarteten Geldmengenänderungen in den bedingten Erwartungswert der kurzfristigen Wechselkursänderungsrate einfließen.[148] Infolgedessen nimmt der stabilisierende Einfluß der Wechselkursänderungserwartungen in einem weiten Wechselkursband stärker zu als in einem engen Währungsband, wenn α steigt. Dies ist der Grund dafür, daß in der

[148] Im Abschnitt 2.2.2 wurde hergeleitet, daß die Gewichte, mit denen die Erwartungswerte der Geldmengenänderungen in die erwartete Wechselkursänderungsrate eingehen, sich aus dem auf die Gegenwart abdiskontierten Faktor $\alpha/1+\alpha$ multipliziert mit dem Faktor $\alpha/1+\alpha$ ergeben. Ein Anstieg von α hat zur Folge, daß der Faktor $\alpha/1+\alpha$ steigt und der Faktor $1/1+\alpha$ fällt. Weil die Erwartungswerte der Geldmengenänderungen mit dem Faktor $\alpha/1+\alpha$ auf die Gegenwart abdiskontiert werden, resultiert aus dem Anstieg des Faktors $\alpha/1+\alpha$, daß die für die ferne Zukunft erwarteten Geldmengenänderungen nun verstärkt in die für die nahe Zukunft erwartete Wechselkursänderungsrate eingehen.

Abbildung 4.14 die optimale Wechselkursbandbreite zunimmt, wenn die Elastizität des Wechselkurses bezüglich der erwarteten Wechselkursänderungsrate von α=3 auf α=4 steigt und die übrigen Parameterwerte konstant bleiben.

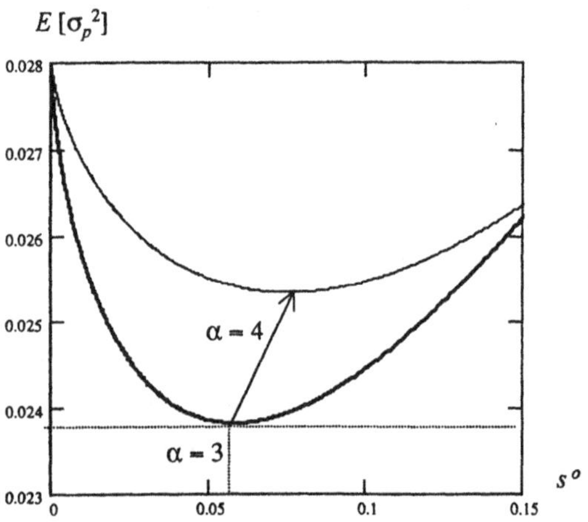

Abb. 4.14: Elastizität des Wechselkurses auf seine eigene erwartete Veränderungsrate und optimale Wechselkursbandbreite

Ausgangssituation: $\alpha = 3$; $\gamma = \phi = \eta = 0{,}5$; $k = 1{,}5$; $\sigma_v^2 = 0{,}002$; $\sigma_{p*}^2 = 0{,}018$; $\sigma_x^2 = \sigma_w^2 = \sigma_{r*}^2 = \sigma_{i*}^2 = 0{,}01$

Wie im Kapitel 2.3 dieser Arbeit dargestellt wurde, ist der Anpassungsspielraum für den inländischen Geldmarktzins im Modellzusammenhang umso größer, je höher der Varianzparameter σ^2 ist. So reflektiert ein Anstieg von σ^2, daß die Schrittweite steigt, mit der sich die zusammengefaßte Fundamentalgröße f durch die Brown'sche Bewegung zwischen den Interventionspunkten bewegt. Infolgedessen nimmt der erwartete Umfang der marginalen Interventionen zu, woraufhin an den Bandenden die erwartete Wechselkursänderungsrate in Richtung der Bandmitte steigt. Im Ergebnis nimmt der Einfluß der glaubhaft angekündigten marginalen Zentralbankinterventionen auf die zinsabhängige Geldnachfrage zu, wenn die Volatilität σ^2 der zusammengefaßten Fundamentalgröße f steigt. Ob sich daraufhin die Variabilität des Preisniveaus durch einen Übergang zu einer höheren Wechselkursflexibilität reduzieren läßt, hängt von der Störgröße ab, durch die der Anstieg von σ^2 ausgelöst wurde. Im folgenden soll dieser Aspekt näher beleuchtet werden und herausgestellt werden, durch welche Einflußfaktoren die optimale Bandbreite für den Wechselkurs bestimmt wird.

Ein Anstieg der Varianzparameter σ_v^2 und σ_{i*}^2 läßt im Modellzusammenhang die Volatilität der Geldnachfrage steigen. Die hieraus resultierende Wirkung auf die optimale Wechselkursbandbreite ist in der Abbildung 4.15 graphisch dargestellt. Im Modellzusammenhang werden Störungen des Geldmarktgleichgewichts durch die Geldmengeneffekte der Zentralbankinterventionen bei festen Wechselkursen und an den Rändern der Zielzone aufgefangen, woraufhin das Preisniveau konstant bleibt. Demgegenüber überträgt sich die Varianz der Geldnachfrage auf die Volatilität des Preisniveaus, wenn im Modell bei festen Wechselkursen und im Inneren einer Zielzone auf Devisenmarktinterventionen verzichtet wird. Aus diesem Grund nimmt der optimale Grad an Wechselkursflexibilität in der Abbildung ab, wenn sich die Volatilität der Geldnachfrage durch einen Anstieg der Varianzparameter σ_v^2 und σ_{i*}^2 erhöht.

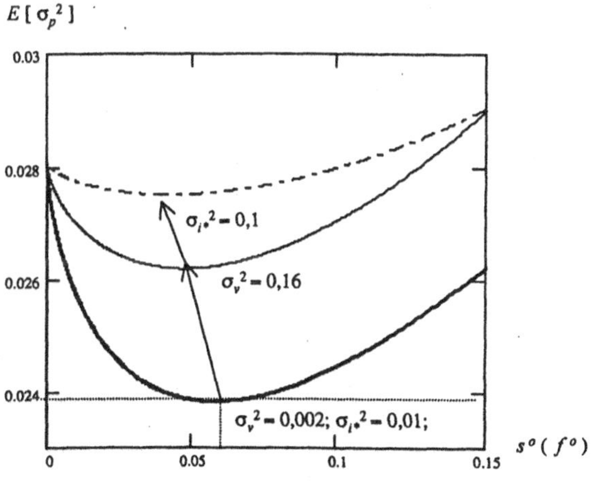

Abb. 4.15: Volatilität der monetären Schocks und optimale Wechselkursbandbreite

Ausgangssituation: $\alpha = 3$; $\gamma = \phi = \eta = 0{,}5$; $k = 1{,}5$; $\sigma_v^2 = 0{,}002$; $\sigma_{p*}^2 = 0{,}018$;
$\sigma_x^2 = \sigma_w^2 = \sigma_{r*}^2 = \sigma_{i*}^2 = 0{,}01$

Im Modell bei flexiblen Wechselkursen wird das Inland gegenüber bestehenden Fluktuationen des ausländischen Preisniveaus perfekt abgeschirmt. Demgegenüber haben im Modellzusammenhang die Geldmengeneffekte der Devisenmarktinterventionen im Regime fester Wechselkurse und an den Rändern einer Wechselkurszielzone zur Folge, daß sich die Volatilität des ausländischen Preisniveaus auf das inländische Preisniveau überträgt. In der Abbildung 4.16 nimmt daher die optimale Wechselkursbandbreite zu, wenn sich die Varianz des ausländischen Preisniveaus σ_{p*}^2 erhöht.

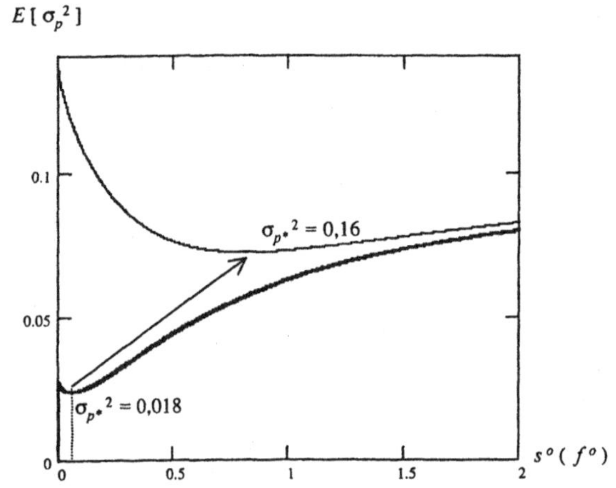

Abb. 4.16: Volatilität des ausländischen Preisniveaus und optimale Wechselkursbandbreite

Ausgangssituation: $\alpha = 3$; $\gamma = \phi = \eta = 0{,}5$; $k = 1{,}5$; $\sigma_v^2 = 0{,}002$; $\sigma_{p*}^2 = 0{,}018$;
$\sigma_x^2 = \sigma_w^2 = \sigma_{r*}^2 = \sigma_{i*}^2 = 0{,}01$

Die Abbildung 4.17 zeigt die theoretische Wirkung der Varianz des Güterangebots σ_x^2 auf den optimalen Grad an Wechselkursflexibilität. Der Abbildung liegt die Parameterkonstellation $k \cdot (\eta + \gamma) > 1$ zugrunde. Wie in Kapitel 4.4.3 dargestellt wurde, wird unter diesen Umständen im Modellzusammenhang die Reaktion des Preisniveaus auf eine angebotsseitige Störung durch die Geldmengeneffekte der Zentralbankinterventionen bei festen Wechselkursen und an den Enden der Zielzone gedämpft. Dies ist der Grund dafür, daß in der Abbildung die optimale Wechselkursbandbreite bei einem Anstieg von σ_x^2 sinkt.

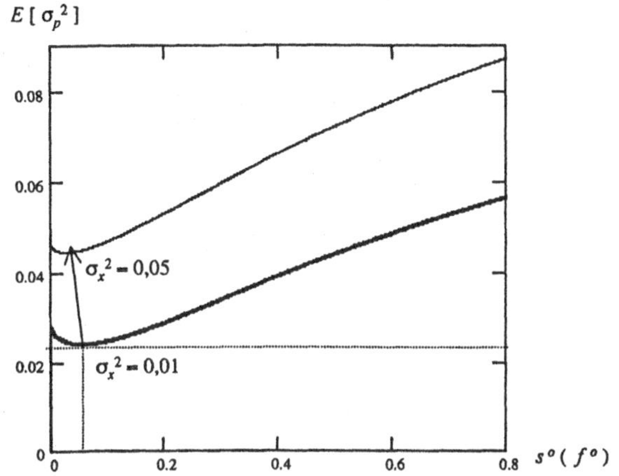

Abb. 4.17: Volatilität des Güterangebots und optimale Wechselkursbandbreite

Ausgangssituation: $\alpha = 3$; $\gamma = \phi = \eta = 0{,}5$; $k = 1{,}5$; $\sigma_v^2 = 0{,}002$; $\sigma_{p*}^2 = 0{,}018$;
$\sigma_x^2 = \sigma_w^2 = \sigma_{r*}^2 = \sigma_{i*}^2 = 0{,}01$

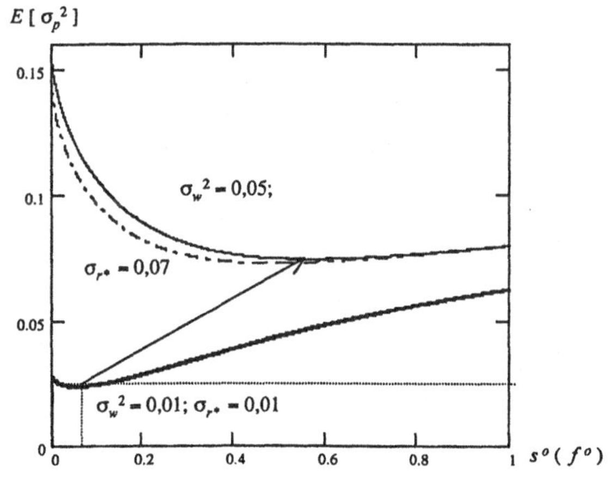

Abb. 4.18: Volatilität der Güternachfrage und optimale Wechselkursbandbreite

Ausgangssituation: $\alpha = 3$; $\gamma = \phi = \eta = 0{,}5$; $k = 1{,}5$; $\sigma_v^2 = 0{,}002$; $\sigma_{p*}^2 = 0{,}018$;
$\sigma_x^2 = \sigma_w^2 = \sigma_{r*}^2 = \sigma_{i*}^2 = 0{,}01$

Ein Anstieg der Varianzparameter σ_w^2 und σ_{r^*} läßt im Modellzusammenhang die Variabilität der Güternachfrage steigen. In der Abbildung 4.18 nimmt der optimale Grad an Wechselkursflexibilität daraufhin zu. Dieses Ergebnis beruht darauf, daß in der Abbildung die Parameterkonstellation $k\phi < 1$ zugrunde gelegt wurde. Unter diesen Umständen wird im Modellzusammenhang die Reaktion des Preisniveaus auf einen Nachfrageschock am Gütermarkt durch die Geldmengeneffekte der Devisenmarktinterventionen im Festkurssystem und an den Interventionspunkten einer Wechselkurszielzone verstärkt, was in Kapitel 4.4.2 dieser Arbeit dargestellt wurde.

Im Modellzusammenhang sind die Stabilitätseigenschaften der Wechselkursregime bei realen Störungen von der Zins- und der Wechselkurselastizität der Güternachfrage (γ, η), der Wechselkurselastizität des Güterangebots (ϕ) und von der Einkommenselastizität der Geldnachfrage (k) abhängig. Im Rahmen des zugrundegelegten Modells wird das güterwirtschaftliche Gleichgewicht nach einer realwirtschaftlichen Störung durch eine Veränderung des realen Wechselkurses gesichert. Der reale Wechselkurs stellt im Modellzusammenhang eine Determinante des gleichgewichtigen Realeinkommens dar. Nach einer exogenen Veränderung der Güternachfrage hat sich die Geldnachfrage im neuen gesamtwirtschaftlichen Modellgleichgewicht über die Anpassung des gleichgewichtigen Realeinkommens umso stärker verändert, je stärker das Güterangebot nach Maßgabe der Elastizität ϕ auf die erforderliche Anpassung des realen Wechselkurses reagiert hat und je höher die Einkommenselastizität der Geldnachfrage k ist. Das monetäre Gleichgewicht wird im Modell bei festen Wechselkursen durch eine Anpassung der Geldmenge und im Modell bei flexiblen Wechselkursen durch eine Anpassung des inländischen Preisniveaus gesichert. Hierbei fällt die erforderliche Reaktion des inländischen Preisniveaus im Modell bei flexiblen Wechselkursen nach einem Nachfrageschock auf dem Gütermarkt umso stärker aus, je stärker die einkommensabhängige Geldnachfrage im neuen güterwirtschaftlichen Gleichgewicht gestiegen ist. In der Abbildung 4.19 nimmt daher die optimale Bandweite für den Wechselkurs ab, wenn k (ϕ) von 1,5 (0,5) auf 2 (1) steigt und übrigen Parameterwerte unverändert bleiben.

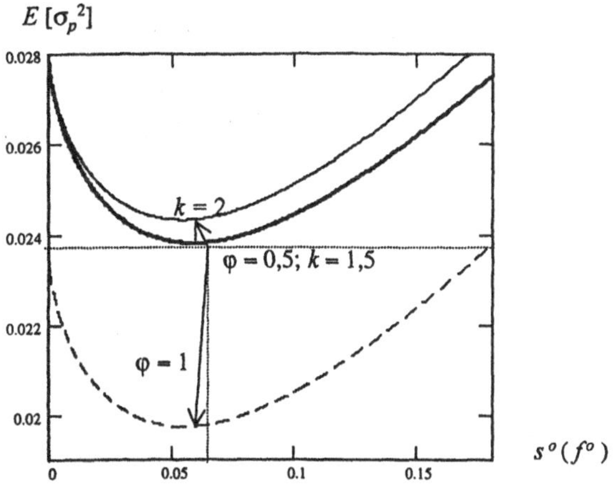

Abb. 4.19: Einfluß der Wechselkurselastizität des Güterangebots und der Einkommenselastizität der Geldnachfrage auf die optimale Wechselkursbandbreite

Ausgangssituation: $\alpha = 3$; $\gamma = \phi = \eta = 0{,}5$; $k = 1{,}5$; $\sigma_v^2 = 0{,}002$; $\sigma_{p*}^2 = 0{,}018$;
$\sigma_x^2 = \sigma_w^2 = \sigma_{r*}^2 = \sigma_{i*}^2 = 0{,}01$

Die Abbildung 4.20 zeigt den Einfluß der Parameterwerte γ und η auf die optimale Bandweite für den Wechselkurs. Wird das güterwirtschaftliche Gleichgewicht durch einen Angebotsschock gestört, haben sich das Realeinkommen und mithin die einkommensabhängige Geldnachfrage im neuen gesamtwirtschaftlichen Gleichgewicht umso stärker geändert, je stärker die Güternachfrage nach Maßgabe der Elastizitäten γ und η und hierüber die einkommensabhängige Geldnachfrage auf die erforderliche Anpassung des realen Wechselkurses reagiert haben. Im Modellzusammenhang hat eine Erhöhung der Parameterwerte γ und η zur Folge, daß die Volatilität des Preisniveaus bei einem weiten Fluktuationsband für den Wechselkurs stärker zunimmt als bei einem engen Währungsband. In der Abbildung nimmt der optimale Grad an Wechselkursflexibilität infolgedessen ab, wenn γ (η) von 0,5 auf 2 (1) steigt und die übrigen Parameterwerte beibehalten werden.

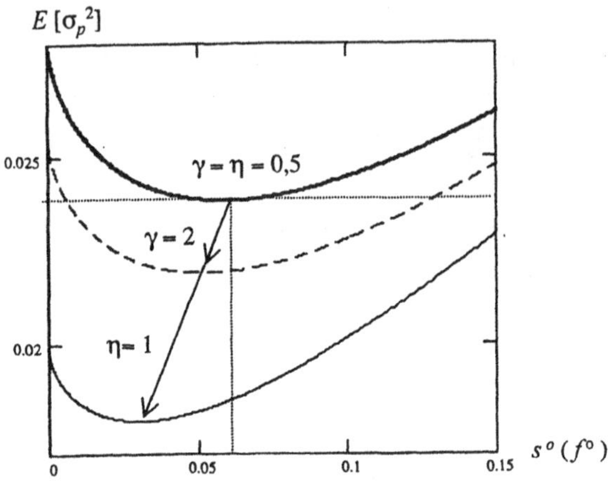

Abb. 4.20: Einfluß der Wechselkurselastizität und der Zinselastizität der Güternachfrage auf die optimale Wechselkursbandbreite

Ausgangssituation: $\alpha = 3$; $\gamma = \phi = \eta = 0,5$; $k = 1,5$; $\sigma_v^2 = 0,002$; $\sigma_{p*}^2 = 0,018$; $\sigma_x^2 = \sigma_w^2 = \sigma_{r*}^2 = \sigma_{i*}^2 = 0,01$

4.6 Implikationen für Transformations- und Schwellenländer

Als Ergebnis der vorangegangenen Analyse bleibt festzuhalten, daß der Zusammenhang zwischen der Wechselkurspolitik und der angestrebten Preisniveaustabilität von den Rahmenbedingungen und der Schockanfälligkeit der betrachteten Volkswirtschaft abhängig ist. Infolgedessen sollte ein einmal eingeschlagener Kurs in der Wechselkurspolitik fortlaufend dahingehend überprüft werden, ob er mit den vorherrschenden Rahmenbedingungen der Volkswirtschaft noch konsistent ist. Insbesondere in Transformations- und Schwellenländer sind die ökonomischen Rahmenbedingungen im Zuge einer fortschreitenden Liberalisierung der Güter- und Faktormärkte einem starken Wandel ausgesetzt. Der bei den Transformations- und Schwellenländer empirisch häufig zu beobachtenden Regimewechsel zu flexibleren Wechselkursen ist daher nicht immer als Versagen des alten Regimes zu interpretieren.[149] Statt dessen kann ein Regimewechsel zu

[149] Zur zeitlichen Entwicklung der Wechselkurspolitik in den Transformationsländern vgl. etwa Masson (1999) und Sherman (2000).

flexiblen Wechselkursen auch Ausdruck einer effizienten Anpassung der Wechselkurspolitik an geänderte Rahmenbedingungen sein.[150]

Zu Beginn des Reformprozesses in den Transformations- und Schwellenländern stellt ein Regime fester Wechselkurse, das im Modellzusammenhang als Grenzfall einer Wechselkurszielzone mit einer Bandbreite von Null interpretiert wird, häufig eine geeignete Disinflationsstrategie dar.[151] Dieser Grenzfall ist in der Realität in einem Currency Board anzutreffen. Im Modell bei festen Wechselkursen verschafft die regelgebundene Geldpolitik, die ausschließlich auf die Verteidigung des festen Wechselkurses ausgerichtet ist und in einem Currency Board gesetzlich verankert ist, der Antiinflationspolitik eine hohe Glaubwürdigkeit und sorgt damit für einen raschen Reputationsaufbau. Wie im Abschnitt 2.3 dieser Arbeit dargestellt wurde, ist dies darauf zurückzuführen, daß die Zentralbank durch die Regelbindung die Kontrolle über die Inflationsrate verliert und damit ein Mechanismus installiert wird, der eine zeitinkonsistente Geldpolitik ausschließt. Eine Voraussetzung für den nachhaltigen Reputationsaufbau ist aber, daß die Preisstabilität im Ankerwährungsland gewahrt bleibt, was im Abschnitt 4.4.4 dargestellt wurde. Analog zu den Regelungen im EWS II sollte daher die Interventionsverpflichtung in letzter Konsequenz bei dem sich bindenden Land (und nicht beim Ankerland) liegen. Außerdem läßt sich die Preisstabilität des Ankerwährungslandes bei festen Wechselkursen über den internationalen Preiszusammenhang nur dann importieren, wenn es sich bei dem Ankerwährungsland um einen Haupthandelspartner handelt. Liegt dagegen eine stark diversifizierte Handelsstruktur vor, empfiehlt sich die Anbindung an einen gewichteten Währungskorb der wichtigsten Handelspartner.

In der Anfangsphase des Reformprozesses erweist sich ein Regime vollkommen fester Wechselkurse auch deshalb als adäquate Maßnahme zur Stabilisierung des Preisniveaus, weil die Reformierung der unterentwickelten Finanzmärkte häufig zunächst mit einer Destabilisierung der

---

[150] Ein Überblick über die verschiedenen Wechselkursregime in den Transformationsländern findet sich in Cottarelli und Doyle (1999). Eine ausführliche Darstellung der Erfahrungen mit der Wechselkurspolitik in Transformations- und Schwellenländern findet sich in Masson (1999) und in dem Beitrag von Brüstle und Milton (1998). Zu den Voraussetzungen einer Wechselkursbindung in den mittel- und osteuropäischen Transformationsländern für eine erfolgreiche Antiinflationspolitik vgl. Smeets (1995).

[151] Zu den Vor-und Nachteilen fester Wechselkurse für Transformationsländer vgl. etwa International Monetary Fund (1999), Kopits (1999) und Sachs (1996).

Geldnachfrage verbunden ist.[152] Wie in Kapitel 4.4.1 dieser Arbeit gezeigt wurde, wird die Volatilität der Geldnachfrage bei einer einseitigen Wechselkursbindung durch die Geldmengeneffekte der Devisenmarktinterventionen aufgefangen, so daß das inländische Preisniveau von dem monetären Schock unberührt bleibt und dem Ziel der Preisniveausstabilität Rechnung getragen wird. Wird dagegen die Wachstumsrate der Geldmenge in Form von Geldmengenzielen vorab festgelegt, wird die Volatilität der Geldnachfrage auf das inländische Preisniveau übertragen. Daneben trägt ein Regime fester Wechselkurse im Fall der Transformationsländer dazu bei, daß der Geldüberhang, der auf die Güterknappheit in den ehemaligen Zentralverwaltungswirtschaften und das damit verbundene Zwangssparen zurückzuführen ist, durch eine Kontraktion der Geldmenge beseitigt wird und ein Anstieg des Preisniveaus infolgedessen verhindert wird.[153]

Im Zuge eines steigenden Vertrauens in die Wirtschaftskraft der aufstrebenden Märkte nehmen die Nettokapitalimporte und mithin das Kreditpotential in den aufstrebenden Märkten zu, woraufhin die Absorption steigt. Diese Entwicklung läßt sich in unserem Modell in Form eines positiven Nachfrageschocks darstellen, der eine reale Aufwertung der Inlandswährung erzwingt. Der Druck zu einer realen Aufwertung wird auch dadurch verstärkt, daß durch die Intensivierung der Handelsbeziehungen und die Zunahme der Direktinvestitionen technisches Know How importiert wird und hierdurch Produktivitätsfortschritte erzielt werden. Bei festen Wechselkursen läßt die erforderliche reale Aufwertung die inflationären Tendenzen steigen, so daß der anfänglichen Stabilisierungserfolg möglicherweise zum Stillstand kommt und die Inflationsrate auf einem nicht unerheblichen Niveau verharrt. Infolgedessen trägt ein Übergang zu einem höheren Grad an Wechselkursflexibilität dem Ziel der Preisniveaustabilisierung Rechnung, nachdem die Reputation der Wirtschaftspolitik erfolgreich aufgebaut wurde und reale Schocks an Bedeutung gewinnen.

Das steigende Vertrauen der ausländischen Investoren hat im Zusammenhang mit der Liberalisierung der Kapitalmärkte zur Folge, daß sich die Risikoprämien auf Anlagen in den aufstrebenden Märkten im Zeitablauf verringern und die Währungen der aufstrebenden Märkte unter Auf-

---

[152] Vgl. Calvo und Kumar (1993), S. 21; International Monetary Fund (1997), S.89 sowie Coorey, Mecagni und Offerdal (1997).

[153] Vgl. Sachs (1996), S. 149.

wertungsdruck geraten. Im Rahmen des Zielzonenmodells hat die Abnahme der Risikoprämie zur Folge, daß der Einfluß der erwarteten kurzfristigen Wechselkursänderungsrate auf den Geldmarktzins der betrachteten Volkswirtschaft steigt. Unter diesen Umständen kann ein Übergang von festen Wechselkursen zu einem Wechselkurszielzonenregime im Hinblick auf die angestrebte Preisniveaustabilisierung ratsam sein, was im vorangegangenen Abschnitt dargestellt wurde.

Mit einer fortschreitenden Liberalisierung des Kapitalverkehrs wird der Wechselkurs insbesondere in der kurzen Frist durch die Kapitalbewegungen bestimmt. Unter diesen Umständen besteht bei einer mangelnden Glaubwürdigkeit des Festkurssystems die Gefahr, daß ein Regimezusammenbruch durch einen abrupten Kapitalabzug erzwungen wird. Auch aus diesem Grund kann nach einem erfolgreichen Reputationsaufbau ein Übergang zu einem höheren Grad an Wechselkursflexibilität ratsam sein. Hierbei sollte ein Regimewechsel zu flexibleren Wechselkursen in Zeiten vorgenommen werden, in denen die wirtschaftliche Situation stabil ist und Nettokapitalzuflüsse zu verzeichnen sind. Dies trägt dazu bei, einen abrupten Kapitalabzug und eine damit verbundene drastische Abwertung zu verhindern.[154]

[154] Vgl. in diesem Zusammenhang International Monetary Fund (1998) und Eichengreen (1999).

Kapitel 5

Unvollkommene Glaubwürdigkeit der Zielzone

5.1 Vorbemerkungen

Im Krugman'schen Grundmodell einer Wechselkurszielzone hat die glaubhafte Ankündigung einer Verteidigung des Leitkurses zur Folge, daß die Wirtschaftssubjekte in der Nähe der Interventionspunkte eine Wechselkursbewegung in Richtung des Leitkurses erwarten und die Wechselkursfluktuationen im Band über den Erwartungseffekt der marginalen Interventionen gedämpft werden ("honeymoon"-Effekt). Der "honeymoon"-Effekt im Krugman'schen Zielzonenmodell impliziert, daß zwischen dem Zielzonenwechselkurs und den Fundamentaldaten eine S-förmige Beziehung besteht. Hieraus resultieren die empirisch überprüfbaren Hypothesen, daß zwischen dem Zielzonenwechselkurs und den Fundamentaldaten ein deterministischer nicht-linearer Zusammenhang vorherrscht, der Zielzonenwechselkurs sich überwiegend im Bandinneren aufhält und die Volatilität des Wechselkurses im Bandinneren am höchsten ist. Außerdem folgt aus dem "honeymoon"-Effekt in Zusammenhang mit der angenommenen Gültigkeit der ungedeckten Zinsparität die Hypothese, daß zwischen der internationalen Zinsdifferenz und der Wechselkursposition im Band ein negativ-deterministischer Zusammenhang besteht.

Wie bereits in Kapitel 2.5 dieser Arbeit dargestellt wurde, konnten die genannten Implikationen des Grundmodells einer Zielzone in einer Vielzahl von empirischen Studien nicht bestätigt werden. So kommt etwa die empirische Studie von Meese und Rose (1990) über das Wechselkursverhalten in Zielzonenregimen zu dem Ergebnis, daß sich die Wechselkursprognosen nicht signifikant verbessern lassen, wenn das Random-Walk-Modell durch die Hypothese eines nichtlinearen Zusammenhangs zwischen dem Wechselkurs und den Fundamentalvariablen ersetzt wird. Daneben wird die vom Krugman'schen Zielzonenmodell postulierte S-förmige Beziehung zwischen dem Zielzonenwechselkurs und den Fundamentalvariablen sowie die daraus resultierenden Implikationen in den empirischen Studien von Flood, Rose und Mathieson (1991) sowie von Lindberg und Söderlind (1994) abgelehnt. Daneben zeigen etwa die Untersuchungen von Flood,

Rose und Mathieson (1991), Bertola und Caballero (1992a) sowie Lindberg und Söderlind (1994), daß der Zusammenhang zwischen der internationalen Zinsdifferenz und der Wechselkursposition im Band häufig positiv ist und von dem zugrundegelegten Untersuchungszeitraum abhängig ist.

Eine mögliche Ursache für die schlechte empirische Evidenz des Grundmodells einer perfekt glaubwürdigen Zielzone besteht darin, daß in den existierenden Zielzonensystemen Unsicherheit darüber besteht, ob erstens das Zielzonenregime dauerhaft tragfähig ist und ob zweitens auf eine Anpassung des Leitkurses (Realignment) im Zeitablauf verzichtet wird. So führte etwa die EWS-Krise im September 1992 zu zwei kurz aufeinanderfolgenden Realignments und zu einem Ausscheiden der italienischen Lira und des britischen Pfund aus dem europäischen Wechselkursverbund. Rechnen die Devisenmarktteilnehmer mit einem Regimewechsel zu flexiblen Wechselkursen oder mit einem Realignment, werden die empirischen Implikationen des Grundmodells einer perfekt glaubwürdigen Zielzone abgeschwächt oder sogar invertiert, weil die erwartete Wechselkursänderungsrate nicht mehr ausschließlich durch die Erwartung einer auf die Verteidigung des vereinbarten Leitkurses ausgerichteten Interventionsstrategie bestimmt wird. Unter diesen Umständen findet in den Wechselkurserwartungen zusätzlich Berücksichtigung, daß sich der Wechselkurs durch einen Übergang zu freien Wechselkursen oder durch ein Realignment von seinem ursprünglich vereinbarten Leitkurs entfernen kann, wodurch die wechselkursstabilisierende Wirkung der marginalen Interventionen gedämpft oder sogar überkompensiert wird.

In dem vorliegenden Kapitel wird untersucht, inwiefern sich die Ergebnisse des Krugman'schen Grundmodells einer Wechselkurszielzone ändern, wenn die Annahme aufgegeben wird, daß die Verteidigung der errichteten Zielzone perfekt glaubwürdig ist. Hierbei werden wir uns erstens mit der Frage beschäftigen, ob sich die empirischen Implikationen des Grundmodells einer perfekt glaubwürdigen Zielzone durch die Annahme verändern, daß in den Wechselkurserwartungen der Devisenmarktteilnehmer die Möglichkeit eines Regimewechsels zu flexiblen Wechselkursen Berücksichtigung findet. Zweitens gehen wir der Frage nach, inwiefern die empirischen Implikationen des Grundmodells modifiziert werden, wenn zwar kein Zweifel an der Aufrechterhaltung des Zielzonenregimes besteht, in den Erwartungen der Devisenmarktteilnehmer aber die Möglichkeit berücksichtigt wird, daß die Zielzone über ein Realignment angepaßt wird.

5.2 Das Risiko eines Regimewechsels zu freien Wechselkursen

Die Möglichkeit eines Zusammenbruchs des Zielzonensystems findet bereits in der für die Zielzonenliteratur richtungsweisenden Arbeit von Krugman (1991) Berücksichtigung. Den Gegenstand der Analyse bildet die Frage, wie sich die Wechselkursdynamik im Band verändert, wenn in den Wechselkursänderungserwartungen mit einer exogen gegebenen Wahrscheinlichkeit das mögliche Szenario eines Regimewechsels zu flexiblen Wechselkursen berücksichtigt wird. Hierbei wird jedoch nicht auf die Umstände eingegangen, unter denen das Zielzonensystem tatsächlich zusammenbricht.

In den Beiträgen von Flood und Garber (1991 und 1992), Krugman und Rotemberg (1990 und 1992) sowie Delgado und Dumas (1993) fließt dagegen die Überlegung ein, daß ein Zielzonensystem zwangsläufig zusammenbricht, wenn die Währungsreserven der Zentralbank aufgebraucht sind. Im Modellansatz von Flood und Garber (1991 und 1992) wird die Annahme aufgegeben, daß die marginalen Zentralbankinterventionen gerade hinreichend sind, um den Wechselkurs an den Enden der Zielzone zu halten. Statt dessen wird unterstellt, daß die Zentralbankinterventionen eine Wechselkursbewegung zur Bandmitte erzwingen. Wie bei der Herleitung der "smooth pasting"-Bedingung im Kapitel 2.2.2 bereits dargestellt wurde, können die Zentralbankinterventionen bei perfekter Glaubwürdigkeit und Rationalverhalten der Devisenmarktteilnehmer keine Wechselkurssprünge auslösen. Im Modell von Flood und Garber muß sich daher der Wechselkurs bereits vor dem Einsatz der Devisenmarktinterventionen in der Bandmitte befinden. Hierbei ist für die weitere Analyse entscheidend, daß die erwartete Wechselkursänderungsrate in der Bandmitte gleich Null ist. Hieraus folgt nämlich, daß die erwartete Wechselkursänderungsrate und damit auch der Wechselkurs unverändert bleiben, wenn die Währungsreserven der Zentralbank aufgebraucht sind und das Zielzonensystem daraufhin zusammenbricht. Weil der Zusammenbruch des Zielzonensystems im Modell von Flood und Garber keinen Wechselkurssprung induziert, löst ein drohender Regimewechsel zu flexiblen Wechselkursen auch keine spekulative Attacke aus. Unter diesen Umständen zerbricht das Zielzonensystem erst dann, wenn der Reservebestand durch die Devisenmarktinterventionen so stark geschrumpft ist, daß sich die angekündigte Interventionsstrategie nicht mehr fortsetzen läßt. In diesem Fall spricht man von einem natürlichen Kollaps des Zielzonensystems.

Im Gegensatz zu den Beiträgen von Flood und Garber (1991 und 1992) wird im Modellansatz von Krugman und Rotemberg (1990 und 1992) die Annahme im Grundmodell einer Wechselkurszielzone beibehalten, daß die marginalen Devisenmarktinterventionen der Zentralbank gerade hinreichend sind, um den Wechselkurs an seinen Bandenden zu halten. Wie im weiteren Verlauf der Arbeit gezeigt wird, würden sich unter diesen Umständen die erwartete Wechselkursänderungsrate und hierüber der Wechselkurs sprungartig anpassen, wenn das Zielzonensystem einem natürlichen Kollaps unterliegen würde. Im Modellzusammenhang löst aus diesem Grund ein drohender Regimewechsel zu flexiblen Wechselkursen eine spekulative Attacke aus, an der das Zielzonensystem zerbricht. Im Ergebnis geht die Glaubwürdigkeit der angekündigten Verteidigung des Zielzonensystems sukzessive verloren, wenn der Reservebestand eine kritische Grenze unterschreitet.

Im Rahmen des vorliegenden Abschnitts soll untersucht werden, ob sich die Wechselkursdynamik im Band und damit auch die empirischen Implikationen gegenüber dem Krugman'schen Grundmodell einer perfekt glaubwürdigen Zielzone ändern, wenn die Aufrechterhaltung des Zielzonensystems nicht mehr perfekt glaubwürdig ist. Im Modellansatz von Flood und Garber (1991 und 1992) geht die perfekte Glaubwürdigkeit des Zielzonensystems erst dann verloren, wenn sich die Interventionsstrategie zur Verteidigung der Zielzone nicht mehr fortsetzen läßt und damit de facto ein Übergang zu flexiblen Wechselkursen stattfindet. Dies hat im Modellzusammenhang zur Folge, daß zwischen der Wechselkursdynamik im Band und dem Reservebestand keine Abhängigkeit besteht, so daß auf eine genauere Darstellung dieses Ansatzes verzichtet wird.

Die nachfolgende Analyse der Auswirkungen einer unvollkommenen Glaubwürdigkeit des Zielzonenregimes gliedert sich wie folgt. Im Unterpunkt 5.2.1 wird zunächst die Lösung für den Zielzonenwechselkurs bei einer exogen gegebenen Wahrscheinlichkeit für einen Regimewechsel, die in dem Beitrag von Krugman (1991) graphisch hergeleitet wird, formal erschlossen. Im Anschluß daran wird im Unterpunkt 5.2.2 der kritische Wert des Reservebestands formal hergeleitet, bei dessen Unterschreitung die perfekte Glaubwürdigkeit des Zielzonensystems verloren geht. Die formale Herleitung geht auf Krugman und Rotemberg (1990 und 1992) zurück und wird in Delgado und Dumas (1993) auf alternative Wechselkursvereinbarungen übertragen. In der nachfolgenden Analyse wird die Annahme beibehalten, daß die Fundamentalfaktoren einer Brown'schen Bewegung ohne Trend folgen und die Zielzone durch einseitige

Interventionen des Inlandes verteidigt wird. Demgegenüber wird in den Beiträgen von Krugman und Rotemberg sowie von Delgado und Dumas die Brown'sche Bewegung der Fundamentalfaktoren um eine Trendkomponente erweitert und unterstellt, daß an den Enden der Zielzone immer jenes Land interveniert, dessen Währung unter Abwertungsdruck geraten ist. Des weiteren wird im Abschnitt 5.2.2 die Abhängigkeit des Reservebestands von seinen Einflußgrößen analysiert, worauf in der vorliegenden Literatur nicht weiter eingegangen wird.

5.2.1 Unsicherheit im Hinblick auf die Aufrechterhaltung des Zielzonenregimes

Die nachfolgende Modellanalyse eines unvollkommen glaubwürdigen Zielzonensystems geht auf Krugman (1991) zurück. Es wird unterstellt, daß die Wirtschaftssubjekte mit einer exogen gegebenen Wahrscheinlichkeit π erwarten, daß die Zentralbank an den Interventionspunkten der Zielzone von Interventionen absieht und das Zielzonenregime in ein System flexibler Wechselkurse transferiert wird. Demzufolge erwarten die Wirtschaftssubjekte mit der exogen gegebenen Wahrscheinlichkeit $1-\pi$, daß die Zielzone an den Zonenrändern über Interventionen der Zentralbank verteidigt wird. Das tatsächliche Verhalten der Zentralbank an den Rändern des errichteten Wechselkursbandes ist im Bandinneren unsicher und kann erst dann von den Devisenmarktteilnehmern antizipiert werden, wenn die Aufrechterhaltung des Zielzonenregimes marginale Interventionen der Zentralbank bedingt. In dem Moment, in dem die Zentralbank die Zielzone verteidigt, ist die Aufrechterhaltung der Zielzone perfekt glaubwürdig, so daß π auf den Wert Null springt. Bleiben die Interventionen der Zentralbank dagegen aus, folgt mit Sicherheit ein Regimewechsel zu flexiblen Wechselkursen, so daß π schlagartig den Wert Eins annimmt.

Während sich der Beitrag von Krugman auf die graphische Darstellung der Wechselkurslösung bei unvollkommener Glaubwürdigkeit des Zielzonenregimes beschränkt, wollen wir im folgenden zunächst die Gleichgewichtslösung für den Wechselkurs analytisch herleiten und anschließend graphisch darstellen. Den Ausgangspunkt unserer Analyse bildet die fundamentale Wechselkursbestimmungsgleichung des Asset-Pricing-Ansatzes:

$$s = f + \alpha \cdot \frac{E[ds \mid I]}{dt}. \qquad (5.1)$$

Hierbei stehen s für den natürlichen Logarithmus des Wechselkurses und f für den Fundamentalterm $m+v$, der sich aus dem natürlichen Logarithmus der Geldmenge m und einer aggregierten Fundamentalgröße v zusammensetzt. Die Größe v steht für einen Zeilenvektor, in dem die Fundamentaldaten zusammengefaßt sind, die von der Zentralbank nicht direkt steuerbar sind. Der Wechselkurs ist wieder als Preis der Auslandswährung in inländischen Währungseinheiten definiert. Die Größe $E[ds|I]/dt$ bezeichnet den bedingten Erwartungswert der kurzfristigen Wechselkursänderungsrate und α repräsentiert die Elastizität des Wechselkurses auf seine eigene erwartete Veränderungsrate.

Es wird angenommen, daß die aggregierte Fundamentalgröße v einer Brown'schen Bewegung folgt. Unter dieser Annahme lassen sich die zeitlichen Zuwächse von v durch

$$dv(t) = \sigma \cdot \varepsilon \cdot \sqrt{dt} \tag{5.2}$$

ausdrücken.[155] Hierbei stehen σ für die Standardabweichung pro Zeiteinheit, dt für die Länge des betrachteten Zeitintervalls und ϵ für eine standardnormalverteilte Zufallsgröße. Aus der Annahme der Brown'schen Bewegung resultiert, daß die Zuwächse von v in jedem Zeitpunkt einen Erwartungswert von Null und eine Varianz $\sigma^2 dt$ aufweisen, die proportional zu der Länge des betrachteten Zeitintervalls zunimmt.[156]

Die allgemeine Lösung für die Bestimmungsgleichung des Wechselkurses (5.1) ist durch

$$s(f) = f + A \cdot e^{\lambda_1 f} + B \cdot e^{\lambda_2 f}, \quad wobei\ \lambda_{1,2} = \pm\sqrt{\frac{2}{\alpha\sigma}} \tag{5.3}$$

gegeben und beschreibt die Schar der fundamentalbestimmten Wechselkurspfade. Annahmegemäß bewegen sich die Fundamentaldaten im Zeitablauf stetig (Brown'sche Bewegung) und die Erwartungen werden rational gebildet. Hieraus folgt, daß Wechselkurssprünge nur dann möglich sind, wenn die Wirtschaftssubjekte neue Informationen über das Interventionsverhalten der Zentralbank erhalten. Solange die Aufrechterhaltung der Zielzone keiner Verteidigung bedarf,

---

[155] Aus Gründen der besseren Übersicht, wird die Zeitabhängigkeit der stochastischen Variablen nicht aufgeführt.

[156] Zu den Eigenschaften der Brown'schen Bewegung vgl. Kapitel 2.2.3 dieser Arbeit.

muß daher s in Abhängigkeit von f stetig verlaufen. Dies impliziert, daß die Größen A und B im Inneren der Zielzone konstant sind. Die Konstanten A und B lassen sich daher durch die Bedingungen bestimmen, denen der gesuchte Wechselkurssattelpfad unmittelbar vor einer notwendigen Verteidigung der Wechselkurszielzone genügen muß.

In dem Krugman'schen Grundmodell einer Wechselkurszielzone wird die Zielzone dadurch verteidigt, daß die Brown'sche Bewegung der Wechselkursfundamentalfaktoren an den Zonenrändern über eine entgegengesetzte Anpassung der Geldmenge kompensiert wird. Im Ergebnis wird durch die marginalen Interventionen ein Schwankungsintervall für den Fundamentalterm f errichtet, dessen obere (untere) Intervallgrenze f^o (f^u) genau dann erreicht wird, wenn der Wechselkurs an sein oberes (unteres) Bandende s^o (s^u) stößt. Weil im Krugman-Modell von Risikoüberlegungen der Marktteilnehmer abstrahiert wird, nimmt der funktionale Zusammenhang zwischen dem Zielzonenwechselkurs s und dem Fundamentalterm f bei perfekter Glaubwürdigkeit eine symmetrische, S-förmige Gestalt an, was in Kapitel 2.2.2 dieser Arbeit dargestellt wurde. Hierbei wird unterstellt, daß der Wendepunkt der S-Kurve im Ursprung liegt ($f^o = -f^u$), so daß die Interventionspunkte durch

$$s^o(f^o)|_{TZ} = f^o + A\cdot(e^{\lambda_1 f^o} - e^{\lambda_2 f^o}), \tag{5.4a}$$

$$s^u(f^u)|_{TZ} = -f^o + A\cdot(e^{-\lambda_1 f^o} - e^{-\lambda_2 f^o}) \tag{5.4b}$$

gegeben sind. Unter der Annahme einer perfekt glaubwürdigen Zielzone, muß der bedingte Erwartungswert der Wechselkursänderungsrate in der Bandmitte ($s = 0$) Null betragen. Dies bedingt, daß $A = -B$ gilt.

Im Grundmodell bei perfekt flexiblen Wechselkursen ist die Geldmenge m konstant, woraufhin der bedingte Erwartungswert der kurzfristigen Wechselkursänderungsrate gleich Null ist. Aus der allgemeinen Wechselkursgleichung ist ersichtlich, daß diese Anforderung nur unter der Bedingung $A = B = 0$ erfüllt ist. Der freie Wechselkurs, auf den der Zielzonewechselkurs springt, wenn an den Interventionspunkten f^o und f^u die angekündigten Interventionen ausbleiben, ist daher durch

$$s(f^o)\big|_{flex} = f^o, \tag{5.5a}$$

$$s(f^u)\big|_{flex} = -f^o \tag{5.5b}$$

gegeben. Unter der Annahme, daß den marginalen Interventionen eine Eintrittwahrscheinlichkeit 1-π und eine Ausfallwahrscheinlichkeit π zugeordnet wird, ist der Erwartungswert des Wechselkurses an den Interventionsgrenzen des Fundamentalbandes durch

$$E[s(f^o)] = \pi \cdot s(f^o)\big|_{flex} + (1-\pi) \cdot s(f^o)\big|_{TZ} = f^o + \frac{(1-\pi)}{\lambda_2(e^{\lambda_1 f^o} + e^{\lambda_2 f^o})} \cdot (e^{\lambda_1 f^o} - e^{\lambda_2 f^o}), \tag{5.6a}$$

$$E[s(f^u)] = \pi \cdot s(f^u)\big|_{flex} + (1-\pi) \cdot s(f^u)\big|_{TZ} = f^u + \frac{(1-\pi)}{\lambda_2(e^{\lambda_1 f^o} + e^{\lambda_2 f^o})} \cdot (e^{\lambda_1 f^u} - e^{\lambda_2 f^u}) \tag{5.6b}$$

bestimmt. Bei rationalen Erwartungen und Risikoneutralität der Devisenmarktteilnehmer kann der Wechselkurs nur dann von seinem Erwartungswert abweichen, wenn unerwartete Informationen über die Entwicklung der Fundamentalvariablen eintreffen. In dem Moment, in dem die Fundamentaldaten an ihre Interventionspunkte stoßen und noch keine neuen Informationen über die Interventionsabsicht der Zentralbank vorliegen, muß daher der Wechselkurs seinem Erwartungswert entsprechen. Unter Berücksichtigung der Gleichungen (5.6a und b) folgt hieraus:

$$s(f^o) = f^o + \frac{(1-\pi)}{\lambda_2(e^{\lambda_1 f^o} + e^{\lambda_2 f^o})} \cdot (e^{\lambda_1 f^o} - e^{\lambda_2 f^o}), \tag{5.7a}$$

$$s(f^u) = f^u + \frac{(1-\pi)}{\lambda_2(e^{\lambda_1 f^o} + e^{\lambda_2 f^o})} \cdot (e^{\lambda_1 f^u} - e^{\lambda_2 f^u}). \tag{5.7b}$$

An den Interventionsgrenzen der Fundamentalvariablen *f* muß der Wechselkurs zum einen die aus der allgemeinen Lösung (5.3) resultierenden Bedingungen (5.4a) und (5.4b) und zum anderen die oben aufgeführten speziellen Randwertbedingungen erfüllen. Werden die Gleichungen (5.4a) und (5.7a) oder alternativ die Gleichungen (5.4b) und (5.7b) gleichgesetzt und nach A aufgelöst, erhält man:

$$A = -B = \frac{(1-\pi)}{\lambda_2(e^{\lambda_1 f^o} + e^{\lambda_2 f^o})}. \tag{5.8}$$

Durch den Einsatz der Gleichung (5.8) in die Gleichung (5.3) erhält man den gesuchten funktionalen Zusammenhang zwischen dem Zielzonenwechselkurs und dem Fundamentalterm f:

$$s(f) = f + (1-\pi)\cdot\frac{(e^{\lambda_1 f} - e^{\lambda_2 f})}{\lambda_2(e^{\lambda_1 f^o} + e^{\lambda_2 f^o})}. \tag{5.9}$$

Die voranstehende spezielle Lösung für die Zielzonenwechselkursfunktion ist in der Abbildung 5.1 durch die durchgezogene Kurve graphisch dargestellt.

Der Wechselkurssattelpfad des Zielzonenregimes verläuft bei unvollkommener Glaubwürdigkeit der marginalen Interventionen zwischen den Sattelpfaden eines perfekt glaubwürdigen Zielzonensystems (*TZ*-Kurve) und eines Regimes vollkommen flexibler Wechselkurse (*FF*-Linie). Ausgehend von einer Wechselkursposition an den Interventionspunkten des errichteten Währungsbandes (Punkt Z), paßt sich der Wechselkurs sprungartig an, sobald das tatsächliche Verhalten der Zentralbank für die Wirtschaftssubjekte sichtbar wird. Bleibt die angekündigte Verteidigung der Zielzone aus, ist ein Regimewechsel zu vollkommen flexiblen Wechselkursen sicher, so daß π sprungartig den Wert Eins annimmt und sich der Zielzonenwechselkurs an den Gleichgewichtswert bei flexiblen Wechselkursen diskret anpaßt (Punkt X). Geht die Zentralbank dagegen ihrer angekündigten Interventionsstrategie nach, ist die errichtete Zielzone schlagartig perfekt glaubwürdig, so daß π auf Null und der Wechselkurs auf seinen Gleichgewichtswert bei perfekter Glaubwürdigkeit springt (Punkt Y).[157]

---

[157] Vgl. hierzu auch Krugman (1999).

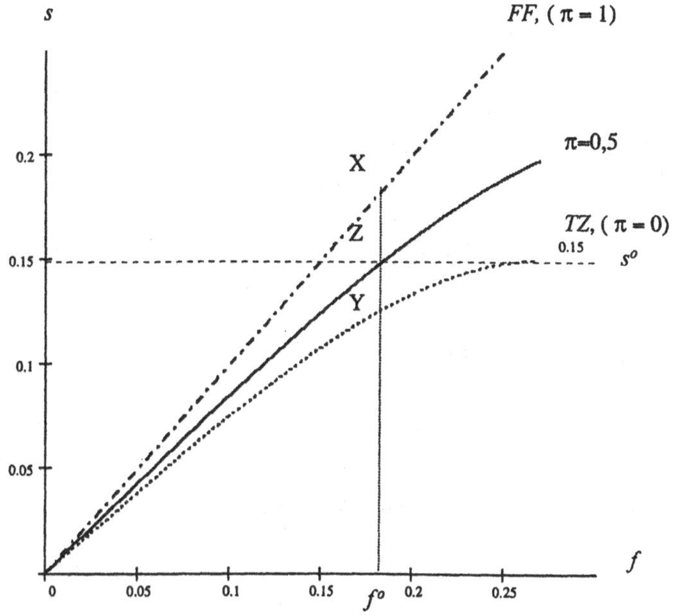

Abb. 5.1: Zielzonenwechselkurs und exogene Wahrscheinlichkeit für einen Regimezusammenbruch

Parameterwerte: $\alpha = 3$; $\sigma = 0{,}1$; $\lambda_1 = 8{,}165$; $\lambda_2 = -8{,}165$ für $\pi = 0$; $\pi = 1$ und $\pi = 0{,}5$.

In der Abbildung 5.1 schneidet der Wechselkurssattelpfad des begrenzt glaubwürdigen Zielzonenregimes die Wechselkursbandbreiten. Bei unvollkommener Glaubwürdigkeit des Wechselkurssystems läßt sich der Wechselkurssattelpfad daher nicht mehr durch die Randwertbedingung des "smooth pasting" identifizieren. Solange die Aufrechterhaltung der Zielzone aber begrenzt glaubwürdig ist, wird die Wechselkursentwicklung im Bandinneren über den Erwartungseffekt der Zielzone gedämpft. Demzufolge bleibt der S-förmige Verlauf der Zielzonenlösung erhalten, wenngleich der "honeymoon"-Effekt im Zuge einer Verminderung der Glaubwürdigkeit des Zielzonenregimes gedämpft wird. Das Ausmaß der Wechselkursstabilisierung im Inneren der Zielzone wird durch den Grad der Glaubwürdigkeit determiniert. Geht π gegen Eins und sind die marginalen Interventionen demzufolge nahezu vollkommen unglaubwürdig, gleicht sich die Lösungsfunktion des Zielzonenregimes an diejenige bei freien Wechselkursen an (*FF*-Linie). Dagegen schmiegt sie sich an die *TZ*-Kurve, wenn π gegen Null geht und die Glaubwürdigkeit der Zielzone daher nahezu vollkommen ist.

Weil die S-förmige Beziehung zwischen dem Zielzonenwechselkurs und den Fundamentalvariablen im Krugman-Modell mit bedingter Glaubwürdigkeit erhalten bleibt, trägt die dargestellte Modifikation nicht dazu bei, die empirische Performance des Zielzonenmodells zu verbessern. So resultiert aus dem S-förmigen Zusammenhang zwischen dem Zielzonenwechselkurs und dem Fundamentalterm f über die angenommene Gültigkeit der ungedeckten Zinsparität ein negativer Zusammenhang zwischen der internationalen Zinsdifferenz und der Wechselkursposition im Band, der sich empirisch nicht bestätigen läßt. Daneben ist die angenommene Exogenität der Wahrscheinlichkeit, mit der das Zielzonenregime verteidigt beziehungsweise aufgegeben wird, unplausibel. Vor diesem Hintergrund wollen wir im nächsten Abschnitt eine Modellspezifikation darstellen, in der die Glaubwürdigkeit des Zielzonenregimes endogen bestimmt wird.

5.2.2 Spekulative Attacken

Eine Möglichkeit zur Verteidigung eines Systems fester Wechselkurse oder eines Zielzonenregimes besteht darin, daß die Zentralbanken der Partnerländer direkt am Devisenmarkt intervenieren. Diese Maßnahmen sind jedoch in der Regel nicht hinreichend, um den Entwicklungspfad des Wechselkurses in die gewünschte Richtung zu beeinflussen. So haben Devisenmarktinterventionen in dem betrachteten Modellrahmen nur dann Einfluß auf den Wechselkurs, wenn entweder im Fall nicht-sterilisierter Devisenmarktinterventionen die Geldmenge die Anpassungslast trägt oder im Fall sterilisierter Devisenmarktinterventionen der Geldmarktzins angepaßt wird. Ein Regime fester Wechselkurse und ein Zielzonenregime läßt sich daher auch direkt über den Einsatz der Geldpolitik verteidigen.

In der theoretischen Literatur zu spekulativen Attacken in Festkurssystemen wird ein Systemkollaps darauf zurückgeführt, daß die Währungsreserven aufgrund einer mangelnden wirtschaftspolitischen Konvergenz der Partnerländer kontinuierlich abgebaut werden. Damit wird implizit unterstellt, daß Wechselkursziele über Devisenmarktinterventionen und nicht über geldpolitische

Maßnahmen verteidigt werden. Die Pionierarbeit auf dem Gebiet der spekulativen Attacken geht auf Krugman (1979) zurück. Aufbauend auf dem Ansatz von Salant und Henderson (1978) zeigt Krugman, daß eine übermäßige staatliche Kreditaufnahme und eine hiermit verbundene Ausweitung der Geldmenge einen Nachfrageüberschuß auf dem Devisenmarkt induziert, der in einem Regime fester Wechselkurse einen kontinuierlichen Verlust an Währungsreserven erzeugt. Der fortschreitende Abbau der Währungsreserven löst im Modellrahmen eine spekulative Attacke aus, woraufhin die Währungsreserven schlagartig abgebaut werden und das Fixkurssystem in ein System flexibler Wechselkurse transferiert wird.

In der Analyse von Flood und Garber (1984) wird ein Modellrahmen zugrundegelegt, der im Gegensatz zu dem Ansatz von Krugman die Möglichkeit bietet, den Zeitpunkt der spekulativen Attacke und den hiermit verbundenen kritischen Bestand an Währungsreserven zu bestimmen. Dies setzt jedoch voraus, daß die Wirtschaftssubjekte darüber informiert sind, zu welchem Bestand an Währungsreserven die Zentralbank ihre Interventionen einstellt, was in Flood und Garber (1984) einerseits und in Grilli (1986) andererseits gezeigt wird. Das Modell von Flood und Garber (1984) wurde in einer Vielzahl von Beiträgen um verschiedene Aspekte erweitert.[158] So findet in Obstfeld (1984) das Szenario eines vorübergehenden Regimewechsels zu flexiblen Wechselkursen Berücksichtigung, während in Flood und Garber eine endgültige Freigabe des Wechselkurses angenommen wird. Die Analyse von Blackburn (1988) zeigt, daß eine spekulative Attacke um so früher einsetzt, je höher der Grad an Preisflexibilität ist und je enger die Substitutionsbeziehungen zwischen in- und ausländischen Assets sind. Während in den oben angesprochenen Beiträgen nicht-sterilisierte Devisenmarktinterventionen unterstellt werden, wird in Flood, Garber und Kramer (1995) untersucht, inwiefern der Zeitpunkt des Zusammenbruchs eines Regimes fester Wechselkurse durch Sterilisationsmaßnahmen der Zentralbank beeinflußt wird.

Die Abnahme des Bestands an Währungsreserven kann auch in einem Zielzonenregime eine spekulative Attacke auslösen, durch die eine Aufrechterhaltung des Zielzonenregimes gefährdet wird. Unter der Annahme, daß die Zielzone über Devisenmarktinterventionen der Zentralbank

---

[158] Einen hervorragenden Überblick über die Theorie der spekulativen Attacken in Festkurssystemen bietet der Beitrag von Agenor und Flood (1994).

verteidigt wird, unterliegt das Regime einem natürlichen Kollaps, sobald die Währungsreserven aufgebraucht sind und eine Verteidigung der Zielzone nunmehr ausgeschlossen ist. Erwarten die Wirtschaftssubjekte, daß sich aus dem natürlichen Zusammenbruch des Regimes die Möglichkeit ergibt, sichere Gewinne aus Spekulationsgeschäften am Devisenmarkt zu erzielen, setzt bereits vor dem natürlichen Kollaps eine spekulative Attacke ein, durch die der Zeitpunkt des Regimezusammenbruchs möglicherweise vorgezogen wird.

Im folgenden sollen die Modellösung von Krugman und Rotemberg (1990 und 1992) für den Wechselkurs in einem Zielzonensystem mit begrenzten Währungsreserven formal hergeleitet werden und die sich hieraus ergebenden Implikationen genauer ausgeführt werden. Den Ausgangspunkt der Analyse bildet wieder die grundlegende Wechselkursgleichung des Asset-Pricing-Ansatzes:

$$s = m + v + \alpha \cdot \frac{E[ds|I]}{dt}. \qquad (5.10)$$

Hierbei stehen s, m und v für die natürlichen Logarithmen des Wechselkurses, der inländischen Geldmenge und einer stochastischen Störung. Der Wechselkurs ist wieder als Preis der Auslandswährung in inländischen Währungseinheiten definiert. Die Größe $E[ds|I]/dt$ steht für den bedingten Erwartungswert der kurzfristigen Wechselkursänderungsrate und α repräsentiert die Elastizität des Wechselkurses auf seine eigene erwartete Veränderungsrate.

Das inländische Geldangebot setzt sich aus einer Kreditkomponente D und einer Reservekomponente R zusammen:

$$m = \ln(D+R). \qquad (5.11)$$

Interventionen am Devisenmarkt haben eine Veränderung des Zentralbankbestands an Währungsreserven R zur Folge und sind hierüber mit einer Anpassung der Geldmenge verbunden. So nimmt die Geldmenge über eine Reduktion der Reservekomponente R ab, wenn die Zentralbank auf dem Devisenmarkt Währungsreserven verkauft. Demgegenüber wird die Kreditkomponente D als konstant angenommen. Wir unterstellen also, daß die Geldmengeneffekte der Devisenmarktinterventionen nicht sterilisiert werden.

Es wird unterstellt, daß v einer Brown'schen Bewegung ohne Trend folgt. Unter dieser Annahme, lassen sich die Zuwächse von v:

$$dv = \sigma \cdot \varepsilon \cdot \sqrt{dt}, \tag{5.12}$$

schreiben, wobei σ die Standardabweichung pro Zeiteinheit, dt für das betrachtete Zeitintervall und ϵ für eine standardnormalverteilte Zufallsgröße stehen. Aus der Annahme der Brown'schen Bewegung resultiert, daß der Erwartungswert $E[dv]$ gleich Null ist.

Die allgemeine Lösung für die Wechselkursbestimmungsgleichung (5.10) lautet:

$$s = m + v + A \cdot e^{\lambda_1 (m+v)} + B \cdot e^{\lambda_2 (m+v)} \quad mit \quad \lambda_{1,2} = \pm \sqrt{\frac{2}{\alpha \sigma^2}}. \tag{5.13}$$

Hierbei repräsentieren die beiden nicht-linearen Terme auf der rechten Seite der voranstehenden Gleichung einen Bubble-Term. Es wird unterstellt, daß die Erwartungsbildung rational erfolgt und fundamentalbestimmt ist. Spekulative Bubbles werden demzufolge per Annahme ausgeschlossen.

Das Zielzonenregime sei wiederum durch infinitesimale, stetige und zeitlich unverzögerte Interventionen der Zentralbank charakterisiert. Die inländische Zentralbank verteidigt die errichtete Zielzone dadurch, daß an den Rändern der Zielzone eine Veränderung von v durch eine gegengerichtete Anpassung von m kompensiert wird. Mittelbar über die Verteidigung der Zielzone wird also ein Schwankungsintervall für den Fundamentalterm $m+v$ errichtet. Hierbei wird angenommen, daß nur die inländische Zentralbank und nicht die ausländische Zentralbank am Devisenmarkt interveniert.[159] Dies impliziert, daß sich der Bestand an Währungsreserven in

[159] In Delgado und Dumas (1993) wird dagegen unterstellt, daß jeweils die Zentralbank des Schwachwährungslandes interveniert. Es wird also angenommen, daß am unteren Ende des Währungsbandes die inländische Zentralbank auf Devisenmarktinterventionen verzichtet. Das untere Ende des errichteten Währungsbandes wird unter dieser Annahme über die mit den Devisenmarktinterventionen der ausländischen Zentralbank verbundene Verminderung der ausländischen Geldmenge verteidigt. Weil sich die inländische Zentralbank am unteren Ende des Währungsbandes passiv verhält, können die Währungsreserven der inländischen Zentralbank im Zeitablauf nicht wieder aufgestockt werden. Hier kommt es zwangsläufig zu einem Zusammenbruch des Zielzonenregimes, weil der Bestand an Währungsreserven langfristig mit Sicherheit erschöpft ist. Interveniert dagegen ausschließlich die inländische Zentralbank kommt es nur dann zu einem Zusammenbruch des Zielzonenregimes, wenn sich der Wechselkurs aufgrund von kumulierten positiven Veränderungen von v relativ lange an seinem oberen

den Händen der inländischen Zentralbank stets verändert, wenn die Aufrechterhaltung der Zielzone Interventionen am Devisenmarkt bedingt. So nimmt der Reservebestand durch die marginalen Devisenmarktinterventionen zu, wenn v ausgehend von einer Position des Wechselkurses am unteren Bandende sinkt. Demgegenüber nimmt der Reservebestand durch die marginalen Devisenmarktinterventionen ab, wenn v ausgehend von einer Wechselkursposition am oberen Bandende steigt.

Es wird unterstellt, daß das Zielzonenregime nur dann aufgegeben wird, wenn die Währungsreserven vollständig aufgebraucht sind und mithin keine Möglichkeit mehr besteht das obere Bandende des Wechselkurses über Devisenmarktinterventionen zu verteidigen.[160] Weil der Bestand an Währungsreserven begrenzt ist, ist die Aufrechterhaltung des oberen Bandendes nicht mehr perfekt glaubwürdig, wenn der Reservebestand ein bestimmtes kritisches Niveau erreicht. Dies impliziert, daß die Wechselkursfunktion des Zielzonenregimes am oberen Ende des Währungsbandes nur dann der "smooth pasting"-Bedingung genügt, wenn der Reservebestand hinreichend groß ist. Demgegenüber sind den Interventionen der Zentralbank am unteren Ende des errichteten Wechselkursbandes keine Grenzen gesetzt. Die Verteidigung des unteren Bandendes ist daher vollkommen glaubwürdig. Infolgedessen ist die Wechselkursfunktion des Zielzonenregimes am unteren Ende des errichteten Währungsbandes durch die "smooth pasting"-Eigenschaft:

$$s_v(m+v^u) = 1+\lambda_1 \cdot Ae^{\lambda_1 m+v^u} + \lambda_2 \cdot Be^{\lambda_2 m+v^u} = 0$$

charakterisiert, wobei s_v für die erste partielle Ableitung der Wechselkursfunktion $s(m+v)$ nach der stochastischen Fundamentalgröße v steht. Für die bisher noch Unbekannten A und B der gesuchten Zielzonenwechselkurslösung folgt:

Interventionspunkt aufhält und die Währungsreserven über die andauerenden Interventionen der inländischen Zentralbank am oberen Bandende mithin vollständig aufgebraucht werden.

[160] In Krugman und Rotemberg (1990) und (1992) wird im Gegensatz zu unserer Darstellung eine einseitige Zielzone unterstellt. Die Brown'sche Bewegung von v wird nur dann reguliert, wenn s seinen oberen Grenzwert s^o realisiert. Mithin bewegen sich der Fundamentalterm $m+v$ und der Wechselkurs nach unten vollkommen frei. Die Ergebnisse lassen sich jedoch unmittelbar auf den von uns unterstellten Fall einer zweiseitigen Zielzone übertragen.

$$B = \frac{1}{\lambda_1 \cdot e^{\lambda_2 (m+v)^u}} + A \cdot \left(\frac{e^{\lambda_1 (m+v)^u}}{e^{\lambda_2 (m+v)^u}} \right) \quad mit \quad \lambda_1 = -\lambda_2 .$$

Unter Berücksichtigung der allgemeinen Lösung (5.13), läßt sich der Wechselkurssattelpfad des Zielzonenregimes wie folgt näher spezifizieren:

$$s = m + v + \frac{e^{\lambda_2 (m+v)}}{\lambda_1 \cdot e^{\lambda_2 (m+v)^u}} + A \cdot \left(\frac{e^{\lambda_1 (m+v) + \lambda_2 (m+v)^u} + e^{\lambda_1 (m+v)^u + \lambda_2 (m+v)}}{e^{\lambda_2 (m+v)^u}} \right) . \qquad (5.14)$$

Die Herleitung einer Lösung für den Wechselkurssattelpfad des Zielzonenregimes bedingt, daß die bisher noch unbekannte Größe A bestimmt wird. Aufgrund der Annahmen, daß im Inneren der Zielzone m konstant ist und keine neuen, unerwarteten Informationen über den Entwicklungspfad der Fundamentaldaten auftreten, verläuft der Wechselkurssattelpfad in Abhängigkeit von dem Fundamentalterm $m+v$ stetig. Infolgedessen läßt sich die Unbekannte A durch die Eigenschaften bestimmen, denen der Wechselkurssattelpfad am oberen Ende der Zielzone genügen muß. Im Zielzonenmodell mit begrenzten Währungsreserven ist die Glaubwürdigkeit der angekündigten Verteidigung des oberen Bandendes eine Funktion des Reservebestandes und mithin endogen bestimmt. Unter diesen Umständen ist die Zielzonenwechselkursfunktion am oberen Ende des Währungsbandes nur dann durch die Eigenschaft des "smooth pasting" charakterisiert, wenn der Bestand an Währungsreserven hinreichend groß ist und demzufolge im Bandinneren die Aufrechterhaltung der Zielzone perfekt glaubwürdig ist. Vor diesem Hintergrund wird im folgenden eine Randwertbedingung gesucht, über die der Verlauf des Wechselkurssattelpfades in einem Zielzonenregime mit knappen Währungsreserven und einer hiermit verbundenen unvollkommenen Regimeglaubwürdigkeit identifiziert werden kann.

Es wird unterstellt, daß der Zusammenbruch des Zielzonenregimes mit einem permanenten Regimewechsel zu vollkommen flexiblen Wechselkursen verbunden ist.[161] Bei vollkommen flexiblen Wechselkursen verzichtet die Zentralbank auf Interventionen am Devisenmarkt, so daß der Reservebestand im Zeitablauf konstant bleibt. Daneben wird die Kreditkomponente als

---

[161] Alternative Szenarien eines Regimewechsels werden in Delgado und Dumas (1993) analysiert.

konstant angenommen. Im Modell bei flexiblen Wechselkursen ist daher m eine Konstante, so daß der bedingte Erwartungswert $E[dm|I]$ gleich Null ist. Daneben ist der Erwartungswert $E[dv]$ in allen Wechselkursregimen gleich Null, weil v annahmegemäß einer Brown'schen Bewegung ohne Trend folgt. Infolgedessen ist der bedingte Erwartungswert der kurzfristigen Wechselkursänderungsrate $E[ds|I]$ im Modell bei flexiblen Wechselkursen gleich Null. Unter Berücksichtigung der allgemeinen Wechselkursgleichung (5.10) ist der vollkommen freie Wechselkurs demzufolge durch

$$s = m + v \qquad mit \quad m = \ln(D + R) \tag{5.15}$$

bestimmt.

Weil das Zielzonenregime annahmegemäß erst in dem Moment aufgegeben wird, in dem der Reservebestand vollständig aufgebraucht ist, ist das inländische Geldangebot nach dem Regimewechsel zu vollkommen flexiblen Wechselkursen auf

$$m' = \ln(D) \tag{5.16}$$

fixiert. Folglich ist der Wechselkurs nach dem Regimewechsel zu flexiblen Wechselkursen durch

$$s' = m' + v \tag{5.17}$$

gegeben. Der beschriebene Zusammenhang zwischen dem freien Wechselkurs und der Fundamentalgröße v nach dem Regimewechsel ist in der Abbildung 5.2 durch die $FF'(m')$ -Linie graphisch dargestellt.

Annahmegemäß stellt die Zentralbank ihre nicht-sterilisierten Devisenmarktinterventionen am oberen Bandende erst dann ein, wenn der Reservebestand vollständig aufgebraucht ist und ein Regimewechsel zu flexiblen Wechselkursen erzwungen wird. Die Zentralbank hält also solange am Zielzonenregime fest, bis der Reservebestand auf Null geschrumpft ist. Solange die Zentralbank noch über Währungsreserven verfügt, erwarten die Wirtschaftssubjekte demzufolge im Inneren der Zielzone, daß die Zentralbank willens ist, das obere Ende der Zielzone über einen Abbau ihrer Währungsreserven zu verteidigen. Im Modellzusammenhang stellt sich daher in der oberen Hälfte des Währungsbandes die Erwartung ein, daß die Geldmenge in der Zukunft über die drohenden Interventionen am oberen Bandende sinkt, wodurch der bedingte Erwartungswert

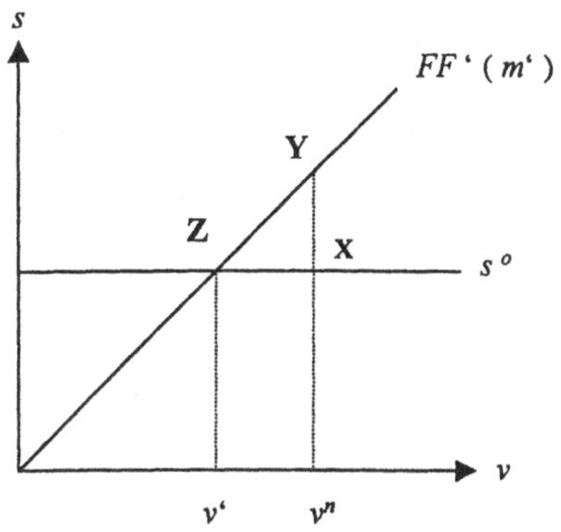

Abb. 5.2: Das Szenario eines natürlichen Kollaps

der Wechselkursänderungsrate $E[ds|I]$ in der oberen Bandhälfte negativ wird. Dies impliziert, daß der Wechselkurs in der oberen Bandhälfte durch die Ankündigung der Devisenmarktinterventionen auch dann stabilisiert wird, wenn der Reservebestand nach der Einschätzung der Wirtschaftssubjekte nicht hinreichend ist, um einen Zusammenbruch des Zielzonenregimes am oberen Bandende abwenden zu können.

Das Zielzonenregime würde genau in dem Moment einem natürlichen Kollaps unterliegen, in dem sich v ausgehend von einer Wechselkursposition am oberen Bandende so stark erhöht hat, daß der Reservebestand im Zuge der Interventionen am oberen Bandende auf Null geschrumpft ist. In der Abbildung 5.2 ist unterstellt, daß das Zielzonenregime durch einen natürlichen Kollaps zusammenbrechen würde, wenn sich v ausgehend von v' auf v'' erhöhen würde und sich der Zielzonenwechselkurs daraufhin entlang der oberen Bandbreite s^o von Punkt Z zu Punkt X bewegen würde. Weil sich v annahmegemäß stetig bewegt und der stetige Anstieg von v am oberen Bandende über die Geldmengeneffekte der zeitlich unverzögert einsetzenden Devisenmarktinterventionen kompensiert wird, bleibt der Fundamentalterm $m+v$ von dem natürlichen Regimewechsel unberührt. Demgegenüber nimmt $E[ds|I]/dt$ im Modellzusammenhang durch die Systemtransformation sprungartig zu, weil $E[ds|I]/dt$ im Zielzonenregime am oberen Ende der Zielzone negativ ist und im Regime flexibler Wechselkurse gleich Null ist. Ein natürlicher Regimewechsel wäre daher mit einem Wechselkurssprung verbunden, was aus Gleichung (5.10) ersichtlich ist.[162] In der Abbildung 5.2 würde der Wechselkurs unter diesen Umständen von Punkt X am oberen Ende des Währungsbandes s^o auf Punkt Y springen.

Wie oben dargestellt wurde, wäre ein natürlicher Kollaps des Zielzonenregimes im Modellzusammenhang mit einem Wechselkurssprung verbunden. Unter diesen Umständen lassen sich aus der Situation eines natürlichen Zusammenbruchs sichere Kapitalgewinne erzielen, indem Devisen unmittelbar vor dem natürlichen Zusammenbruch gekauft werden und direkt nach dem Regimewechsel, zu dem inzwischen gestiegenen Wechselkurs, wieder verkauft werden. Die Kapitalmarktteilnehmer werden vor dem natürlichen Zusammenbruch des Zielzonenregimes die Möglichkeit sicherer Kapitalgewinne nutzen und die oben beschriebenen Spekulationsgeschäfte tätigen. Noch bevor die Währungsreserven auf Null gesunken sind und das Zielzonenregime augenblicklich einem natürlichen Kollaps unterliegt, wird daher die Devisennachfrage am oberen Bandende unendlich stark ansteigen. Die spekulative Attacke auf die Inlandswährung hat zur Folge, daß das obere Ende der Zielzone über Devisenmarktinterventionen der Zentralbank verteidigt werden muß. Weil die Devisennachfrage im Zuge der spekulativen Attacke unendlich stark steigt, der Bestand an Währungsreserven hingegen begrenzt ist, bricht das Zielzonenregime bereits vor dem natürlichen Kollaps zusammen.

Solange der Regimewechsel mit einem infinitesimal kleinen Wechselkurssprung verbunden ist, lassen sich sichere Kapitalgewinne dadurch erzielen, daß die Freigabe des Wechselkurses durch eine spekulative Attacke am oberen Ende des Währungsbandes erzwungen wird. In der Abbildung 5.2 würde demzufolge die spekulative Attacke genau dann einsetzen, wenn v das Niveau v' geringfügig übersteigen würde. Hier wäre der erzwungene Regimewechsel noch mit einem infinitesimalen Wechselkurssprung und damit mit der Möglichkeit verbunden, sichere Kursgewinne durch einen spekulativen Kauf von Devisen zu erzielen. Da die Devisenmarktteilnehmer

---

[162] In Flood und Garber (1992) werden dagegen diskrete und zeitlich verzögerte Devisenmarktinterventionen unterstellt. Im Modellzusammenhang bleibt der Wechselkurs von einem natürlichen Zusammenbruch des Zielzonenregimes unberührt. Hierbei wird jedoch zum einen unterstellt, daß der Umfang des Reservebestandes vor dem natürlichen Kollaps dem Ausmaß der diskreten Devisenmarktinterventionen entspricht. Zum anderen wird implizit angenommen, daß der Wechselkurs über die diskreten Devisenmarktinterventionen in die Mitte des errichteten Währungsbandes positioniert wird, so daß der Erwartungswert der Wechselkursänderungsrate nach der Durchführung der Interventionen Null beträgt. Unter diesen Annahmen bleiben der Fundamentalterm $m+v$ und der bedingte Erwartungswert der Wechselkursänderungsrate und mithin der Wechselkurs von einem natürlichen Kollaps unberührt.

um den begrenzten Bestand an Währungsreserven konkurrieren, ist es aber aus der Sicht des einzelnen Spekulanten rational, die Devisen unmittelbar vor dem erwarteten Einsatz der spekulativen Attacke und mithin an der Stelle $v = v'$ zu erwerben. Weil sich jedoch annahmegemäß alle Devisenmarktteilnehmer rational verhalten, setzt die spekulative Attacke bereits ein, wenn v das Niveau v' realisiert. Hier entspricht das Niveau des mit dem Regimewechsel korrespondierenden freien Wechselkurses dem oberen Ende der Wechselkurszielzone (Punkt Z in der Abbildung 5.2). Demnach werden die sicheren Spekulationsgewinne über den zwischen den Spekulanten bestehenden Wettbewerb abgebaut werden. Weil die Devisennachfrage im Zuge der spekulativen Attacke unendlich stark steigt, wird der Bestand an Währungsreserven vollständig abgebaut und ein Regimewechsel zu vollkommen flexiblen Wechselkursen erzwungen.

Die Analyse macht deutlich, daß der Verlauf der Zielzonenwechselkursfunktion vor dem Eintritt der spekulativen Attacke der Bedingung genügen muß, daß der Wechselkurs genau in dem Moment an sein oberes Bandende s^o stößt, zu dem sich auch nach einem Regimewechsel zu flexiblen Wechselkursen der Kurs s^o herausbilden würde. Dies ist in den Abbildungen 5.2 an der Stelle $v = v'$ der Fall. Wird demzufolge in den Gleichungen (5.14) und (5.16) v durch v' ersetzt und werden die Gleichungen anschließend gleichgesetzt, erhält man die Randwertbedingung für die Prä-Kollaps-Zielzonenwechselkursfunktion:

$$m + v' + \frac{e^{\lambda_2(m+v')}}{\lambda_1 \cdot e^{\lambda_2(m+v)^u}} + A \cdot \left(\frac{e^{\lambda_1(m+v') + \lambda_2(m+v)^u} + e^{\lambda_1(m+v)^u + \lambda_2(m+v')}}{e^{\lambda_2(m+v)^u}} \right) = m' + v'$$

$$mit \quad v' = s^o - m'.$$

Wird die voranstehende Gleichung nach der Unbekannten A aufgelöst, resultiert:

$$A = \frac{-1}{e^{\lambda_1(m+v') + \lambda_2(m+v)^u} + e^{\lambda_1(m+v)^u + \lambda_2(m+v')}} \cdot \left[e^{\lambda_2(m+v)^u} \cdot (m - m') - \frac{e^{\lambda_2(m+v')}}{\lambda_2} \right] < 0. \qquad (5.18)$$

Aus dem Einsatz der Gleichung (5.18) in die Gleichung (5.14) folgt:

$$
\begin{aligned}
s = m + v &+ \frac{e^{\lambda_2 (m+v)}}{\lambda_1 \cdot e^{\lambda_2 (m+v)^u}} + \frac{e^{\lambda_2 (m+v)^u + \lambda_1 (m+v)} + e^{\lambda_1 (m+v)^u + \lambda_2 (m+v)}}{e^{\lambda_1 (m+v') + \lambda_2 (m+v)^u} + e^{\lambda_1 (m+v)^u + \lambda_2 (m+v')}} \cdot (m' - m) \\
&+ \frac{e^{\lambda_2 (m+v)^u + \lambda_1 (m+v)} + e^{\lambda_1 (m+v)^u + \lambda_2 (m+v)}}{e^{\lambda_1 (m+v') + \lambda_2 (m+v)^u} + e^{\lambda_1 (m+v)^u + \lambda_2 (m+v')}} \cdot \frac{e^{\lambda_2 (m+v')}}{\lambda_2 \cdot e^{\lambda_2 (m+v)^u}} \,.
\end{aligned}
\tag{5.19}
$$

Die voranstehende Gleichung repräsentiert die gesuchte Lösung für die Zielzonenwechselkursfunktion vor der spekulativen Attacke. Hierbei gibt der Ausdruck m'-m die Rate an, mit der die Geldmenge durch den spekulationsbedingten vollständigen Abbau der Währungsreserven sinkt. Aus der Gleichung (5.19) ist ersichtlich, daß der Verlauf der Zielzonenwechselkursfunktion vor dem Regimezusammenbruch durch die Rate m-m' und damit durch den Reservebestand vor dem Regimewechsel zu freien Wechselkursen bestimmt wird. Dies soll nun anhand der Abbildungen 5.3 (Seite 245) und 5.4 (Seite 247) erläutert werden.

In den Abbildungen 5.3 und 5.4 zeigt jeweils die *TZ*-Kurve den funktionalen Zusammenhang zwischen dem Zielzonenwechselkurs und der Fundamentalgröße v vor dem Regimewechsel zu flexiblen Wechselkursen. Die Geldmenge m ist hier exogen gegeben und bestimmt das Krümmungsverhalten der *TZ*-Kurve (Gleichung (5.19)). Die Linie $FF(m)$ beschreibt jeweils die funktionale Beziehung zwischen dem Wechselkurs und v, die sich vor dem Zusammenbruch des Zielzonenregimes zu der exogen gegebenen Geldmenge m bei flexiblen Wechselkursen theoretisch ergeben würde. Durch die spekulative Attacke am oberen Bandende s^o werden die Währungsreserven der Zentralbank vollständig aufgebraucht, woraufhin die Geldmenge von m auf m' sinkt. Die Linie $FF'(m')$ zeigt den funktionalen Zusammenhang zwischen dem Wechselkurs und v der sich ergibt, wenn die Geldmenge durch den spekulationsbedingten vollständigen Verlust an Währungsreserven von m auf m' sinkt und damit ein Regimewechsel zu flexiblen Wechselkursen erzwungen wird. Hierbei wird der Umfang der spekulativen Attacke m-m' durch den horizontalen Abstand zwischen den Linien $FF(m)$ und $FF'(m')$ angegeben. Weil die *TZ*-Kurve für die Prä-Kollaps-Zielzonenwechselkursfunktion steht, mündet sie in den Abbildungen 5.3 und 5.4 genau dann in das obere Ende der Zielzone s^o ein, wenn v den Wert v' erreicht, zu dem der mit der Post-Kollaps-Wechselkursfunktion $FF'(m')$ korrespondierende freie Wechselkurs ebenfalls gleich s^o ist.

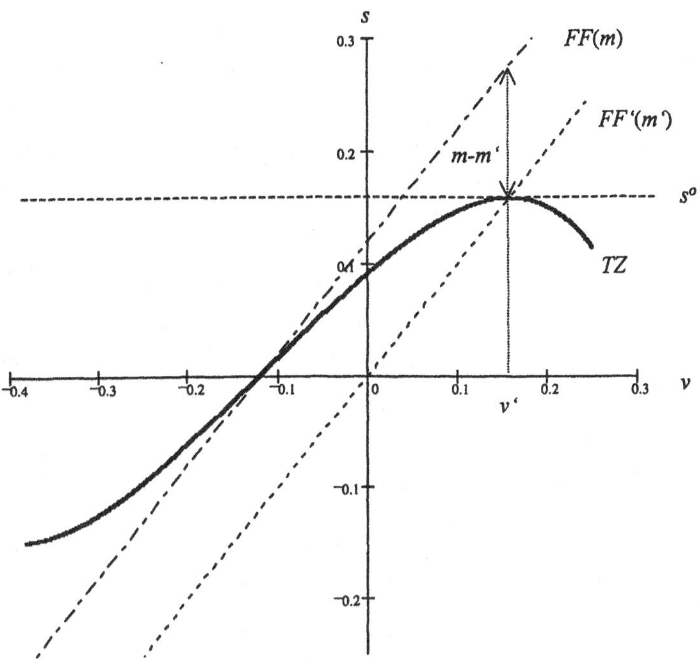

Abb. 5.3: Prä-Kollaps-Zielzonenwechselkursfunktion bei einem relativ hohen Reservebestand

Parameterwerte: $\alpha = 3$; $\sigma = 0{,}1$; $\lambda_1 = 8{,}165$; $\lambda_2 = -8{,}165$; $f^o = 0{,}2695$; $f^u = -0{,}2695$ für $m = 0{,}12$ und $m' = 0$.

An der Stelle $v = v'$ rechnen die Wirtschaftssubjekte damit, daß ein infinitesimal kleiner Anstieg von v eine spekulative Attacke auslöst, die einen Regimewechsel zu flexiblen Wechselkursen erzwingt und einen Wechselkursanstieg auslöst. Tatsächlich setzt die spekulative Attacke aber bereits an der Stelle $v = v'$ ein, weil die Spekulanten um den begrenzten Bestand an Währungsreserven konkurrieren und daher vorab Devisen nachfragen. Weil sichere Spekulationsgewinne in dem zugrundeliegenden Modell über den Wettbewerb der Spekulanten abgebaut werden, bleibt der Wechselkurs von der spekulativen Attacke unberührt. Unter Berücksichtigung der Gleichung (5.10) setzt dies voraus, daß im Zeitpunkt der Regimetransformation der Anstieg von $\alpha E[ds|I]$ durch eine Reduktion von m kompensiert wird, die im Modellzusammenhang auf einen vollständigen Abbau der Währungsreserven zurückgeht. Hierbei fällt der mit dem Regimewechsel einhergehende Anstieg der erwarteten Wechselkursänderungsrate und damit auch der Verlust an Währungsreserven umso stärker aus, je glaubwürdiger das Zielzonenregime zuvor gewesen ist.

In der Abbildung 5.3 tangiert die *TZ*-Kurve an der Stelle $v = v'$ das obere Bandende s^o. Dies impliziert, daß die Verteidigung der Zielzone entlang der *TZ*-Kurve perfekt glaubwürdig ist. In diesem Fall erreicht die spekulative Attacke ihren maximal möglichen Umfang (m-m'). So würde sich die *TZ*-Kurve in der Abbildung 5.3 nach links bewegen, wenn der Lageparameter m über eine Zunahme des Reservebestandes steigen würde und die Lösung für den Zielzonenwechselkurs (Gleichung (5.19)) daher jedem gegebenen Wechselkursniveau einen entsprechend niedrigeren Wert von v zuordnen würde. In diesem Fall wäre der Reservebestand größer als der maximal mögliche Umfang der spekulativen Attacke und damit hinreichend, um einen spekulationsbedingten Zusammenbruch am oberen Bandende über Devisenmarktinterventionen abzuwenden. Außerdem würde der Zielzonenwechselkurs zu einem geringeren v-Wert als v' an sein oberes Bandende s^o stoßen. Unter diesen Umständen wäre aber ein spekulationsbedingter Regimewechsel zu flexiblen Wechselkursen mit einer Wechselkursreduktion verbunden, so daß eine spekulationsbedingte Attacke erst gar nicht stattfinden würde.

In der Abbildung 5.4 ist unterstellt, daß der Reservebestand vor der spekulativen Attacke an der Stelle $v = v'$ geringer ist als in der Abbildung 5.3. Dies zeigt sich darin, daß der horizontale Abstand zwischen den Linien $FF(m)$ und $FF'(m')$ in der Abbildung 5.4 kleiner ist als in der Abbildung 5.3. Weil das Interventionspotential der Zentralbank in der Abbildung 5.4 relativ gering ist, wird hier im Bandinneren der Zielzone mit einer im Vergleich zur Abbildung 5.3 geringen Wahrscheinlichkeit erwartet, daß das obere Bandende der Zielzone über Interventionen der Zentralbank erfolgreich verteidigt wird. Infolgedessen ist im Bandinneren der Abbildung 5.4 die Verteidigung der Zielzone nur begrenzt glaubwürdig, so daß die *TZ*-Kurve nicht mehr durch die Eigenschaft des "smooth pasting" charakterisiert ist. Weil die Aufrechterhaltung der Zielzone nicht mehr perfekt glaubwürdig ist, wird der "honeymoon"-Effekt der angekündigten Interventionen am oberen Bandende abgeschwächt. Dies zeigt sich in der Abbildung 5.4 darin, daß die Konkavität der *TZ*-Kurve im Vergleich zur Abbildung 5.3 schwach ausgeprägt ist. Der Parameter A der Zielzonenwechselkursfunktion (Gleichung (5.14)) nimmt in der Abbildung 5.4 einen geringeren negativen Wert an als in der Abbildung 5.3.

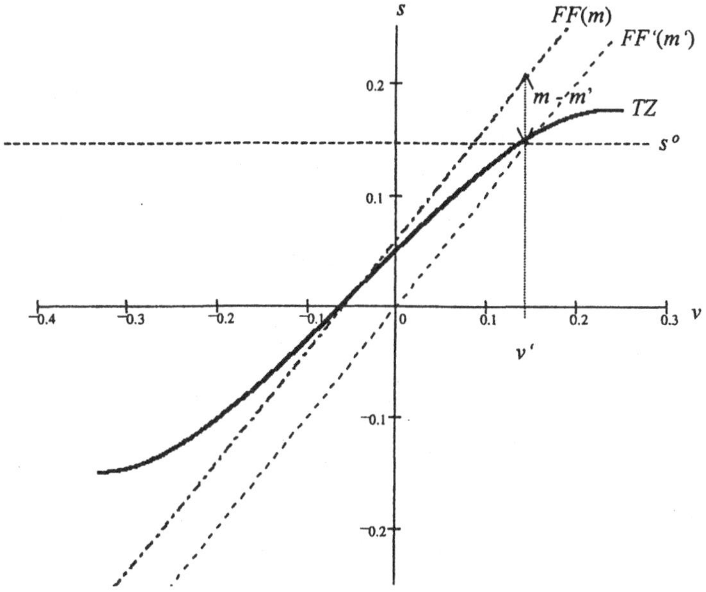

Abb. 5.4: Prä-Kollaps-Zielzonenwechselkursfunktion bei einem relativ niedrigen Reservebestand

Parameterwerte: $\alpha = 3$; $\sigma = 0,1$; $\lambda_1 = 8,165$; $\lambda_2 = -8,165$; $f^o = 0,2695$; $f^u = -0,2695$ für $m = 0,06$ und $m' = 0$.

Wie gezeigt wurde, resultiert aus dem maximal möglichen Umfang der spekulativen Attacke ein kritischer Wert für den Reservebestand, bei dessen Unterschreitung die Interventionen am oberen Bandende im Bandinneren nicht mehr perfekt glaubwürdig sind. Im folgenden soll der kritische Bestand an Währungsreserven analytisch bestimmt werden.[163] Den Ausgangspunkt der Analyse bildet die Annahme, daß der Wechselkurs an der Stelle v' an sein oberes Bandende s^o stößt und die Verteidigung der Zielzone vor dem erzwungenen Regimewechsel perfekt glaubwürdig gewesen ist. Unter diesen Umständen ist die Prä-Kollaps-Zielzonenfunktion nicht nur am unteren Bandende sondern auch am oberen Bandende durch die "smooth pasting"-Eigenschaft charakte-

[163] Vgl. Krugman und Rotemberg (1990) S. 10f sowie dieselben (1992) S. 122f.

risiert. Zur Vereinfachung wird unterstellt, daß das Schwankungsintervall für den Fundamentalterm $m+v$ symmetrisch um $m+v=0$ angelegt ist. Unter dieser Annahme läßt sich die Zielzonenwechselkursfunktion, die vor dem Eintritt der spekulativen Attacke und bei vollkommener Glaubwürdigkeit des Zielzonenregimes gültig ist, wie folgt schreiben:

$$s = m + v + \frac{e^{\lambda_1(m+v)} - e^{\lambda_2(m+v)}}{\lambda_2\left(e^{\lambda_1(m+v)^o} + e^{\lambda_2(m+v)^o}\right)} \quad mit \quad (m+v)^o = m + v'. \tag{5.20}$$

Unter der Annahme, daß das Zielzonenregime bis zur spekulativen Attacke perfekt glaubwürdig ist, bewegt sich der Wechselkurs entlang der oben beschriebenen Wechselkursfunktion zu seinem oberen Bandende, wenn v auf das Niveau v' steigt. Unter diesen Umständen gilt am oberen Rand der Zielzone:

$$s^o = m + v' + \frac{e^{\lambda_1(m+v)^o} - e^{\lambda_2(m+v)^o}}{\lambda_2\left(e^{\lambda_1(m+v)^o} + e^{\lambda_2(m+v)^o}\right)} \quad mit \quad (m+v)^o = m + v'. \tag{5.21}$$

Im Modellzusammenhang werden die Währungsreserven durch die spekulative Attacke vollständig aufgebraucht, so daß m nach dem Regimewechsel zu freien Wechselkursen auf m' gefallen ist. Außerdem löst der Regimewechsel keinen Wechselkurssprung aus, so daß der freie Wechselkurs, der sich unmittelbar nach dem Regimewechsel und mithin zu dem Niveau des Fundamentalterms $m'+v'$ ergibt, gleich s^o sein muß:

$$s^o = m' + v'. \tag{5.22}$$

Werden die Gleichungen (5.21) und (5.22) gleichgesetzt und nach $m-m'$ aufgelöst, erhält man:

$$m - m' = - \frac{e^{\lambda_1(m+v)^o} - e^{\lambda_2(m+v)^o}}{\lambda_2\left(e^{\lambda_1(m+v)^o} + e^{\lambda_2(m+v)^o}\right)} > 0. \tag{5.23}$$

Unter Berücksichtigung der Beziehung:

$$m - m' = \ln(R+D) - \ln(D) = \ln\left(\frac{R}{D} + 1\right),$$

folgt aus der Gleichung (5.23)

$$\frac{R}{D} = -\exp\left(\frac{e^{\lambda_1 (m+v)^o} - e^{\lambda_2 (m+v)^o}}{\lambda_2 (e^{\lambda_1 (m+v)^o} + e^{\lambda_2 (m+v)^o})}\right) - 1$$

$$R = -D \cdot \left[\exp\left(\frac{e^{\lambda_1 (m+v)^o} - e^{\lambda_2 (m+v)^o}}{\lambda_2 (e^{\lambda_1 (m+v)^o} + e^{\lambda_2 (m+v)^o})}\right) - 1\right] > 0. \tag{5.24}$$

Die voranstehende Gleichung gibt an, daß das kritische Niveau des Reservebestandes zum einen von der Höhe der Kreditkomponente D abhängig ist und zum anderen von der Länge des Schwankungsintervalls für den Fundamentalterm $m+v$ determiniert wird, das implizit über die marginalen Devisenmarktinterventionen errichtet wird. Dieser deterministische Zusammenhang ist in der Abbildung 5.5 graphisch dargestellt. Die Abbildung 5.5 veranschaulicht, daß das kritische Niveau des Reservebestandes zunimmt, wenn die Kreditkomponente D steigt und das Schwankungsintervall für den Fundamentalterm $m+v$ ausgeweitet wird. Dies läßt sich wie folgt begründen.

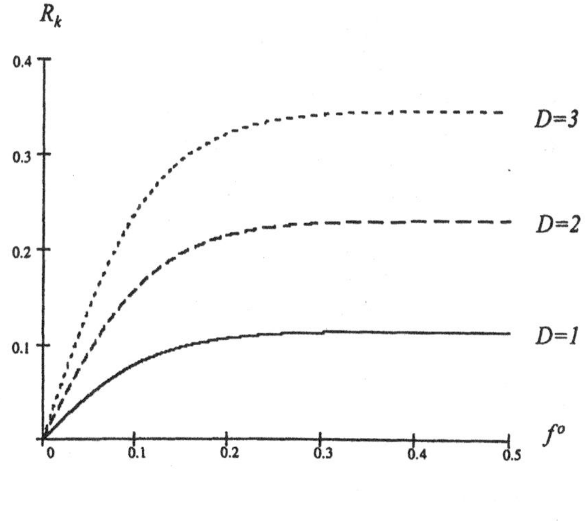

Abb. 5.5: Bestimmungsgründe für den kritischen Reservebestand

Parameterwerte: $\alpha = 3$; $\sigma = 0{,}1$; $\lambda_1 = 8{,}165$; $\lambda_2 = -8{,}165$; für $D = 1$; $D = 2$ und $D = 3$.

In dem zugrundeliegenden Modell bleibt der Wechselkurs unverändert, wenn durch die spekulative Attacke ein Regimewechsel zu flexiblen Wechselkursen erzwungen wird. Dies impliziert, daß im Moment der Regimetransformation der Wechselkurseinfluß, der sprungartig gestiegenen erwarteten Wechselkursänderungsrate ($\alpha E[ds|I]/dt$), durch eine proportionale Reduktion der Geldmenge ausgeglichen wird. Wie in Kapitel 2.3 dieser Arbeit dargestellt wurde, wird am oberen Ende der Zielzone der negative bedingte Erwartungswert der Wechselkursänderungsrate zunächst größer, wenn das Fluktuationsband für den Fundamentalterm $m+v$ gelockert wird und mithin die Wahrscheinlichkeit sinkt, daß der untere Interventionspunkt in absehbarer Zukunft durch eine Expansion von m verteidigt werden muß. Im Zuge des Regimewechsels wird der negative Erwartungswert der Wechselkursänderungsrate Null. Demzufolge nehmen der diskrete Anstieg der erwarteten Wechselkursänderungsrate und die hierzu proportionale Verminderung der Geldmenge bei einem Regimewechsel zunächst zu, wenn die Interventionsgrenzen für den Fundamentalterm $m+v$ gelockert werden. Hierbei geht die prozentuale Verminderung der Geldmenge auf einen vollständigen Abbau des Bestands an Währungsreserven zurück. Dies impliziert, daß der kritische Reservebestand mit einer Erweiterung eines engen Fundamentalbandes steigt. Beim Regimewechsel zu flexiblen Wechselkursen, nimmt die Geldmenge proportional zu dem Anstieg des bedingten Erwartungswerts der Wechselkursänderungsrate ab. Dies hat zusammengenommen zur Folge, daß das Ausmaß der Geldmengenreduktion bei einem Regimewechsel zu flexiblen Wechselkursen steigt und sich demzufolge der kritische Bestand an Währungsreserven erhöht, wenn sich die Kreditkomponente D der Geldmenge erhöht.

Im Modellzusammenhang impliziert ein Schwankungsintervall für $m+v$ mit einer Länge von Null, daß ein Regime vollkommen fester Wechselkurse vorliegt. Im Modell bei festen Wechselkursen und im Modell bei flexiblen Wechselkursen ist $E[ds|I]/dt$ gleich Null, so daß $E[ds|I]/dt$ beim Übergang von festen zu flexiblen Wechselkursen unverändert bleibt. Dies hat zur Folge, daß eine spekulative Attacke im Modell bei festen Wechselkursen ausbleibt. Das Regime fester Wechselkurse unterliegt einem natürlichen Kollaps, wenn der Bestand an Währungsreserven vollständig aufgebraucht ist. Infolgedessen ist der kritische Reservebestand im Modell bei festen Wechselkursen gleich Null. Demgegenüber nimmt $E[ds|I]/dt$ am oberen Ende der Wechselkurszielzone in dem zugrundeliegenden Modell einen negativen Wert an. Im Modellzusammenhang zerbricht das Zielzonenregime daher - im Gegensatz zum Fixkurssystem - an einer spekulativen Attacke.

Damit ist der kritische Bestand an Währungsreserven im Modell einer Wechselkurszielzone stets größer als im Modell bei festen Wechselkursen.[164]

Solange der kritische Reservebestand noch nicht erreicht ist, erwarten die Wirtschaftssubjekte im Mittel, daß die Zentralbank an den Enden des Währungsbandes mit einer Anpassung der Geldmenge intervenieren wird, wodurch die Erwartung einer Wechselkursbewegung in Richtung der vereinbarten Zentralparität erzeugt wird. Diese Erwartung wirkt sich auf die Wechselkursdynamik im Band stabilisierend aus ("honeymoon"-Effekt) und impliziert in Zusammenhang mit der angenommenen Gültigkeit der ungedeckten Zinsparität eine negative Beziehung zwischen der internationalen Zinsdifferenz und der Wechselkursposition im Band. Die empirische Performance des Grundmodells einer Wechselkurszielzone läßt sich also durch die Berücksichtigung eines begrenzten Bestands an Währungsreserven nicht verbessern. Die vorangegangene Analyse hat aber gezeigt, daß die Stärke des "honeymoon"-Effekts der angekündigten marginalen Zentralbankinterventionen von dem Reservebestand der Zentralbank abhängig ist. Im Ergebnis stellt sich die wechselkursstabilisierende Wirkung der angekündigten marginalen Interventionen und der daraus resultierende zinspolitische Spielraum der Zentralbank im Modellzusammenhang nur dann ein, wenn der Reservebestand der Zentralbank im Zielzonensystem höher ist als bei festen Wechselkursen. In einem Zielzonensystem sollte die Zentralbank demnach dafür sorgen, daß ein Abbau der Währungsreserven durch eine binnenwirtschaftlich orientierte Zinspolitik nicht beschleunigt wird.

Im Krugman'schen Grundmodell einer perfekt glaubwürdigen Wechselkurszielzone (1991) wird eine einseitige Interventionsverpflichtung des preisinstabilen Landes angenommen. Daneben ist

---

[164] In der Abbildung 5.5 nähert sich das kritische Niveau des Reservebestandes einem oberen Grenzwert an, wenn das Schwankungsintervall für $m+v$ ausgeweitet wird. Wie in Abschnitt 2.3 dieser Arbeit dargestellt wurde, nehmen $E[ds|I]/dt$ an den Bandenden einer perfekt glaubwürdigen Zielzone und damit der diskrete Sprung von $E[ds|I]/dt$ im Moment der Regimetransformation zunächst betragsmäßig zu, wenn das Schwankungsintervall für $m+v$ ausgeweitet wird. Der diskrete Sprung von $E[ds|I]/dt$ nimmt zunächst zu, weil am oberen Bandende im Zuge einer Ausweitung des Schwankungsintervalls von $m+v$ zunächst die Wahrscheinlichkeit dafür sinkt, daß die Zentralbank in absehbarer Zeit das untere Bandende über eine Geldmengenexpansion verteidigen wird. Sobald das Schwankungsintervall für $m+v$ so weit ist, daß eine Verteidigung des unteren Bandendes für die nahe Zukunft ausgeschlossen wird, nimmt $E[ds|I]/dt$ am oberen Bandende der perfekt glaubwürdigen Zielzone seinen maximal möglichen Betrag an. Von hier an bleiben der Betrag von $E[ds|I]/dt$ und mithin der Umfang der diskreten Anpassung von $E[ds|I]/dt$ zum Zeitpunkt des Regimewechsels unberührt, wenn das Schwankungsintervall für $m+v$ ausgeweitet wird. Das kritische Niveau des Reservebestandes verharrt unter diesen Umständen an seinem oberen Grenzwert.

die stochastische Fundamentalgröße v als Brown'sche Bewegung ohne Trend modelliert und es wird von Risikoüberlegungen der Kapitalmarktteilnehmer abgesehen. Dies hat zusammengenommen zur Folge, daß sich der Reservebestand im Zeitablauf immer wieder auf sein Ausgangsniveau einpendelt und demzufolge nur unter zusätzlichen Annahmen auf sein kritisches Niveau fällt. Im Krugman'schen Grundmodell ist demnach ein Regimewechsel nicht zwangsläufig integriert. Aus diesem Grund wird etwa in Krugman und Rotemberg (1992) sowie in Delgado und Dumas (1993) unterstellt, daß an den Enden der Zielzone immer jenes Land interveniert, dessen Währung unter Abwertungsdruck geraten ist. Unter diesen Umständen stützt die Zentralbank ihre abwertungsverdächtige Währung durch einen Verkauf von Währungsreserven und verzichtet darauf, ihren Reservebestand durch einen späteren Devisenkauf aufzustocken. Außerdem wird in den genannten Beiträgen unterstellt, daß v einer Brown'schen Bewegung mit Trend folgt, woraufhin das obere Ende des Währungsbandes im Zeitverlauf häufiger verteidigt werden muß als das untere Ende.[165] Unter diesen zusätzlichen Annahmen nehmen die Währungsreserven im Zeitverlauf ab, so daß das Zielzonenregime nicht auf Dauer tragfähig ist.

Es ist jedoch zu berücksichtigen, daß eine Begrenzung der Wechselkursfluktuationen häufig dem Ziel dient, die Preisstabilität zu sichern. Wie in Kapitel 4 dieser Arbeit dargestellt wurde, setzt dies aber im Modellzusammenhang voraus, daß das preisstabile Ankerwährungsland keiner Interventionsverpflichtung unterliegt und die Anpassungslast letztlich allein von dem preisinstabilen Land getragen wird. Infolgedessen ist die Annahme, daß am unteren Ende des Währungsbandes allein das Ankerwährungsland interveniert, unrealistisch. Wird dagegen unterstellt, daß die Fundamentalfaktoren einer Brown'schen Bewegung mit Trend folgen, nehmen die permanenten Divergenzen zwischen den Fundamentaldaten der Volkswirtschaften im Zeitverlauf

[165] Weil die Fundamentalfaktoren im Modellzusammenhang einem stochastischen Prozeß folgen, läßt sich der Zeitpunkt des Regimezusammenbruchs - im Gegensatz zu dem deterministischen Modell von Flood und Garber (1984) - nicht bestimmen. In Dumas und Svensson (1994) wird der Erwartungswert für den Zeitpunkt des Regimekollaps hergeleitet. Hierbei wird unterstellt, daß die stochastische Fundamentalgröße v einer Brown'schen Bewegung mit Trend folgt. Der Erwartungswert für den Zeitpunkt des Regimezusammenbruchs ist unter diesen Umständen durch die Differenz zwischen dem Niveau von v zum Zeitpunkt des Regimezusammenbruchs v' und zum Startwert $v(0)=0$ bestimmt, dividiert durch den Erwartungswert der Zuwächse dv pro Zeiteinheit. Unter dieser Annahme folgt v einerseits einem stochastischen Prozeß und nimmt andererseits in jeder Zeiteinheit in Höhe des Trendparameters μ zu. Infolgedessen nimmt der Erwartungswert der Überlebenszeit eines Zielzonenregimes in dem Beitrag von Dumas und Svensson (1994) mit steigendem Trendparameter μ ab. Dies impliziert, daß die Wahrscheinlichkeit für eine dauerhafte Etablierung des Zielzonenregimes sinkt, wenn sich die permanenten Divergenzen zwischen den Entwicklungspfaden der Mitgliedsländer erhöhen.

zu. Unter diesen Umständen verändert sich der Gleichgewichtskurs, so daß ein Festhalten an der fundamental nicht mehr gerechtfertigten Parität sich auf Dauer nicht durchhalten läßt.

Wie oben bereits dargestellt wurde, sind einseitige Interventionen des Ankerwährungslandes unplausibel. Daneben ist das Ergebnis, daß Regime mit begrenzter Wechselkursflexibilität bei einer permanenten Divergenz der Fundamentaldaten zusammenbrechen nicht überraschend, sondern wurde bereits in den Beiträgen von Krugman (1979) sowie Flood und Garber (1984) über spekulative Attacken in Festkurssystemen herausgestellt. In Kapitel 3 dieser Arbeit wurde aber gezeigt, daß es bei Risikoaversion der Kapitalmarktteilnehmer im Modellzusammenhang auch dann mit Sicherheit zu einem Regimezusammenbruch kommt, wenn die Interventionen einseitig von dem preisinstabilen Land durchgeführt werden und die fundamentalen Divergenzen temporär sind. In diesem Fall wird der Wechselkurs durch eine zeitvariable Risikoprämie auf Inlandsanlagen häufiger an den oberen als an den unteren Rand der Zielzone getrieben. Hierdurch wird der Reservebestand des preisinstabilen Landes im Zeitverlauf abgebaut, so daß das Zielzonenregime bei Erreichen des kritischen Reservebestandes durch eine spekulative Attacke zusammenbricht. Durch die Berücksichtigung von Risikoüberlegungen läßt sich also zeigen, daß sich die Preisniveaustabilität durch ein Zielzonenregime nur dann nachhaltig erhöhen läßt, wenn der Freiraum in der Geldpolitik dazu genutzt wird, dem beschriebenen Abbau der Währungsreserven entgegenzuwirken.

5.3 Realignments

In dem vorangegangenen Abschnitt wurde dargestellt, daß sich der "honeymoon"-Effekt der marginalen Zentralbankinterventionen in einem Zielzonensystem abschwächt, wenn die Möglichkeit eines Regimewechsels zu flexiblen Wechselkursen in den Wechselkurserwartungen der Devisenmarktteilnehmer berücksichtigt wird. Hierbei wurde herausgestellt, daß ein knapper Reservebestand zu einem Glaubwürdigkeitsverlust des Zielzonensystems beitragen und eine spekulative Attacke auslösen kann, über die ein Regimewechsel zu flexiblen Wechselkursen erzwungen wird. Weil der charakteristische S-förmige Verlauf der Zielzonenwechselkursfunktion aber erhalten bleibt, trägt die Annahme der unvollkommenen Glaubwürdigkeit des Zielzonensystems nicht dazu bei, die schlechte empirische Performance des Grundmodells einer Zielzone zu verbessern. Im weiteren Verlauf der Arbeit soll der Frage nachgegangen werden, ob sich die empirischen Implikationen des Grundmodells einer Zielzone entscheidend verändern, wenn die Aufrechterhaltung des Zielzonensystems zwar glaubwürdig ist, in den Erwartungen der Devisenmarktteilnehmer aber berücksichtigt wird, daß die Zielzone durch eine Neufestsetzung der Zentralparität (Realignment) möglicherweise angepaßt wird.

Im Zusammenhang mit der Erweiterung des Grundmodells einer Zielzone um Realignmentrisiken, lassen sich im wesentlichen vier Modellrichtungen unterscheiden (vgl. Abbildung 5.6). So wird in einigen Beiträgen der bedingte Erwartungswert der realignmentbedingten Wechselkursänderungsrate als konstant und exogen gegeben angenommen. Daneben ist der bedingte Erwartungswert der Realignmentrate in verschiedenen Modellen in Abhängigkeit von der Wechselkursposition im Band formuliert und damit endogen bestimmt. Hierbei läßt sich wiederum unterscheiden zwischen Ansätzen, in denen Realignments im Bandinneren ausgeschlossen werden und der Zentralbankoption einer Zentralparitätsanpassung an den Bandenden eine exogen gegebene und konstante Eintrittswahrscheinlichkeit ω zugeordnet wird und Beiträgen, in denen die Realignmentwahrscheinlichkeit variabel und als Funktion der Wechselkursposition im Band modelliert ist. Schließlich ist der bedingte Erwartungswert der Realignmentrate in einigen Ansätzen als exogen gegebener stochastischer Prozeß formuliert.

Mit Hilfe der Modelle mit wechselkurspositionsabhängigen Realignmentrisiken und stochastischen Realignmentrisiken lassen sich die Ergebnisse der empirischen Studien weitgehend modelltheoretisch begründen, was im folgenden dargestellt wird. Demgegenüber bleiben die grundlegenden Ergebnisse des Grundmodells qualitativ erhalten, wenn die Realignmentrisiken als konstant und exogen gegeben modelliert werden.[166] So nehmen das Wechselkursniveau und die internationale Zinsdivergenz zu jedem beliebigen Wert der zusammengefaßten Fundamentalvariablen f um einen konstanten Betrag zu, wenn in das Grundmodell einer Wechselkurszielzone eine exogen gegebene und im Zeitablauf konstante (positive) erwartete Realignmentrate integriert wird. In einer graphischen Darstellung würden sich die Funktionen des Wechselkurses und der internationalen Zinsdifferenz um einen konstanten Betrag nach oben verschieben. Die Erwei-

---

[166] Vgl. etwa Svensson (1991b) und (1992b).

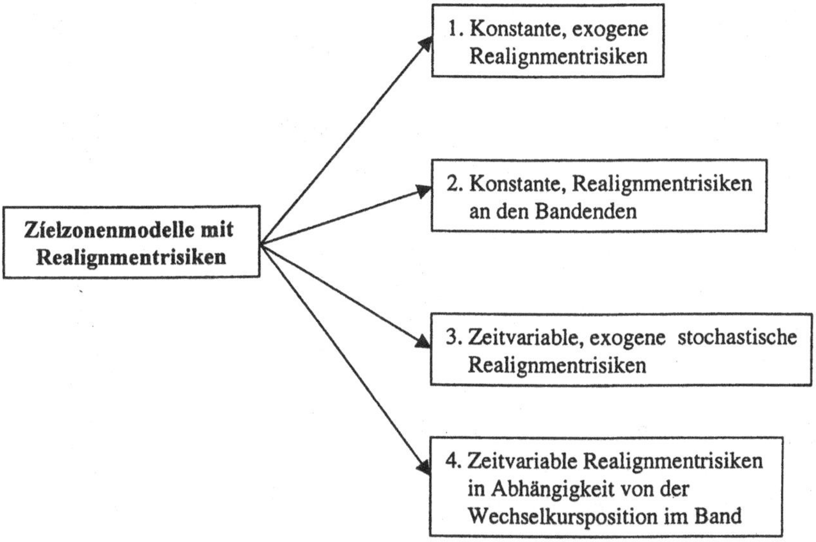

Abb. 5.6: Gliederung der Zielzonenmodelle mit Realignmentrisiken

terung des Grundmodells um eine exogen gegebene und konstante Realignmentrate ist im Hinblick auf die modellendogenen Variablen Wechselkurs und internationale Zinsdifferenz ausschließlich mit einem Niveaueffekt verbunden, so daß die empirischen Implikationen des Grundmodells erhalten bleiben. Im folgenden werden wir daher auf die Darstellung dieser Modellvariante verzichten.

In der nachfolgenden Analyse sollen die verschiedenen Kategorien der Zielzonenmodelle mit Realignmentrisiken dargestellt werden und im Hinblick auf ihre empirischen Implikationen gegeneinander abgegrenzt werden. Hierzu wird im Unterpunkt 5.3.1 ein einheitlicher Modellrahmen entwickelt, in den sich die Realignmentrisiken integrieren lassen. Im Abschnitt 5.3.2 wird auf der Grundlage des Modellansatzes von Bertola und Caballero (1992a) analysiert, wie sich die Ergebnisse des Grundmodells ändern, wenn an den Enden der Zielzone mit einer exogen gegebenen Wahrscheinlichkeit ein Realignment erwartet wird. Im Anschluß daran wird im Unterpunkt 5.3.3 der Einfluß exogener stochastischer Realignmentrisiken auf die Modellergebnisse untersucht. Die Erweiterung des Grundmodells einer Zielzone um stochastische Realignmentrisiken geht auf Bertola und Svensson (1993) zurück. Zum Abschluß der Arbeit entwickeln wir im Abschnitt 5.3.4 eine Variante des Zielzonenmodells von Bertola und Svensson (1993), in der die Annahme aufgegeben wird, daß der bedingte Erwartungswert der Realignmentrate einem exogen gegebenem stochastischen Prozeß folgt. Weil das Zielzonensystem zusammenbricht, wenn die Währungsreserven der Zentralbank eine kritische Grenze unterschreiten, modellieren wir den bedingten Erwartungswert der Realignmentrate in Abhängigkeit vom Reservebestand. Im Gegensatz zum Modellansatz von Bertola und Svensson (1993) folgt der bedingte Erwartungswert der Realignmentrate in unsere Modellvariante einem endogenen stochastischem Prozeß. Hierbei wird unterstellt, daß die Zentralbank im Fall eines Realignments den begrenzten Bestand an Währungsreserven aufstockt um hierüber die Überlebenszeit des Zielzonensystems zu verlängern. Demzufolge wird die erwartete Realignmentrate in Abhängigkeit von dem Reservebestand endogenisiert, woraufhin der funktionale Zusammenhang zwischen der Wechselkursposition im Band und der internationalen Zinsdifferenz aufgehoben wird. Wie gezeigt wird, sind die empirischen Implikationen unseres Ansatzes mit den empirischen Ergebnissen konsistent. Unser Ansatz liefert also einen möglichen Erklärungsbeitrag zur Funktionsweise von Zielzonensystemen.

5.3.1 Modifikation der Rahmenbedingungen

Bisher wurde unterstellt, daß die vereinbarte Zentralparität der Zielzone, bis zum Regimewechsel zu flexiblen Wechselkursen, durch die marginalen Interventionen der Zentralbank verteidigt wird. Unter diesen Umständen stehen die Wirtschaftssubjekte vor der Frage, ob die Zentralbank an den Enden des Währungsbandes tatsächlich interveniert und hierüber die vereinbarte Zielzone verteidigt oder ob sie die Devisenmarktinterventionen einstellt und zu flexiblen Wechselkursen übergeht. Im Modellzusammenhang wird im ersten Fall die Brown'sche Bewegung der aggregierten Fundamentalgröße f durch die Geldmengeneffekte der marginalen Zentralbankinterventionen auf dem Devisenmarkt reguliert, während die Zentralbank im zweiten Fall auf eine Regulation des stochastischen Fundamentalprozesses $f(t)$ verzichtet.

Während bisher von einer Anpassung des Leitkurses (Realignment) abgesehen wurde, zeigen die Erfahrungen mit existierenden Zielzonenregimen - wie beispielsweise dem Europäischen Währungssystem (EWS) - daß Realignments eher die Regel sind als eine Ausnahme bilden. Im folgenden soll daher das Krugman'sche Zielzonenmodell um Realignmentrisiken erweitert werden.

Im Krugman'schen Grundmodell einer perfekt glaubwürdigen Zielzone entspricht die Zentralparität der Wechselkurszielzone dem langfristigen Durchschnittskurs, so daß über die Zentralbankinterventionen an den Enden der errichteten Zielzone die stochastischen Fluktuationen um den langfristigen Durchschnittskurs begrenzt werden. Unter diesen Umständen ist eine Anpassung der Zentralparität erforderlich, wenn der langfristige Durchschnittskurs von dem in der Vergangenheit festgelegten Leitkurs abweicht. Die Ursachen für das Misalignment sind darin zu sehen, daß entweder von Beginn an ein "falscher" Referenzkurs vereinbart wurde oder sich die Rahmenbedingungen in den Volkswirtschaften im Zeitverlauf nachhaltig auseinander entwickelt haben.

Wir nehmen wieder an, daß der natürliche Logarithmus des Wechselkurses s bestimmt wird durch den aktuellen Fundamentalterm f und durch den mit der Elastizität α multiplizierten bedingten Erwartungswert der kurzfristigen Wechselkursänderungsrate $E[ds|I]/dt$:

$$s = f + \alpha \cdot \frac{E[ds\,|\,I_t]}{dt}. \tag{5.25}$$

Im Modellzusammenhang entspricht der langfristige Durchschnittskurs (Gleichgewichtskurs) dem Mittelwert der zusammengefaßten Fundamentalgröße f. Fundamentale Divergenzen zwischen den Volkswirtschaften schlagen sich in einer permanenten Veränderung von f nieder und lösen eine entsprechende Anpassung des langfristigen Gleichgewichtskurses aus. Wir nehmen daher an, daß eine permanente Veränderung der Fundamentalgröße f eine entsprechende Anpassung der Zentralparität auslöst. Unter diesen Umständen lassen sich die zeitlichen Zuwächse von f:

$$df(t) = \sigma \cdot dz(t) + dU(t) - dO(t) + dR(t) \tag{5.26}$$

schreiben.[167] Hierbei steht der erste Term auf der rechten Seite der voranstehenden Gleichung für die Brown'sche Bewegung der stochastischen Komponente der Fundamentalgröße f. Die

[167] Vgl. Bertola und Svensson (1993), S. 691.

Operatoren dU und dO stehen für die Geldmengeneffekte der Zentralbankinterventionen am unteren und oberen Bandende der Zielzone und nehmen daher im Inneren der Zielzone einen Wert in Höhe von Null an. Durch die Geldmengeneffekte der marginalen Interventionen wird die Brown'sche Bewegung der Fundamentalgröße f reguliert und die vereinbarte Zentralparität verteidigt. Schließlich erfaßt dR die permanente Veränderung der Fundamentalgröße f, die im angenommenen Idealfall eine entsprechende Anpassung der Zentralparität nach sich zieht. Für den Einfluß von Realignmentrisiken auf die Wechselkursdynamik im Band ist entscheidend, ob sich die Wechselkursposition im Band bei einem Realignment verändert.

Im folgenden nehmen wir an, daß die Bandbreiten, innerhalb derer der Wechselkurs um den vereinbarten Leitkurs schwanken kann, bei einer Leitkursanpassung unverändert bleiben. Dies impliziert, daß die Enden des Währungsbandes bei einer Leitkurserhöhung um die Anpassung der Zentralparität nach oben geschoben werden und vice versa. Außerdem wird unterstellt, daß der Leitkurs um das Ausmaß der permanenten Veränderung von f angepaßt wird. Dies hat zusammengenommen zur Folge, daß eine Anpassung der Zentralparität genau dann einen entsprechenden Wechselkurssprung auslöst und die Wechselkursposition im Band demzufolge unverändert bleibt, wenn sich im Zeitpunkt des Realignments der Fundamentalterm f um das Ausmaß der Zentralparitätsanpassung verändert. Wie im folgenden Abschnitt dargestellt wird, kann aber die im Moment des Realignments stattfindende Veränderung von f aber auch geringer ausfallen als der Realignmentumfang. Dies ist darauf zurückzuführen, daß die Anpassung der Zentralparität nicht die Ursache sondern die Folge einer permanenten Veränderung von f ist. So läßt das durch die Wechselkurszielzone implizit errichtete Fundamentalband - auch ohne Realignment - eine begrenzte Anpassung von f zu. In diesem Fall fällt der realignmentbedingte Wechselkurssprung schwächer aus als die Leitkursanpassung, so daß sich die Wechselkursposition im Band nach einem Realignment verändert hat.

Im folgenden wird davon ausgegangen, daß bei der Erwartungsbildung der Wirtschaftssubjekte Unsicherheit darüber besteht, ob die Zentralbank im nächsten Moment von der Option einer Zentralparitätsanpassung Gebrauch macht oder ob die gegenwärtig bestehende Zentralparität mittels marginaler Zentralbankinterventionen verteidigt wird. Unter diesen Umständen läßt sich der bedingte Erwartungswert der kurzfristigen Wechselkursänderungsrate in zwei Komponenten zerlegen: Der bedingte Erwartungswert des erwarteten prozentualen Wechselkurssprungs im Fall eines im nächsten Moment stattfindenden Realignments $E[g|I]$ und der bedingte Erwartungswert der für die kurze Frist im Fall eines unveränderten Leitkurses erwarteten Wechselkursänderungsrate $E[ds^*|I]/dt$.[168] Dementsprechend gilt:

$$\frac{E[ds\,|\,I]}{dt} = \frac{E[ds^*]}{dt} + E[g\,|\,I]. \tag{5.27}$$

Hierbei steht s^* für die Abweichung des laufenden Wechselkurses s von der aktuell bestehenden Zentralparität c.

Der erste Ausdruck auf der rechten Seite der voranstehenden Gleichung wird in der Literatur mit der erwarteten Wechselkursänderungsrate innerhalb des Bandes bezeichnet. Bei rationalen Erwartungen findet in den Wechselkurserwartungen Berücksichtigung, daß der tatsächliche Wechselkurs durch die erwartete Wechselkursänderungsrate selbst beeinflußt wird (Gleichung (5.25)). Dies impliziert, daß in die erwartete kurzfristige Wechselkursänderungsrate im Band die für die längere Frist erwarteten, realignmentbedingten Wechselkurssprünge einfließen. Demzufolge stimmt die erwartete Wechselkursänderungsrate im Band nur dann mit der (insgesamt) erwarteten kurzfristigen Wechselkursänderungsrate im Grundmodell einer perfekt glaubwürdigen Zielzone überein, wenn Realignments über den gesamten Zeithorizont hinweg ausgeschlossen sind.

Es wird angenommen, daß der Möglichkeit eines im nächsten Moment stattfindenden Realignments eine Eintrittswahrscheinlichkeit ω und der Aufrechterhaltung des aktuellen Leitkurses eine Eintrittswahrscheinlichkeit $1-\omega$ zugeordnet wird. Bezeichnet g den für den Fall einer Leitkursanpassung erwarteten Wechselkurssprung, folgt

$$E[g\,|\,I] = \omega \cdot g. \tag{5.28}$$

Wird die Gleichung (5.28) in die Gleichung (5.27) eingesetzt und der resultierende Ausdruck in die Gleichung (5.25) eingesetzt, erhält man die allgemeine Bestimmungsgleichung für den Zielzonenwechselkurs bei Realignmentrisiken:

---

[168] Vgl. Bertola und Svensson (1993), S. 691.

$$s = f + \alpha \cdot \omega \cdot g + \alpha \cdot \frac{E[ds^{*} \mid I]}{dt}. \qquad (5.29)$$

Bezeichnet s^{*} die Differenz zwischen dem Wechselkurs s und der Zentralparität c und f^{*} die Differenz zwischen der zusammengefaßten Fundamentalgröße f und c, läßt sich die Wechselkursgleichung (5.29)

$$s^{*} = f^{*} + \alpha \cdot \omega \cdot g + \alpha \cdot \frac{E[ds^{*} \mid I]}{dt} \qquad (5.30)$$

schreiben.

Wir nehmen an, daß die ungedeckte Zinsparität permanent erfüllt ist. Unter diesen Umständen ist die Differenz zwischen dem in- und dem ausländischen Zinssatz gleich dem bedingten Erwartungswert der kurzfristigen Wechselkursänderungsrate. Hieraus folgt in Zusammenhang mit den Gleichungen (5.28) und (5.29):

$$\delta = \omega \cdot g + \frac{E[ds^{*} \mid I]}{dt}, \qquad (5.31)$$

wobei die Größe δ für die Differenz zwischen dem in- und dem ausländischen Zinssatz steht. Aus den beiden voranstehenden Gleichungen ist abzulesen, daß der bedingte Erwartungswert der für die nahe Zukunft erwarteten, realignmentbedingten Wechselkursänderungsrate ($\omega \cdot g$) eine Determinante des Zielzonenwechselkurses darstellt und über die angenommene Gültigkeit der ungedeckten Zinsparität die internationale Zinsdifferenz beeinflußt. Weil die Erwartungen annahmegemäß rational gebildet werden, gehen die bedingten Erwartungswerte der für die weiter in der Zukunft erwarteten realignmentbedingten Wechselkurssprünge in den laufenden Wert der erwarteten Wechselkursänderungsrate im Band ($E[ds^{*} \mid I]/dt$) ein und beeinflussen hierüber mittelbar den aktuellen Wechselkurs und die laufende Zinsdifferenz. Nachdem wir die Rahmenbedingungen des Grundmodells einer perfekt glaubwürdigen Zielzone um Realignmentrisiken erweitert haben, soll im folgenden der Einfluß von Realignmentrisiken auf die Dynamik des Wechselkurses im Band und die internationale Zinsdifferenz dargestellt werden.

5.3.2 Realignmentrisiken an den Interventionspunkten der Zielzone

Das in dem vorliegenden Abschnitt dargestellte Zielzonenmodell mit wechselkurspositionsabhängigen Realignmentrisiken geht auf Bertola und Caballero (1992a) zurück. In diesem Ansatz wird unterstellt, daß an den Bandenden bei den Wirtschaftssubjekten Unsicherheit darüber besteht, ob die vereinbarte Zentralparität im nächsten Moment angepaßt wird oder über marginale Devisenmarktinterventionen der Zentralbank verteidigt wird. Hierbei ist die Eintrittswahrscheinlichkeit für ein Realignment ω beziehungsweise für eine Verteidigung des vereinbarten Leitkurses $1-\omega$ an den Bandenden exogen gegeben und konstant. Es wird angenommen, daß Realignments erst dann akut werden, wenn sich der Wechselkurs aus dem Bandinneren heraus zu einem der beiden Bandenden bewegt hat. Im Bandinneren ist die Eintrittswahrscheinlichkeit für ein Realignment ω demzufolge gleich Null, so daß sich die Basisgleichung (5.30) für die Wechselkursdynamik im Bandinneren:

$$s^{*} = f^{*} + \alpha \cdot \omega \cdot g + \alpha \cdot \frac{E[ds^{*} \mid I]}{dt}$$

auf

$$s^{*} = f^{*} + \alpha \cdot \frac{E[ds^{*} \mid I]}{dt} \qquad (5.32)$$

verkürzt. Hierbei steht s^{*} für die Differenz zwischen den Logarithmen des Wechselkurses s und der Zentralparität c, f^{*} für die Differenz zwischen der zusammengefaßten Fundamentalgröße f und c, α für die Elastizität des Wechselkurses auf seine eigene erwartete Veränderungsrate und $E[ds^{*} \mid I]/dt$ für die erwartete Wechselkursänderungsrate im Band.

Solange sich der Wechselkurs im Inneren des Währungsbandes bewegt, sind im Modellzusammenhang Realignments und Devisenmarktinterventionen der Zentralbank ausgeschlossen. Unter diesen Annahmen folgt, daß f^{*} im Bandinneren einer nicht-regulierten Brown'schen Bewegung folgt. Hieraus resultiert, daß die voranstehende Gleichung formal mit der Wechselkursbasisgleichung im Krugman'schen Grundmodell einer Zielzone übereinstimmt. Der funktionale Zusammenhang zwischen s^{*} und f^{*} läßt sich daher ermitteln, indem zunächst mit Hilfe der Ito-

Regel für stochastische Differentiale eine allgemeine Lösung für die Familie der fundamentalbestimmten Wechselkurspfade aufgestellt wird. Aus dieser Funktionsschar wird anschließend der Wechselkurssattelpfad des Zielzonenregimes mit Hilfe von Randwertbedingungen identifiziert, denen die Zielzonenwechselkursfunktion an den Enden des Währungsbandes unter Berücksichtigung der Realignmentrisiken zu genügen hat.

Unter den Annahmen, daß der Leitkurs c im Bandinneren konstant bleibt und der Fundamentalterm f einer Brown'schen folgt, läßt sich der funktionale Zusammenhang zwischen s^* und f^* mit Hilfe der Ito-Regel wie folgt ausdrücken:

$$s^*(f^*) \;=\; f^* \;+\; \frac{\alpha \cdot \sigma^2}{2} \cdot s^*_{f^*f^*}(f^*), \tag{5.33}$$

wobei $s^*_{f^*f^*}$ für die zweite partielle Ableitung von s^* nach f^* steht. Die allgemeine Lösung für die voranstehende Differentialgleichung lautet:

$$s^*(f^*) = f^* + A \cdot e^{\lambda_1 f^*} + B \cdot e^{\lambda_2 f^*},$$

$$\textit{wobei} \quad \lambda_1 = +\sqrt{\frac{2}{\alpha\sigma^2}} \qquad \textit{und} \quad \lambda_2 = -\sqrt{\frac{2}{\alpha\sigma^2}}. \tag{5.34}$$

Es wird angenommen, daß die Interventionspunkte f^o und f^u symmetrisch um den Leitkurs c angelegt sind. Außerdem wird unterstellt, daß am oberen und am unteren Interventionspunkt der bedingte Erwartungswert des realignmentinduzierten Wechselkurssprungs den gleichen Umfang annimmt. Zusammengenommen impliziert die Symmetrieannahme, daß der bedingte Erwartungswert der Wechselkursänderungsrate in der Bandmitte c gleich Null sein muß. Diese Bedingung ist nur dann erfüllt, wenn $A = -B$ gilt. Unter diesen Voraussetzungen läßt sich die Gleichung (5.34) wie folgt ausdrücken:

$$s^*(f^*) = f^* + A \cdot (e^{\lambda_1 f^*} - e^{\lambda_2 f^*}) \qquad \textit{mit} \quad f^* = f - c. \tag{5.35}$$

Unter Berücksichtigung der definitorischen Zusammenhänge $s^* = s - c$ und $f^* = f - c$, läßt sich die allgemeine Lösung für die Wechselkursbestimmungsgleichung (5.29):

$$s(f,c) = f + A\cdot(e^{\lambda_1(f-c)} - e^{\lambda_2(f-c)}) \tag{5.36}$$

schreiben. Aufgrund der Annahmen, daß im Bandinneren keine neuen Informationen über die Strategie der Zentralbank auftreten und die Erwartungen rational gebildet werden, muß der funktionale Zusammenhang zwischen dem Zielzonenwechselkurs und dem Fundamentalterm f über das gesamte errichtete Währungsband hinweg stetig verlaufen. Dies impliziert, daß die Größe A konstant ist, solange sich der Zielzonenwechselkurs innerhalb der Grenzen des errichteten Währungsbandes bewegt. Die Konstante A läßt sich daher durch die Bedingungen bestimmen, die der gesuchte Wechselkurspfad bei rationalen Erwartungen an den Enden der Zielzone erfüllen muß.

Im Modellzusammenhang besteht Unsicherheit darüber, zu welchem Zeitpunkt sich die Zentralbank zu einer Leitkursanpassung entschließt. Demgegenüber wird unterstellt, daß die Wirtschaftssubjekte vollkommene Voraussicht in bezug auf die Wechselkurseffekte der beiden Zentralbankoptionen - Verteidigung des vereinbarten Leitkurses mittels marginaler Zentralbankinterventionen einerseits oder Anpassung des Leitkurses andererseits - haben. Es wird angenommen, daß die Zentralparität im Fall eines Realignments um den Umfang des Fundamentalbandes angepaßt wird:

$$dc = \pm 2\cdot f^b, \tag{5.37}$$

wobei dc für den Realignmentumfang und f^b für die obere Fundamentalbandbreite stehen. Da das Modell in logarithmischer Schreibweise formuliert ist, entspricht f^b der Differenz zwischen dem oberen Grenzwert f^o und dem Leitkurs c. Außerdem wird angenommen, daß die Breite des Fundamentalbandes bei einer Leitkursanpassung konstant bleibt. Unter diesen Umständen muß nach einer Leitkurserhöhung (-reduktion) das untere (obere) Ende des neuen Fundamentalbandes $f^{u\prime}$ ($f^{o\prime}$) an das obere (untere) Ende des alten Fundamentalbandes f^o (f^u) angrenzen (vgl. Abbildung 5.7). Wie im vorangegangenen Abschnitt dargestellt wurde hängt der realignmentbedingte Wechselkurssprung von dem Umfang ab, um den sich die Fundamentalgröße f im Moment des Realignments verändert. Für den Fall einer Leitkurserhöhung (-reduktion) wird unterstellt, daß sich f vom oberen (unteren) Ende des alten Währungsbandes s^o um f^b erhöht (vermindert).

Hieraus resultiert im Modellzusammenhang, daß der Wechselkurs im Moment des Realignments auf den Leitkurs des neuen Wechselkursbandes $c' = c + 2f^b$ ($c' = c - 2f^b$) springt.

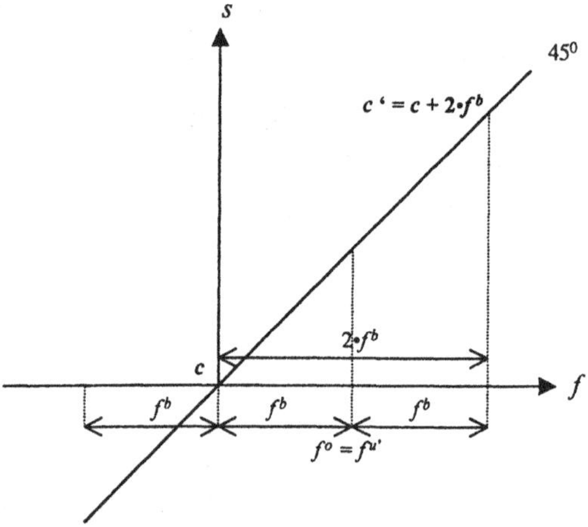

Abb. 5.7: Mögliche Ausgestaltung des Realignments am oberen Bandende

Bisher wurde unterstellt, daß die Zentralbank bei einer Verteidigung des vereinbarten Leitkurses nur in dem Umfang auf dem Devisenmarkt interveniert, der erforderlich ist, um den Wechselkurs an den Enden der Zielzone konstant zu halten. Dem Ansatz von Bertola und Caballero (1992a) folgend nehmen wir nun an, daß am oberen (unteren) Bandende die Geldmengeneffekte der marginalen Zentralbankinterventionen den Fundamentalterm f um f^b fallen (steigen) lassen. Im Modellzusammenhang springt daher der Wechselkurs von den Enden des Währungsbandes auf die Zentralparität c, wenn die Zielzone durch marginale Zentralbankinterventionen verteidigt wird.

Annahmegemäß antizipieren die Wirtschaftssubjekte, daß der Wechselkurs im Fall einer Verteidigung der Zielzone von den Bandenden auf den Leitkurs c zurückspringt und im Fall eines Realignments sich diskret an das Niveau des neuen Leitkurses c' anpaßt. Unter diesen Umständen ist der Erwartungswert des Wechselkurses an den Interventionsgrenzen des Fundamentalbandes jeweils durch:

$$E[s(c+f^b,c)] = \omega\cdot(c+2\cdot f^b) + (1-\omega)\cdot c \tag{5.38a}$$

und

$$E[s(c+f^b,c)] = \omega\cdot(c-2\cdot f^b) + (1-\omega)\cdot c \tag{5.38b}$$

gegeben. Hierbei steht $c+f^b$ für die obere Grenze des Fundamentalbandes f^o und c-f^b für die untere Grenze des Fundamentalbandes f^u. Aufgrund der Annahmen, daß die Erwartungen rational gebildet werden und sich die Devisenmarktteilnehmer risikoneutral verhalten, kann der Wechselkurs nur dann von seinem Erwartungswert abweichen, wenn unerwartete Informationen über die Entwicklung der Fundamentalvariablen auftreten. In dem Moment, in dem die Fundamentaldaten an ihre Interventionspunkte stoßen und noch Unsicherheit darüber besteht, ob die vereinbarte Zentralparität verteidigt oder angepaßt wird, muß daher der Wechselkurs seinem Erwartungswert entsprechen.[169] An den Bandenden muß demzufolge der Wechselkurs die Bedingungen:

$$s(c+f^b,c) = \omega\cdot(c+2\cdot f^b) + (1-\omega)\cdot c \tag{5.39a}$$

beziehungsweise

$$s(c-f^b,c) = \omega\cdot(c-2\cdot f^b) + (1-\omega)\cdot c \tag{5.39b}$$

erfüllen. Außerdem folgt aus der allgemeinen Lösung (5.36), daß die Wechselkurszielzonenfunktion den Randwertbedingungen:

$$s(c+f^b,c) = c+f^b + A\cdot\left(e^{\lambda_1 f^b} - e^{\lambda_2 f^b}\right) \tag{5.40a}$$

und

$$s(c-f^b,c) = c-f^b + A\cdot\left(e^{\lambda_1(-f^b)} - e^{\lambda_2(-f^b)}\right) \tag{5.40b}$$

genügen muß. Hierbei gilt: $\lambda_1 = -\lambda_2$ (Gleichung (5.34)), $f^* = f - c = f^b$ am oberen Ende des Fundamentalbandes und $f^* = f - c = -f^b$ am unteren Ende des Fundamentalbandes. Aufgrund der

[169] Vgl. Bartolini und Bodnar (1992), S. 4.

Symmetrieannahme benötigt man für die Herleitung der Modellösung nur die Randwertbedingungen für eine der beiden Bandenden. Werden die Bedingungen (5.40a) und (5.39a), die der gesuchte Wechselkurssattelpfad an dem oberen Interventionspunkt der Zielzone erfüllen muß, gleichgesetzt und anschließend nach der Unbekannten A aufgelöst, resultiert:

$$A = \frac{(2 \cdot \omega - 1) \cdot f^b}{e^{\lambda_1 f^b} - e^{\lambda_2 f^b}}. \tag{5.41}$$

Durch den Einsatz der Gleichung (5.41) in die Gleichung (5.36) erhält man den gesuchten funktionalen Zusammenhang zwischen dem Zielzonenwechselkurs und dem Fundamentalterm f im Zielzonenmodell mit einer konstanten Realignmentwahrscheinlichkeit ω an den Interventionspunkten:

$$s(f,c) = f + \frac{(2 \cdot \omega - 1) \cdot f^b}{e^{\lambda_1 f^b} - e^{\lambda_2 f^b}} \cdot \left(e^{\lambda_1 (f-c)} - e^{\lambda_2 (f-c)}\right). \tag{5.42}$$

Hierbei steht der zweite Ausdruck auf der rechten Seite der voranstehenden Gleichung für den Wechselkurseinfluß der erwarteten kurzfristigen Wechselkursänderungsrate.

Die Abbildung 5.8 zeigt den Einfluß unterschiedlich hoher Werte für die Realignmentwahrscheinlichkeit ω auf die Wechselkursdynamik im Band. Ausgehend von einer Wechselkursposition am oberen (unteren) Bandende nimmt der Fundamentalterm f im Modellzusammenhang bei einer Leitkursanpassung um f^b zu (ab) und bei einer Verteidigung des Leitkurses um f^b ab (zu). Im Modell läßt daher eine Erhöhung (Reduktion) des Leitkurses c am oberen (unteren) Ende des Währungsbandes den fundamentalbestimmten Wechselkurs um das gleiche Ausmaß steigen (fallen), um das der Wechselkurs bei einer Verteidigung des Leitkurses sinkt (steigt). Dies hat zusammengenommen zur Folge, daß an den Enden der Zielzone der bedingte Erwartungswert einer im nächsten Moment stattfindenden Wechselkursänderung Null ist, wenn die Wahrscheinlichkeit für ein Realignment gleich hoch ist wie die Wahrscheinlichkeit für eine Verteidigung des Leitkurses (ω=0,5).

Im Modellzusammenhang fließt in die erwartete Wechselkursänderungsrate der gesamte abdiskontierte Zeitpfad der Fundamentaldaten ein. Hierbei ist der bedingte Erwartungswert der kurz-

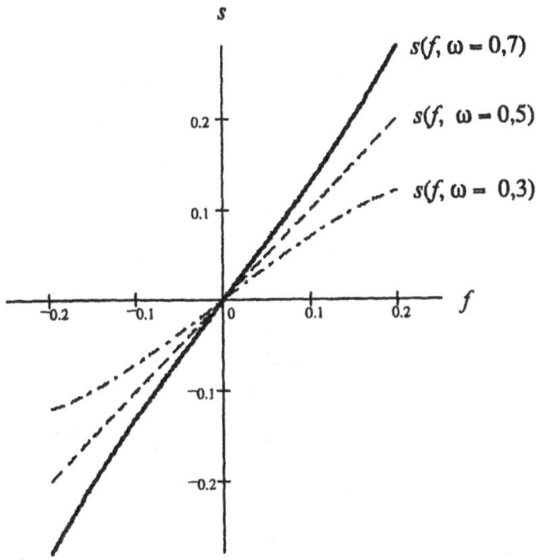

Abb. 5.8: Realignmentrisiken an den Bandenden und Wechselkursdynamik im Band

Parameterwerte: $\alpha = 3$; $\sigma = 0{,}1$; $\lambda_1 = 8{,}165$; $\lambda_2 = -8{,}165$; $f^o = 0{,}2$; $f^u = -0{,}2$
für $\omega = 0{,}7$; $\omega = 0{,}5$ und $\omega = 0{,}3$.

fristigen Änderungsrate des Fundamentalterms f zu jeder Position des Wechselkurses im Band gleich Null, weil f im Bandinneren annahmegemäß einer nicht-regulierten Brown'schen Bewegung folgt. Diese Annahmen haben zusammengenommen zur Folge, daß die erwartete Wechselkursänderungsrate im Fall $\omega = 0{,}5$ konstant Null ist. In der Abbildung 5.8 verläuft daher der funktionale Zusammenhang zwischen dem Zielzonenwechselkurs und dem Fundamentalterm f im Fall $\omega = 0{,}5$ daher linear mit einem Anstiegsmaß in Höhe von 45°.

Im Modell wird eine Wechselkursbewegung zur Bandmitte erwartet, wenn die Wahrscheinlichkeit für ein Realignment geringer ausfällt als die Wahrscheinlichkeit für eine Verteidigung des Leitkurses c ($\omega < 0{,}5$). Weil die Wechselkurserwartungen im Modellzusammenhang vorwärtsschauend gebildet werden, stellt sich bereits im Bandinneren die Erwartung ein, daß sich der Wechselkurs in naher Zukunft in Richtung der Zentralparität c bewegt. Im Ergebnis werden die Wechselkursfluktuationen im Band durch den "honeymoon"-Effekt der marginalen Interventionen gedämpft, so daß die empirischen Implikationen des Krugman'schen Zielzonenmodells erhalten bleiben. In der Abbildung 5.8 nimmt die Zielzonenwechselkursfunktion im Fall $\omega = 0{,}3$ aufgrund des "honeymoon"-Effektes einen S-förmigen Kurvenverlauf an. Hierbei ist die Steigung der S-Kurve an den Interventionspunkten größer als Null und die "smooth pasting"-Bedingung dementsprechend nicht erfüllt, weil die Verteidigung der Zielzone im Fall $\omega > 0$ nicht mehr perfekt glaubwürdig ist.

In der Abbildung 5.8 wird der S-förmige Verlauf der Zielzonenwechselkursfunktion invertiert, wenn $\omega = 0{,}7$ angenommen wird und damit an den Bandenden die Realignmentwahrscheinlichkeit höher eingestuft wird als die Wahrscheinlichkeit für eine Verteidigung des Leitkurses c. Unter diesen Umständen stellt sich über den vorwärtsschauenden Charakter der rationalen Erwartungen bereits im Bandinneren die Erwartung ein, daß sich der Wechselkurs vom Leitkurs c in der Zukunft entfernen wird. Dies hat im Modellzusammenhang zur Folge, daß sich die Realignmentrisiken an den Enden des Währungsbandes auf das Wechselkursverhalten im Band destabilisierend auswirken. Der "honeymoon"-Effekt der angekündigten marginalen Interventionen wird im Fall $\omega > 0{,}5$ durch den "divorce"-Effekt der drohenden Leitkursanpassungen überkompensiert, woraufhin sich die empirischen Implikationen des Krugman'schen Grundmodells einer perfekt glaubwürdigen Zielzone umkehren. So impliziert die invertierte S-Kurve, daß sich der Zielzonenwechselkurs im Zeitablauf überwiegend im Bandinneren aufhält und die Wechselkursvolatilität bei einer Wechselkursbewegung in Richtung der Interventionspunkte zunimmt.[170]

Im Modellzusammenhang wird die Gültigkeit der ungedeckten Zinsparität unterstellt. Bei Gültigkeit der ungedeckten Zinsparität folgt aus der Modellösung (5.42) in Zusammenhang mit der Wechselkursbasisgleichung (5.25):

---

[170] In der Modellvariante von Pansard (1999) ist dagegen ausgeschlossen, daß Realignmentrisiken an den Enden der Zielzone eine höhere Wechselkursvolatilität entstehen lassen als im Modell bei flexiblen Wechselkursen. Hier wird das Modell von Bertola und Caballero (1992a) um die Annahme modifiziert, daß die Zentralbank die Zielzone über infinitesimale Interventionen verteidigt und das obere Ende der Zielzone im Fall einer Erhöhung (Herabsetzung) des Leitkurses mit der neuen Zentralparität identisch ist. Außerdem wird angenommen, daß die Fundamentalgrößen im Moment eines Realignments konstant bleiben. Unter diesen Annahmen erwarten die Wirtschaftssubjekte, daß der Wechselkurs im Fall eines Realignments auf das mit den Fundamentalgrößen korrespondierende Niveau des freien Wechselkurses springt. Hieraus resultiert, daß die Zielzonenwechselkursfunktion mit der 45°-Linie bei flexiblen Wechselkursen identisch ist, wenn der Option einer Zentralparitätsanpassung an dem oberen oder unteren Bandende eine Eintrittswahrscheinlichkeit in Höhe von Eins zugeordnet wird.

$$\delta(f,c) = \frac{(2\cdot\omega - 1)\cdot f^b}{\alpha\cdot\left(e^{\lambda_1 f^b} - e^{\lambda_2 f^b}\right)}\cdot\left(e^{\lambda_1(f-c)} - e^{\lambda_2(f-c)}\right), \tag{5.43}$$

wobei δ für die Differenz zwischen dem In- und Auslandszins steht. Im Modellzusammenhang besteht ein funktionaler Zusammenhang zwischen der internationalen Zinsdifferenz und der Position des Fundamentalterms f im Band. Dieser Zusammenhang generiert über die Zielzonenwechselkursfunktion $s(f)$ eine deterministische Beziehung zwischen der internationalen Zinsdifferenz und der Wechselkursposition im Band. Hierbei wirkt die Wechselkursposition im Band mittelbar über ihren Einfluß auf die erwartete Wechselkursänderungsrate auf die internationale Zinsdifferenz ein. Dies impliziert, daß die erwartete Realignmentwahrscheinlichkeit ω als Determinante der erwarteten Wechselkursänderungsrate den funktionalen Zusammenhang zwischen der internationalen Zinsdifferenz und der Wechselkursposition im Band beeinflußt. Diese Abhängigkeit ist in der Abbildung 5.9 graphisch dargestellt.

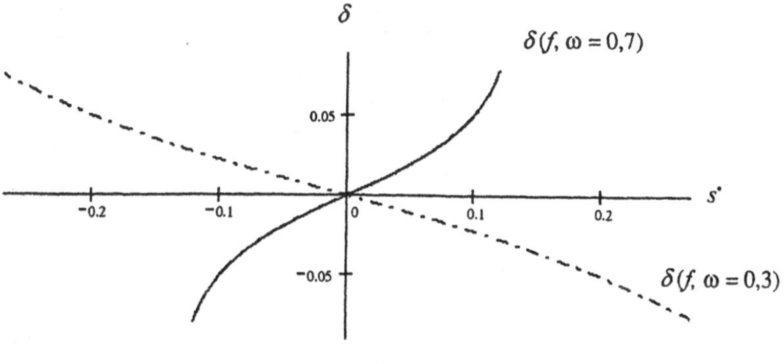

Abb. 5.9: Internationale Zinsdifferenz und Wechselkursposition im Band bei Realignmentrisiken an den Bandenden

Parameterwerte: $\alpha = 3$; $\sigma = 0{,}1$; $\lambda_1 = 8{,}165$; $\lambda_2 = -8{,}165$; $f^o = 0{,}2$; $f^u = -0{,}2$ für $\omega = 0{,}7$; $\omega = 0{,}5$ und $\omega = 0{,}3$.

Im Modellzusammenhang ist der bedingte Erwartungswert der Wechselkursänderungsrate zu jeder Wechselkursposition im Band gleich Null, wenn an den Interventionspunkten der Zielzone eine Leitkursanpassung und eine Verteidigung des Leitkurses gleich wahrscheinlich sind (ω =

0,5). Sind die erwartete Wechselkursänderungsrate gleich Null und die ungedeckte Zinsparität permanent erfüllt, kann der Inlandszins nicht von dem Auslandszins abweichen. In der Abbildung 5.9 verharrt daher die internationale Zinsdifferenz im Ursprung, wenn $\omega = 0{,}5$ angenommen wird.

Im Fall $\omega < 0{,}5$ erwarten die Wirtschaftssubjekte im Modellzusammenhang eine Wechselkursbewegung zum Leitkurs *c*, weil die marginalen Interventionen hier relativ glaubwürdig sind. Nähert sich der Wechselkurs an eine der beiden Bandenden an, nimmt die Wahrscheinlichkeit zu, daß sich der Wechselkurs in der nahen Zukunft über die marginalen Interventionen zurück zum Leitkurs *c* bewegt. Infolgedessen nimmt der bedingte Erwartungswert einer Wechselkursbewegung zum Leitkurs in Richtung auf die Enden der Zielzone zu. Da die ungedeckte Zinsparität annahmegemäß erfüllt ist, zeigt die Abbildung 5.9 für den Fall $\omega = 0{,}3$ eine negativ-deterministische Beziehung zwischen der internationalen Zinsdifferenz und der Wechselkursposition im Band. Wie in Kapitel 2.5 dieser Arbeit dargestellt wurde kann diese Hypothese in einer Vielzahl von empirischen Studien nicht bestätigt werden.

Demgegenüber zeigt die Abbildung 5.9 für den Fall $\omega = 0{,}7$ einen positiv-deterministischen Zusammenhang zwischen der internationalen Zinsdifferenz und der Wechselkursposition im Band. Diese funktionale Beziehung ist darauf zurückzuführen, daß die Wahrscheinlichkeit der angekündigten Verteidigung des Leitkurses *c* annahmegemäß geringer ist als die Realignmentwahrscheinlichkeit ($\omega > 0{,}5$). Unter diesen Umständen stellt sich bereits im Bandinneren die Erwartung ein, daß sich der Wechselkurs in der Zukunft realignmentbedingt vom vereinbarten Leitkurs entfernt. Bei Gültigkeit der ungedeckten Zinsparität resultiert also für den Fall $\omega > 0{,}5$ ein positiver Zusammenhang zwischen der internationalen Zinsdifferenz und der Wechselkursposition im Band, was sich mit den Ergebnissen einer Vielzahl von empirischen Studien deckt.

In der Abbildung 5.10 sind die theoretischen Auswirkungen einer Leitkurserhöhung am oberen Bandende graphisch dargestellt. Hierbei sind der Zielzonenwechselkurs und die internationalen Zinsdifferenz in Abhängigkeit von der zusammengefaßten Fundamentalgröße *f* abgetragen. Die Abbildung beruht auf der Annahme, daß die Realignmentwahrscheinlichkeit mit $\omega = 0{,}7$ relativ hoch ist, so daß der bedingte Erwartungswert der Wechselkursänderungsrate am oberen Bandende positiv ist. Im Ergebnis wird der realignmentbedingte Wechselkurssprung über den Einfluß

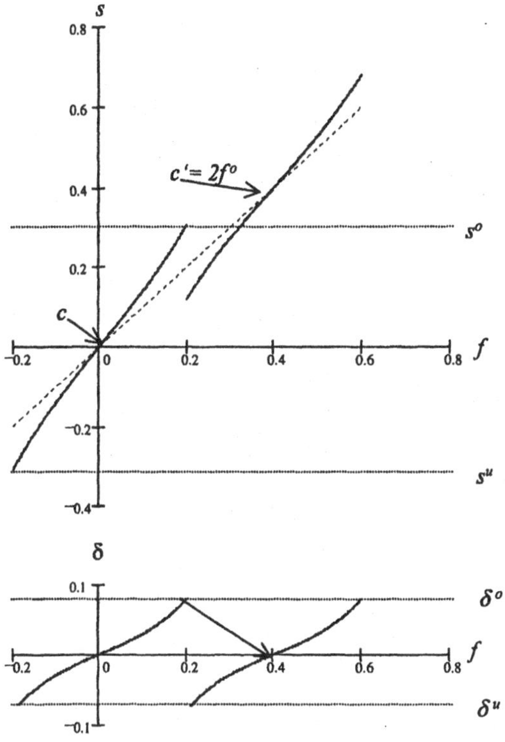

Abb. 5.10: Auswirkungen eines Realignments auf den Wechselkurs und die Zinsdifferenz

Parameterwerte: $\alpha = 3$; $\sigma = 0,1$; $\lambda_1 = 8,165$; $\lambda_2 = -8,165$; $f^o = 0,2$; $f^u = -0,2$ für $\omega = 0,7$.

der Wechselkursänderungserwartungen auf den Wechselkurs teilweise vorweggenommen. Dies zeigt sich in der Abbildung darin, daß das obere Ende des Wechselkursbandes s^o oberhalb der 45°-Linie liegt. Infolgedessen ist der Wechselkurs am oberen Ende der Zielzone höher als das korrespondierende Niveau bei freien Wechselkursen und liegt damit relativ dicht an dem Niveau des neuen Leitkurses $c' = c + 2f^b$.

Unter der Annahme, daß die Zentralbank am oberen Bandende von der Option einer Leitkurserhöhung tatsächlich Gebrauch macht, nimmt der Fundamentalterm f im Modellzusammenhang um den Umfang f^b zu. In der Abbildung 5.10 verschieben sich die Zielzonenwechselkursfunktion und der funktionale Zusammenhang zwischen der internationalen Zinsdifferenz und der Fundamentalgröße f nach rechts oben, weil sich die erwartete Wechselkursänderungsrate über die Leitkursanpassung exogen verändert. So stellt das obere Ende des alten Fundamentalbandes f^o nach der Leitkursanpassung das untere Ende des neuen Fundamentalbandes $f^{u'}$ dar, woraufhin die erwartete Wechselkursänderungsrate bei einem noch unveränderten Wert von f realignmentbedingt einen positiven Wert annehmen würde. Annahmegemäß springt aber f im Moment des Realignments von $f^o = f^{u'}$ auf die Mitte des neuen Fundamentalbandes $c+2f^b$. Im Ergebnis nimmt daher die erwartete Wechselkursänderungsrate im Moment des Realignments den Wert Null an, so daß sich der Wechselkurs diskret vom oberen Ende des alten Währungsbandes s^o auf das Niveau der neuen Zentralparität $c+2f^b$ erhöht und die internationale Zinsdifferenz in der Abbildung 5.10 vom oberen Ende der alten Zinsfunktion zum Ursprung der neuen Zinsfunktion springt.

Im Modell von Bertola und Caballero stimmt der Wechselkurs an den Enden des Währungsbandes mit seinem für den nächsten Moment gebildeten bedingten Erwartungswert überein. Außerdem wird unterstellt, daß sich die Devisenmarktteilnehmer risikoneutral verhalten, so daß spekulative Attacken im Modellzusammenhang ausbleiben. Hierbei ist aber zu berücksichtigen, daß die Wirtschaftssubjekte im Modellzusammenhang für den Fall eines Realignments einen Wechselkurssprung erwarten. Wird die Annahme der Risikoneutralität durch risikofreudiges Verhalten der Devisenmarktteilnehmer ersetzt, besteht daher die Gefahr, daß die erwarteten realignmentbedingten Wechselkurssprünge eine spekulative Attacke entstehen lassen, die über den damit verbundenen Abbau der Währungsreserven eine Anpassung des Leitkurses oder sogar einen Regimewechsel zu flexiblen Wechselkursen erzwingt. Diese Gefahr ist insbesondere dann gegeben, wenn die Spekulanten aus dem erwarteten Wechselkurssprung im Fall einer Leitkursanpasssung Kursgewinne erzielen können, die höher ausfallen als der Kursverlust im Fall einer Verteidigung des Leitkurses, dessen maximales Ausmaß durch die Bandbreite begrenzt ist.

Spekulative Attacken auf eine Neufestsetzung der Zentralparität sind mit volkswirtschaftlichen Kosten verbunden, wenn sie fundamental nicht gerechtfertigt sind und infolgedessen ein Misalignment erzwingen. Daneben sind spekulative Attacken mit einem Abbau der Währungsreserven verbunden, wodurch die Aufrechterhaltung des Zielzonenregimes in der Zukunft erschwert wird.

Weil das Risiko einer spekulativen Attacke mit dem erwarteten realignmentbedingten Wechselkurssprung positiv korreliert ist, kann eine zeitweilige Erweiterung der Bandbreiten ratsam sein, um spekulative Attacken zu brechen und einem spekulationsbedingten Regimezusammenbruch entgegenzuwirken. So macht die voranstehende Analyse deutlich, daß Realignments im Modellzusammenhang nur dann mit Wechselkurssprüngen verbunden sind, wenn sich die Fundamentaldaten im Moment des Realignments diskret anpassen. Dies ist in dem zugrundeliegenden Modell aber nur dann der Fall, wenn die neue Zentralparität außerhalb des alten Wechselkursbandes liegt. Unter diesen Umständen ist nämlich das implizit über die Wechselkurszielzone errichtete Fundamentalband so eng, daß die permanente Veränderung der Fundamentaldaten an den Interventionspunkten beschnitten wird.

Neben einem Zielzonensystem, in denen sich der Wechselkurs innerhalb der gegebenen Bandbreiten um den Leitkurs frei bewegen kann und nur gelegentliche diskretionäre Leitkursanpassungen vorgesehen sind, existieren in der Realität auch hybride Wechselkurssysteme, in denen eine regelgebundene Leitkursanpassung vorgesehen ist. Hierbei wird unterschieden zwischen einem "crawling peg"-System, in dem der Wechselkurs innerhalb einer sehr engen Bandbreite von höchstens 1 Prozent um den Leitkurs schwankt, und einem "crawling band"-System, in dem die Wechselkursbandbreiten um die Zentralparität mehr als 1 Prozent betragen.[171] Eine regelgebundene Anpassung der Leitkurse kann sinnvoll sein, wenn Unterschiede in den Inflationsraten der Mitgliedsländer nicht ad hoc abgebaut werden können. So sind monetär bedingte Divergenzen in den Inflationsraten bei Konstanz des nominalen Wechselkurses mit einer fundamental nicht gerechtfertigten Anpassung des realen Wechselkurses verbunden und bergen die Gefahr, daß das preisstabile Land über den internationalen Preiszusammenhang die vergleichsweise hohe Inflationsrate aus dem Ausland importiert.

Mischsysteme mit einer regelgebundenen Anpassung der Leitkurse zielen also darauf ab, Misalignments und Inflationsübertragungen aus dem Ausland zu verhindern. Hierbei soll durch die Regelbindung gewährleistet werden, daß die Leitkursanpassung rechtzeitig erfolgt und die Devisenmarktteilnehmer Sicherheit über die Bedingungen erhalten, unter denen ein Realignment durchgeführt wird. Hierdurch sollen spekulative Attacken verhindert werden, die mit einem

---

[171] Vgl. Deutsche Bundesbank, "Devisenkursstatistik", Statistisches Beiheft zum Monatsbericht.

Verlust an Währungsreserven verbunden sind und - falls sie fundamental nicht gerechtfertigt sind ein Misalignment erzwingen können. Die voranstehende Analyse zeigt, daß spekulative Attacken vor einer antizipierten Leitkursanpassung aber nur dann ausbleiben, wenn die neue Zentralparität innerhalb des alten Wechselkursbandes liegt. Unter diesen Umständen wird die realignmentbedingte Anpassung des Wechselkurses über den Einfluß der Wechselkursänderungserwartungen auf den Wechselkurs innerhalb der Grenzen des alten Währungsbandes vorweggenommen, so daß realignmentbedingte Wechselkurssprünge ausbleiben. Dies impliziert, daß der Leitkurs in einem "crawling peg"-System mit sehr engen Bandbreiten im Vergleich zu einem "crawling band"-System ceteris paribus häufiger und in relativ kleinen Schritten angepaßt werden muß.

In dem vorliegenden Abschnitt wurde gezeigt, daß sich die empirischen Ergebnisse des Krugman'schen Zielzonenmodells umkehren, wenn die Wirtschaftssubjekte an den Enden der Zielzone einer Leitkursanpassung eine höhere Wahrscheinlichkeit zuordnen als einer Leitkursverteidigung ($\omega>0,5$). Das Modell von Bertola und Caballero liefert in vielen Punkten einen Erklärungsansatz für die Inkonsistenzen zwischen den Implikationen des Krugman'schen Zielzonenmodells und den Ergebnissen der empirischen Studien. So kommt eine Vielzahl von empirischen Studien zu dem Ergebnis, daß in existierenden Zielzonenregimen häufig ein positiver Zusammenhang zwischen der internationalen Zinsdifferenz und der Wechselkursposition im Band besteht und sich der Wechselkurs im Zeitablauf hauptsächlich im Bandinneren aufhält. Diese Beobachtung läßt sich durch die Annahme theoretisch darstellen, daß die Wirtschaftssubjekte an den Bandenden der Zielzone einer Leitkursanpassung eine relativ hohe Wahrscheinlichkeit ($\omega>0,5$) zuordnen.

Im Modellzusammenhang besteht jedoch im Fall $\omega>0,5$ ein deterministischer nicht-linearer Zusammenhang zwischen dem Zielzonenwechselkurs und den Fundamentalvariablen, was sich empirisch nicht bestätigen läßt. Außerdem wird in dem Ansatz von Bertola und Caballero angenommen, daß Realignmentrisiken erst dann akut werden, wenn sich der Wechselkurs aus dem Bandinneren heraus zu einem der beiden Bandenden bewegt hat. Diese Annahme widerspricht aber den Erfahrungen mit existierenden Zielzonenregimen, nach denen auch im Bandinneren Leitkursanpassungen zu beobachten sind. So ist etwa aus der Abbildung 5.11 ersichtlich, daß im EWS der bilaterale Leitkurs der italienischen Lira gegenüber der D-Mark von April 1979

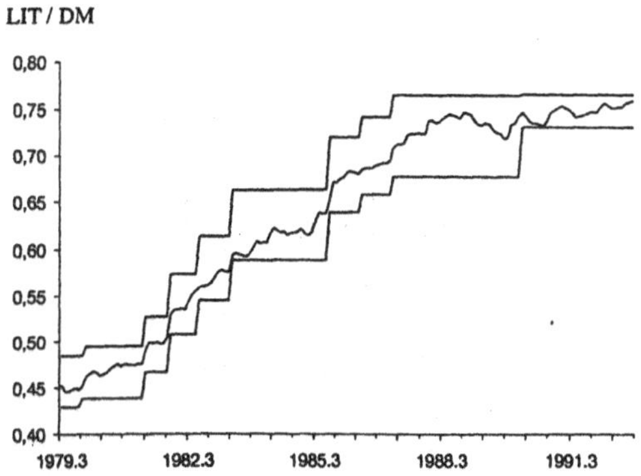

Abb. 5.11: Entwicklung des Wechselkurses zwischen Italien und Deutschland

bis zum Ausbruch der EWS-Krise im September 1992 insgesamt 10 Mal erhöht wurde, wobei der bilaterale Wechselkurs überwiegend eine Position im Bandinneren inne hatte. Im nachfolgenden Abschnitt dieser Arbeit wird daher eine Modellvariante dargestellt, in der die Möglichkeit eines Realignments im Bandinneren der Zielzone in den Erwartungen der Wirtschaftssubjekte Berücksichtigung findet.

5.3.3 Exogene stochastische Realignmentrisiken

Im vorliegenden Abschnitt wird eine um stochastische Realignmentrisiken erweiterte Version des Krugman'schen Zielzonenmodells dargestellt, die auf Bertola und Svensson (1993) zurückgeht. Den Ausgangspunkt der Analyse bildet wieder die fundamentale Bestimmungsgleichung (5.30) für die Wechselkursdynamik im Band:

$$s^{*} = f^{*} + \alpha \cdot \omega \cdot g + \alpha \cdot \frac{E[ds^{*} \mid I]}{dt}.$$

Hierbei stehen s^{*} für die Differenz zwischen den Logarithmen des Wechselkurses s und der Zentralparität c, f^{*} für die Differenz zwischen der zusammengefaßten Fundamentalgröße f und c, α für die Elastizität des Wechselkurses auf seine eigene erwartete Wechselkursänderungsrate und ω für die Wahrscheinlichkeit, daß im nächsten Moment ein Realignment stattfindet. Die erwartete kurzfristige Wechselkursänderungsrate setzt sich zusammen aus dem bedingten Erwartungswert des für den Fall eines Realignments erwarteten Wechselkurssprungs ωg und der erwarteten Wechselkursänderungsrate im Band $E[ds^{*} \mid I]/dt$.

Es wird wieder unterstellt, daß die zusammengefaßte Fundamentalgröße f im Inneren der Zielzone einer Brown'schen Bewegung folgt, die im Fall einer Verteidigung der Zentralparität an den Enden der Zielzone durch die von der Zentralbank kontrollierte Geldmenge m reguliert wird und sich im Fall einer Leitkursanpassung diskret verändert. Hierbei wird unterstellt, daß sich f im Moment des Realignments um das Ausmaß der Leitkursanpassung dc verändert. Unter diesen Umständen lassen sich die zeitlichen Zuwächse von f

$$df(t) = \sigma_f \cdot dz(t) + dU(t) - dO(t) + dc(t) \tag{5.44}$$

schreiben, wobei $\sigma_f \cdot dz(t)$ für die Brown'sche Bewegung von f steht und die Operatoren $dU(t)$ und $dO(t)$ die Geldmengeneffekte der marginalen Zentralbankinterventionen abbilden.

Der bedingte Erwartungswert des realignmentinduzierten Wechselkurssprungs ωg wird von Bertola und Svensson als stochastischer Prozeß modelliert. Es wird unterstellt, daß $\omega g(t)$ einer Brown'schen Bewegung folgt, so daß sich die zeitlichen Prozeßzuwächse

$$d(\omega g(t)) = \sigma_{\omega g} \cdot dz_{\omega g}(t)\,, \qquad mit \quad dz_f(t) \cdot dz_{\omega g}(t) = \rho \cdot dt \quad und \quad |\rho| \leq 1 \tag{5.45}$$

schreiben lassen. Im folgenden schließen wir aus, daß die stochastischen Prozeßrealisationen der Fundamentalgröße f und des bedingten Erwartungswertes des realignmentinduzierten Wechselkurssprungs ωg perfekt korreliert sind ($|\rho| < 1$). Unter diesen Umständen ist der Prozeß $\omega g(t)$ exogen gegeben, woraufhin der in Bertola und Caballero (1992a) unterstellte funktionale Zusammenhang zwischen s^{*} und f^{*} aufgehoben wird.

Aus der fundamentalen Bestimmungsgleichung (5.30) für die Wechselkursdynamik im Band ist abzulesen, daß das aktuelle Niveau der Größe s^{*} durch den laufenden Term $f^{*} + \alpha\omega g$ und ihrer eigenen erwarteten Änderungsrate bestimmt wird. Infolgedessen läßt sich eine neue zusammengesetzte Fundamentalvariable

$$h(t) = f^{*}(t) + \alpha \cdot \omega(t) \cdot g(t) \tag{5.46}$$

definieren, deren zeitliche Zuwächse durch

$$dh(t) = \sigma_h \cdot dz_h(t) \quad mit \quad \sigma_h = \sqrt{\sigma_f^2 + \alpha^2 \cdot \sigma_{\omega g}{}^2 + 2 \cdot \alpha \cdot \rho \cdot \sigma_f \cdot \sigma_{\omega g}} \tag{5.47}$$

gegeben sind. Wird in der Gleichung (5.30) der Term $f^{*} + \alpha\omega g$ durch die neue zusammengefaßte Fundamentalgröße h ersetzt, erhält man:[172]

$$s^{*}(h) = h + \alpha \cdot \frac{E[ds^{*} \,|\, I]}{dt}. \tag{5.48}$$

Im Modellzusammenhang wird die Abweichung s^{*} des Wechselkurses s von der Zentralparität c determiniert durch die neue zusammengefaßte Fundamentalgröße h und ihrer eigenen erwarteten Veränderungsrate. Da rationale Erwartungen unterstellt werden, ist die erwartete Wechselkursänderungsrate im Band ($E[ds^{*} | I]/dt$) durch den erwarteten Entwicklungspfad der neuen Fundamentalgröße h bestimmt. Dies impliziert, daß im Zielzonensystem s^{*} nur dann innerhalb der errichteten Bandgrenzen gehalten werden kann, wenn die Zentralbank mit Hilfe ihrer Kontrollgröße m ein Schwankungsintervall für die Brown'sche Bewegung von h errichtet. Unter der Annahme, daß die Interventionsstrategie der Zentralbank angekündigt wird, resultiert ein funktionaler Zusammenhang $s^{*}(h)$ zwischen der Abweichung s^{*} des Wechselkurses s von der Zentralparität c und der neuen Fundamentalgröße h.[173] Im Ergebnis stimmt die voranstehende Gleichung formal mit der Basisgleichung des Krugman'schen Grundmodells einer perfekt glaubwürdigen Zielzone überein, so daß sich mit Hilfe des gleichen Lösungsansatzes der funktionale Zusammenhang $s^{*}(h)$ bestimmen läßt.

---

[172] Aus Gründen der besseren Übersicht, wird die Zeitabhängigkeit der stochastischen Variablen im folgenden nicht mehr aufgeführt.

[173] Vgl. hierzu die Ausführungen in Kapitel 2.2.3 dieser Arbeit.

Nach Anwendung der Ito-Regel, ist die allgemeine Lösung der Differentialgleichung (5.48) durch

$$s^{*}(h) = h + A \cdot e^{\lambda_1 h} + B \cdot e^{\lambda_2 h} \quad mit \quad \lambda_{1,2} = \pm \sqrt{\frac{2}{\alpha \cdot \sigma_h^2}} \tag{5.49}$$

gegeben. Hierbei repräsentieren der zweite und der dritte Summand auf der rechten Seite der voranstehenden Gleichung die allgemeine Lösung für den Wechselkurseinfluß der erwarteten Wechselkursänderungsrate im Band (vgl. Gleichung (5.48)), die bei Nichtexistenz von spekulativen Blasen wiederum durch den Prozeß $h(t)$ bestimmt wird.

Aus der Gleichung (5.49) ist ersichtlich, daß die Abweichung s^{*} des Wechselkurses von der Zentralparität mit einer Bewegung der neuen zusammengefaßten Fundamentalvariablen h schwankt. Hierbei wird unterstellt, daß die Bandbreiten, innerhalb derer der Wechselkurs um die Zentralparität schwanken kann, bei einem Realignment unverändert bleiben. Dies impliziert, daß die Zentralbank die Brown'sche Bewegung von $h(t)$ über den Kontrollprozeß $m(t)$ innerhalb eines Schwankungsintervalls hält, das im Zeitablauf konstant ist. Hierbei wird analog zum Krugman'schen Grundmodell einer perfekt glaubwürdigen Zielzone unterstellt, daß die Brown'sche Bewegung von $h(t)$ über eine Anpassung von m genau dann reguliert wird, wenn der Wechselkurs an sein oberes Bandende s^{o} oder an sein unteres Bandende s^{u} stößt. Es wird also angenommen, daß die Wechselkurszielzone durch marginale, infinitesimale Interventionen verteidigt wird. In dem Moment in dem der Wechselkurs an seine obere (untere) Bandbreite stößt, erreicht die neue zusammengefaßte Fundamentalvariable h ihre obere (untere) Intervallgrenze h^{o} (h^{u}). Demzufolge gilt an den Interventionspunkten:

$$s^{*}(h^{o}) = s^{o} - c \qquad und \qquad s^{*}(h^{u}) = s^{u} - c. \tag{5.50}$$

Hierbei stehen $s^{o} - c$ für die obere Wechselkursbandbreite und $s^{u} - c$ für die untere Bandbreite.

Annahmegemäß sind die Grenzen des Schwankungsintervalls für die neue Fundamentalgröße h im Zeitverlauf konstant, so daß die errichteten Intervallgrenzen für die Brown'sche Bewegung von $h(t)$ über den Kontrollprozeß $m(t)$ mit *Sicherheit* eingehalten werden. Die gesuchte Lösungsfunktion der allgemeinen Bestimmungsgleichung (5.48) für die Wechselkursdynamik im Band muß daher an den Intervallgrenzen h^o und h^u der "smooth pasting"-Bedingung:

$$s^*_h(h^o) = 0 \qquad und \qquad s^*_h(h^u) = 0 \tag{5.51}$$

genügen, wobei s^*_h für die erste partielle Ableitung der Funktion $s^*(h)$ nach h steht. Daneben wird angenommen, daß die Wechselkurszielzone symmetrisch um die Zentralparität angelegt ist. Dies impliziert, daß die erwartete Wechselkursänderungsrate im Band an der Stelle $s^* = s - c = 0$ gleich Null ist. Die Konstanten A und B der allgemeinen Lösung (5.49) müssen unter dieser Annahme in der Relation $A = -B$ zueinander stehen. Unter diesen Bedingungen lautet die gesuchte Lösungsfunktion der Differentialgleichung (5.48):

$$s^*(h) = h + \frac{e^{\lambda_1 h} - e^{\lambda_2 h}}{\lambda_2 [e^{\lambda_1 h^o} + e^{\lambda_2 h^o}]} \tag{5.52}$$

In der Abbildung 5.12 ist die voranstehende Lösungsfunktion $s^*(h)$ graphisch dargestellt. Der in der Abbildung illustrierte S-förmige Kurvenverlauf schlägt sich in den nicht-linearen Termen der allgemeinen Lösung (5.49) nieder und resultiert daraus, daß die Brown'sche Bewegung des Prozesses $h(t)$ an den Grenzen h^o und h^u mit Sicherheit reguliert wird. In der Nähe der Intervallgrenzen erwarten die Wirtschaftssubjekte eine Bewegung des Prozesses $h(t)$ zur Bandmitte und hierüber eine Annäherung des Wechselkurses an die Zentralparität. Hierbei nimmt der bedingte Erwartungswert einer Bewegung der neuen zusammengefaßten Fundamentalgröße h zur Bandmitte zu, wenn sich h an einen der beiden Interventionspunkte annähert und hierüber die Wahrscheinlichkeit steigt, daß das errichtete Schwankungsintervall für h in naher Zukunft über nicht-sterilisierte Devisenmarktinterventionen verteidigt wird. Die glaubwürdige Verteidigung des errichteten Schwankungsintervalls für h hat über den Wechselkurseinfluß der erwarteten Wechselkursänderungsrate im Band zur Folge, daß die Fluktuationen des Wechselkurses um die Zentralparität bereits im Bandinneren gedämpft werden. Weil der gesamte abdiskontierte, erwartete Zeitpfad von h in den Erwartungswert der Wechselkursänderungsrate im Band eingeht nimmt der "honeymoon"-Effekt immer stärker zu, wenn sich die Fundamentalgröße h aus dem Bandinneren heraus zu einem der beiden Interventionspunkte bewegt. Dies zeigt sich in der Abbildung darin, daß der funktionale Zusammenhang zwischen s^* und h S-förmig verläuft. Die

Regulation der Brown'schen Bewegung von $h(t)$ wirkt sowohl unmittelbar als auch mittelbar über den oben beschriebenen Erwartungseffekt wechselkursstabilisierend, was dem Ergebnis des Grundmodells einer Zielzone entspricht.

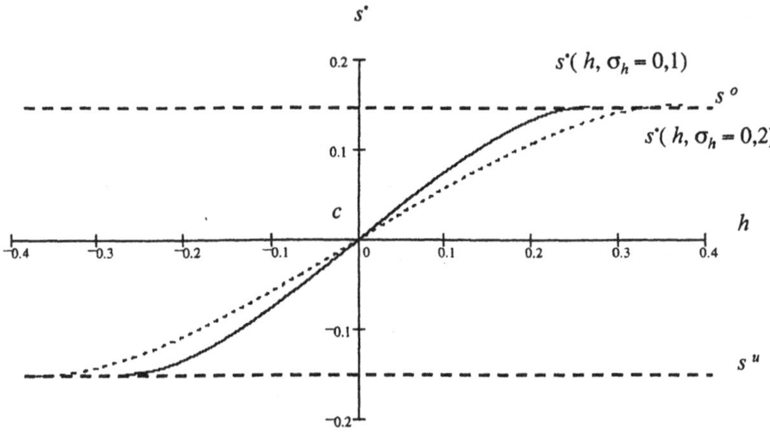

Abb. 5.12: Zusammenhang zwischen dem Zielzonenwechselkurs und der neuen Fundamentalvariablen

Parameterwerte: $\alpha = 3$; $\sigma = 0{,}1$; $\lambda_1 = 8{,}165$; $\lambda_2 = - 8{,}165$ für $\sigma_h = 0{,}1$ und $\lambda_1 = 4{,}083$; $\lambda_2 = - -4{,}083$ für $\sigma_h = 0{,}2$.

Aus der Abbildung 5.12 ist ersichtlich, daß der Verlauf der Lösungsfunktion $s^*(h)$ durch den Parameterwert σ_h beeinflußt wird. Ein Anstieg von σ_h impliziert, daß die Geschwindigkeit mit der sich die Fundamentalvariable h innerhalb ihrer Grenzen bewegt zunimmt. Ausgehend von einer gegebenen Position von h im Band sind Interventionen an den Bandgrenzen für die nahe Zukunft daher umso wahrscheinlicher, je größer σ_h ist. Infolgedessen nimmt der "honeymoon"-Effekt der marginalen Zentralbankinterventionen zu, wenn σ_h steigt. Dies zeigt sich in der Abbildung darin, daß sich mit einem Anstieg von σ_h die mit einer gegebenen Wechselkurszielzone korrespondierende Weite des Fundamentalbandes erhöht und die Steigung der Lösungsfunktion zu jedem gegebenen Wert von h sinkt.

Unter Berücksichtigung der definitorischen Zusammenhänge $s^* = s - c$ und $h = f - c + \alpha \cdot \omega \cdot g$ läßt sich aus der Gleichung (5.52) die Modellösung für den Zielzonenwechselkurs s in Abhängigkeit von den Wechselkursdeterminanten f, ωg und c herleiten. Man erhält:

$$s(f, \omega g, c) = f + \alpha \cdot \omega \cdot g + \frac{e^{\lambda_1 (f - c + \alpha \omega g)} - e^{\lambda_2 (f - c + \alpha \omega g)}}{\lambda_2 [e^{\lambda_1 h^o} + e^{\lambda_2 h^o}]} \tag{5.53}$$

In der Abbildung 5.13 ist der in der voranstehenden Gleichung beschriebene Zusammenhang zwischen dem Zielzonenwechselkurs und dem ursprünglichen Fundamentalterm f für einen gegebenen erwarteten Wechselkurssprung im Fall eines Realignments ωg graphisch dargestellt. Der Wechselkurs bleibt gemäß der Gleichung (5.53) nur dann von einem Anstieg von ωg unberührt, wenn der hiermit einhergehende wechselkurssteigernde Effekt durch eine entsprechende Verminderung des Fundamentalterms f kompensiert und die neue Fundamentalvariable h infolgedessen konstant bleibt. Der Anstieg von ωg ist in der Abbildung daher mit einer Linksverschiebung der $s(f)$-Funktion um den Betrag $\alpha \cdot \Delta \omega g$ verbunden. Ausgehend von einer gegebenen Position von f im Band verkürzt sich daher die Entfernung zum oberen Interventionspunkt und verlängert sich die Distanz zum unteren Interventionspunkt um den Betrag $\alpha \cdot \Delta \omega g$. Dies hat wiederum zur Folge, daß die Wahrscheinlichkeit von Interventionen am oberen Interventionspunkt steigt und die erwartete Wechselkursänderungsrate im Band sinkt. Demzufolge sind der bedingte Erwartungswert des realignmentinduzierten Wechselkurssprungs ωg und die erwartete Wechselkursänderungsrate im Band $E[ds^* \mid I]/dt$ miteinander negativ korreliert.[174] Dies hat wiederum zur Folge, daß der Wechselkurs nur unterproportional zu einem Anstieg von ωg steigt (vgl. Gleichung (5.30)). Das Ausmaß der Vertikalverschiebung ist daher geringer als $\alpha \cdot \Delta \omega g$.

Unter der Annahme, daß die ungedeckte Zinsparität auch in der kurzen Frist erfüllt ist, wird die Differenz zwischen dem in- und dem ausländischen Zinssatz durch die für den Anlagezeitraum erwartete Wechselkursänderungsrate bestimmt. Diese setzt sich im Modellzusammenhang aus dem für den Fall eines Realignments erwarten Wechselkurssprung ωg und der erwarteten Wechselkursänderungsrate im Band $E[ds^* | I]/dt$ zusammen. Weil der nicht-lineare Term der Lö-

---

[174] Vgl. Werner (1996), S. 575.

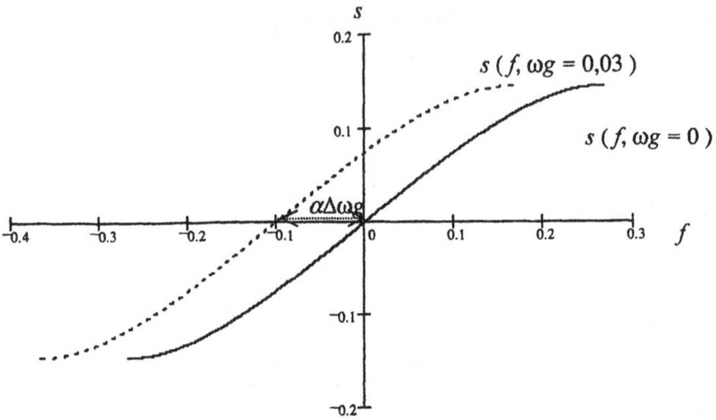

Abb. 5.13: Einfluß von stochastischen Realignmentrisiken auf die Wechselkursdynamik im Band

Parameterwerte: $\alpha = 3$; $\sigma = 0,1$; $\lambda_1 = 8,165$; $\lambda_2 = -8,165$ für $\omega g = 0$ und $\omega g = 0,03$.

sungsfunktion (5.53) für das Produkt zwischen der Elastizität α und $E[ds^*|I]/dt$ steht, ist die internationale Zinsdifferenz durch

$$\delta(f,c,\omega g) \;=\; \omega \cdot g + \frac{e^{\lambda_1(f-c+\alpha\omega g)} - e^{\lambda_2(f-c+\alpha\omega g)}}{\alpha \cdot \lambda_2 [e^{\lambda_1 h^o} + e^{\lambda_2 h^o}]} \tag{5.54}$$

gegeben, wobei $f - c = f^*$ und $f - c + \alpha\omega g = h$ ist (vgl. Gleichung (5.46)). Aus der voranstehenden Gleichung folgt, daß zwischen der internationalen Zinsdifferenz und der neuen zusammengefaßten Fundamentalgröße *h* eine deterministische Beziehung besteht, wenn ωg gegeben ist. Außerdem liegt im Modellzusammenhang eine funktionale Abhängigkeit zwischen der Abweichung s^* des Wechselkurses von der Zentralparität und der neuen Fundamentalgröße *h* vor, die in Gleichung (5.52) beschrieben ist. Hieraus resultiert, daß die internationale Zinsdifferenz nur dann eine deterministische Funktion der Wechselkursposition im Band ist, wenn ωg gegeben ist. Diese funktionale Beziehung ist in der Abbildung 5.14 für alternative Werte von ωg graphisch dargestellt. In dem Modell von Bertola und Svensson sind die Veränderungen von ωg stochastisch modelliert und verändern sich demzufolge im Zeitverlauf. Unter diesen Umständen wird der vom

Krugman'schen Zielzonenmodell postulierte deterministische Zusammenhang zwischen der internationalen Zinsdifferenz und der Wechselkursposition im Band aufgehoben, was im folgenden mit Hilfe der Abbildung 5.14 erläutert wird.

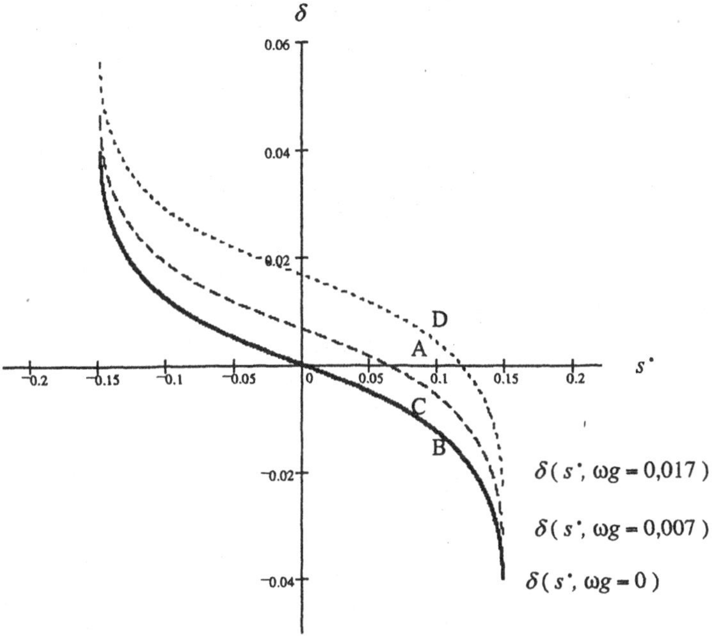

Abb. 5.14: Stochastische Realignmentrisiken und funktionaler Zusammenhang zwischen der internationalen Zinsdifferenz und der Wechselkursposition im Band

Parameterwerte: $\alpha = 3$; $\sigma = 0,1$; $\lambda_1 = 8,165$; $\lambda_2 = -8,165$.

In der Abbildung 5.14 repräsentiert die fett gedruckte Kurve den funktionalen Zusammenhang zwischen der internationalen Zinsdifferenz und der Wechselkursposition im Band im Krugman'schen Grundmodell einer Zielzone, in dem Realignmentrisiken keine Berücksichtigung finden ($\omega g = 0$). Den Ausgangspunkt unserer Analyse bildet eine Situation, in der sich der Wechselkurs in der Bandmitte ($s^* = 0$) befindet und der bedingte Erwartungswert des für den Fall eines Realignments erwarteten Wechselkurssprungs ωg gleich Null ist. Unter diesen Umständen sind im Modellzusammenhang die erwartete Wechselkursänderungsrate und über die angenommene Gültigkeit der ungedeckten Zinsparität die internationale Zinsdifferenz gleich Null, so daß die Ausgangssituation im Ursprung der Abbildung liegt. Wir nehmen an, daß die neue zusammengefaßte Fundamentalgröße *h* steigt und sich die Wechselkursposition im Band daraufhin vom Ursprung zu Punkt A bewegt. Diese Verschiebung der Wechselkursposition im Band läßt die erwartete Wechselkursänderungsrate im Band $E[ds^* | I]/dt$ um die Strecke AB fallen.

Im Krugman'schen Zielzonenmodell ist ωg konstant Null, so daß eine Wechselkursveränderung allein auf eine Bewegung der Fundamentalgröße *f* zurückgeht und die internationale Zinsdifferenz durch die erwartete Wechselkursänderungsrate im Band $E[ds^* | I]/dt$ bestimmt ist. Unter diesen Umständen bewirkt die beschriebene Verlagerung der Wechselkursposition im Band eine Reduktion der internationalen Zinsdifferenz in Umfang der Strecke AB. Im Zielzonenmodell von Bertola und Svensson wird dagegen unterstellt, daß ωg im Zeitablauf stochastisch schwankt. Weil ωg im Modellzusammenhang sowohl eine Komponente der zusammengefaßten Fundamentalgröße *h* als auch eine Komponente der erwarteten Wechselkursänderungsrate ist, werden die Wechselkursposition im Band und die internationale Zinsdifferenz durch die stochastischen Fluktuationen von ωg beeinflußt.

Es sei nun unterstellt, daß ein Anstieg von ωg zu der Verschiebung der Wechselkursposition im Band vom Ursprung der Abbildung 5.14 zu Punkt A beigetragen hat. Da ωg annahmegemäß einen positiven Wert annimmt, verlagert sich in der Abbildung 5.14 der Krugman'sche Zusammenhang zwischen der internationalen Zinsdifferenz und der Wechselkursposition im Band um ωg nach oben. Die beschriebene Verschiebung der Wechselkursposition im Band hat wiederum zur Folge, daß $E[ds^* | I]/dt$ um die Strecke AB fällt. Gleichzeitig nimmt aber ωg zu, woraufhin der negative Einfluß der Positionsverschiebung auf die internationale Zinsdifferenz gedämpft wird und die internationale Zinsdifferenz im Ergebnis steigen kann. Die Reaktion der internationalen Zinsdifferenz ist im Zielzonenmodell mit stochastischen Realignmentrisiken davon abhängig, ob die Positionsverschiebung des Wechselkurses im Band eher durch einen Anstieg der Fundamentalgröße *f* oder eher durch eine Erhöhung von ωg hervorgerufen wurde. So nimmt die internationale Zinsdifferenz in der Abbildung 5.14 per Saldo um die Strecke AD zu, wenn die Verschiebung der Wechselkursposition im Band durch eine relativ starke Erhöhung von ωg

ausgelöst wurde. Demgegenüber nimmt die internationale Zinsdifferenz um die Strecke AC ab, wenn die Positionsverschiebung hauptsächlich durch eine Erhöhung von f induziert wurde und der Anstieg von ωg demzufolge relativ schwach ausfällt.

Im Zielzonenmodell von Bertola und Svensson bestimmt der bedingte Erwartungswert des für den Fall eines Realignments erwarteten Wechselkurssprungs die Lage der funktionalen Beziehung zwischen dem Zielzonenwechselkurs und der zusammengefaßten Fundamentalgröße f sowie die Position des Zusammenhangs zwischen der internationalen Zinsdifferenz und der Wechselkursposition im Band. Weil der bedingte Erwartungswert des realignmentinduzierten Wechselkurssprungs im Modellzusammenhang einem exogen gegebenen, stochastischen Prozeß folgt und hierüber im Zeitverlauf schwankt, wird der vom Krugman'schen Zielzonenmodell postulierte deterministische Zusammenhang zwischen dem Zielzonenwechselkurs und dem Fundamentalterm f einerseits und zwischen der internationalen Zinsdifferenz und der Wechselkursposition im Band andererseits aufgehoben. Demzufolge sind stochastische Realignmentrisiken möglicherweise die Ursache dafür, daß empirisch häufig keine funktionale nicht-lineare Beziehung zwischen dem Zielzonenwechselkurs und den Fundamentaldaten festzustellen ist. Außerdem läßt sich mit Hilfe von stochastischen Realignmentrisiken theoretisch abbilden, daß zwischen der internationalen Zinsdifferenz und der Wechselkursposition im Band in unterschiedlichen Betrachtungszeiträumen ein positiver Zusammenhang, eine negative Beziehung oder gar kein Zusammenhang bestehen kann. Schließlich findet durch den Einbezug von stochastischen Realignmentrisiken Berücksichtigung, daß in existierenden Zielzonenregimen Leitkursanpassungen mitunter auch im Bandinneren zu beobachten sind.

Die vorangegangene Analyse des Zielzonenmodells von Bertola und Svensson legt den Schluß nahe, daß die fehlende empirische Bestätigung des Krugman'schen Grundmodells einer perfekt glaubwürdigen Zielzone auf zeitvariable Realignmentrisiken zurückzuführen ist. Die empirischen Untersuchungen von Svensson (1993), Rose und Svensson (1995) sowie Kremski (1997) zur Glaubwürdigkeit der marginalen Zentralbankinterventionen im EWS bestätigen die Modellannahme von Bertola und Svensson, daß zeitvariable Realignmentrisiken einen signifikanten Einfluß auf die Wechselkursdynamik im Band und die internationale Zinsdifferenz ausüben. Daneben zeigen Rose und Svensson für den Wechselkurs des französischen Franc gegenüber der

D-Mark und Kremski für den Wechselkurs des holländischen Gulden gegenüber der D-Mark, daß der von dem Zielzonenmodell von Bertola und Svensson postulierte S-förmige Zusammenhang zwischen dem Zielzonenwechselkurs und der um Realignmentrisiken erweiterten Fundamentalgröße *h* mit den empirischen Beobachtungen weitgehend übereinstimmt. Allerdings wird die Modellannahme von Bertola und Svensson, daß der bedingte Erwartungswert des realignmentinduzierten Wechselkurssprungs einer Brown'schen Bewegung folgt, von Kremski abgelehnt.[175] Außerdem kommt die Studie von Chen und Giovannini (1993) über die Determinanten der Realignmenterwartungen im EWS zu dem Ergebnis, daß die Wechselkursposition im Band einen signifikanten Erklärungsbeitrag für die Realignmenterwartungen leistet und die erwartete Realignmentrate nach einer Leitkursanpassung signifikant sinkt.

Wie in Tristani (1994) gezeigt wird, bleibt die negative empirische Evidenz des Krugman'schen Grundmodells einer perfekt glaubwürdigen Zielzone erhalten, wenn eine perfekte Korrelation zwischen den stochastischen Prozessen der Realignmentrisiken und der Fundamentaldaten angenommen wird ($\rho = 1$). Die Annahme, daß die stochastischen Prozesse der Realignmentrisiken und der Fundamentaldaten eine nur begrenzte Korrelation aufweisen, steht aber im Widerspruch zu der Annahme rationaler fundamentalbestimmter Wechselkurserwartungen.[176] Dies impliziert, daß die Realignmenterwartungen in existierenden Zielzonenregimen durch fundamentale Einflußgrößen bestimmt werden, die in dem Zielzonenmodell von Bertola und Svensson unberücksichtigt bleiben. In Kapitel 5.2 dieser Arbeit wurde gezeigt, daß die obere Wechselkursbandbreite im Modellzusammenhang nur solange über nicht-sterilisierte Devisenmarktinterventionen verteidigt werden kann, bis der Reservebestand auf sein kritisches Niveau geschrumpft ist. Erreicht der Reservebestand sein kritisches Niveau, setzt im Modell eine spekulative Attacke ein, die einen vollständigen Abbau der Währungsreserven induziert, so daß ein Regimewechsel zu flexiblen Wechselkursen erzwungen wird. So zeigt die empirische Studie von Edin und Vredin (1993), in der die Realignmentrisiken in den skandinavischen Ländern untersucht werden, daß zwischen der Wahrscheinlichkeit für eine Leitkurserhöhung und dem Bestand an Währungsreserven ein signifikanter Zusammenhang besteht. Bertola und Caballero (1992b, S. 203) bemerken in diesem Zusammenhang: "*For 'infrequent' intervention to be sustainable, the probability and the size of*

---

[175] Vgl. Kremski (1997), S. 153.

[176] Vgl. Tristani (1994), S. 7f.

jumps in either direction should still be allowed to depend on cumulative intervention, as to obtain stationarity of the reserve process". Vor diesem Hintergrund entwickeln wir abschließend eine Variante des Zielzonenmodells von Bertola und Svensson, in der die Wahrscheinlichkeit für ein Realignment sowie der realignmentbedingte Wechselkurssprung als Funktion des Bestands an Währungsreserven modelliert sind.

5.3.4 Endogene stochastische Realignmentrisiken

Der beschriebene Zusammenhang zwischen der Realignmentwahrscheinlichkeit und dem Bestand an Währungsreserven wird in dem Ansatz von Tristani (1994) integriert, der ein Spezialfall des Zielzonenmodells von Bertola und Svensson (1993) darstellt. Dem Krugman'schen Grundmodell einer Zielzone folgend zerlegt Tristani die zusammengefaßte Fundamentalgröße f unter dem Gesichtspunkt der Kontrollierbarkeit in zwei Komponenten. Es wird unterstellt, daß die Geldmenge m von der Zentralbank steuerbar ist und sich nur dann ändert, wenn der Leitkurs an den Enden der Zielzone über nicht-sterilisierte Devisenmarktinterventionen verteidigt wird. Die übrigen Fundamentaldaten werden zur Fundamentalgröße v zusammengefaßt.

Tristani unterstellt, daß sich v im Moment eines Realignments diskret um das Ausmaß der Zentralparitätsanpassung verändert und ansonsten einer Brown'schen Bewegung folgt. Im Tristani-Modell ist die Realignmentwahrscheinlichkeit eine Funktion der Abweichung der Fundamentalgröße v von der vereinbarten Zentralparität c und die Rate der Zentralparitätsanpassung exogen gegeben und konstant. Dies hat zusammengenommen zur Folge, daß der bedingte Erwartungswert des realignmentbedingten Wechselkurssprungs einen positiven (negativen) Wert annimmt, wenn die stochastische Größe v über (unter) den Leitkurs fällt (steigt). Weil der erwartete realignmentbedingte Wechselkurssprung im Modellzusammenhang exogen gegeben und konstant ist, resultiert für das Bandinnere der Zielzone eine eindeutige funktionale Beziehungen zwischen der internationalen Zinsdifferenz und der Wechselkursposition im Band. In einer graphischen Darstellung verschiebt sich diese funktionale Beziehung nach oben (unten), wenn der Reservebestand der Zentralbank durch Devisenmarktinterventionen am oberen (unteren) Ende der Zielzone fällt (steigt). Weil die marginalen Zentralbankinterventionen im Hinblick auf die internationale Zinsdifferenz lediglich mit einem Niveaueffekt verbunden sind und keinen Einfluß auf die Gestalt des funktionalen Zusammenhangs zwischen der internationalen Zinsdifferenz und der Wechselkursposition im Band ausüben, läßt sich im Rahmen des Tristani-Modells nicht abbilden, daß sich in existierenden Zielzonensystemen der Zusammenhang zwischen der internationalen Zinsdifferenz und der Wechselkursposition im Band in Abhängigkeit von den zugrundegelegten Betrachtungszeiträumen mitunter ändert. Wie im folgenden gezeigt wird, läßt sich diese empirische Beobachtung theoretisch darstellen, wenn der für den Fall eines Realignments erwartete Wechselkurssprung in Abhängigkeit von dem Reservebestand endogenisiert wird.

Den Ausgangspunkt unseres Modells bildet die Basisgleichung (5.48) des Zielzonenmodells von Bertola und Svensson (1993):

$$s^*(h) = h + \alpha \cdot \frac{E[ds^* | I]}{dt}.$$

Hierbei stehen s^* für die Differenz zwischen den Logarithmen des Wechselkurses s und der Zentralparität c und $E[ds^*|I_t]/dt$ für die erwartete Wechselkursänderungsrate im Band. Die Größe α repräsentiert die Elastizität des Wechselkurses auf seine eigene erwartete Änderungsrate. Die Variable h bezeichnet wieder die neue zusammengesetzte Fundamentalgröße, in der neben den Fundamentaldaten der Wechselkurseinfluß des bedingten Erwartungswertes ωg des für den Fall einer Zentralparitätsanpassung erwarteten Wechselkurssprung erfaßt wird. Analog zu den Ansätzen von Krugman (1991) und Tristani (1994) zerlegen wir die Fundamentaldaten in die Kontrollgröße m und die stochastische Größe v. Demzufolge ist h durch

$$h = m + v - c + \alpha \cdot \omega \cdot g \qquad (5.55)$$

gegeben.

Es wird unterstellt, daß v einer Brown'schen Bewegung folgt und die Verteidigung des Leitkurses über marginale nicht-sterilisierte Devisenmarktinterventionen erfolgt. Daneben nehmen wir wieder an, daß die Bandbreiten, innerhalb derer der Wechselkurs um die Zentralparität schwanken kann, bei einem Realignment unverändert bleibt. Dies impliziert, daß die Zentralbank den stochastischen Prozeß $h(t)$ über den Kontrollprozeß $m(t)$ innerhalb eines Schwankungsintervalls hält, das im Zeitablauf konstant ist. Hieraus resultiert, daß die Funktion $s^*(h)$ an den Intervallgrenzen h^o und h^u durch die Eigenschaften des "smooth pasting" charakterisiert ist (vgl. die Bedingung (5.51)). Außerdem gehen wir wieder davon aus, daß die Verteidigung des Leitkurses über infinitesimale Interventionen an den Enden der Zielzone erfolgt. Infolgedessen muß sich h genau in dem Moment an seinem oberen (unteren) Interventionspunkt befinden, in dem der Wechselkurs an das obere (untere) Ende der Zielzone stößt. Schließlich folgt die Fundamentalgröße h im errichteten Schwankungsintervall einer Brown'schen Bewegung, so daß die Annahmen bezüglich des Prozesses $h(t)$ und der Regulation dieses Prozesses mit denen im Zielzonenmodell von Bertola und Svensson identisch sind. Demzufolge ist die Lösungsfunktion der Differentialgleichung (5.48) wiederum durch die Gleichung (5.52)

$$s^*(h) = h + \frac{e^{\lambda_1 h} - e^{\lambda_2 h}}{\lambda_2 [e^{\lambda_1 h^o} + e^{\lambda_2 h^o}]}$$

gegeben. Wir nehmen wieder an, daß die ungedeckte Zinsparität permanent erfüllt ist. Weil der zweite Term auf der rechten Seite der Gleichung (5.52) für die erwartete Wechselkursänderungsrate im Band multipliziert mit der Elastizität α steht, läßt sich die internationale Zinsdifferenz

$$\delta(h) = \omega \cdot g + \frac{e^{\lambda_1 (h)} - e^{\lambda_2 (h)}}{\alpha \cdot \lambda_2 [e^{\lambda_1 h^o} + e^{\lambda_2 h^o}]} \tag{5.56}$$

schreiben.

Den Ausgangspunkt für unsere Modifikation des Zielzonenmodells von Bertola und Svensson (1993) bildet eine Situation, in der m gleich Null ist. Es wird unterstellt, daß die Kreditkomponente der Geldmenge im Zeitverlauf konstant bleibt. Unter diesen Umständen signalisiert eine Reduktion von m, daß die Währungsreserven der Zentralbank gesunken sind. Wir nehmen an, daß die Zentralbank von der Option einer Leitkurserhöhung Gebrauch macht, wenn sie für die nahe Zukunft erwartet, daß die Währungsreserven über Devisenmarktinterventionen am oberen Ende des Währungsbandes auf ein kritisches Niveau fallen. Hierbei nehmen wir an, daß der kritische Reservebestand den Wirtschaftssubjekten unbekannt ist. Unter diesen Bedingungen nimmt die Wahrscheinlichkeit für eine Leitkurserhöhung zu, wenn sich v ausgehend von einer Wechselkursposition am unteren Bandende s^u (h^u) erhöht und der Wechselkurs daraufhin steigt. Um den Zusammenhang zwischen den Realignmenterwartungen und dem Bestand an Währungsreserven in aller Reinheit darstellen zu können, unterstellen wir, daß ein Verlust an Währungsreserven die alleinige Ursache für ein Realignment ist. Änderungen der realen Rahmenbedingungen oder ein Anstieg der Inflationsrate des Ankerwährungslandes bleiben als mögliche Ursachen für ein Realignment unberücksichtigt.[177] Außerdem wird von uns ausschließlich die Option einer Leitkurserhöhung betrachtet. Wir treffen diese Annahme, weil wir im Rahmen dieser Arbeit unterstellt haben, daß das preisinstabile Inland seine Währung durch einseitige Interventionen an die Währung des preisstabilen Auslandes bindet. Unter diesen Umständen bleibt der Reservebestand der ausländischen Zentralbank im Zeitverlauf konstant, so daß sich für eine Herabsetzung des Leitkurses keine Notwendigkeit ergibt. Unter diesen Annahmen läßt sich die Wahrscheinlichkeit für eine Leitkurserhöhung wie folgt schreiben:

$$\begin{aligned} \omega &= b\cdot(v-h^u) \quad && \textit{für} \quad v > h^u \quad \textit{und} \quad m \leq 0, \\ \omega &= 0 && \textit{für} \quad v \leq h^u \quad \textit{und} \quad m > 0. \end{aligned} \tag{5.57}$$

Hierbei bezeichnet b eine exogen gegebene Konstante. Aus der voranstehenden Gleichung ist

[177] In den Ansätzen von Neely, Weller und Corbae (1995) sowie von Kempa und Nelles (1999) sind die Realignmentwahrscheinlichkeit und der realignmentbedingte Wechselkurssprung als Funktionen der Abweichung des realen Wechselkurses von der Kaufkraftparität modelliert. Die Ansätze basieren auf dem Zielzonenmodell mit Preisrigiditäten von Miller und Weller (1991b). Es wird unterstellt, daß die Kaufkraftparität in der langen Frist erfüllt ist und den gleichgewichtigen realen Wechselkurs bestimmt. In den Ansätzen werden Misalignments durch exogene Preisschocks ausgelöst, die aufgrund von trägen Güterpreisen erst in der langen Frist abgebaut werden können und bei relativ engen Bandbreiten eine Abweichung des realen Wechselkurses von der Kaufkraftparität erzwingen. Im Modellzusammenhang können die Misalignment durch eine Anpassung des nominalen Wechselkurses verhindert werden, so daß in diesen Ansätzen die Wahrscheinlichkeit für eine Erhöhung (Herabsetzung) des Leitkurses und die erwartete Rate der Zentralparitätsanpassung ansteigen, wenn sich die Inlandswährung durch einen positiven (negativen) Preisschock real aufwertet (abwertet). Kempa und Nelles (1999) zeigen, daß das britische Pfund und die spanische Peseta zwischen Januar 1987, dem letzten Realignment vor den EWS-Krisen im September 1992 und im August 1993, bis zum Ausbruch der EWS-Krisen eine drastische reale Aufwertung erfahren haben, die sich nach den Leitkursanpassungen und der zeitweiligen Erweiterung der Bandbreiten rasch abgebaut hat. Dies wird als Beleg dafür gewertet, daß Misalignments eine der Ursachen für die EWS-Krisen gewesen sind. Da die reale Aufwertung der spanischen Peseta gegenüber der D-Mark mit einer positiven Zinsdifferenz zwischen Spanien und Deutschland einherging, gelangen Kempa und Nelles zu der Schlußfolgerung, daß die reale Aufwertung die Erwartung einer realignmentbedingten Abwertung der spanischen Peseta erzeugt hat. In der empirischen Studie von Edin und Vredin (1993) über Realignmenterwartungen in den skandinavischen Ländern leistet der reale Wechselkurs dagegen keinen signifikanten Erklärungsbeitrag für die Realignmentwahrscheinlichkeit.

abzulesen, daß die Wahrscheinlichkeit für eine Leitkurserhöhung unter der Bedingung $v \leq h^u$ gleich Null ist. Hierbei stellt sich die Konstellation $v = h^u$ in der Ausgangssituation $m = 0$ genau dann ein, wenn der Wechselkurs durch die Brown'sche Bewegung von v an sein unteres Bandende stößt. Nimmt v daraufhin weiter ab, bedingt die Verteidigung des unteren Endes der Zielzone, daß die Zentralbank ihren Reservebestand durch Devisenmarktinterventionen aufstockt und m über die damit verbundenen Geldmengeneffekte steigt. Unter diesen Umständen nimmt m interventionsbedingt einen positiven Wert an. Weil der Reservebestand gegenüber der Ausgangssituation gestiegen ist, bleibt die Eintrittswahrscheinlichkeit für eine Leitkurserhöhung unverändert Null. Steigt v dagegen an und bewegt sich der Wechselkurs daraufhin in Richtung seines oberen Bandendes, nimmt im Modellzusammenhang die Wahrscheinlichkeit für eine Leitkurserhöhung stetig zu, was sich mit den empirischen Beobachtungen von Chen und Giovannini (1993) deckt.

Wir nehmen an, daß die Zentralbank die Erhöhung der Zentralparität dazu nutzt, um den Reservebestand über einen nicht-sterilisierten Devisenkauf auf den Anfangsbestand aufzustocken. Dies impliziert, daß m im Moment der Leitkurserhöhung von einem negativen Wert auf den Ausgangswert $m = 0$ springt. Hierbei wird unterstellt, daß die Wachstumsrate der Geldmenge mit der Rate der Zentralparitätsanpassung übereinstimmt und die Wechselkursbandbreiten im Zeitverlauf konstant sind. Dies impliziert, daß die Position des Wechselkurses im Band nach einem Realignment unverändert bleibt. Unter diesen Umständen ist der für den Fall einer Leitkurserhöhung erwartete Wechselkurssprung durch

$$g = -m \qquad (5.58)$$

gegeben, wobei $m(t)$ annahmegemäß gleich Null oder negativ ist. Weil m nach einem Realignment auf den Ausgangswert $m = 0$ springt, nimmt die erwartete Realignmentrate im Modellzusammenhang nach einer Leitkursanpassung ab. Dieser Zusammenhang steht ebenfalls in Einklang mit den Ergebnissen der empirischen Studie von Chen und Giovannini (1993).

Werden die Gleichungen (5.58) und (5.57) in die Gleichung (5.55) eingesetzt, resultiert:

$$h = m + v - c + \alpha \cdot b \cdot (v - h^u) \cdot (-m). \qquad (5.59)$$

Wird die voranstehende Bestimmungsgleichung für die neue zusammengefaßte Fundamentalgröße h in die Lösungsfunktion (5.52) eingesetzt und anschließend die Zentralparität c auf die beiden Seiten der Gleichung hinzu addiert, erhält man die Modellösung für den Zielzonenwechselkurs in Abhängigkeit von der vereinbarten Zentralparität c, den Fundamentaldaten m und v und dem bedingten Erwartungswert des für den Fall einer Leitkurserhöhung erwarteten Wechselkurssprungs ωg.

Die Abbildung 5.15 zeigt den Zielzonenwechselkurs in Abhängigkeit von der zusammengefaßten Fundamentalgröße $f = m+v$, für gegebene alternative Werte von m und einen als konstant angenommenen Leitkurs $c = 0$. Die illustrierten Wechselkursfunktionen $s\,(f)$ weisen an den Enden des Währungsbandes wieder eine Steigung von Null auf ("smooth pasting"-Bedingung), weil die Position des Wechselkurses im Band nach einem Realignment annahmegemäß unverändert bleibt und die Bandbreiten $s^o(h^o)$ und $s^u(h^u)$, innerhalb derer der Wechselkurs um die vereinbarte Zentralparität schwanken kann, auch im Falle eines Realignments mit Sicherheit verteidigt werden. Im Fall m=0, der durch die fett gedruckte Kurve repräsentiert wird, stimmt der Zusammenhang zwischen dem Zielzonenwechselkurs und der zusammengefaßten Fundamentalgröße f mit der Krugman'schen Lösungsfunktion überein, weil hier der bedingte Erwartungswert des realignmentinduzierten Wechselkurssprungs gleich Null ist.

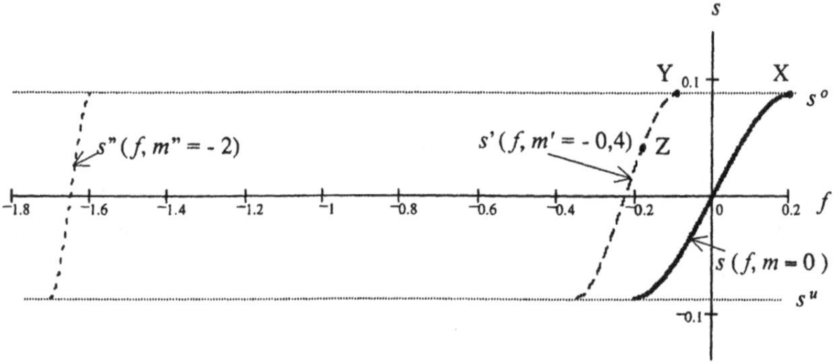

Abb. 5.15: Zielzonenwechselkurs und Fundamentalvariablen bei reserveabhängigen Realignmentrisiken

Parameterwerte: $\alpha = 3$; $\sigma = 0{,}1$; $b = 0{,}5$; $\lambda_1 = 8{,}165$; $\lambda_2 = -8{,}165$; $h^o = 0{,}2$; $h^u = -0{,}2$.

Es sei nun angenommen, daß sich v ausgehend von Punkt X in der Abbildung 5.15 um $\Delta v = 0{,}1$ erhöht und das obere Ende der Zielzone durch nicht-sterilisierte Devisenmarktinterventionen verteidigt wird. Unter diesen Umständen nimmt der Reservebestand der inländischen Zentralbank ab, woraufhin m negativ wird. Die Verminderung des Reservebestands läßt im Modellzusammenhang den bedingten Erwartungswert des realignmentinduzierten Wechselkurssprungs ωg aus zwei Gründen steigen. Erstens nimmt die Realignmentwahrscheinlichkeit ω zu, weil die Wahrscheinlichkeit gestiegen ist, daß der Reservebestand in der nahen Zukunft auf sein kritisches Niveau fällt. Zweitens nimmt der für den Fall einer Leitkurserhöhung erwartete Wechselkurssprung g zu, da annahmegemäß die Zentralbank bei einem Realignment den Reservebestand über einen nicht-sterilisierten Devisenkauf auf den Anfangsbestand aufstockt. Weil ωg interventionsbedingt von Null auf einen positiven Wert steigt, setzt die Verteidigung der oberen Wechselkursbandbreite voraus, daß m überproportional zu dem Anstieg von v sinkt. In der Abbildung 5.15 verschiebt sich daher die obere Grenze für die zusammengefaßte Fundamentalgröße $m+v$ nach links. Hierbei beträgt das Ausmaß der Horizontalverschiebung $\alpha\omega g$.

Nimmt v im Anschluß an die oben beschriebenen Interventionen am oberen Ende des Währungsbandes ab, bewegt sich der Wechselkurs wieder ins Band zurück, so daß m konstant bleibt. Dies zeigt sich in der Abbildung 5.15 in einer Wechselkursbewegung entlang der Kurve $s'(f, m'=0{,}4)$ von Punkt Y zu Punkt Z. Aus der Abbildung ist ersichtlich, daß sich durch die Zentralbankinterventionen nicht nur die Lage sondern auch die Gestalt der Zielzonenwechselkursfunktion geändert hat. Das geänderte Krümmungsverhalten ist darauf zurückzuführen, daß sich die Realignmentwahrscheinlichkeit im Modellzusammenhang proportional zu der Differenz zwischen der Realisation von v und dem unteren Interventionspunkt h'' verhält. So nehmen die Realignmentwahrscheinlichkeit (ω) und damit der bedingte Erwartungswert des Wechselkurssprungs im Fall eines Realignments (ωg) ab, wenn v sinkt und sich demzufolge an den unteren Interventionspunkt h'' annähert. Hierüber nimmt die erwartete Wechselkursänderungsrate ab, woraufhin die fundamentalbedingte Wechselkursreduktion verstärkt wird. Weil die Wahrscheinlichkeit für eine Leitkurserhöhung ω bei einer Wechselkursbewegung zum unteren Ende des Währungsbandes sinkt, fällt das Ausmaß, um das sich die untere Grenze der Fundamentalgröße f durch die Interventionen am oberen Ende nach links verlagert geringer aus, als die Linksverschiebung der oberen Fundamentalgrenze. Das Schwankungsintervall für den Fundamentalterm f wird demnach kürzer und die Häufigkeit der Zentralbankinterventionen nimmt demzufolge zu, wenn der Reservebestand der Zentralbank durch Interventionen am oberen Bandende schrumpft.

Die beschriebene Anpassung setzt sich fort, wenn v ausgehend von Punkt Y in der Abbildung 5.15 um $\Delta v = 0{,}1$ steigt und ein Ausscheren des Wechselkurses aus der Zielzone durch nichtsterilisierte Devisenmarktinterventionen verhindert wird. Aus der Abbildung ist ersichtlich, daß die Funktion $s(f, m = -2)$ im Bandinneren steiler verläuft als die 45°-Linie, die im Modellzusammenhang die funktionale Beziehung zwischen dem freien Wechselkurs und den Fundamentaldaten $m+v$ beschreibt. Dies impliziert, daß der "honeymoon"-Effekt der angekündigten marginalen Interventionen im Bandinneren durch den "divorce"-Effekt der drohenden Leitkursanpassungen überkompensiert wird, so daß sich die Errichtung der Zielzone auf das Verhalten des Wechselkurses im Band destabilisierend auswirkt.

Es ist zu berücksichtigen, daß sich der bedingte Erwartungswert des realignmentinduzierten Wechselkurssprungs aus dem Produkt zwischen der Realignmentwahrscheinlichkeit ω und dem erwarteten Wechselkurssprung g ergibt und beide Größen ansteigen, wenn der Reservebestand der Zentralbank über Devisenmarktinterventionen am oberen Bandende sinkt. Dies ist der Grund dafür, daß in der Abbildung 5.15 die Erhöhung von v um $\Delta v = 0{,}1$ in Punkt Y eine wesentlich stärkere Linksverschiebung der Fundamentalgrenze auslöst als in Punkt X. Als Zwischenergebnis bleibt daher festzuhalten, daß sowohl die Häufigkeit der marginalen Interventionen als auch der Umfang der zur Verteidigung der oberen Bandbreite erforderlichen Devisenmarktinterventionen steigt, wenn der Reservebestand der Zentralbank schrumpft.

Im Modellzusammenhang werden die marginalen Zentralbankinterventionen spätestens dann unglaubwürdig, wenn bei einem Anstieg von v am oberen Ende des Währungsbandes die Devisenmarktinterventionen einen derart starken Abbau der Währungsreserven induzieren würden, daß der Wechselkurseinfluß der Realignmenterwartungen $\alpha\omega g$ stärker zunehmen würde als v. Unter diesen Umständen setzt eine Verteidigung der oberen Wechselkursbandbreite voraus, daß der Reservebestand der Zentralbank aufgestockt wird. Ist die Aufnahme von Devisenkrediten ausgeschlossen oder sind die Kreditfazilitäten erschöpft, ist eine Aufstockung der Währungsreserven nur durch einen Devisenkauf möglich. In diesem Fall wird die angekündigte Verteidigung der oberen Wechselkursbandbreite über einen Verkauf von Währungsreserven aber perfekt unglaubwürdig, so daß eine spekulative Attacke einsetzt. Hierdurch wird der begrenzte Reservebestand vollständig aufgebraucht, so daß entweder der Leitkurs heraufgesetzt werden muß oder das Zielzonenregime zusammenbricht.

Die vorangegangene Analyse hat gezeigt, daß zwischen der Wechselkursposition im Band und der zusammengefaßten Fundamentalgröße $m+v$ im Modellzusammenhang nur noch für einen gegebenen Wert von m ein deterministischer Zusammenhang vorliegt. Gleichzeitig resultiert aus der Gleichung (5.56) in Zusammenhang mit der Gleichung (5.59), daß zwischen der internationalen Zinsdifferenz δ und der Fundamentalgröße $f = m+v$ ebenfalls nur noch dann eine funktionale Abhängigkeit besteht, wenn m konstant ist. Für einen gegebenen Wert von m ergibt sich demzufolge eine deterministische Beziehung $\delta(s^*)$ zwischen der internationalen Zinsdifferenz und der Wechselkursposition im Band, die in der Abbildung 5.16 für alternative Werte von m graphisch dargestellt ist.

Für den Fall $m = 0$, der wieder durch die fett gedruckte Kurve dargestellt wird, ist der bedingte Erwartungswert des realignmentinduzierten Wechselkurssprungs ωg gleich Null. Die fett gedruckte Kurve repräsentiert den funktionalen Zusammenhang zwischen der internationalen Zinsdifferenz und der Wechselkursposition im Band im Krugman'schen Grundmodell einer perfekt glaubwürdigen Zielzone. Weil ωg gleich Null ist, wird die internationale Zinsdifferenz allein durch die erwartete Wechselkursänderungsrate im Band bestimmt, woraufhin sich zwischen der internationalen Zinsdifferenz und der Wechselkursposition im Band ein negativ-deterministischer Zusammenhang einstellt.

Nimmt m dagegen im Modellzusammenhang über die Devisenmarktinterventionen am oberen Bandende einen negativen Wert an, wird der bedingte Erwartungswert des realignmentbedingten Wechselkurssprungs ωg positiv. Hierbei ist entscheidend, daß die Realignmentwahrscheinlichkeit ω für einen gegebenen Wert von m zunimmt, wenn sich der Wechselkurs seinem oberen Bandende annähert. Weil sich die erwartete Wechselkursänderungsrate im Band $E[ds^*|I]/dt$ und ωg bei einer Positionsverschiebung des Wechselkurses im Band mit umgekehrten Vorzeichen anpassen, ist der Verlauf der Funktion $\delta(s^*, m)$ in unserer Modellvariante von der relativen Stärke dieser beiden Effekte abhängig.

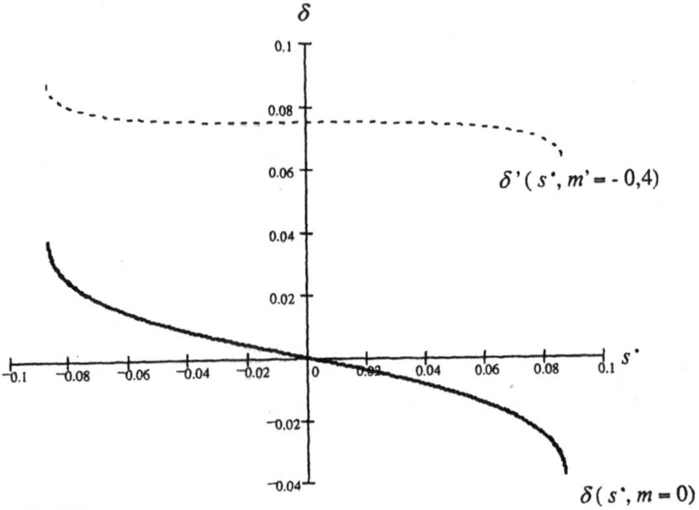

Abb. 5.16a

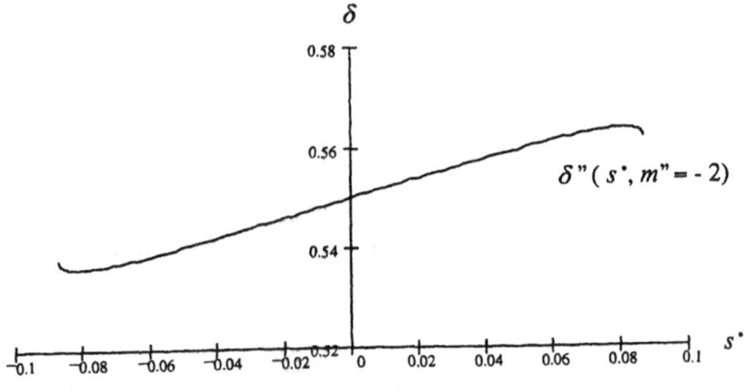

Abb. 5.16b

Abb. 5.16: Internationale Zinsdifferenz und Wechselkursposition im Band bei reserveabhängigen Realignmentrisiken

Parameterwerte: $\alpha = 3$; $\sigma = 0{,}1$; $b = 0{,}5$; $\lambda_1 = 8{,}165$; $\lambda_2 = -8{,}165$; $h^o = 0{,}2$; $h^u = -0{,}2$.

Im Fall m=-0,4 gleichen sich die wechselkurspositionsabhängigen Veränderungen der erwarteten Wechselkursänderungsrate im Band $E[ds^*|I]/dt$ und dem bedingten Erwartungswert der Realignmentrate ωg über weite Teile der möglichen Wechselkurspositionen aus. Unter diesen Umständen besteht zwischen der internationalen Zinsdifferenz und der Wechselkursposition im Band über einen weiten Bereich hinweg kein Zusammenhang, was sich in der Abbildung 5.16a in dem horizontalen Verlauf der Funktion $\delta(s^*, m' = -0{,}4)$ zeigt. Im Fall $m = -2$ stellt sich dagegen über einen weiten Bereich der möglichen Wechselkurspositionen hinweg ein positiver Zusammenhang ein, weil hier der Einfluß von ωg über den Einfluß von $E[ds^*|I]/dt$ dominiert (Abbildung 5.16b). Unabhängig von den zugrundegelegten Werten von m stellt sich in der Nähe der Interventionspunkte aber wieder ein negativer Zusammenhang ein, weil der Wechselkurs an den Interventionspunkten vollkommen insensitiv auf eine Veränderung der Fundamentalgröße $m+v$ reagiert ("smooth pasting"-Bedingung). Dies impliziert, daß in der Nähe der Interventionspunkte eine Anstieg von $m+v$ durch eine Reduktion der erwarteten Wechselkursänderungsrate aufgefangen wird, woraufhin die internationale Zinsdifferenz über die angenommene Gültigkeit der ungedeckten Zinsparität sinkt.

Kapitel 6

Zusammenfassung und wirtschaftspolitische Implikationen

In den vorangegangenen Kapiteln wurde der Einfluß dargestellt, den die Errichtung einer Wechselkurszielzone auf die Wechselkursdynamik im Band und auf den Spielraum für eine eigenständige Geldpolitik ausübt. Daneben wurden die Umstände herausgearbeitet, unter denen ein Wechselkurszielzonensystem für eine kleine und offene Volkswirtschaft geeignet ist, um die Preisniveaustabilität des Ankerwährungslandes zu importieren und im Zeitverlauf zu sichern. Ausgehend von der Analyse des Krugman'schen Grundmodells einer perfekt glaubwürdigen Zielzone, wurde der Ansatz im weiteren Verlauf der Arbeit um realistischere Modellannahmen verfeinert. Die Erweiterungen setzten zum einen an dem von Krugman gewählten Modellrahmen der monetären Wechselkurstheorie bei perfekt flexiblen Preisen an, der sich insbesondere im Hinblick auf die angenommene Gültigkeit der ungedeckten Zinsparität und der Kaufkraftparität empirisch nicht bestätigen läßt. Zum anderen wurde die Annahme der perfekten Glaubwürdigkeit der marginalen Zentralbankinterventionen aufgegeben. Hierbei wurde die unvollkommene Glaubwürdigkeit darauf zurückgeführt, daß in existierenden Zielzonensystemen mitunter ein Regimewechsel zu flexiblen Wechselkursen zu beobachten ist und häufig eine Neufestsetzung der Leitkurse erfolgt.

In Kapitel 2 wurden die Grundlagen für die Analyse eines Wechselkurszielzonensystems gelegt. Wie gezeigt wurde, läßt sich eine außenwirtschaftliche Ausrichtung der Geldpolitik und der damit verbundene Autonomieverlust nur dann rechtfertigen, wenn die Wirksamkeit einer binnenwirtschaftlich orientierten Geldpolitik begrenzt ist und sich die Preisstabilität des Ankerwährungslandes durch eine Wechselkursbindung importieren läßt. Dies setzt erstens voraus, daß es sich bei der betrachteten Volkswirtschaft um eine kleine offene Volkswirtschaft handelt und die Handelsverflechtung mit dem Ankerland sehr hoch ist. Zweitens muß gewährleistet sein, daß die Preisstabilität des Ankerlandes durch eine autonome Geldpolitik gesichert ist. Die Interventionsverpflichtung muß daher in letzter Konsequenz bei dem sich bindenden Land liegen. Das Krugman'sche Zielzonenmodell wird diesen Anforderungen gerecht und bildete daher den theoretischen Ausgangspunkt der Arbeit.

Bei der Analyse des Krugman'schen Zielzonenmodells wurde in Kapitel 2 gezeigt, daß der Wechselkurs bei rationalen Erwartungen nicht nur durch die marginalen Interventionen selbst, sondern bereits durch ihre glaubwürdige Ankündigung stabilisiert wird. So läßt im Modellzusammenhang die glaubwürdige Ankündigung der marginalen Interventionen in der Nähe der Interventionspunkte die Erwartung entstehen, daß sich der Wechselkurs über die Geldmengeneffekte der Devisenmarktinterventionen in der nahen Zukunft zur Bandmitte bewegt. Hierdurch wird die Wechselkursreaktion auf eine Veränderung der Fundamentaldaten bereits im Bandinneren gedämpft ("honeymoon"-Effekt). Hierbei war für die weitere Analyse entscheidend, daß eine Wechselkursbewegung zu einem der beiden Enden des Währungsbandes die Wahrscheinlichkeit steigen läßt, daß die Zentralbank das nun näher gerückte Bandende in der *nahen* Zukunft durch eine Anpassung der Geldmenge verteidigen wird. Weil bei rationalen Erwartungen der gesamte erwartete Entwicklungspfad der Fundamentaldaten in die erwartete Wechselkursänderungsrate eingeht und hierbei die Fundamentaldaten auf die Gegenwart abdiskontiert werden, nehmen im Modellzusammenhang die erwartete Wechselkursbewegung zur Bandmitte und damit auch der "honeymoon"-Effekt immer stärker zu, wenn sich der Wechselkurs aus seinem Bandinneren bewegt. Hieraus resultiert erstens, daß zwischen dem Zielzonenwechselkurs und den Fundamentaldaten eine S-förmige funktionale Beziehung besteht. Zweitens ergibt sich über die angenommene Gültigkeit der ungedeckten Zinsparität ein nicht-linearer und negativdeterministischer Zusammenhang zwischen der internationalen Zinsdifferenz und der Wechselkursposition im Band.

Vor dem Hintergrund, daß sich die Gültigkeit der ungedeckten Zinsparität bei freien Wechselkursen nicht bestätigen läßt und im Rahmen des WKM II ein nicht unerhebliches Maß an Wechselkursunsicherheit bestehen bleibt, wurde in Kapitel 3 das Krugman'sche Zielzonenmodell um Risikoüberlegungen der Devisenmarktteilnehmer erweitert. Wie gezeigt wurde, fordern risikoaverse Kapitalanleger eine Risikoprämie auf inländische Vermögenstitel, wenn durch die zugelassene Wechselkursflexibilität die Volatilität der Inflationsrate im Inland höher ausfällt als im Ausland. Hierbei erwies sich die Risikoprämie als abhängig von der Wechselkursposition im Band, was wiederum Rückwirkungen auf die Wechselkursdynamik im Band hatte. Aus dem modifizierten Zusammenhang zwischen dem Zielzonenwechselkurs und den Fundamentaldaten resultierte erstens, daß sich der Wechselkurs der Fremdwährung in einem Zielzonensystem hauptsächlich am oberen Bandende aufhält. Zweitens konnte gezeigt werden, daß sterilisierte Devisenmarktinterventionen wirksam sein können. Dies war dann der Fall, wenn über die sterilisierten Devisenmarktinterventionen das Signal ausging, daß sich durch die sterilisationsbedingte Veränderung der Portfoliozusammensetzung das Verhalten der Risikoprämie und hierüber die Wechselkursdynamik im Band ändern. Aus der Analyse wurde aber deutlich, daß sich ein Zielzonensystem nicht auf Dauer über sterilisierte Devisenmarktinterventionen verteidigen läßt. Die Grenzen der Sterilisierungsstrategie ergaben sich daraus, daß die Portfoliostruktur im privaten Sektor nur über umfangreiche Offenmarktgeschäfte der Zentralbank verändert werden kann und die Währungsreserven der Zentralbank daher schnell erschöpft sind.

Der in Kapitel 2 beschriebene Zusammenhang zwischen der internationalen Zinsdifferenz und der Wechselkursposition im Band impliziert, daß die Zentralbank in einem Zielzonenregime über einen begrenzten Freiraum für eine binnenwirtschaftlich orientierte Zinspolitik verfügt. Dieser zinspolitische Spielraum bezieht sich aber im Modellzusammenhang auf die kurzfristigen Zinsen. Unter der Annahme, daß nicht die kurzfristigen Nominalzinsen sondern die erwarteten Realzinsen der längerfristigen Vermögensanlagen ein Maß sind für die Opportunitätskosten einer Sachinvestition, hat die Zinspolitik der Zentralbank nur mittelbar über die Inflationserwartungen Einfluß auf den Wachstumspfad der Volkswirtschaft. Eine unsichere Entwicklung der Inflationsrate läßt zum einen das Risiko von Sachinvestitionen steigen, woraufhin die Investitionsbereitschaft möglicherweise sinkt und das Wirtschaftswachstum gehemmt wird. Zum anderen wurde in Kapitel 3 gezeigt, daß eine hohe Variabilität des Preisniveaus bei Risikoaversion der Wirtschaftssubjekte die Gefahr birgt, daß sich der Zielzonenwechselkurs hauptsächlich am oberen Ende des Währungsbandes aufhält. Unter diesen Umständen werden die Währungsreserven des Schwachwährungslandes durch die marginalen Zentralbankinterventionen im Zeitverlauf abgebaut, so daß die Aufrechterhaltung der Zielzone nicht gesichert ist. Im Sinne einer Förderung der Investitionsbereitschaft und zur Sicherung der Glaubwürdigkeit der angekündigten marginalen Interventionen sollte der zinspolitische Spielraum in einem Zielzonensystem daher eingesetzt werden, um die Inflationserwartungen über eine Reduktion der verbleibenden Preisvolatilität zu stabilisieren.

Da empirisch langanhaltende Schwankungen der realen Wechselkurse zu beobachten sind, wurde in Kapitel 4 dem Krugman'schen Zielzonenansatz ein Modellrahmen zugrundegelegt, in dem die Bedingungen im realen Sektor als Bestimmungsgründe für den realen Wechselkurs integriert werden. Die Analyse der Auswirkungen von exogenen Störungen, die sich in den vorangegangenen Kapiteln auf monetäre Schocks beschränkt hatte, konnte mit Hilfe des gewählten Modellrahmens um nachfrageseitige und angebotsseitige Störungen im realen Sektor erweitert werden. Wie gezeigt wurde sind vollkommen feste Wechselkurse zur Stabilisierung des Preisniveaus in einer kleinen und offenen Volkswirtschaft zu empfehlen, wenn die Instabilität des Preisniveaus auf monetäre Störungen zurückzuführen ist und die Preisstabilität des Ankerwährungslandes gesichert ist. Treten Störungen im realen Sektor auf, kann dagegen eine zugelassene Anpassung des Wechselkurses dem Ziel der Preisniveausstabilität dienlich sein. Hierbei zeigte sich, daß mit Blick auf die angestrebte Preisniveaustabilität ein Zielzonensystem den beiden Randlösungen vollkommen feste Wechselkurse und perfekt flexible Wechselkurse überlegen sein kann, wenn Störungen sowohl im monetären Sektor als auch im realen Sektor auftreten.

Die Überlegenheit des Zielzonensystems war darauf zurückzuführen, daß im Modellzusammenhang bei festen und bei flexiblen Wechselkursen der Geldmarktzins der kleinen Volkswirtschaft an den Auslandszins gebunden war. Demgegenüber ließ die glaubwürdige Ankündigung der marginalen Zentralbankinterventionen die Erwartung einer Wechselkursbewegung zur Bandmitte entstehen, die mittelbar über eine Anpassung des Geldmarktzinses zu einer Stabilisierung des Preisniveaus betrug. Im Ergebnis kann ein Zielzonensystem für kleine und offene Volkswirtschaften, wie etwa die mittel- und osteuropäischen Beitrittskandidaten der EU, eine geeignete Zwischenlösung sein, um die Vorteile von festen und flexiblen Wechselkursen zu vereinen und um sich einen zinspolitischen Freiraum zur Inflationsbekämpfung zu verschaffen. Dies setzt aber voraus, daß Währungskrisen durch eine Förderung der Konvergenz verhindert werden.

Im fünften und letzten Kapitel wurde untersucht, ob und wie sich die Ergebnisse des Krugman'schen Zielzonenmodells ändern, wenn die unrealistische Annahme der vollkommenen Glaubwürdigkeit der marginalen Zentralbankinterventionen aufgegeben wird. Wie gezeigt wurde, kann ein anhaltender Verlust an Währungsreserven eine spekulative Attacke auslösen, die das Fortbestehen des Zielzonensystems gefährdet. Durch den Einbezug von Realignmentrisiken konnte gezeigt werden, daß die unbefriedigende empirische Performance des Krugman'schen

Zielzonenmodells vermutlich im wesentlichen auf die Modellannahme zurückzuführen ist, daß die Verteidigung der Wechselkurszielzone perfekt glaubwürdig ist.

Die Analyse im letzten Kapitel kam zu dem Schluß, daß sich die wechselkursstabilisierende Wirkung der angekündigten marginalen Interventionen und der daraus resultierende zinspolitische Spielraum der Zentralbank nur dann einstellt, wenn der Reservebestand der Zentralbank im Zielzonensystem höher ist als bei festen Wechselkursen. Dieses Ergebnis war darauf zurückzuführen, daß sich die Wechselkursänderungserwartungen bei einem Übergang von einem Zielzonensystem zu flexiblen Wechselkursen sprungartig anpassen. Die Funktionsfähigkeit eines Zielzonensystems setzt demzufolge voraus, daß die Zentralbank des Schwachwährungslandes über einen hohen Bestand an Währungsreserven verfügt und ein Abbau des Reservebestands durch frühzeitige wirtschaftspolitische Maßnahmen verhindert wird. So kann die Gefahr einer spekulativen Attacke durch eine stabilitätsorientierte Fiskal- und Geldpolitik gemindert werden. Außerdem kann eine zeitweilige Erweiterung der Bandbreiten ratsam sein, um spekulative Attacken zu brechen. Schließlich kann eine regelgebundene Anpassung der Leitkurse sinnvoll sein, wenn fundamentale Divergenzen zwischen den Mitgliedsländern nicht ad hoc abgebaut werden und daher die Gefahr besteht, daß die Verteidigung des Leitkurses Misalignments entstehen läßt oder wenn über den internationalen Preiszusammenhang eine internationale Inflationsübertragung droht.

Literaturverzeichnis

Adler, M.; Dumas, B. (1979), Portfoliochoice and the Demand for Forward Exchange, American Economic Review, Vol. 66, S. 332-339

Agenor, P. R.; Flood, R. P. (1994), „Macroeconomic Policy, Speculative Attacks, and Balance of Payments Crises", in: F. van der Ploeg (Hrsg.), The Handbook of International Macroeconomics, Blackwell, Oxford, S. 224-250.

Aliber, R. Z. (1973), The Interest Rate Parity Theorem: A Reinterpretation, Journal of Political Economy, Vol. 81, S. 1451-1459.

Almekinders, G. J. (1994), „Theories on the Scope for Foreign Exchange Market Intervention", Kredit und Kapital, Vol. 27, No. 3, S. 363-395.

Argy, V.; Salop, J. (1979), „Price and Output Effects of Monetary and Fiscal Policy under Flexible Exchange Rates", IMF Staff Papers, Vol. 26, International Monetary Fund, Washington.

Argy, V.; Salop, J. (1980), „Price and Output Effects of Monetary and Fiscal Expansion in a Two-Country World under Flexible Exchange Rates", Working Paper No 8009, Macquarie University: Centre for Studies in Money, Banking and Finance.

Artis, M. J.; Taylor, M. P. (1993), „DEER Hunting: Misaligments, Debt Accumulation and Desired Equilibrium Exchange Rates", IMF Working Paper, WP/93/48, International Monetary Fund, Washington.

Artus, J. R.; Young, J. H. (1979), „Fixed and Flexible Exchange Rates: A Renewal of the Debate", NBER Working Paper No. 367.

Backus, D. (1984), „Empirical Models of Exchange Rate: Separating the Wheat from the Chaff", Canadian Journal of Economics, Vol. 17, II, S. 824-846.

Barsky, R.; Kilian, L. (2000), „A Monetary Explanation of the Great Stagflation of the 1970s", CEPR Discussion Paper No. 2389.

Bartolini, L.; Bodnar, G. M. (1992), „Target Zones and Forward Rates in a Model with Repeated Realignments", IMF Working Paper, WP/92/22, International Monetary Fund, Washington.

Bartolini, L.; Giorgianni, L. (1999) „Excess Volatility and the Asset-Pricing Exchange Rate Model with Unobservable Fundamentals", IMF Working Paper, WP/99/71, International Monetary Fund, Washington.

Bartolini, L.; Prati, A. (1999), „Soft Exchange Rate Bands and Speculative Attacks: Theory, and Evidence from the ERM since August 1993", Journal of International Economics 49, S. 1-29.

Bayoumi, T.; Clark, P.; Symansky, S.; Taylor, M. (1994), „Robustness of Equilibrium Exchange Rate Calculations to Alternative Assumptions and Methodologies", IMF Working Paper, WP/94/17, International Monetary Fund, Washington.

Beetsma, R. M. W. J.; van der Ploeg, F. (1994a), „Intramarginal Interventions, Bands and the Pattern of EMS Exchange Rate Distributions", International Economic Review, Vol. 35, No. 3, S. 583-602.

Beetsma, R. M. W. J.; van der Ploeg, F. (1994b),"Macroeconomic Stabilisation and Intervention Policy under an Exchange Rate Band", Seminar Paper No. 562, Institute for International Economic Studies, Stockholm.

Beichelt, F. (1997), „Stochastische Prozesse für Ingenieure", Teubner, Stuttgart.

Bergsten, C. F. (1986), „Stabilizing the International Monetary System: The Case for Target Zones", in: Makin, J. H. (Hrsg.), Exchange Rate Targets: Desirable or Disastrous?, American Enterprise Institute for Public Policy Research, Washington, D. C, S. 1-9.

Bergsten, C. F.; Davanne, O.; Jacquet, P. (1999), „The Case for Joint Management of Exchange Rate Flexibility", Working Paper 99-9, Institute for International Economics, verfügbar unter: http://www.iie.com/CATALOG/WP/1999/99-9.htr.

Bertola, G. (1994), „Continuous-time Models of Exchange Rates and Intervention", in: F. van der Ploeg (Hrsg), The Handbook of International Macroeconomics, Blackwell, Oxford und Cambridge, S. 251-298.

Bertola, G.; Caballero, R. J. (1992a), „Target Zones and Realignments", The American Economic Review, Vol. 82, No. 3, S. 520-536.

Bertola, G.; Caballero, R. J. (1992b), „Sustainable Intervention Policies and Exchange Rate Dynamics", in: P. R. Krugman und M. H. Miller (Hrsg.), Exchange Rate Targets and Currency Bands, Cambridge University Press, Cambridge, S. 186-205.

Bertola, G.; Svensson, L. E. O. (1993), „Stochastic Devaluation Risk and the Empirical Fit of Target-Zone Models, Review of Economic Studies, Vol. 60, S. 689-712.

Bilson, J. F. O. (1978), „The Monetary Approach to the Exchange Rate: Some Empirical Evidence", IMF Staff Papers, Vol. 25, International Monetary Fund, Washington, S. 48-75.

Bilson, J. F. O. (1979), „Recent Developments in Monetary Models of Exchange Rate Determination", IMF Staff Papers, Vol. 26, International Monetary Fund, Washington, S. 201-223.

Black, S. W. (1985), „The Effect of Alternative Intervention Policies on the Variability of Exchange Rates: The Harrod Effect", in: J. S. Bhandari (Hrsg.), Exchange Rate Management Under Uncertainty, MIT Press, Cambridge MA, S. 73-82.

Blackburn, K. (1988), „ Collapsing Exchange Rate Regimes and Exchange Rate Dynamics: Some Further Examples, „ Journal of International Money and Finance 7, S. 373-385.

Branson, W. H. (1977), „Asset Markets and Relative Prices in Exchange Rate Determination", Sozialwissenschaftliche Annalen des Instituts für Höhere Studien, Vol. 1, S. 69-89.

Brüstle, A.; Milton, A. R. (1998), „Wechselkurse und Außenhandel in vier Transformationsländern", RWI-Mitteilungen, Jg. 49, (Jan./Juni) 1998, S. 103-119.

Calvo, G. A.; Kumar, M. S. (1993), „Financial Reforms and Exchange Rate Arrangements in Eastern Europe, Part I: Financial Markets and Intermediation", IMF Occasional Paper No. 102, International Monetary Fund, Washington.

Chen, Z.; Giovannini, A. (1992), „Target Zones and the Distribution of Exchange Rates: An Estimation Method", Economic Letters 40, S. 83-89.

Chinn, M. (1991), „Some Linear and Nonlinear Thoughts on Exchange Rates, Journal of International Money and Finance, Vol. 10, S. 124-230.

Claassen, E. M. (1996), „Monetäre Außenwirtschaftslehre : Industrieländer, Währungsunionen und die Dritte Welt", Vahlen, München.

Clark, P. B. (1997), „Concepts of Equilibrium Exchange Rates", in: J. L. Stein (Hrsg.), The Globalization of Markets, Capital Flows, Exchange Rates and Trade Regions, Heidelberg, S. 49-56.

Clark, P.; Bartolini, L.; Bayoumi, T.; Symansky, S. (1994), „Exchange Rates and Economic Fundamentals: A Framework for Analysis", IMF Occasional Paper No. 115, International Monetary Fund, Washington.

Clark, P.B.; MacDonald, R. (1998), „Exchange Rates and Economic Fundamenals: A Methodological Comparison of BEERs and FEERs", IMF Working Paper, WP/98/67, International Monetary Fund, Washington.

Coorey, S.; Mecagni, M. und Offerdal, E. (1997), „Designing Disinflation Programs in Transition Economies: The Implications of Relative Price Adjustment“, IMF Paper on Policy Analysis and Assessment, PPAA/97/1, International Monetary Fund, Washington.

Cottarelli, C.; Doyle, P. (1999), „Disinflation in Transition, 1993-97", IMF Occasional Paper No. 179, International Monetary Fund, Washington.

Coure, B.; Pisani-Ferry, J. (1999), „The Case against Benign Neglect of Exchange Rate Stability: A Framework for International Cooperation in Stabilizing Exchange Rates“, Finance & Development, Vol. 36, No. 3, S. 5-8.

Delgado, F.; Dumas, B. (1992), „Target Zones, Broad and Narrow“, in: P. R. Krugman und M. Miller (Hrsg.), Exchange Rate Targets and Currency Bands, Cambridge University Press, Cambridge, S. 35-56.

Delgado, F.; Dumas, B. (1993), „Monetary Contracting between Central Banks and the Design of Sustainable Exchange-Rate Zones“, Journal of International Economics 34, S. 201-224.

Deutsche Bundesbank, „Devisenkursstatistik“, Statistisches Beiheft zum Monatsbericht 5, verschiedene Jahrgänge, Frankfurt am Main.

Deutsche Bundesbank (1996), „Finanzmarktvolatilität und ihre Auswirkungen auf die Geldpolitik“, Monatsbericht der Deutschen Bundesbank, Jg. 48, Nr. 4, Frankfurt am Main.

Deutsche Bundesbank (1998), „Finanzmarktpreise als geldpolitische Indikatoren“, Monatsbericht der Deutschen Bundesbank, Jg. 50, Nr. 7, Frankfurt am Main.

Deutsche Bundesbank (1999), „Zur Bedeutung von Fundamentalfaktoren für die Entstehung von Währungskrisen in Entwicklungs- und Schwellenländern“, Monatsbericht der Deutschen Bundesbank, Jg. 51, Nr. 4, Frankfurt am Main.

Diebold, F. X.; Nason, J. A. (1990), „Nonparametric Exchange Rate Prediction?“, Journal of International Economics, Vol. 28, S. 315-332.

Dixit, A. K. (1993), „The Art of Smooth Pasting“, Harwood Academic Publishers, Chur.

Dixit, A. K.; Pindyck, R. S. (1994), „Investment under Uncertainty“, Princeton University Press, Princeton und New Jersey.

Dominguez, K. M.; Kenen, P. B. (1992), „Intramarginal Interventions in the EMS and the Target-Zone Model of Exchange Rate Behavior“, European Economic Review, Vol. 36, S. 1523-1532.

Dooley, M. P.; Isard, P. (1980), Capital Controls, Political Risk, and Derivations from Interest Rate Parity, Journal of Political Economy, Vol. 88, S. 370-384.

Dornbusch, R. (1976), „Expectations and Exchange Rate Dynamics", Journal of Political Economy, Vol. 84, No. 6, S. 1161-1176.

Dornbusch, R. (1983a), „Flexible Exchange Rates and Interdependence", in: A. W. Hooke (Hrsg.), Exchange Rate Regimes and Policy Interdependence, Washington, S. 3-30.

Dornbusch, R. (1983b), „Exchange Rat e Economics: Where Do We Stand?", in: J. S. Bhandari, und B. H. Putnam (Hrsg.), Economic Interdependence and Flexible Exchange Rates, MIT Press, Cambridge, S. 45-83.

Dornbusch, R. (1986), „ Flexible Exchange Rates and Excess Capital Mobility „, Brooking Papers on Economic Activity, Vol. 1, S. 209-226.

Driver, R.; Wren-Lewis, S. (1999), „FEERs: A Sensitivity Analysis", in: R. MacDonald. und J. L. Stein (Hrsg.), Equilibrium Exchange Rates, Kluwer Academic Publishers, Boston u. a., S. 135-162.

Dumas, B.; Svensson, L. E. O. (1994), „How Long Do Unilateral Target Zones Last?", Journal of International Economics, Vol. 36, S. 467-481.

Edwards, S. (1983), „Floating Exchange Rates, Expectations and New Information", Journal of Monetary Economics, Bd. 11, S. 321-336.

Eichengreen, B. (1999), „Kicking The Habit: Moving from Pegged Rates to Greater Exchange Rate Flexibility", The Economic Journal, Vol. 109, S. 1-14.

Fama, E. F.; Farber, A. (1979), „Money, Bonds, and Foreign Exchange", The American Economc Review, Vol. 69, No. 4, S. 639-649.

Flood, R. P.; Garber, P. M. (1984), „Collapsing Exchange Rate Regimes: Some Linear Examples", Journal of International Economics, Vol. 17, S. 1-13.

Flood, R. P.; Garber, P. M. (1991), „The Linkage between Speculative Attack and Target Zone Models of Exchange Rates", Quarterly Journal of Economics, Vol. 106, No. 4, S. 1367-1372.

Flood, R. P.; Garber, P. M. (1992), „The Linkage between Speculative Attack and Target Zone Models of Exchange Rates: Some Extended Results", in: P. R. Krugman und M. H. Miller (Hrsg.), Exchange Rate Targets and Currency Bands, Cambridge University Press, Cambridge, S. 17-28.

Flood, R. P.; Garber, P. M.; Kramer, C. (1995), „Collapsing Exchange Rate Regimes: Another Linear Example", NBER Working Paper No. 5318.

Flood, R. P.; Rose, A. K.; Mathieson, D. J. (1991), „An Empirical Exploration of Exchange Rate Target-Zones“, IMF Working Paper, WP/91/15, International Monetary Fund, Washington.

Frankel, J. A. (1979), The Diversifiability of Exchange Risk, Journal of International Economics 9, S. 379-393.

Frankel, J. A. (1983), „Monetary and Portfolio-Balance Models of Exchange Rate Determination“, in: J. S. Bhandari und B. H. Putnam (Hrsg.), Economic Interdependence and Flexible Exchange Rates, MIT Press, Cambridge, S. 84-115.

Frankel, J. A. (1996), „Exchange-Rate Regimes and Macroeconomic Stability“, AEA Papers and Proceedings, Vol. 86, No. 2, S. 153-158.

Frankel, J.; Phillips, S.; Chinn, M. (1993), „Financial and Currency Integration in the European Monetary System: The Statistical Record“, in: F. Torres und F. Giavazzi (Hrsg.), Adjustment and Growth in the European Monetary Union, Cambridge University Press, Cambridge, S. 270-306.

Frenkel, J. A. (1976), „A Monetary Approach to the Exchange Rate: Doctrinal Aspects and Empirical Evidence“, Scandinavian Journal of Economics, Vol. 78, S. 200-224.

Frenkel, J. A. (1981a), „The Collapse of Purchasing Power Parity during the 1970's“, European Economic Review, Vol. 16, S. 145-165.

Frenkel, J. A. (1981b), „Flexible Exchange Rates, Prices and the Role of „News“: Lessons from the 1970's“, Journal of Political Economy, 89, S. 665-705.

Frenkel, J. A. (1986), „Seeking a Solution through Policy Coordination“, in: Makin, J. H. (Hrsg.), Exchange Rate Targets: Desirable or Disastrous?, American Enterprise Institute for Public Policy Research, Washington, D.C., S. 10-22.

Frenkel, J. A.; Goldstein, M. (1986), „A Guide to Target Zones“, IMF Staff Papers, Vol. 33, International Monetary Fund, Washington, S. 633-673.

Frenkel, J. A.; Mussa, M. (1980), „The Efficiency of Foreign Exchange Markets and Measures of Turbulence, American Economic Review, Papers and Proceedings, Vol. 70, S. 374-381.

Frenkel, J. A.; Mussa, M. (1985), „Asset Markets, Exchange Rates and the Balance of Payments“, in: R. W. Jones und P. B. Kenen (Hrsg.), Handbook of International Economics, Vol. II, North-Holland, Amsterdam, S. 679-747.

Frenkel, M. (1994), „Wechselkursvolatilität und Terminkursverzerrungen: Empirischer Befund und Erklärungsansätze“, Nomos, Baden-Baden.

Frenkel, M.; Nickel, C. (1999), „EWS II: Der neue europäische Wechselkursmechanismus", Wirtschaftswissenschaftliches Studium, Jg. 28, H. 3, S. 141-144.

Friedman, M. (1953), „The Case for Flexible Exchange Rates", in: M. Friedman (Hrsg.), Essays in Positive Economics, University of Chicago Press, Chicago, S. 157-203.

Froot, K. A.; Obstfeld, M. (1991a), „Stochastic Process Switching: Some Simple Solutions", Econometrica, Vol. 59, No.1, S. 241-250.

Froot, K. A.; Obstfeld, M. (1991b), „Exchange-Rate Dynamics under Stochastic Regime Shifts: A Unified Approach", Journal of International Economics, Vol. 31, S. 203-229.

Gaab, W. (1983), „Devisenmärkte und Wechselkurse: Eine theoretische und empirische Analyse", Springer, Berlin.

Garber, P. M.; Svensson, L. E. O. (1995), „The Operation and Collapse of Fixed Exchange Rate Regimes", in: G. Grossman und K. Rogoff (Hrsg.), Handbook of International Economics, Vol. III, North-Holland, Amsterdam, S. 1865-1911.

Grilli, V. U. (1986), „Buying and Selling Attacks on Fixed Exchange Rate Systems", Journal of International Economics, No. 20, S. 143-156.

Harrison, J. M. (1985), „Brownian Motion and Stochastic Flow Systems", John Wiley & Sons, New York.

Hartley, P. (1983), „Rational Expectations and the Foreign Exchange Market", in: J. A. Frenkel (Hrsg.), Exchange Rates and International Macroeconomics, University of Chicago Press, Chicago, S. 153-188.

Hodrick, R. J. (1978), „An empirical Analysis of the Monetary Approach to the Determination of the Exchange Rate", in: J. A. Frenkel und H. G. Johnson, H. G. (Hrsg.), The Economics of Exchange Rates, Massachussett, S. 97-128.

Hull, J. C. (1993), „Options, Futures, and Other Derivative Securities", 2. Auflage, Prentice-Hall, Inc, Englewood Cliffs, New Jersey.

Hurley, M. (1998), „The Scope for Monetary Independence in Exchange Rate Target Zones Broad and Narrow", Economic Letters, Vol. 59, Nr. 1, S. 97-105.

Iannizzotto, M., Taylor, M. P. (1999), „The Target Zone Model, Non-Linearity and Mean Reversion: Is the Honeymoon Really Over?", The Economic Journal, Vol. 108, S. 96-110.

International Monetary Fund (1984a), „The Exchange Rate System: Lessons of the Past and Options for the Future", A Study by the Research Appartement of the International Monetary Fund, Washington, D.C.

International Monetary Fund (1984b), „Issues in the Assessment of the Exchange Rates of Industrial Countries“, Occasional Paper No. 29, Washington.

International Monetary Fund (1997), „Exchange Rate Arrangements and Economic Performance in Developing Countries“, World Economic Outlook, Kapitel 4, Oktober, Washington, S. 78-97.

International Monetary Fund (1998), „Exit Strategies: Policy Options for Countries Seeking Greater Exchange Rate Flexibility“, Occasional Paper No. 168, by a staff team led by Barry Eichengreen and Paul Masson with Hugh Bredenkamp, Barry Johnston, Javier Hamann, Esteban Jadresic und Inci Ötker, Washington.

International Monetary Fund (1999), International Financial Statistics, September, Washington.

International Monetary Fund (2000), „Exchange Rate Regimes in an Increasingly Intergrated World Economy“, unpublished paper, von Mussa, M.; Masson, P.; Swoboda, A.; Jadresic, E.; Mauro, P. und Berg, A., April, verfügbar unter: http:// www.imf.org.

Issing, O. (1992), „Einführung in die Geldpolitik“, 4. überarbeitete Auflage, Vahlen, München.

Jarchow, H. J.; Rühmann, P. (1997), „Monetäre Außenwirtschaft, Band II: Internationale Währungspolitik“, 4. überarbeitete und erweiterte Auflage, Vandenhoeck und Ruprecht, Göttingen.

Johnson, H. G. (1976), „Argumente für flexible Wechselkurse - 1969", in: F. Voigt (Hrsg.), Beiträge zur Geldtheorie und Währungspolitik, Band 80, Duncker & Humblot, Berlin, S. 190-220.

Kempa, B. und Nelles, M. (1998), „On the Viability of Exchange Rate Target Zones in a Mundell-Fleming Model with Stochastic Output Shocks“, Journal of Policy Modeling 20 (5), S. 603-619.

Klein, M. W. (1990), „Playing with the Band: Dynamic Effects of Target Zones in an Open Economy“, International Economic Review, Vol. 31, No. 4, S. 757-772.

Klein, M. W. (1992), „Big Effects of Small Interventions: The Informal Role of Intervention in Exchange Rate Policy“, European Economic Review, Vol. 36, S. 915-924.

Kopits, G. (1999), „Implication for Exchange Rate Policy in Central and Eastern Europe“, IMF Working Paper, WP/99/9, International Monetary Fund, Washington.

Kremski, T. (1997),“Wechselkursverhalten in Bandbreitensystemen“, Gabler, Wiesbaden

Krugman, P. R. (1979), „A Model of Balance-of-Payments Crisis“, Journal of Money, Credit and Banking, Vol.11, No. 3, S. 311-325.

Krugman, P. R. (1987), „Trigger Strategies and Price Dynamics in Equity and Foreign Exchange Markets", NBER Working Paper No. 2459.

Krugman, P. R. (1991), „Target Zones and Exchange Rate Dynamics", The Quarterly Journal of Economics, Vol. CVI, Issue 3, S. 669-682.

Krugman, P. R. (1992), „Exchange Rates in a Currency Band: A Sketch of the New Approach", in: P. R. Krugman und M. H. Miller (Hrsg.), Exchange Rate Targets and Currency Bands, Cambridge University Press, Cambridge, S. 9-14.

Krugman, P. R. (1999), „Heaven is a Weak Euro", verfügbar unter: http://web.mit.edu/krugman/www/hershey.htn.

Krugman, P. R.; Obstfeld, M. (1997), „International Economics: Theory and Policy", 4. Auflage, Addison-Wesley, Massachusetts:.

Krugman, P.; Rotemberg, J. (1990), „Target Zones with Limited Reserves", NBER Working Paper No. 3418.

Krugman, P.; Rotemberg, J. (1992), „Speculative attacks on target zones" in: P. Krugman und M. H. Miller (Hrsg.). „Exchange Rate Targets and Currency Bands", Cambridge University Press, Cambridge, S. 117-139.

Landmann, O. (1990), „Alternative Währungsordnungen im Lichte des Zuordnungsproblems", in: J. Siebke (Hrsg.), Monetäre Konfliktfelder der Weltwirtschaft, Schriften des Vereins für Socialpolitik, Band 210, Duncker & Humblot, Berlin, S. 371-390.

Lindberg, H.; Söderlind, P. (1994), „Testing the Basic Target Zone Model on Swedish Data 1982-1990", European Economic Review, Vol. 38, S. 1441-1469.

Lindberg, H.; Svensson, L. E. O.; Söderlind, P. (1991), „Devaluation Expectations: The Swedish Krona 1982-1991", NBER Working Paper No. 3918.

Mark, N. C.; Wu, Y. (1998), „Rethinking Deviations from Uncovered Interest Parity: The Role of Covariance Risk and Noise", The Economic Journal, Vol. 108, S. 1686-1706.

Masson, P. (1999), Monetary and Exchange Rate Policy of Transition Economies of Central and Eastern Europe After the Launch of EMU", IMF Policy Discussion Paper, July, International Monetary Fund, Washington.

Meese, R.A. und Rogoff, K. (1983a), „Empirical Exchange Rate Models of the Seventies: Do They Fit out of Sample?", Journal of International Economics, Vol. 14, S. 3-24.

Meese, R. A. und Rogoff, K. (1983b), The Out-of-Sample Failure of Empirical Exchange Rate Models: Sampling Errors or Misspecification?", in: J. A. Frenkel (Hrsg.), Exchange Rates and International Macroeconomics, Chicago, S. 67-105.

Meese, R. A.; Rose, A. K. (1990), „Nonlinear, Nonparametric, Nonessential Exchange Rate Estimation", AEA Papers and Proceedings, Vol. 80, No. 2, S. 192-196.

Miller, M. und Weller, M. (1991a), „Currency Bands, Target Zones and Price Flexibility", IMF Staff Papers, Vol. 38, No.1, International Monetary Fund, Washington.

Miller, M. und Weller, P. (1991b), „Exchange Rate Bands with Price Intertia", The Economic Journal, Vol. 101, S. 1380-1399.

Mussa, M. (1976), „The Exchange Rate, the Balance of Payments and Monetary and Fiscal Policy under a Regime of Controlled Floating", Scandinavian Journal of Economics, Vol. 78, S. 229-248.

Muth, J. F. (1961), „Rational Expectations and the Theory of Price Movements", Econometrica, Vol. 29, S. 315-335.

Obstfeld, M. (1984), „Balance-of-Payments crises and Devaluation", Journal of Money, Credit and Banking, Vol. XVI, No. 1, S. 208-217.

Obstfeld, M. (1988), „The Effectiveness of Foreign-Exchange Intervention: Recent Experience", NBER Working Paper No. 2796.

Pansard, F. (1999), „Target Zones and Small Realignments", Economic Letters, Vol. 64, No. 3, S. 325-327.

Rogoff, K. (1999), „Monetary Models of Dollar \ Yen \ Euro Nominal Exchange Rates: Dead or Undead?", The Economic Journal, Vol. 109, S. 655-659.

Rose, K.; Sauernheimer, K. (1995), „Theorie der Außenwirtschaft", 12. überarbeitete Auflage, Vahlen, München.

Rose, A. K.; Svensson, L. E. O. (1995),"Expected and Predicted Realignments: The FF/DM Exchange Rate During the EMS, 1979-93", Scandinavian Journal of Economics, Vol. 97 (2), S. 173-200.

Sachs, J. D. (1996), „Economic Transition and the Exchange-Rate Regime", The American Economic Review, Vol. 86, No. 2, S. 147-152.

Salant, S. W.; Henderson, D. W. (1978), „Market Anticipation of Government Policies and the Price of Gold", Journal of Political Economy, Vol. 86, S. 627-648.

Salop, J. (1974), „Devaluation and the Balance of Trade under Flexible Wages“, in: G. Horwich und P. A. Samuelson (Hrsg.), Trade, Stability and Macroeconomics: Essays in Honor of L. A. Metzler, New York und London, S. 129-151.

Sauernheimer, K. (1980), „Internationale Kapitalbewegungen, Flexible Wechselkurse und Gesamtwirtschaftliches Gleichgewicht“, Weltarchiv, Hamburg.

Scheunpflug, I. (1997), „Wechselkurszielzonen und Währungsbandbreiten“, Peter Lang, Frankfurt am Main.

Schmitt-Rink, G.; Bender, D. (1992), „Makroökonomie geschlossener und offener Volkswirtschaften“, 2. vollständig überarbeitete und erweiterte Auflage, Springer, Berlin.

Sherman, H.C. (4/2000), „Wechselkursoptionen der Beitrittsländer Mittel- und Osteuropas“, Ifo-Schnelldienst, Jg. 53, H. 12, S. 11-18.

Smeets, H. D. (1995), „Preisniveaustabilität durch Wechselkursbindung: Eine erfolgversprechende Strategie für die Länder Mittel- und Osteuropas?“, in: H. J. Thieme (Hrsg.), Geld und Kredit im Transformationsprozeß, Schriften des Vereins für Sozialpolitik, Neue Folge Bd. 236, Duncker und Humblot, Berlin, S. 81-107.

Spahn, H. P. (1996), „Makroökonomie: Theoretische Grundlagen und stabilitätspolitische Strategien“, Springer, Berlin.

Sutherland, A. (1994), „Target Zone Models with Price Inertia: Solutions and Testable Implications“, The Economic Journal, Vol. 104, S. 96-112.

Sutherland, A. (1995), „Monetary and Real Shocks and the Optimal Target Zone“, European Economic Review 39, S. 161-172.

Svensson, L.E.O. (1991a), „Target Zones and Interest Rate Variability“, Journal of International Economics, Vol. 31, S. 27-54.

Svensson, L.E.O. (1991b), „The Term Structure of Interest Rate Differentials in a Target Zone: Theory and Swedish Data“, Journal of Monetary Economics, Vol. 28, S. 87-116.

Svensson, L.E.O. (1992a), „An Interpretation of Recent Research on Exchange Rate Target Zones“, Journal of Economic Perspectives, Vol. 6, No. 4, S. 119-144.

Svensson, L. E. O. (1992b), „The Foreign Exchange Risk Premium in a Target Zone with Devaluation Risk“, Journal of International Economics, Vol. 33, S. 21-40.

Svensson, L. E. O. (1993), „Assessing Target Zone Credibility: Mean Reversion and Devaluation Expectations in the ERM, 1979-1992", European Economic Review, Vol. 37, S. 763-802.

Taylor, M.P. (1995), „The Economics of Exchange Rates“, The Journal of Economic Literature, Vol. 33, No.1, S. 13-47.

Tristani, O. (1994), „Variable Probability of Realignment in a Target Zone“, Scandinavian Journal of Economics, Vol. 96 (1), S. 1-14.

Vitale, P. (1999), „Sterilised Central Bank Intervention in the Foreign Exchange Market“, Journal of International Economics, Vol. 42, No. 2, S. 245-267.

Werner, A. M. (1996), „Target Zones and Realignment Expectations: The Israeli and Mexican Experiences“, IMF Staff Papers, Vol. 43, No. 3, International Monetary Fund, Washington, S. 571-586.

Williamson, J. (1983), „The Exchange Rate System“, Policy Analyses in International Economics: 5, 1. Auflage, Institute for International Economics, Washington, DC.

Williamson, J. (1985), „The Exchange Rate System“, Policy Analyses in International Economics: 5, 2. Auflage, Institute for International Economics, Washington, DC.

Williamson, J. (1989), „The Case for Roughly Stabilizing the Real Value of the Dollar“, American Economic Review, Vol. 79, S. 41-45.

Williamson, J. (1993), „Exchange Rate Management“, The Economic Journal, Vol. 103, S. 188-197.

Williamson, J. (1994), „Estimates of FEERs“, in: Williamson, J. (Hrsg.), Estimating Equilibrium Exchange Rates, Institute for International Economics., Washington, DC.

Williamson, J.; Miller, M. H. (1987), „Targets and Indicators: A Blueprint for the International Coordination of Economic Policy“, Policy Analyses in International Economics: 22, Institute for International Economics, Washington, DC.

Willms, M. (1988): „Wechselkursstabilisierung durch währungspolitische Kooperation?“, in: O. Issing (Hrsg.), Wechselkursstabilisierung, EWS und Weltwährungssystem, Hamburg, S. 229-260.

Willms, M. (1992): „Internationale Währungspolitik“, 1. Auflage, Vahlen, München.

Willms, M. (1995), „Internationale Währungspolitik“, 2. überarbeitete und erweiterte Auflage, Vahlen, München.

Kolibri 360 GmbH
Ferdinand-Jühlke-Straße 7
99095 Erfurt, Deutschland
produktsicherheit@kolibri360.de

Druck:
CPI Druckdienstleistungen GmbH
im Auftrag der
Kolibri 360 GmbH
Ferdinand-Jühlke-Str. 7
99095 Erfurt